Herb Stumpf

2 Jahre mit dem VW-Bus um die Welt

Eine Reiseerzählung mit praktischen Tipps

Die Informationen in diesem Reisebuch wurden nach bestem Gewissen des Autors zusammengestellt. Eine Gewähr für die Richtigkeit der Angaben kann allerdings nicht übernommen werden.

1. Auflage 1982 und 2. Auflage 1985 im Christoph & Michael Hofbauer Verlag München
Neuauflage 2014 als e-Book bei Amazon
Neuauflage 2014 als Taschenbuch bei CreateSpace Independent Publishing

Autor: Herb Stumpf

Titelillustration: Lars Droege
Fotos: Herb Stumpf
Karten: Christoph Hofbauer
Satz: peterdesign.de

Inhaltsverzeichnis

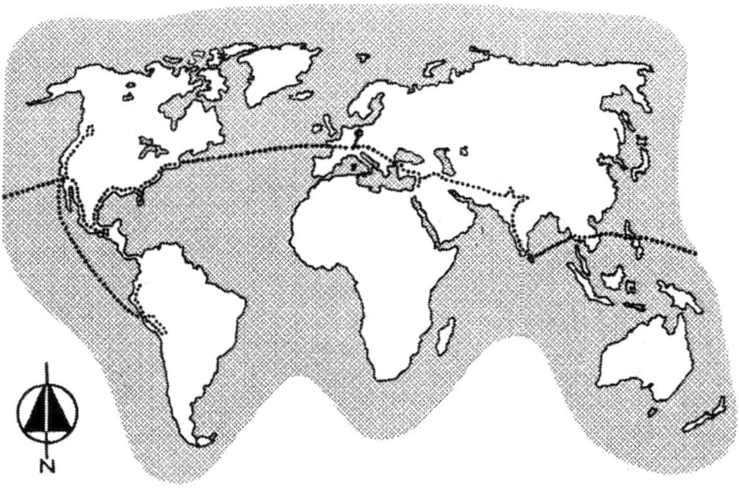
N

Vorwort zur Neuausgabe 2014

Nachdem ich von verschiedenen Lesern (u. a. vom Bully-Forum) immer wieder mal angeschrieben wurde, dass es schade sei, dass es dieses Buch nur noch antiquarische gibt, habe ich mich rund dreißig Jahre nach Ersterscheinung entschlossen, es erneut dem interessierten Leserkreis zugänglich zu machen; zunächst als e-Book, und dies zu einem fast symbolischen Preis. Nachdem die e-Book-Version sofort gut angenommen wurde, folgt es nun als Taschenbuch – um den Preis nieder zu halten, wieder bei Amazon.

Den Text habe ich im Original belassen, nur wenige orthografische Fehler behoben, da eine Aktualisierung an heutige Gegebenheiten eine völlige Überarbeitung notwendig gemacht – und damit den Originalcharakter deutlich verfälscht hätte. Betrachten Sie es somit als quasi historisches Werk, das dennoch in vielen Punkten seine Gültigkeit und Aktualität behalten hat, namentlich in dem wesentlichen Punkt, dass es den uralten Menschheitstraum vom Reisen und vom Aussteigen, vom „Leben-selbst-in-die-Hand-nehmen", beschreibt.

Da ich viele der beschriebenen Länder in späteren Jahren teilweise sogar regelmäßig wieder besucht habe, kann ich sagen, dass sich einige Bedingungen doch deutlich verändert haben. So sind einige Länder keineswegs mehr so sicher wie einst (z. B. Indien oder gar Pakistan), andere Länder sind offen, die damals geschlossen waren (z. B. Russland und China), um andere würde man heute einen großen Bogen machen (z. B. Syrien). Was die Kosten betrifft, so darf man die von mir angegebenen DM-Preise mindestens in Euro ansetzen. Aber das alles sollte Sie nicht aufhalten – falls Sie denn ähnliche Reisepläne im Kopf haben, diese in eine aktuelle Route umzusetzen und den individuellen Möglichkeiten anzupassen.

Und nun wünsche ich Ihnen viel Spaß beim Lesen und – falls Sie tatsächlich ähnliche Träume mit sich herumtragen, dass Sie den Mut und die Kraft haben, diese in der Ihnen entsprechenden Form umzusetzen. Dies muss auch gar nicht die lange Reise in einem Wohnmobil sein, man kann sie auch gut in einzelnen Etappen und mit dem Flugzeug umzusetzen. Nur sollten sie vielleicht damit nicht bis zum Sankt Nimmerleinstag warten; denn bekannterweise gilt auch hier die einfache Wahrheit: *Wer zu spät kommt, bestraft das Leben.*

Herb Stumpf
November 2014

Warum?

Als ich im August 1977 den langsamen Tod meiner Mutter hautnah miterlebte, begriff ich schlagartig die absolute Endlichkeit und Einmaligkeit dieses, meines eigenen Lebens.

An dem Tag, an dem das für mich bis dahin Unfassbare geschah wusste ich, dass ich mein Leben von Grund auf nicht nur verändern würde, sondern müsste. Der Tod war bis dahin für mich nicht mehr ganz abstrakt gewesen, denn ein Jahr davor war mein Stiefvater an einem plötzlichen Herzversagen verstorben und nur neun Monate vorher der Vater meiner Frau. Alle erstaunlicherweise im schönen Alter von nur fünfundsechzig Jahren. Ich selbst war gerade in meinem vierunddreißigsten Lebensjahr und hatte plötzlich das Gefühl, näher am Ende als am Anfang zu stehen. Die Ordnung meiner Welt war mit einem Schlag verändert. Vieles was mir wichtig und unberührbar erschien, begann ich in Frage zu stellen, manches wurde unerwartet trivial, mein fester Boden fing an zu wanken.

Einige Monate blieb ich noch in meinem Alltagstrott und ging meinem Job wie gewöhnlich nach. Ich überprüfte, ob meine Erleuchtung nur kurzzeitig war und versuchte, mir langsam eine neue Ordnung herzustellen. Viele Gesichter der Menschen mit denen ich privat und beruflich zu tun hatte, erschienen mir täglich grauer, langweiliger und frustrierter. Mancher kam mir vor wie ein alternder Boxer, der zu lange im Ring gestanden hatte und nur noch wegen der Tageskasse seine Niederlagen einsteckte. In mir wuchs die Angst, einer von ihnen zu werden.

In diesem desolaten Zustand überprüfte ich meinen Kontostand und buchte kurz entschlossen für Pedra und mich über Weihnachten eine Reise durch Kenya. Ich erfüllte mir eine langgehegte Sehnsucht, denn ich hatte vier Jahre lang in Liberia gelebt und mich dabei sehr wohl gefühlt. In Schwarz-Afrika, so hoffte ich, konnte ich mich erholen und vielleicht auch neue Denkanstöße bekommen.

Dort, in einer unbeschreiblich schönen Natur, am Fuß des Kilimanjaro, fernab vom geschäftigen Europa und der täglichen Routine, wurde mein Entschluss stärker: Endlich einmal etwas selber machen und sei es nur für eine begrenzte Zeit; sich selbst in die Unabhängigkeit zu entlassen, loszulassen von diesem übertriebenen Sicherheitsdenken, einen ersten Schritt zu machen und gelassen abzuwarten, was danach kommt.

Erst hing ich der Idee nach, mich beruflich selbstständig zu machen und dachte dabei an einen Import-Laden, in der Hoffnung, Reisen und

Geschäfte günstig miteinander verbinden zu können. Gut drei Monate gingen wir damit schwanger, sahen viele Fragezeichen und Probleme, bis wir eines schönen Abends, zuhause in unserer Nürnberger Wohnung, zu einem endgültigem Entschluss kamen: Warum sollten wir eigentlich immer nur darüber nachdenken, wie wir unsere Zeit auf die beste Art in Geld umwandeln könnten? Warum sollten wir uns nicht unseren wahren Traum erfüllen, uns diese – unsere – Welt einmal genauer anzusehen, sie aus nächster Nähe zu „erfahren"? Warum warten bis zu einem hypothetischen Pensionsalter, das man vielleicht doch nie erreicht und wenn schon, dann mit Sicherheit in einem völlig anderem Zustand, sowohl von innen – bei sich selbst – als auch von außen.

Mit dieser Erkenntnis war ich über Nacht eine unbequeme Last losgeworden. Mit einem Mal schien es mir, dass ich mich nun wieder viel näher am Anfang als am Ende befand.

Wie?

Mit dem eigenen Auto fahren, segeln oder trampen?

Mit verblüffender Konsequenz gingen wir in den nächsten Wochen und Monaten daran, diese Entscheidung zu treffen, stellten eine mögliche Route auf und einen ungefähren Finanzplan. Der Gedanke, wie andere Leute in unserem Alter – Pedra war gerade siebenundzwanzig geworden – bürgerliche Familienplanung zu betreiben und sich mit einem Haus und Grundstück bis ans Lebensende zu verschulden, kam uns inzwischen völlig absurd vor. Wir spürten, dass wir das, wenn überhaupt, gut und gerne auf später verschieben könnten.

Von Anfang an waren wir uns ziemlich klar darüber, dass wir den größten Teil der Reise mit einem eigenen Auto durchführen wollten. Einige Tage lang spielten wir zwar die Möglichkeit durch, mit einem Segler um die Welt zu schippern, gaben aber bald auf, da die Vorbereitungsphase – ohne große Segelerfahrung – viel zu lange gewesen wäre. Außerdem hatte uns beide die vorherige Lektüre von Erlebnisberichten in dieser Richtung viel zu sehr desillusioniert. Da war immer die Rede von mehrwöchigen, teils sehr langweiligen und lebensgefährlichen Zeiten auf hoher See, da wurde viel von Hafenstädten und schönen Inseln, kleinen, begrenzten Ausflügen ins Landesinnere erzählt. Doch die riesigen Kontinente und Landmassen zwischen den Meeren, mit den unzähligen Bergen und Tälern, den gigantischen Wüsten und Wäldern, die Begegnungen mit den verschiedenartigsten Menschen, die dort lebten und ihren Kulturen, schienen dabei viel zu kurz zu kommen. Als Beginn der Reise legten wir schließlich den 1. Juli 1979 fest. Dies sollte uns ein gutes Jahr Zeit geben, sämtliche Vorbereitungen mit einiger Ruhe treffen zu können. Meinten wir…

Der erste Wunschkatalog über Länder, die wir besuchen wollten, ergab, dass wir wohl drei Jahre benötigen würden. Damit war die Möglichkeit mit dem Rucksack zu trampen oder auf öffentliche Verkehrsmittel auszuweichen ziemlich schnell erledigt. Denn derartig lange, quasi aus dem Koffer leben zu können, schien uns unmöglich.

… unter Einsatz von viel Rotstift!

Unsere Wünsche und Vorstellungen versuchte ich nun in harten „De Em's“ auszudrücken und kam zu dem Ergebnis, dass wir mit allen fixen Kosten, die zuhause weiterliefen, sowie mit den laufenden Reisekosten unterwegs, wohl rund hunderttausend Mark benötigen würden. Das war verdammt viel und ließ uns den ganzen Wunschzettel völlig neu überdenken. Eine Erkundigung beim Arbeitsamt bezüglich Arbeitslosengeld für „die Zeit danach" ergab, dass ich nach drei Jahren mit keinerlei Unterstützung zu rechnen hätte, dass ich aber, entsprechend geltender Formel, nach zweijähriger Abwesenheit noch Anspruch auf Zahlungen für ein halbes Jahr hätte.

Nachdem wir so die ersten Höhenflüge gut überstanden, zusätzliche Informationen eingeholt und unsere eigenen Möglichkeiten überdacht hatten, planten wir noch mal alles von vorne. Auch die Alternative, doch nicht mit dem eigenen Auto, sondern ausschließlich mit öffentlichen Verkehrsmitteln zu reisen und in billigen Hotels zu übernachten, wurde noch einmal genau überprüft. Letztlich kamen wir aber doch immer wieder auf den eigenen Camper zurück. Vor allem aber der Vergleich unserer Reisepläne und der damit verbundenen Kosten mit unserem tatsächlichen finanziellen Potential bereitete uns immer wieder lange aufregende Abende und Wochenenden. Unter Einsatz von viel Rotstift legten wir uns schließlich auf eine Reisedauer von genau zwei Jahren fest und kamen dabei auf folgendes Budget für unterwegs:

1.	Kosten für Lebensunterhalt (600 DM mal 24 Monate):	14.400 DM
2.	Kosten für Benzin und Öl (ca. 80.000 km, 500 DM mal 24 Monate):	12.000 DM
3.	Verschiffungen, Flüge, etc.:	10.000 DM
4.	Souvenirs, Geschenke:	2.000 DM
5.	Filme:	1.000 DM
6.	Reparaturen, Unerwartetes:	6.000 DM
	Gesamt:	45.400 DM

(Vergleiche dazu tatsächliche Kosten am Ende des Buches unter Tipps.)

Dazu kamen noch die laufenden Kosten während zweier Jahre für zuhause. Auch hier traf mich beinahe der Schlag, als ich durchrechnete wie viele Versicherungen und Verpflichtungen ich als Bürger im Lebensalter von inzwischen fünfunddreißig Jahren gesammelt hatte!

Alleine die Weiterzahlung der Rentenversicherung hätte bei meinem zuletzt gültigen Satz und unter Einbeziehung des Arbeitgeberanteils, schon runde 12.000 DM betragen. Bei der Rentenberatungsstelle erfuhr ich, dass sich, falls ich die Zahlungen für zwei Jahre einstellen würde, später eine Rentenminderung von etwa 100 DM/Monat ergäbe. Mit Blick auf die gesamtpolitische Lage und das Dauerpalaver um die Rentenfinanzierung wollte ich lieber auf die 100 DM verzichten und dafür einen wesentlichen Kostenfaktor einsparen.

Übrig blieben aber dann noch eine Lebensversicherung, eine Krankenversicherung für zwei Personen, Reisegepäckversicherung, zu einer Unfallversicherung ließen wir uns noch überreden, sowie einige weitere Zahlungen, die wir weder stoppen konnten, noch wollten. Insgesamt ergab das noch den sehr respektablen Betrag von rund 20.000 DM für „laufende Kosten zuhause". Sicher ist dies der individuellste aller Kostenfaktoren und damit im Einzelfall auch am leichtesten zu verändern.

Hinzu kamen noch die Anschaffungskosten für ein geeignetes Fahrzeug, inzwischen der einzige Posten, an dem wir glaubten, noch am ehesten „drehen" zu können. Maximal 12.000 DM wollten wir dafür ausgeben.

Mit viel Engagement führten wir die Diskussion „Benzinmotor oder Diesel". Die Informationen darüber, selbst in der sogenannten „Globetrotter Literatur" waren lückenhaft. Für Asien schien auf alle Fälle ein Dieselmotor günstiger zu sein, für die beiden Amerikas eher ein Benzinmotor. Höhere Anschaffungskosten und ein geringeres Angebot bei Dieselfahrzeugen, Verschiffungskosten, die nach Volumen berechnet werden, Vergleiche bezüglich Bodenfreiheit sowie ein vermeintlich breiteres Service-Netz brachten die Entscheidung immer wieder auf einen VW-Transporter zurück. Aus Platzgründen sollte es die Hochraum-Ausführung sein.

Insgesamt war ich somit bei rund 77.000 Mark angekommen, die wir aufbringen mussten. Ein Betrag, der zwar sehr hoch erschien, aber nun mehr im Bereich unserer Möglichkeiten lag. Ich rechnete hoch, wie viel wir noch bis zum Sommer sparen könnten, wenn wir den Gürtel enger schnallten und setzte mir zum Ziel, zu dieser rechnerischen Summe noch ein Polster anzusteuern, um auch „danach" nicht gleich ganz „barfuß" dazustehen. Ich legte somit unser Zielbudget auf 85.000 DM fest. Mit einem genauen Blick auf unsere Konten, beruflichen Möglichkeiten und eine Übersicht über das, was wir noch flüssig machen konnten, hofften wir, diese doch recht weit entfernte Zielgerade bis spätestens 1. Juli 1979 zu erreichen.

An den tatsächlichen Reisekosten war nicht mehr viel zu ändern, die „fixen Kosten zuhause" hatte ich x-mal durchgekämmt, ein zu altes Auto erschien uns riskant, da Ersatzteile unterwegs in der Regel ein Mehrfaches von dem Preis in Europa kosten würden. Leider hatten wir damals noch nicht die Tipps und Informationen, die ich am Ende dieses Buches weitergebe, denn sonst hätten wir noch erheblich mehr einsparen können.

... und führe mich nicht in Versuchung!

Im Juni 1978 war unser Entschluss zu dieser Reise zum ersten Mal getestet worden. Pedra hatte sich noch Anfang des Jahres um eine Stellung als Schulpsychologin beworben und war unter zahlreichen Mitbewerbern tatsächlich ausgewählt worden. Wer die Situation auf dem Arbeitsmarkt in dieser Sparte kennt, weiß die Versuchung einzuschätzen. Sollte sie nur für ein Jahr annehmen und dann wieder aussteigen? Das wäre sicher unfair gewesen und hätte auch einen schlechten Nachgeschmack für eventuelle Bewerbungen nach unserer Rückkehr hinterlassen. Also: Absage.

Wir fühlten uns nach diesem gut überstandenen Test unheimlich stark und zufrieden und wir beschlossen, spontan eine kleine Feier einzulegen. Wir gingen trotz angespannter Haushaltslage erst einmal „gut essen". Bis September dieses Jahres hatten wir über unser Vorhaben nur ganz wenige Freunde informiert. Nun beschlossen wir, die Familien einzuweihen. Pedras Mutter hörte erst einmal erstaunt, aber völlig ruhig zu. Dann schob sie sich ein großes Stück Kuchen in den Mund, blieb immer noch ruhig und dachte nach. Nach einer Weile brach sie zwar nicht in Begeisterung aus, respektierte unseren Plan aber und stand bald voll dahinter. Mein Bruder und Pedras Geschwister waren spontan dafür.

Zu diesem Zeitpunkt intensivierten wir auch in die Suche nach einem geeigneten und möglichst schon eingerichteten Camper. Unsere Überlegung war, dass nun viele Leute vom Urlaub zurück sind und sicher auch einige davon – rechtzeitig noch vor dem Winter – ihre Autos verkaufen würden. Die Suche nach einem uns entsprechenden VW-Hochraum-Camper, vor allem innerhalb unserer Preisvorstellungen, erwies sich aber als äußerst schwierig. Der ganze Herbst verging – wir hatten die Suche inzwischen auf die für uns naheliegenden Großstädte München und Frankfurt ausgedehnt – doch weder ein gut erhaltenes leeres, noch ein eingerichtetes Fahrzeug war zu haben. Gebrauchte Transporter in Hochraumausführung waren praktisch durchwegs Schrott und eingerichtete Camper entweder viel zu teuer, zu alt, oder – als wir anriefen – kurz vorher verkauft. Für ein Hubdach wollten wir uns aus technischen sowie aus Platzgründen, erst ganz zuletzt entscheiden.

An zwei Abenden pro Woche waren wir nun Gast am Nürnberger Bildungszentrum. Am Dienstag lernten wir Spanisch und am Mittwoch, wie ein Auto funktioniert. Denn bislang waren wir nur ganz gut im Auto fahren...

Abbauen oder Aufbauen?

Im November 1978 trafen Pedra und ich dann eine Entscheidung, die zwar weniger mit unserer Reise zu tun hatte, aber voll in diese Zeit gehörte: Wir beschlossen, unserer Beziehung auch einen formellen Rahmen zu geben und suchten um einen Termin beim Standesamt nach. Als der zuständige Herr im Staatsdienst unseren Antrag ausfüllte und nach unseren Namen fragte, fiel er vor Lachen fast vom Stuhl. Denn eine Pedra Rumpf mit einem Herbert Stumpf war ihm noch nicht vorgekommen. Die Frage nach dem Doppelnamen erledigte sich von selbst! Jedenfalls wurde der Termin auf den 15. Dezember festgelegt, gerade noch rechtzeitig, so dass wir in den Gewinn eines steuerlichen Vorteils kamen.

Unser Hausstand war längst schon vorher, durch die Zusammenlegung von zwei Junggesellenbuden, bestens ausgerüstet. Und so, nachdem man Hochzeitsgeschenke weder stoppen kann noch soll, regten wir an, dass man uns doch bitte, wenn schon, solche Sachen schenken möge, die wir für den Trip benötigten. So kam es, dass wir anstelle eines Besteckkastens, eines Kaffeeservice, eines vierundzwanzigteiligen Essgeschirrs und sonstigen bürgerlichen Inventars, eine stabile Werkzeugkiste, einen vierundzwanzigteiligen Gabelschlüsselsatz, einen mechanischen Wasserfilter, einen kleinen 12-Volt-Kompressor und sonstige Bestückung erhielten, die wir weitaus wichtiger fanden.

Einer unserer Hochzeitsgäste meinte dann in seiner Festrede: „... andere bauen erst einmal zusammen etwas auf, Ihr baut erst einmal ab ..." Still erlaubte ich mir, die Sache etwas anders zu sehen!

Der Bulli ist noch da!

Im Januar 1979, nur mehr ein halbes Jahr vor unserer geplanten Abreise, hatten wir immer noch kein Auto und ich wurde langsam nervös. Die Campingausstellung in München brachte wenig Neues, vor allem aber keinen gebrauchten Camper. Die Preise für neue Wohnmobile lagen nach unseren Vorstellungen jenseits von Gut und Böse.

Die Consumenta in Nürnberg, Anfang Februar, gab schließlich den Ausschlag. Ein kleiner Ausrüster aus München meinte beiläufig, er würde einen ganz normalen Kastenwagen kaufen, die Fenster dahin setzen, wo man sie wirklich braucht, das Dach ringsherum ausschneiden, einen Träger einschweißen und schließlich die Hochraumwanne aus Fiberglas draufsetzen. Sein Festpreis lag dafür fast genau bei der Hälfte von den gut

3.000 DM, den die VW-Werkstätten für die gleiche Arbeit angeboten hatten. Am gleichen nasskalten Samstagnachmittag fuhren wir nach Hause, wälzten daraufhin noch einmal die Zeitungen gezielt nach gebrauchten Kastenwagen und trafen auf eine recht gute Ausbeute. Eine Offerte aus München klang dabei am besten: Baujahr 1/77, 57.000 km, 6.950 DM hieß es. In der Gewissheit, dass das gute Auto bestimmt schon verkauft sei, rief ich an. Mit dem Umbau zum Hochraumbus errechnete ich runde 9.000 DM, das war an der oberen Grenze, aber für ein genau zwei Jahre altes Auto waren wir bereit, soviel zu zahlen. Der verregnete Februartag schien uns Glück zu bringen. Der Bulli war noch da! Wir rasten nach München und hatten genau zwei Stunden später endlich das Auto, mit dem wir um die Welt fahren wollten.

Der Umbau dauerte dann leider doch viel länger als erwartet, bis Mitte April. Zum eigentlichen Ausbau hatte ich nun selbst kaum mehr Zeit, denn aus finanziellen Gründen wollte ich praktisch bis zum letzten Tag arbeiten und mir sogar noch den Urlaub auszahlen lassen. Wieder einer der Kompromisse und einer, der mich gar nicht glücklich machte. Eigentlich wollte ich das Auto selber ausbauen, um erstens die Kosten niedrig zu halten und zweitens, um alle Funktionen genau kennen zu lernen. Doch die Zeit war inzwischen nicht mehr einzuholen.

Der Blinddarm und die Kündigung

Gerade rechtzeitig, Anfang März, bekam Pedra Blinddarmreizungen. Ihr Blinddarm hatte uns schon lange vorher beschäftigt. Meiner war längst heraus und Pedra hatte wenig Lust, sich ihren nur prophylaktisch entfernen zu lassen. Außerdem macht das kein Arzt. Andererseits hatten wir schwere Bedenken vor einer eventuell notwendigen Operation in abgelegenen und unterentwickelten Regionen; eine Horrorstory diesbezüglich hatten wir aus erster Hand gehört. Die leichte Reizung war nun die Gelegenheit und notwendige Entscheidungshilfe.

Obwohl so eine Blinddarmoperation keine große Sache ist, war ich doch ziemlich nervös. Einmal wegen Pedra selbst und dann hätte eine Komplikation natürlich erhebliche Auswirkungen auf unsere Reise haben können. Dazu kam, dass ich direkt vor dem für mich letzten und entscheidenden Schritt stand: Der 31. März war mein offizieller Kündigungstermin; aus Gründen der Fairness wollte ich aber zumindest meinem direkten Chef so früh wie möglich Bescheid geben. So informierte ich ihn zunächst unter vier Augen und unter der Bedingung, dass das ganze Gespräch nicht stattgefunden habe, falls bei Pedras Operation – oder kurz danach –

Komplikationen eintreten sollten. Am Morgen dieses denkwürdigen Tages hatte ich Pedra in die Klinik gebracht.

Auf dieses erste Gespräch mit einem Industriemann aus meiner Umgebung war ich sehr gespannt. Über die Strategie hatte ich lange nachgedacht. Natürlich kamen mir Bedenken, dass er der Einfachheit halber mit einem „Jetzt ist er ausgeflippt!" reagieren könnte. Und so schwankte ich zwischen der Kurzformel „Ich kündige zum 30. Juni", verbunden mit einem geheimnisvollen Gehabe, als ob ich zur Konkurrenz liefe, oder mit „reinen Wein einschenken". Ich entschied mich für letzteres und war um so neugieriger auf die Reaktion.

Es kam anders als erwartet! Vielleicht hatte die rege Diskussion um die sogenannte „Krise des mittleren Lebens" auch hier ihre heimlichen Spuren hinterlassen; jedenfalls kam die Rede in keiner Weise auf „ausflippen" oder dergleichen. Mein Entschluss, mit fünfunddreißig ein gutes Gehalt, eine ziemlich sichere Stellung mit nicht eben schlechten Karrieremöglichkeiten und dem damit verbundenen Sicherheitspolster, für mindestens eine Weile aufzugeben, um den Traum zu realisieren, dem ich – und sie fast alle! – nachhing, wurde in erstaunlicher Gleichmäßigkeit von allen mir bekannten Bereichen der Geschäftsleitung akzeptiert und sogar, nach einer kurzen Überraschungspause, zumindest moralisch unterstützt. Die ausnahmslose Offenheit verblüffte mich dabei immer wieder. Am liebsten wären sie wohl alle mitgefahren, wenn da nicht die Familie mit den Kindern, das Haus mit den Schulden und ... und ... und ... die vielen sonstigen Gründe gewesen wären, um nie das zu tun, was man immer tun will.

Schließlich ging ich sogar mit einer schriftlichen „Good will"-Erklärung weg, die besagte, dass man mich wieder „unter mindestens gleichwertigen Bedingungen" einstellen würde, falls die geschäftlichen Möglichkeiten entsprechend wären. Immerhin, diese Türe hatte ich mir offen gehalten...

Endrunde

Pedra war termingerecht gesund geworden und so gingen unsere Vorbereitungen ins letzte Stadium. Marathonsitzungen beim Zahnarzt, noch eine kleine Wurzelbehandlung, Impfungen, letzter „TÜV" beim Hausarzt, Unmengen Papierkram. Einer unserer besten Freunde hatte sich angeboten, unsere bürokratischen Angelegenheiten zuhause in Ordnung zu halten; für allen buchstäblichen Tod und Teufel stellten wir Vollmachten aus und ich versuchte für zwei Jahre im voraus einen Terminplan mit allen Zahlungen und Erledigungen aufzustellen. Gerade dieses letzte Werk kostete mich beinahe den letzten Nerv, denn es zog sich naturgemäß bis unmittelbar vor den Tag der endgültigen Abreise hin.

Im Mai war unser Bulli, wie unser VW-Bus inzwischen hieß, immer noch beim Ausrüster. Ich drohte, fluchte, redete gut zu, wahrscheinlich alles zugleich. Erst in der letzten Maiwoche übersiedelte er schließlich auf unseren Hof, in Grundausführung und immer noch mit jeder Menge an Mängeln und Schwachpunkten versehen. Ich schuftete von nun an jeden Abend und jedes Wochenende, doch an einen Probelauf, um mit unserem Auto überhaupt vertraut zu werden und die Einrichtung testen zu können, war bald nicht mehr zu denken. Immer wieder dachte ich mit einiger Beruhigung an meine gut ausgerüstete Werkzeugkiste, die vielen Schrauben, Leistchen und Winkelchen, die ich alle mitnehmen wollte, um jederzeit und überall noch notwendige Verbesserungen vornehmen zu können. Tatsächlich habe ich dann auch noch bis in Indien wesentliche Korrekturen und Zusätze an der Inneneinrichtung gemacht. Dort allerdings mit sehr viel mehr Ruhe und Zeit.

Die letzten Tage vor der Abreise schienen wir nur noch im Kreis zu laufen. Alles, aber auch alles, musste nun erledigt, nichts durfte vergessen werden. Den endgültigen Abfahrtstermin hatten wir auf Freitag, den 29. Juni 1979, festgelegt. Noch drei Tage davor arbeitete ich in meiner Firma – viel zu lange, aber notwendig für die Kasse. Zwei Tage vor dem Start bemerkte ich, dass im Wohnteil des Autos ein Fenster nicht sicher genug zu verschließen war. Der nun doch recht kooperative Ausrüster hatte zum Glück ein Fenster eines anderen Herstellers da, es war aber etwas größer und wir mussten mit der Blechsäge noch einmal an die Seitentüre ran. Am Abend hatten wir auch dieses Problem gelöst. Am Freitagmorgen ging's ans Packen. Gegen Mittag wollten wir in Richtung Autobahn aufbrechen, doch bis es endgültig soweit war, bis ich mich ziemlich gestresst hinter das Steuer klemmte und Pedra genauso geschafft auf dem Beifahrersitz Platz nahm, war es dann kurz vor fünf Uhr.

Die gesamte Spannung löste sich, ähnlich wie bei einem Spieler unmittelbar nach dem Augenblick des Sieges und sie machte einer großen Gelassenheit und Ruhe Platz. Endlich war es soweit, wir hatten das Ziel der Vorbereitungen eines ganzen Jahres erreicht und nun war es fast schon normal, dass wir angekommen waren.

1. Reiseabschnitt: Deutschland bis Indien

Deutschland > Österreich > Jugoslawien > Griechenland > Türkei > Syrien > Iran > Pakistan bis Grenze Indien

Mit langem Bremsweg nach Yugoslawien

Beim Anfahren und vor allem in den ersten Kurven erschrecke ich erst einmal, wie schwer sich nun das vollbeladene Auto fährt. Auch der Bremsweg kommt mir entsetzlich lang vor. Einige hundert Kilometer träume ich von einem Bremskraftverstärker und einer leichteren Lenkung, bis ich mich an dieses neue Fahrgefühl gewöhnt habe.

Weit kommen wir an diesem ersten Tag freilich nicht mehr. Nur noch etwas über München hinaus, in das oberbayrische Kurörtchen Feilnbach. Dort, zwischen den schwäbischen und norddeutschen Sommerfrischlern, drücke ich mir ein letztes „Kassler mit Kraut" und ein frisch gezapftes Bier zwischen die Rippen. Pedra empfehle ich die Rindsroulade mit Kartoffelpüree und den Oppenheimer mit Verstand zu schlucken, denn es würde nun wohl lange dauern, bis wir wieder in die Nähe heimischer Küche kämen. Amüsiert und gelöst betrachten wir die vertraute Atmosphäre um uns herum. Die Kellnerin im Dirndl, die braven Leutchen mit dem Schoppen Wein oder der Halben Bier vor sich, den Geist des Heimatlichen und Gewohntseins. Wir sind noch hier, doch wir fangen an, ganz woanders zu sein.

Die beiden nächsten Tage steuern wir bei nieselig, trüben Wetter über die Alpen nach Klagenfurt, dann über den Loiblpass nach Yugoslawien hinein, verlassen gleich nach Ljubljana die berüchtigte E5, auch „Autoput" genannt und gelangen auf kleinen, verschlungenen Landstraßen schließlich zu dem gemütlichen Örtchen Otocec. Wäre das Wetter etwas besser gewesen, hätten wir uns sicher erst einmal ein paar Tage vom Stress der verganacigenen Wochen erholt, dort, in einem herrlichen Naturpark, mit sauberem Flüsschen und gepflegtem Wasserschlösschen aus dem 18. Jahrhundert. Aber so fahren wir weiter südwestlich, durch eine vertraute Alpenlandschaft, zu den Plitwitzer Seen. Weil wir Campingplätze so weit wie möglich meiden wollen, suchen wir uns in der Nähe eines kleinen Dorfes, hoch über einem Tal, unser eigenes, beschauliches Plätzchen. Eine Strategie, die wir, nicht nur aus Kostengründen, weitestgehend einhalten wollten. Mit dem Wohnmobil ist man tatsächlich herrlich unabhängig!

Die Plitwitzer Seen sind kaum in ihrer Schönheit zu beschreiben. Was das Auge mit einem Blick erfasst, ist schwer mit tausend Wörtern wiederzugeben. Sechzehn Seen und zahlreiche kleinere Tümpel fließen ineinander über, dazwischen Wasserfälle, teils saftig grün mit Moos bewachsen. Dort trödelt das Wasser spielerisch herunter, hier ergeht es sich mit erregender Unbändigkeit von hohen, zackigen Felsen. Jeder See ist von einer Klarheit, dass man selbst aus einer Höhe von zwanzig Metern noch die einzelnen Fische im Wasser zählen kann. Auch technisch hat man hier ganze Arbeit geleistet. Die kleinen Wanderpfade und Holzstege passen sich nahtlos in die beinahe märchenhafte Umwelt ein. Besonders reizvoll muss diese Gegend auch im Herbst sein, wenn sich in dem unterschiedlichen Grün der Seen das bunte Laub der umliegenden Hügel und Wälder spiegelt. Wohl nicht umsonst wurden hier einige Karl-May-Filme gedreht. Uschi Glas und Old Shatterhand sind bei den Einheimischen seither ein Begriff.

Nach zwei Reisetagen durch die herrlich gebirgige Landschaft der Herzegovina taucht bei Bihać der erste Spitzturm einer Moschee auf. Die Frauen tragen plötzlich weite Pluderhosen oder, wie einige ihrer türkischen Kolleginnen in der Bundesrepublik, lange Männerhosen mit einem langen Kleid darüber. Ein Stückchen Orient im südöstlichen Europa. Eine muselmanische Enklave, die sich über Albanien, bis hinunter zur griechischen Grenze zieht. Ein Überbleibsel aus der Zeit, als das türkische Großreich bis nach Wien reichte. Wir bleiben eine Nacht am Jablaničko See, einem Stausee, der nirgendwo sehr breit ist, sich aber auf eine Länge von gut 25 Kilometern durch verschiedene, zerklüftete Gebirgstäler windet. Wir staunen immer wieder, wie leer und vom Tourismus scheinbar noch völlig unerkannt dieses wunderschöne Yugoslawien zwischen der E5 und der überlaufenen Mittelmeerküste ist.

Dubrovnik: Über´s Ohr gehauen und »I can´t stand the rain«

Über das malerische islamische Dörfchen Poticelj mit seiner viel fotografierten Moschee und der guterhaltenen Osmanenfestung stoßen wir kurz vor Dubrovnik an die Küste und auf die Urlaubermengen aus dem Norden. Vor der Stadt, bei der Tankstelle, füllen wir die beiden Wassertanks mit jeweils 14 Liter und sind somit wieder für gut zwei Tage unabhängig. In einer ruhigen Seitenstraße, auf dem Hügel neben der Altstadt, finden wir einen Platz zum Kampieren. Wir haben sogar freien Blick über die malerische Bucht von Dubrovnik.

Alt-Dubrovnik begeistert uns. Malerische, enge Gässchen zwischen mehrstöckigen, gut erhaltenen und noch voll bewohnten alten, mediterranen Häuserschluchten. Dazwischen Wäsche, die zum Trocknen aufgehängt ist und auf Rollen von einer Seite zur anderen gezogen wird. Geschäfte und Kneipen sind durch kleine Hängelampen kenntlich gemacht, die schreiende Reklame im westlichen Stil fehlt völlig. Dafür werden alte Bildsymbole, ähnlich unseren deutschen Innungs- oder Handwerkszeichen, verwendet. Im Mittelalter war diese Stadt eine praktisch uneinnehmbare Festung. Nach Norden, Westen und Süden wird sie von einer gigantischen Mauer eingeschlossen, im Osten liegt ein weites, kahles und wasserarmes Gebirge und direkt davor das gut einsehbare Mittelmeer.

Aber hier sollten wir auch noch die erste böse Erfahrung auf unserem Trip machen. Vom ersten Tag an hatten wir versucht, innerhalb des gesteckten Budgets zu bleiben. So kontrollierten wir nach jeweils fünf Tagen, ob wir mehr als hundert DM für den Posten „Lebenshaltungskosten“ ausgegeben hatten. Ohne Auto, versteht sich! Damit waren wir bislang gut ausgekommen. Wir stellten kurz vor Dubrovnik fest, dass wieder einmal der fünfte Tag sei und wir sogar eine Reserve von 50 DM in der Kasse hätten. Spaßeshalber sage ich auch noch zu Pedra: „Wenn wir nicht aufpassen, ziehen sie uns in Dubrovnik soviel Geld an einem Abend aus der Tasche, wie wir die letzten vier Tage bei unserem Ritt quer übers Land ausgegeben haben“.

Nach längerer Zeit haben wir am Abend vor, wieder einmal zum Essen auszugehen. Wie immer bei solchen Gelegenheiten lassen wir uns Zeit und wägen genau ab, bevor wir uns für ein gemütliches Lokal entscheiden, um dort die Füße unter den Tisch zu strecken, genüsslich zu speisen, nicht zu wenig roten Wein zu süffeln, zu palavern, die Leute und was es sonst noch so gibt, zu beobachten...

Ein Jugoslawe, einheimisch aussehend, frisch und frei auf der Straße angesprochen, hatte uns empfohlen, „die nächste Gasse links, dann die erste rechts und diese bis zum Ende und dann links das letzte Restaurant, ein sehr gemütliches, wo ich selber immer hingehe". Es sieht auch ganz nett aus! Die Speisenkarte, außen auf einer Tafel aufgemalt, entspricht voll unserem Preisempfinden. Das meiste ist zwar in jugoslawisch gepinselt und uns unverständlich, aber „Grilled Fish" mit einigen uns unwichtig erscheinenden Wörtern, zu 45 Dinar (4,50 DM), klingt wie ein Volltreffer. Es schmeckt auch so! Etwas kaltes Gemüse zur Vorspeise, dazu noch warmes, frisches Weißbrot, daneben einen vollmundigen, nicht zu süßen Landwein aus der Karaffe. Kurzum, nach einem Tag voll verschiedener Eindrücke genau der richtige Abschluss. Nur, als dann die Rechnung kommt, sind wir doch sehr erstaunt: 440 Dinar, oder 44 DM, erscheinen uns doch als sehr hoch und keineswegs mit den Preisen in unseren Köpfen übereinzustimmen. Nach kurzer, aber sehr klarer Diskussion stellt sich heraus, dass das Schlitzohr von einem Wirt nur zwei oder drei billige Speisen mit Preis bezeichnet hatte, nämlich die uns unverständlichen Worte auf der Tafel. Für den uns verständlichen „Grilled Fish" gelten ganz andere Preise. Auch der Wein ist teurer als sonst üblich. Wir erkennen aber rasch, dass da Einwände wenig helfen. Der gute Fisch und Wein ist in unseren Bäuchen – nun müssen wir ihn auch bezahlen. Ein Trick, den wir seitdem kennen, mit dem man uns sogar noch später in Griechenland das Geld aus der Tasche ziehen will.

Als wir an diesem Abend zu unserem Auto wandeln, ziehen wir noch an einem Tanzschuppen vorbei. Dort singt gerade ein heißer Typ „I can't stand the rain..." („Ich kann den Regen nicht ausstehen") und wie auf Bestellung fängt es urplötzlich zu blitzen und zu krachen an und ein gewaltiges Gewitter ergießt sich über die Stadt. Über diesen komischen Zufall sind wir sogar bereit, unseren Ärger mit dem Wirt von vorher zu vergessen!

Fischerdorf für Kapitalisten und ein Erdbeben

Auf der Suche nach einer ruhigen, einsamen Badebucht landen wir am nächsten Tag bei Sveti Stefan. Die Sonne ist gerade am Untergehen und an der langen schönen Bucht, unmittelbar vor der kreisrunden Insel Sveti Stefan, stehen nur noch zwei einsame Wohnmobile und ein kleiner „Zastava", wie ein Fiat hier heißt. Bis in die sechziger Jahre war Sveti Stefan ein urgemütliches Fischerdorf auf einer ganz kleinen Insel, knapp hundert Meter der Küste vorgelagert. Dann kam der sozialistische Staat und hat das Dörfchen – allerdings mit sehr viel Geschmack – in ein Luxushotel für westliche Kapitalisten umgewandelt. Seitdem hört man in erster Linie nur noch Englisch mit amerikanischem Akzent, Deutsch, Französisch und Italienisch, ungefähr in dieser Reihenfolge. Neben einfallslosen Urlaubsbunkern für „Neckermann" und „Neckerfrau", sowie FKK Plätzen für nordische

Hängebauchtouristen hat das quasi-sozialistische Yugoslawien auch für den gehobenen Anspruch einiges an dieser Küste zu bieten.

Leute, die sich mit ihren Autos kostenlos die Nacht über an den Strand stellen wollen, sind hier unerwünscht. Kurz vor Mitternacht macht uns die Polizei barsch und unnachgiebig klar, dass hier „no camping" ist und dass wir, bitteschön, gefälligst weiterfahren sollten. Es hilft kein Verhandeln und auch nicht die Ausrede, dass wir nur ein kleines „Picknick" machen wollen. So kommen wir schließlich noch, bei vollem Mondschein, ins elf Kilometer weiter südlich liegende Petrovac.

Von dem Anblick, der uns dort erwartet, sind wir sprachlos gerührt. Im vergangenen Frühjahr hatte hier ein Erdbeben gehaust, das sogenannte Epizentrum lag ungefähr hier. Die zornige Natur hat ganze Arbeit geleistet. Einige Hotels sind buchstäblich pfannkuchenflach dem Boden gleichgemacht, daneben stehen wieder andere, die wie durch ein Wunder verschont blieben und bei denen nicht einmal die Dachrinne schief hängt. Die Umgehungsstraße über dem Ort, im Berg, ist völlig gesperrt. Ein tiefer Riss hat sie glatt gespalten. Die ehemals recht schöne Strandpromenade sieht nicht minder spukhaft aus. Überall das gleiche Bild. Hier totale Verwüstung und unmittelbar daneben, wie durch eine gedachte Linie getrennt, nicht die Spur von diesem Beben. Entwurzelte Baumriesen neben unversehrten Laternenpfählen, unberührte Parkbänke vor wild verschobenen Pflastersteinen. Irgendwo dreht sich noch nach Mitternacht ein Kran und versucht, im Licht der Scheinwerfer, irgendeine Ordnung wiederherzustellen. Am Ortsende auf einem Hügel vor dem Leuchtturm steht eine Diskothek völlig verschont, oder als erstes wieder aufgebaut. Jedenfalls scheint man hier so zu tun, als ob es die Geisterstadt daneben überhaupt nicht gäbe. Wir hören nur Serbokroatisch. Scheinbar sind wir die einzigen Ausländer. Klar, dass hier kein Tourist länger bleiben will. Die Musik tobt mit voller Lautstärke. Wahrscheinlich müssen sich die jungen Leute hier oben ihren Frust vom Leibe tanzen. Nach diesem Grausen können auch wir ein bisschen Ablenkung gebrauchen und mischen noch für eine Stunde mit. Vom Strand daneben vertreibt uns in dieser Nacht kein Mensch mehr. Und als wir um acht Uhr morgens verschlafen aus dem Auto schauen, sind um uns herum schon eifrige Leute über Pläne gebeugt und andere hacken mit Geräten auf die Trümmer ein. Das Leben geht weiter...

Landschaftsfotografen und Heimweh nach Griechenland

Wir setzen die Reise fort, in Richtung Titograd, vorbei am Skutari See, der zwar recht schön liegt, der uns aber doch enttäuscht. Schuld daran sind wieder irgendwelche sehr begabte Landschaftsfotografen, die Superbilder aus einer Superperspektive schießen, möglichst aus der Luft, dazu noch eine bestens klingende Geschichte der Superlative schreiben und dann das ganze in einem Magazin für zuhause zum Träumen veröffentlichen. Wir sind durch eine derartige Story enorm vorbelastet. Es soll ein Vogelparadies sein und Pelikane in Massen geben ..., wir sehen keinen einzigen und die Straße, die mitten durch den See führt, wirkt wohl nur aus der Luft so toll.

Dafür enttäuscht uns die Landschaft auf der weiteren Fahrt keineswegs, eine hauptsächlich alpenländische Umgebung, die uns durch die Platijeschlucht, entlang dem Moraca über Mojkovac, Ivangrad, Rozaj, über den Kula-Pass nach Pec, Darovica, Przren und schließlich zum 2.000 Meter hohen Osljak, bzw. Bistra führt. Wir sind ziemlich nahe an der Grenze nach Albanien. Es gibt Scharen von Zigeunern, die immer wieder wie aus dem Nichts auftauchen, Frauen und Kinder, die unser Auto umzingeln und fordernd die Hand aufheben. Es hilft nur eine Methode: alle Schotten dicht, langsam und gezielt weiterrollen und dabei laut hupen, Blick in den Rückspiegel wegen eventuell geworfener Steine, gehobene Fäuste ignorierend. Insgesamt wirken die Menschen in diesem Landstrich eher etwas düster und verschlossen. Touristen kommen hier auch nur ganz selten vorbei und selbst die Beamten aus Belgrad, so haben wir uns sagen lassen, sind froh, wenn sie hier wieder heraus sind. Wir fangen an, uns auf Griechenland zu freuen. In Skopje treffen wir wieder auf die E5 in Richtung Süden. Es ist Sonntag, der Verkehr noch ziemlich ruhig, denn die Gastarbeiter- und Urlauberkolonnen aus dem Norden tauchen hier gewöhnlich erst am Montag auf. Viele fahren allerdings, um noch rascher in die Heimat zu kommen, Tag und Nacht und somit total im Trancezustand. Das Heimweh und das „Doch-nicht-zuhause-sein“ im nicht nur klimatisch kühlen Norden muss für diese Leute oft unerträglich sein!

Am Grenzübergang Bodorodica treffen sie dann alle aufeinander: die übermüdeten, erschöpften, aber glücklichen Griechen und die sonnenhungrigen Mitteleuropäer. Die Abfertigung sowohl bei den Jugoslawen als auch bei den Griechen, verläuft zügig. Allerdings unterteilen die Griechen streng nach „Griechischen Staatsangehörigen“ und „Anderen“. Die „Anderen“ werden nur in Ausnahmefällen gefilzt, die Griechen dagegen, mit ihren vollgepackten Autos, mit Fernseher, Kühlschrank, Oma, Kind und Kegel, in aller Regel häufig und exakt. Trotz ihrer deutschen, holländischen und schwedischen Kfz-Kennzeichen.

Der Bulli frisst mehr als wir und eine Republik mit Nachwuchssorgen

An der kleinen Bankbude reihen wir uns in das Gedränge zum Geldwechseln ein. Die letzten Dinars werden in griechische Drachmen eingetauscht und ein Euroscheck über dreihundert Mark ergibt runde 6.000 Drachmen. Bei der ersten Tankstelle fährt uns ein Schreck durch alle Glieder; der Benzinpreis liegt bei 1,40 DM pro Liter; wie in Deutschland zwei Jahre später. Brot für die Welt, aber Geld für die Ölförderländer und den heimischen Steuersäckel! Wenn wir weiterhin so Kilometer fressen, wird der Bulli wohl bald mehr schlucken als wir!

Grund genug, unsere ursprüngliche Routenplanung zu überdenken und zu straffen. Die geplante Peloponnes-Rundfahrt streichen wir ganz und einigen uns, uns auf das Gebiet östlich von Thessaloniki zu beschränken. Eine kluge Entscheidung, wie sich herausstellt. Wir sind nun genau zwei Wochen unterwegs und haben das Gefühl, lange genug im Auto gesessen zu haben. Wir wollen endlich, wie ganz normale Urlauber, ein paar Wochen an einem schönen Strand verbringen, schwimmen, tauchen, braun werden und uns von den wirklich schlimmen Strapazen der letzten Monate erholen. Was wir suchen, finden wir auf „Chalkidiki", der großen Halbinsel mit den drei Fingern, östlich von Thessaloniki. Dabei dürfte der östlichste Finger, die Mönchsrepublik Athos, wohl der bekannteste sein. Direkt davor, in einer Bucht bei Ouranopolis, verbringen wir nun eine Woche „klassischen Griechenlandurlaub": klares, warmes Meer, Sonne garantiert, billiger Landwein und Retsina. Unsere freundlichen griechischen Nachbarn laden uns ab und zu zum selbstgefangenen, gegrillten Fisch ein, wobei die Verständigung immer mit einem Gemisch aus Englisch, Deutsch, Französisch, Griechisch und reicher Gestik zustande kommt.

Ein Besuch der Mönchsrepublik ist Pedra als Frau nicht gestattet, mir als Mann, nur nach vorheriger Visaerteilung in Thessaloniki. Als Ersatz entschließen wir uns zu einer Bootsfahrt entlang der Westküste von Athos. Mit dem Fernglas, aber auch nur mit dem bloßen Auge, kann man eine Menge sehen: Einsiedlernester in unvorstellbaren Lagen an den Fels geklebt, riesige kunstvolle Klosterlandschaften im byzantinischen Stil, immer wieder herrliche Kirchen. Und nur wenige Mönche. Das ganze sieht ziemlich verlassen aus, die meisten der Gebäude scheinen langsam zu verfallen. Es fehlt an Geld und noch viel mehr an Nachwuchs. Wie in allen christlichen Klostergemeinschaften und speziell im Katholizismus, egal ob römisch oder griechisch-orthodox, zieht man es vor, weiter auf starren Traditionen zu beharren, sich immer mehr fernab vom weltlichen Realitätsbedürfnis zu bewegen und sich der allmählichen Auszehrung hinzugeben. Ganz anders als im Buddhismus – wie wir später sehen werden – wo die Klostergemeinschaft es verstanden hat, sich ihren festen Platz in der Gesellschaft zu erhalten.

Im alten Wachtturm von Ouranopolis entdecken wir einen interessanten Kunstladen. Teppiche und Handtaschen, geknüpft aus naturfarbigem Ziegenhaar, garantiert ohne chemische Zusätze, werden dort verkauft. Wir staunen über die einzelnen Farbnuancen und überlegen lange, ob wir die erste größere Investition tätigen sollen. Aber unser Budgetposten „Souvenirs" ist kurz gehalten und wir haben ja noch viele Verlockungen vor uns.

Feuerquallen, ein Koffer fährt zurück, der erste Umbau

Eine Woche später erreichen wir die Halbinsel Sithonia, den schönsten Teil von Chalkidiki. Hier kann man auch als Wildcamper noch seine Traumbucht finden, in einer abwechslungsreichen Natur, die uns immer wieder an die Fjorde Norwegens denken lässt. Einsamkeit wird im Hochsommer natürlich nicht mehr garantiert und schon gar nicht ab Ende Juli. Täglich treffen neue Ferienmacher ein, mit Zelten, Wohnwagen, Rucksäcken, ausrangierten Postmobilen, umgebauten Lieferwagen und was es sonst noch alles gibt. Am Wochenende kommen dann auch noch die Kurzurlauber aus dem nahen Thessaloniki dazu, mit Oma, Opa, vielen, vielen Kindern, auf die sie für meinen Geschmack fürchterlich herrisch und aggressiv einreden. Jeden Tag wird auch der Unrat mehr und die Häufchen menschlicher Fäkalien. Viel zu wenig Leute scheinen bemerkt zu haben, dass man zum Kampieren auch einen kleinen Klappspaten braucht. Und dann kommt ein Gewitter und somit Unmengen von Feuerquallen. Überall sind sie im Wasser, das Schwimmen wird zur Tortur. Das Gewitter geht, die Quallen bleiben. Kaum sichtbar treiben die glasigen, blasenartigen Körper im Wasser umher, die fadenartigen Tentakeln mit dem betäubenden Gift hinterherziehend. Kommt man mit diesen Tentakeln in Berührung, glaubt man zunächst an einen elektrischen Schlag, der dann sogleich von fürchterlichem Brennen abgelöst wird. Das Brennen vergeht, aber eine dünne Narbe kann noch lange bleiben. Gegen das Viehzeug ist kein Kraut gewachsen, so wie sie kommen, gehen sie auch wieder. Doch es kann Tage und Wochen dauern.

Wir warten auf Post und fahren noch einmal zurück nach Thessaloniki. Da uns inzwischen klar geworden ist, dass wir viel zu viele Sachen mitgenommen haben, packen wir eine riesige Kiste mit überflüssigem Kulturballast und vertrauen sie dem Orientexpress in Richtung Deutschland an. Wochen später, in Damaskus, erfahren wir von Pedras Mutter, dass alles prompt angekommen ist. Beim Anblick von zwei Paar Schuhen, vielen alten Kleidern, sowie einer Uhr, fragte sie etwas besorgt nach, ob wir denn nur noch barfuß laufen würden, ob wir überhaupt noch etwas zum Anziehen hätten und ob wir schon ganz und gar zeitlos leben würden.

Wir wollen nun zügig in Richtung Türkei weiter. Doch in Kavala halten wir bei einer riesigen Autoschlange mit Urlaubern, die auf die Fähre zur Insel Thassos warten. Wir stehen lange da und überlegen, dass Griechenland doch recht schön sei. Irgendwo lesen wir, dass etwas weiter östlich von Keramoti auch noch eine Fähre nach Thassos geht. Die Überfahrt von dort ist kürzer und etwas billiger. Wir entscheiden uns, erst einmal dort hin zu fahren und uns die Sache anzusehen.

Eigentlich wollen wir in Griechenland noch Moskitonetze für alle Fenster und die Schiebetüre schneidern lassen, den großen rückwärtigen Staukasten hätte ich gerne unterteilt. Mit der Kooperationsgemeinschaft und mit den Löhnen der Leute hier haben wir beste Erfahrungen gemacht. Seit einiger Zeit halte ich schon Ausschau nach einem Schreiner und einem Schneider.

In Keramoti kommen wir abends um sieben Uhr unmittelbar vor einer Schreinerwerkstätte zum Stehen. Daneben direkt ein Schneiderladen. Kaum geparkt, schleicht auch noch ein Grieche an, der sich für unser Auto interessiert. In wunderbarem Deutsch, mit rheinischer Färbung. Schließlich habe er zehn Jahre lang in Köln gearbeitet, wie er uns stolz erzählt. Die Konstellation erscheint unheimlich günstig: Dem Schreiner mache ich eine genaue Zeichnung, wie ich die Bretter für den Kasten haben will, Pedra engagiert sich mit dem Schneider. Unser griechisch-rheinischer Freund übersetzt. Drei Stunden später ist der hintere Kasten umgebaut, unter unseren Klamotten herrscht wohltuende Ordnung; und dank mitgebrachtem Moskitonetz und Klettband ist unser Auto nun moskitodicht.

Doch noch nach Thassos und »jetzt geht´s erst richtig los!«

Am nächsten Morgen nehmen wir die erste Fähre nach Thassos. Eine sehr grüne Insel, mit Pinien- und Bananenhainen, Wein und vielen, vielen Bienenhäuschen. Überall bietet man uns Thymian-, Akazien-, oder Salbeihonig an. Landschaftlich eine schöne Insel, aber nur an ganz wenigen Stellen können wir mit unserem Camper bis dicht an den Strand fahren. Trotzdem finden wir auch hier ein schönes Plätzchen, von dem uns aber nach einer Woche, wieder nach einem Sturm, die schon bekannten Feuerquallen vertreiben.

Über Xanthi und Alexandropoulis – einer Gegend, in der sich die ersten Moscheen der türkischen Minderheit mit den byzantinischen Kuppelkirchen der orthodoxen Griechen vermischen – gelangen wir am 10. August an die türkische Grenze. Wir sind nun die sechste Woche unterwegs und der Gedanke, eigentlich schon einen ganzen Jahresurlaub verbracht zu haben und – wenn dem so wäre – in den nächsten Tagen wieder dem alten Trott nachgehen zu müssen, gibt uns ein unheimlich wohliges Gefühl mit dem Bewusstsein, dass es ja nun erst richtig los geht. Wie beruhigend ist es doch, endlich einmal, „Zeit für sich" zu haben! Ich finde Muße, einmal eine Fliege genau zu beobachten ohne das Bedürfnis, sie vertreiben oder gar erschlagen zu wollen; ich finde es amüsant, wie sie um meinen Kopf herumschwirrt und bringe sogar Sympathie auf, als ich sehe, wie eifrig das Tierchen mit seinem Saugnapf seine Nahrung sucht. Mensch und Tier erscheinen mir auf einmal gar nicht mehr so verschieden zu sein.

Zum ersten Mal: »Aleman - Türkisch - Arkadash!«

Der griechische Grenzposten blättert gelangweilt in unseren Pässen, drückt einige Stempel hinein und winkt uns weiter. Schon nach knapp hundert Metern weht uns die rote Fahne mit dem türkischen Halbmond entgegen. An der Zollstation herrscht Chaos. Zwei Busse mit jungen Leuten sind eben angekommen, überall ist dichtes Gedränge. Ein paar Mal schickt man uns zwischen der „Police" und den „Customs" hin und her, bis wir alle notwendigen Stempelchen haben. Nach geheimnisvollen Kriterien werden manche der Reisenden ausgesucht und genau durchleuchtet, wir haben wieder Glück. Der Mann am Schlagbaum, der als letzter unsere Pässe kontrolliert, meint, als er sieht, dass wir aus Deutschland kommen: „Aleman – Türkisch – Arkadash!" Ein Ausdruck, den wir hier zwar noch nicht ganz verstanden, den wir aber sehr häufig zu hören bekamen: „Deutsche – Türken – Freunde!" Dabei werden jeweils die äußeren Seitenflächen der Zeigefinger aneinander gerieben. Eine Bewegung, die im ganzen Orient „Freund" bedeutet, während ein Kreuzen beider Zeigefinger „Feind" anzeigt. Bis Tekirdag am Marmarameer fahren wir auf der schnurgeraden E5, vorbei an riesigen Sonnenblumenfeldern, durch eine gänzlich veränderte Szenerie und Atmosphäre. Je näher wir der Grenze auf der griechischen Seite gekommen sind, desto mehr ist aus der „türkischen „Minderheit" eine klare Mehrheit geworden. Die Menschen haben sich also kaum geändert. Die Erde scheint genauso lehmig braun zu sein, die Hügel ähnlich sanft geschwungen, die Sonnenblumen schauen ganz und gar „wie die da drüben" aus. Und doch spürt man, dass man auf einmal woanders ist. Ein Gefühl, das sonderbarer Weise an jeder Staatsgrenze aufkommt. Selbst wenn man von Bayern nur hinüber nach Österreich fährt, ja selbst, wenn man mitten in der Wüste steht und ein einsames Schild anzeigt, dass hier nun nicht mehr der Iran, sondern dies nun Pakistan ist.

Die Kinder am Straßenrand machen die nicht mehr ganz unbekannte Bewegung des Zigarettenrauchens, mehr aus Routine als in der tatsächlichen Erwartung, dass man etwas aus dem Auto wirft. Manchmal heben sie dabei aggressiv einen Stein auf, tun so, als ob sie werfen würden, verlieren aber regelmäßig den Mumm, wenn man sie nur scharf ansieht und ganz langsam auf sie zufährt oder auch nur abbremst. Als wir mittags direkt neben der Straße am Meer parken, zieht ein Birnenverkäufer seinen Wagen heran und bietet uns seine Ware an. Wir kaufen nichts, aber er will mit uns plaudern, schenkt uns zwei seiner Früchte, sieht sich interessiert unser Auto an und bringt schließlich noch seinen Freund, den Melonenverkäufer. Auch der schiebt seinen Karren herbei, weist einladend und grinsend auf seinen Melonenhaufen und ist keineswegs böse, als wir auch bei ihm dankend ablehnen. Nur weggehen will auch er nicht gleich. Er spricht nicht unsere Sprache, wir nicht die seine. Die Themen sind begrenzt und doch sehr weit in der Sprache der Gestik, der Freundschaft und des guten Willens. Bevor er weitergeht schneidet er ein Viertel einer Melone ab, teilt sie durch zwei und drückt Pedra und mir je ein Stück in die Hand. Er ist dabei ganz wohl mit sich selbst und seinen Gefühlen.

Pferd frisst »Anadol« und anstehen beim Tanken in Istanbul

Je näher wir in Richtung Istanbul kommen, desto dichter wird der Verkehr. Die Fahrsitten werden immer „sportlicher“, häufig überholen gleich zwei Autos nebeneinander. Die Großen drängen die Kleineren und die Aggressiveren die Defensiveren von der Fahrbahn. Dennoch, wir erleben keinen einzigen Unfall, nicht einmal einen Stau. In Istanbul selbst herrscht inzwischen abendliche „rush-hour“; sechsspurige, moderne Ausfallstraßen und trotzdem das vertraute Bild von Stoßstange an Stoßstange. Lustig dekorierte Kleinbusse, unbeschreiblich voll gestopft mit Menschen, uralte amerikanische Straßenkreuzer, wenige moderne, europäische Mittelklassefahrzeuge, immer wieder das urtürkische Gefährt „Anadol“, ein Auto mit Kunststoffkarosserie, von der uns ein Türke später einmal unter großem Gelächter, aber mit nachdrücklicher Ernsthaftigkeit erzählt, dass dieses Material zwar nicht so schlecht sei, aber dummerweise gern von Pferden angeknabbert würde. Bis hierher kommen wir mit der letzten griechischen Tankfüllung. Nun müssen wir das erste Mal in der Türkei tanken. In Deutschland waren noch im Frühjahr die Zeitungen voll mit Geschichten, dass es in der Türkei kein Benzin gäbe, „die Türkei ist pleite!“, „ohne Devisen kein Öl“, „ohne Öl keinen Sprit“. Tatsächlich gibt die Türkei wesentlich mehr Devisen an die

Öllânder aus, als sie durch ihren gesamten Exporte wieder hereinbringt. 1980 waren es 700 Millionen Dollar! Ein Los, das sie mit vielen Entwicklungsländern teilen muss und viele Türken sehen ihr Land als Entwicklungsland, näher bei der „Dritten Welt" als bei Europa, trotz Assoziierungsvertrag. Irgendwo zwischen Hut und Fez. Mit den Augen im Okzident, mit der Seele jedoch im Orient. Ganz wie seine Geographie. Mit der Spitze der großen Zehe noch in Europa, mit dem Fuß aber in Asien. An der Tankstelle vor dem Mocamp drängeln sich die Autos. Benzin ist knapp, Diesel noch knapper. Ausländische Kennzeichen werden nur gegen Bezahlen in harten Devisen bedient. Dann aber wenigstens ohne Restriktion und zum offiziellen Wechselkurs. In anderen Orten müssen wir uns später ein Permit, einen Berechtigungsschein, beim Bürgermeister holen. Bedient werden wir immer, unseren Reservekanister brauchen wir nicht ein einziges Mal! Das Thema „Benzin" ist daheim von der Presse maßlos aufgebläht worden – sehr zum Schaden des türkischen Tourismus und vieler europäischer Reisenden, die teilweise mit unglaublichen Batterien von Benzinkanistern auf dem Dach anrücken.

Vom Wildcampen in einer Seitenstraße haben uns das Touristenbüro und einige Reisende („um Gottes Willen!") abgeraten und so stehen wir, nicht ganz glücklich, zum ersten Mal auf einem Campingplatz, dem BP Mocamp, das ziemlich überfüllt und eng ist. Nur für eine Nacht, denn am nächsten Morgen mischen wir uns unter den als „irre" beschriebenen Verkehr und finden für die nächsten vier Tage beste Gesellschaft zwischen einigen weiteren Wohnmobilen. Mitten im Zentrum, vor dem Hippodrom, der Blauen Moschee, der Hagia Sophia und dem Topkapi Serail, in Reichweite der beiden Basare, dem Goldenen Horn und der Galatabrücke. Für ein kleines Trinkgeld verspricht uns der Parkwächter „gut aufzupassen", wenn wir unterwegs sind.

Konto bei Allah und vom Fußpilz verschont

Und unterwegs sind wir viel! Denn diese Stadt besticht untertags mit ihrer verwirrenden Geschäftigkeit, mit einem überaus bunten, typisch orientalischem Treiben, einer auch heute noch für den Mitteleuropäer völlig fremd wirkenden Welt. Allerdings, des Nachts sieht es anders aus. Überall wird Energie gespart, die Straßen sind völlig dunkel, ohne Strom, die Lichtreklamen, öde, trist und leer die Stadt, fast deprimierend! Aber bis dahin sind wir in der Regel ohnehin geschafft und froh, nur noch irgendwo sitzen zu können. Zum Beispiel gleich um's Eck bei „Jenner", oder im „Pudding Shop", dort, wo sich Tramper und Globetrotter aus aller Welt die Tür in die Hand geben, wo man die neuesten Tipps für den nächsten Streckenabschnitt bekommt, noch schnell einen Reisepartner finden kann, oder erfährt, „was gerade überhaupt so läuft".

Am Sonntagmorgen, es ist der 12. August, hat uns, wie jeden Tag pünktlich um sechs, der Ruf des „Muezzins" vom nahen Turm der „Blauen Moschee" geweckt. Wie immer haben wir noch ein bisschen weiter geschlafen; bis das Treiben um uns herum lebhaft wurde. Gegen neun sitzen wir beim Kaffee im Pudding Shop und wollen von dort aus direkt in Richtung Bosporus. Aber eine innere Unruhe lässt uns noch einmal zurück zum Auto gehen. Die Scheiben des Fahrerhauses sind mit den Vorhängen verdunkelt, die Zwischentür zur Kabine fest verriegelt. In der Kabine fällt mir sofort der penetrante Geruch von schwelendem Kunststoff auf. Irgendetwas scheint zu brennen! Fieberhaft untersuche ich sämtliche Kabel im Innenraum, hinter dem Motordeckel und schließlich im Fahrerhaus. Und da trifft mich fast der Schlag! Den starken Halogen-Suchscheinwerfer habe ich mit dem Strahl nach unten auf dem Sitz liegen lassen, unachtsam den Schalter verschoben, so fraß er sich langsam durch das Sitzfell, die Plastikhülle und schließlich in den Schaumstoff. Ein kreisrundes, tiefes, stinkendes Loch! Gerade noch rechtzeitig hatte uns unser Schutzengel – den man auf solchen Reisen immer wieder braucht – hierher zurückgeführt. Nur eine Stunde später??? Diese Konsequenzen zu Ende zu denken, treibt uns lange noch den kalten Schweiß auf die Stirn. Um ein Haar hätte die Reise schon hier ein – zumindest vorläufiges – Ende gefunden! Spontan habe ich den Wunsch, etwas Gutes zu tun. Ich laufe hinüber zur nahen Moschee, in den Innenhof, dort wo immer einige Krüppel die Hand aufhalten und gebe dem ersten besten ein sattes Trinkgeld. Auf dass Allah die Tat erkennen möge und sie „für später" meinem Konto gutschreibe!

Von sehr ähnlichen Gefühlen getrieben wurden in dieser Stadt schon lange vor meiner Zeit einige Herren. Vor allem die Reichen, die Sultane und die Kaufleute. Denn getreu dem Versprechen des Propheten Mohammed: „Wer eine Moschee baut, ihm baut Gott ein Haus im Paradies", errichteten sie davon sehr viele. Vor allem in Istanbul. Erfreulicherweise nicht nur als Bethäuser, sondern auch als soziale Einrichtungen; mit Krankenanstalt, Armenkirche, Schule, Bibliothek und Versammlungsplatz. Als geistiges und gemeinnütziges Zentrum! Ohne Bilder, Gemälde und Heiligenfiguren. Dafür aber mit kostbaren Teppichen, wunderschönen Kacheln und phantasievollen Kalligraphiezeichnungen, auf denen in arabischer Schrift das Wort „Allah" dargestellt wird. In kunstvollen Formen, von verschnörkelt bis abstrakt. Ohne irgendeine Abbildung von Mensch oder Tier. Zwar steht davon nichts im Koran, aber Mohammed soll zu seiner Frau gesagt haben: „... weißt Du nicht, dass sich die Engel weigern, ein Haus zu betreten, in dem sich ein Bild befindet? Am Jüngsten Tag werden alle, die Bilder fertigen, bestraft werden, denn Gott wird zu ihnen sagen: Gib deiner Schöpfung Leben!"

Zu unserer großen Genugtuung ist der Besuch der meisten Moscheen auch für Nichtgläubige möglich. Einerseits ist es sicher die fremdartige Ausdrucksform der Kunst und einer anderen Kultur, die uns stark beeindruckt, zum anderen aber auch das tiefe Erlebnis, dem Menschen beim Gebet zu begegnen. In der Versenkung und in Demut, von außen nach innen gekehrt, frei von jeder Maske, offen und klein vor seinem Gott. Bei einer anderen Religion kommt noch dazu der Reiz des Fremdartigen und des Neuen – und die Entdeckung, sich im Grunde dennoch gleich zu sein!

Fünfmal am Tag muss der gläubige Moslem beten. Aber nur am Freitag soll er es in der Moschee tun. Alle Körperteile, die beim Gebet den Teppich berühren, müssen sauber sein. Gesicht, Hände, Füße. Deswegen die bekannten Waschungen an den Brunnen in jeder Moschee, Schuhe ausziehen auch für Touristen! Auf dem Land und in kleineren Städten wird das Waschgebot tatsächlich noch ernst genommen. Selbst als offensichtlicher Nicht-Moslem kann man sich häufig nicht daran vorbeidrücken, wird höflich aber bestimmt dazu aufgefordert, sich ebenso am plätschernden Brunnen wenigstens die Füße zu waschen. Nicht nur in dieser Stadt liegt so auch häufig der markige Duft von „Fußsockensäure" in der Luft. Pedra und ich stehen in dicken Tennissocken und mit aufgedrehten Zehen zwischen den Menschen auf dem Teppich und sind trotzdem froh gekommen zu sein, mit der stillen Hoffnung, das uns Allah vom Fußpilz verschont.

Gott schickt die Kinder, er wird auch für sie sorgen!

Mit einem besonderen Lustgefühl nehmen wir teil am quirligen Treiben der Basare, bei den Händlern am Ufer des Goldenen Horns, den dazwischen liegenden kleineren Märkten und Straßen hier, sowie drüben im Stadtteil Beyoglu. Genießerisch tauchen wir ein in das Gewühl, freuen uns unter Menschen zu sein, die im Verkaufen und Handeln noch etwas Persönliches sehen. Hier kann man noch um die Qualität beliebig streiten oder im typisch orientalischen Gemisch aus Spiel und Ernsthaftigkeit um den Preis schachern und man wird – schließlich und endlich, Kauf oder Nichtkauf – zum Gläschen Tee eingeladen. Dagegen stehe ich immer mit Beklemmung und dem Gefühl totaler Einsamkeit in mitteleuropäischen Supermärkten oder propenvollen Warenhäusern. Hier Lebendigkeit mit Anfassen, Schreien und Lachen, dort ameisenhaftes Geschiebe in der Atmosphäre einer gutbesuchten Beerdigung.

Besonders die Gegend um die Galatabrücke hat es uns angetan. Der kleine, urtümliche Gewürzbasar, in dem das Warenangebot mehr den Bedürfnissen der einheimischen Bevölkerung entspricht als dem der ausländische Besucher. Die vielen kleinen Stände und fliegenden Händler am Ufer des Goldenen Horns und um die Yeni Cami (Cami = Moschee), bei denen man für wenig Geld zu einem herrlichen , frischgekochten Mittagessen kommt: Gegrillter Fisch, gekochte oder geröstete Maiskolben, kandierte Früchte, verschiedene Nüsse, frische Pfirsiche, saure Gurken, Yoghurt, schön drapiert zwischen Pfefferschoten, Paprika, Orangen oder Melonen, belegte Brötchen oder Fladenbrot. Dazwischen Verkäufer von Schnürsenkeln, Türschlössern, alten Schüsseln, Kämmen, fürchterlichen Musikkassetten, Einkaufstaschen, Damenwäsche, Holzflöten, Trinkwasser, Tennisschuhen und allem möglichen Kram, den man irgendwann mal – oder überhaupt nie – braucht.

In dieser Stadt merkt man aber auch die speziellen Probleme dieses Landes. In Istanbul leben zur Zeit rund 5 Millionen Türken, vor zehn Jahren waren es noch zwei Millionen. In der Türkei wuchs die Bevölkerung im gleichen Zeitraum von 35 auf 45 Millionen. Allah schickt jedes Jahr 1,1 Millionen neue Bürger, ein Segen, der als „Kismet“ oder Schicksal angesehen wird. „Gott schickt uns Kinder, Gott wird auch für sie sorgen“, meint man. Kinderarbeit ist gang und gäbe, Siebenjährige haben die Gesichtszüge von Fünfundzwanzigjährigen und letztere sehen aus wie Vierzigjährige.

Wie überall auf der südlichen Halbkugel beträgt die Arbeitslosigkeit weit mehr als 25 Prozent. Vielen erscheint das schöne Land als hoffnungslos, ein Leben im europäischen Norden als das weitaus kleinere Übel; trotz Heimweh, Unverständnis, Sprachschwierigkeiten, Familientrennung und anderen Problemen.

An vielen Stellen wirkt Istanbul deprimierend; wie fast alle größeren Städte, namentlich in Entwicklungsländern, aber keineswegs nur dort!

»Asien« oder »Orient« und weiter nach Bursa

Bald schon haben wir wieder Sehnsucht nach weitem Land, ungetrübter Luft, wollen heraus aus dem aufregenden Getümmel und hinein in die Ruhe der Natur und kleinerer Orte. Am vierzehnten August reihen wir uns ein in den Dauerstau vor der neuen Brücke über den Bosporus, rüber nach Üsküdar. Dort sind wir plötzlich nicht mehr in Europa, sondern in Asien. Man merkt es nicht, man muss es schon wissen. „Asien“ erweckt bei mir immer Gedanken an Menschen mit gelber Hautfarbe, geschlitzten Augen, an Hinduismus und Buddhismus; „Orient“ gefällt mir für diesen Teil der Welt viel besser. Denke ich dabei doch an „Tausend-und-eine-Nacht“, Männer im

Kaftan und nicht in Hosen, an Islam, Nomaden mit Zelten, Muezzin und verschleierte Frauen. Die Türkei passt viel besser in dieses Bild!

Zunächst löst ein Industrieviertel das andere ab – erst bei Yalova lichtet sich die Landschaft und geht über in ein hügeliges Haselnussanbaugebiet. Unser Tagesziel ist das hübsch in den Bergen gelegene Bursa. Eine wohlhabende, mittelgroße Stadt am Fuß des 2.543 Meter hohen Ulu Dagh (Ulu = groß, Dagh = Berg), mit Universität und Fiat Montagefabrik. Wir übernachten wieder mitten im Zentrum, neben der Großen Moschee, Ulu Cami. Eine der ältesten und schönsten Anlagen in der Türkei, von den Seldschuken erbaut, mit zwanzig kleinen Kuppeln, lange bevor man den für Byzanz kennzeichnenden Großkuppelbau beherrschte. Die Atmosphäre in dieser Moschee ist die ergreifendste, die wir bislang kennengelernt haben: Ein echtes Gebets- und Begegnungszentrum. In einigen Nischen studieren ehrwürdige, alte Männer in typisch muselmanischer Hockhaltung den auf kleinen, geschnitzten Lesetischen liegenden Koran, zahlreiche kleinere Grüppchen von Männern und Frauen (getrennt, versteht sich!) hocken auf den handgeknüpften, dicken Teppichen zum leisen Palaver versammelt. In der Mitte plätschert ein Brunnen, an dem sich einige Gläubige noch einmal waschen und sich im Flüsterton mit ihren Nachbarn unterhalten. In einem anderen Teil wird unter Leitung des Imam ein Gebet zelebriert. Dazwischen, an verschiedenen Stellen, gehen Menschen dem privaten Gespräch mit ihrem Gott nach und bewegen sich dabei in den acht vorgeschriebenen Gebetshaltungen des islamischen Rituals. Was für ein Unterschied zu der kühlen, non-kommunikativen Atmosphäre in unseren christlichen Kirchen!

Direkt neben der Yesil Cami, der Grünen Moschee, so genannt ihrer wegen prächtigen Fayencen-Kacheln, finden wir ein gemütliches Restaurant. Ein wahres Kleinod an geschmackvoll zusammengestellten türkischen Antiquitäten, ausgesucht mit viel Liebe. Sogar die Tassen und Teller sind jede für sich anders, von einem Freund des Besitzers getöpfert. Dieser, ein hagerer Mann in den Vierzigern, mit interessant gefurchtem Gesicht, wallendem grauen Vollbart, sehr sympathisch, spricht recht gut Deutsch. Er gehört zu der Sorte Mensch, bei der man sich sofort wohlfühlt und man meint, sich schon immer zu kennen. Eh wir uns versehen, befinden wir uns im einem intensiven Schwätzchen und haben vor uns zwei Gläser Cay (Tee). Nachher diesen dann bezahlen zu wollen, wäre hier eine Beleidigung! Gastfreundschaft á la Türkei.

Soldat mit akzentfreiem Schwäbisch: »Scheiß-perfekt«

Etwa hundert Kilometer weiter, nach dem Ulubat See, biegen wir ab von der geschäftigen Straße nach Izmir und erleben mitten in der herrlichen Einsamkeit, mit uns und unserem orangefarbigen Bulli alleine, einen der hinreißenden Sonnenuntergänge im kargen, anatolischen Hochland. Aus der Feme dröhnt das dumpfe Sausen der vielbefahrenen Landstraße herauf, wir sind froh, hier oben zu sein. Nicht weit von uns zieht ein Bauer mit seinem hölzernen Ochsenkarren vorbei und winkt friedfertig herüber. Irgendwo im unsichtbaren Nirgends blökt ein Schaf, dann bellt ein Hund. In dieser Stimmung, weitab vom Stadtrummel, sind wir wieder einmal unbeschreiblich glücklich und zufrieden, uns auf dieses Leben und diese Reise eingelassen zu haben.

Einen Tag später erreichen wir Izmir. Nato Hauptquartier Süd-Ost und zweitgrößte Hafenstadt der Türkei. Wir suchen uns den Weg zu „American Express", fragen nach Post – „nichts da!" – und fliehen hinaus aus der Stadt, an einen ruhigen Sandstrand in der Nähe von Ephesus, neben einem langweiligen Campingplatz mit dem horriblen Namen „Adele Meier". Der Strand wird, wie die meisten Küstengebiete in der Türkei, von der „Jandarma", dem Militär bewacht. Bei der Einfahrt begrüßt uns einer der Soldaten in akzentfreiem Schwäbisch. Er leistet zur Zeit seinen obligatorischen Militärdienst, erzählt er uns, hat „noch 59 Tage" und hofft bald darauf wieder „zuhause" in Tübingen zu sein. Auf diesem Strand kann man, nahe am Wasser, kilometerweit an der Küste entlang fahren. Selbst mit einem schweren Auto wie dem unseren. Wie gerufen finden wir am Ende der Bucht auch noch ein kleines Restaurant. Nach einem guten Abendessen mit Fisch und „Griechischem Salat", der hier „Türkischer Salat" heißt, fantastischem Weißbrot, das dem französischen in keiner Weise nachsteht, sowie zwei Flaschen des bei uns leider völlig unbekannten, aber nichtsdestoweniger guten türkischen Rotweins, lenke ich den Bulli den langen, sandigen Strand zurück. Auf meiner Suche nach einem „perfekten" Plätzchen, neben einigen anderen Wild-Campern, bleibe ich nachts um elf glatt im Sand stecken. Mit viel Schaufeln und der Muskelkraft einiger freundlicher Nachbarn finde ich eine Stunde später aber wieder festen Boden. Pedra muss ich an diesem Abend hoch und heilig und für alle Zeiten versprechen, nicht immer so „scheißperfekt" zu sein.

Suchst du die Spuren der Griechen, fahre in die Türkei

Den ganzen nächsten Tag verbringen wir im antiken Ephesus. Hier hatte der Apostel Paulus lange gewirkt, hier liegt das Sterbehaus der sogenannten Jungfrau Maria. Die Spuren der griechisch-römischen Vergangenheit sind so gut und in einer Vielfalt erhalten, wie sonst nirgendwo in Griechenland oder der Türkei. Ich finde mich nicht ganz alleine in der Meinung: „Hast du Ephesus nicht gesehen, hast du Griechenland nicht gesehen!" Dort ist praktisch alles, was Griechenland an Ruinen bieten kann, an einem Platz und dazu noch in erstaunlich gutem Zustand. Das Stadion, Tempel, Säulen aus verschiedenen Epochen, Wohnhäuser, Kanalisationsanlagen, Wege, Tore – alles ist in fast verschwenderischer Fülle an diesem einen Ort. Die Ausgrabungen stehen teilweise unter der Leitung des Österreichischen Archäologischen Instituts. Gerade werden die Trümmer der Celsus Bibliothek wieder aufgebaut. Die Arbeit dauert „erst" zwanzig Jahre und scheint nun in der letzten Phase zu stecken. Das Resultat ist großartig. Gott sei Dank haben sämtliche Mittelmeerstaaten seit Jahren dem buchstäblichen Raub und Ankaufseifer deutscher, englischer, französischer und amerikanischer Museen einen Riegel vorgeschoben. Es ist traurig und frustrierend anzusehen, dass zum Beispiel Pergamon ein langweiliger Trümmerhaufen ist, da die besten Stücke, wie der Zeus-Altar, in sterilem Rahmen und überhaupt nicht dorthin gehörig, im Pergamon Museum von Berlin stehen. Und Troja ist aufgeteilt in Berlin, London, Paris... Auch ein trauriges Kapitel der hemmungslosen Ausbeuterei der kapitalkräftigen Industriestaaten!

Kuşadasi, Priene, Milet, Didyma und ein Mammutdurchfall

Einen Tag später genießen wir den Touristenrummel von Kuşadasi. Ab und zu ein bisschen Action tut gut. Kuşadasi, das ich vor neun Jahren noch als verträumtes, preiswertes Fischerdorf erlebt habe, kann sich nun durchaus mit einigen Rivieraorten messen. Die Verbindungsschiffe zum nahen Samos sind wesentlich größer und „metallener" geworden. Noch 1971, als ich meinen VW-Käfer, festgetäut auf einem wurmstichigen Fischerboot hinüber schiffte, hatte ich ehrliche Angst, samt meinem Auto in der Ägäis zu versinken.

Wir fahren weiter entlang der Küste nach Priene, Milet und Didyma. Doch nach Ephesus wirken diese Trümmerorte etwas flach. Bei Didyma aber, an einem langen Sandstrand, eingebettet in eine Bucht, machten wir wieder für eine Woche Badeferien und versuchten, unseren Mammutdurchfall loszuwerden, der mich seit Istanbul und Pedra seit Bursa in abwechselnder Stärke plagt. Er soll sich jedoch als äußerst hartnäckig erweisen, resistent gegen Reisdiät, Kohletabletten, Mexaform, sonstige Chemie und alle guten Ratschläge, die wir unserem Medizinhandbuch entnehmen. Erst die Pillen eines türkischen Arztes zwei Wochen später bringen die ersehnte Hilfe. Die einzige Krankheit, die uns auf der ganzen Reise befallen hat! Ab da ist unser Organismus offensichtlich in die veränderten Verhältnisse hineingewachsen.

Pamukkale: Warmes Quellwasser aus dem Boden

Wir starten in Richtung Pamukkale mit seinen einzigartigen Kalksinterterrassen. In Söke hoffen wir Geld wechseln zu können und müssen erfahren, dass Şeker Bayram ist, das Ende des einmonatigen Ramadans, des islamischen „Fastenmarathons“: die Banken sind bis einschließlich kommenden Montag dicht. Bis dahin sind es vier Tage! Mit Erleichterung fallen uns zwar die DM- und Dollar-Scheine in unserem Geheimfach ein, aber eigentlich wollen wir diese nur in allerletzter Not eintauschen. Wir haben Glück und finden eine Bank, bei der die Tür offen steht und in der einige Typen mit ihrem Müdür, dem Chef, Inventur halten. Nach einigem guten Zureden sind sie auch bereit, einen unserer Euroschecks einzutauschen. Dabei setzt die übliche umständliche Prozedur ein: Der erste Mann schreibt drei Formulare aus und berechnet die Wechselsumme. Ein zweiter prüft ersteres sehr gewissenhaft mit einer Miene, als ob er die Waffenstillstandsverträge unterschreiben müsste und setzt ein krakeliges Zeichen auf die Papiere. Darauf prüft sie noch der Müdür mit etwas gelassenerer Mimik und schickt den ganzen Kladderadatsch – mittels Büroboten versteht sich – zum Kassierer. Dieser rechnet erneut alles durch, noch eine Unterschrift, dann ein gelangweilter Blick in Richtung Kunde und schließlich, mit der Lässigkeit und Geschwindigkeit, die alle Kassierer der Welt an sich haben, blättert er aus mehreren dicken Geldbündeln exakt die richtige Anzahl Scheine auf den Tresen.

Pamukkale gehört zu den eigenwilligsten Landschaften dieser Welt. Seit Jahrtausenden tritt aus einem unterirdischem Netz verzweigter, dünnadriger Kanäle warmes Quellwasser aus dem Boden und scheidet Kalziumcarbonat aus. An den Rändern setzt sich dieses fest und bildet eigenartige muschelförmige Sinterterrassen, die von weitem wie duftige Wattebäuschchen aussehen. Daher kommt auch der Name: Pamukkale bedeutet „Baumwollschlösschen“.

Selber in die Küche, Deckel hoch!

Am Fuß des Hügels, von dem die zahlreichen kleinen Wässerchen plätschern, treffen wir wieder auf einen echten Geheimtipp, das „Otel Konak Sadi“, ein gemütliches Familien-Hotel-Restaurant mit einem kuscheligen Garten. Das Gebäude ist ein zweigeschossig Holzhaus. Als Tische dienen kunstvolle, alte Bronzeteller, die um die flachen, mit Teppichen bedeckten Sitzbänkchen stehen. Gegessen wird im Garten, vor einem kleinen, nicht protzigen „Swimmingpool“, der von den weiter oben liegenden Quellen über ein kleines Bächlein gespeist wird. In der Küche hebt man selbst die Topfdeckel hoch, palavert ein bisschen mit der Familie Semerci auf Englisch oder Französisch und lässt sich dann zwischen den durchwegs netten Gästen im Garten nieder. Was die Familie ganz besonders sympathisch macht, ist die Tatsache, dass sie einem jungen Pärchen aus Frankreich erlaubt – da das Hotel gerade voll ist – kurzerhand ihr Zeit im Garten aufzubauen.

Nomaden mit Zelten, bizarre Lehmberge, Antalya und eine Beschneidungszeremonie

Unser nächstes Ziel heißt Antalya. Wir fahren vorbei am 25 Kilometer langen Aci See, einem völlig ausgetrockneten, weißen Salzsee. An seinem Ende schaufelt eine Soda-Sulfat-Fabrikasi den Segen in Säcke. Bei Baradiz öffnet sich der Blick auf den malerisch gelegenen Burdur See mit gleichnamigem Städtchen. In Seenähe eine Apfelplantage neben der anderen, dazwischen immer wieder Palmen. Begrenzt wird das fruchtbare Tal von sehr beeindruckenden braun-grauen, kahlen, zerklüfteten Lehmbergen, die in ihren bizarren Formen fast unwirklich, wie aus einer anderen Welt, wirken. Mit einem Regierungsprogramm hat man angefangen, diese Lehmberge zu terrassieren und mit Pinien zu bepflanzen. Eine ausgewachsenen Pinie soll durch Aufsaugen der Nachtfeuchtigkeit mit ihren vielen Nadeln pro Tag bis zu 75 Liter Wasser über die Wurzeln an die Erde abgeben. Etwas höher, im saftig grünen Umland des Cubuk Passes, begegnen wir immer wieder Nomaden mit ihren naturschwarzen Zelten aus gewebtem Ziegenhaar und ihren Schaf-, Ziegen- und Rinderherden. Erst sind wir im Zweifel, ob es sich um Zigeuner oder tatsächlich um Nomaden handelt. Nach unseren Erlebnissen mit den aggressiv bettelnden Zigeunern in Yugoslawien sind wir zunächst sehr vorsichtig. Aber die Leute hier sind friedlich. Außerdem fällt uns ein, dass Zigeuner keine Viehherden mit sich führen. Inzwischen ist es fast schon September und diese Menschen ziehen, ähnlich wie Vögel, zum Überwintern in die klimatisch mildere Umgebung des nahen Mittelmeers. Das zentrale und nörd-liche anatolische Hochland kann ab Oktober schon bitter kalt werden. Die Weiden für das Vieh sind vom langen, trockenen Sommer ausgedörrt und erst im Frühjahr werden sie dorthin zurückkehren.

Kurz darauf kommen wir unvermittelt aus den Bergen heraus und vor uns liegt die große Bucht von Antalya. Die Stadt Antalya war einmal sehr reich. Die vielen Parks, die prachtvollen Villen und Paläste sprechen noch heute dafür. In jüngster Zeit kamen noch einige Hotels zu beiden Seiten der Küste dazu.

In diesem Jahr sind, wie praktisch überall in der Türkei, viele Touristen ausgeblieben. Dabei gäbe es hier, abseits der überfüllten und weitaus teureren

Orten des westlichen Mittelmeers, noch soviel zu entdecken: eine andere Kultur, eine andere Religion, andere Sitten, freundliche Menschen, eine traumhafte Küste, die sich 500 Kilometer bis hinunter nach Erdemli zieht und, wenn man Glück hat, sogar eine Beschneidungszemonie.

Auf einer Nebenstraße kommt uns eine Gruppe von Autos entgegen. Es wird im Schritttempo gefahren und dabei ständig laut gehupt. Die Leute scheinen guter Stimmung zu sein und wir denken an eine Hochzeit. Aber dann ist da mittendrin, feierlich geschmückt auf einem Pferd, mit einem Purpurmantel um die Schultern und mit einer kleinen Krone auf dem Kopf, ein etwa zwölfjähriger Junge. Neugierig fragen wir einige Einheimische – wir brauchen aber eine Weile, bis wir jemanden finden, der Deutsch oder Englisch spricht – bekommen dann aber bereitwillig eine Erklärung: Hier hat eine Beschneidungszemonie stattgefunden. Ähnlich der christlichen Konfirmation oder Firmung, sowie dem jüdischen Bar Mitzvah, in der moslemischen Welt eine große Sache. Die Beschneidung des Jungen geschieht im Kreis der besten Freunde und der männlichen Familienmitglieder im Alter zwischen zehn und zwölf Jahren. Ohne Vollnarkose, versteht sich! Stets jedoch verbunden mit einer großen Feier, an der dann auch die Frauen teilnehmen dürfen und bei der man dem Jungen, der nun offiziell ein Mann sein soll, Geschenke überreicht und zum Umzug durch die Stadt zu Pferd oder im schön geschmückten Auto, größere Geldscheine an den Festtagsmantel heftet. Der Beschnittene hat sich von nun an auch anders zu verhalten. Zu den kleineren, noch unbeschnittenen Freunden hält man Distanz und das Essen darf an einem Tisch mit den älteren Jungen oder gar mit den Männern eingenommen werden. Nur einsetzen darf der verstümmelte Junge das Ding nicht gleich... Dazu wird er auch in der Türkei in aller Regel noch ein paar extra Jährchen warten müssen.

Wo die Mittelmeerküste schön und das Meer noch sauber ist

„Türkeifans", von denen es zum Gluck noch nicht allzu viele gibt, sagen es: „Ab Antalya ist die Agäisküste am schönsten!" Nicht ganz unerfahren in Sachen Mittelmeer können wir dieses Urteil voll bestätigen. Etwa zwanzig Kilometer vor Antalya geht es richtig los! Eine Schönheit und ein Wasser, die ihresgleichen in Europa suchen. Pinienbewachsene Berge mit bizarren Felsen reichen bis ins Meer, immer wieder unterbrochen von fruchtbaren Tälern mit riesigen Bananenhainen, sowie Sandbuchten, die am besten per Schiff zugänglich sind und – bei allem Überfluss – kaum Menschen. Hier kann man wahrhaftig noch seine Traumferien erleben, quasi vor der Haustüre Europas. Drei Fahrtage sollte man für diese Strecke von Antalya bis Mersin gut rechnen, besser noch, man bleibt mehrmals in einer dieser herrlichen Buchten hängen.

Selbst bei Cennet Cehennem, was soviel wie „Himmel und Hölle" heißt, können wir uns immer noch nicht von dieser Küste trennen. Verträumt schaue ich hinunter aufs Meer und erblicke in einer völlig einsamen Bucht einen kleinen, grauen Punkt. Mit dem Feldstecher erkenne ich einen Jeep mit aufgebautem Dachzelt. Pedra und ich beschließen spontan, dass dort wo ein Jeep hinkommt, unser guter VW-Bus schon lange hin kann. Die folgende Abfahrt über einen ungewöhnlich steilen, felsigen Pfad ist mit unserem guten Bulli fast schon kriminell, aber wir sind der festen Meinung, dass er sich nun an schwierige Pisten gewöhnen muss und seine Schonzeit endgültig vorbei ist. Unten angekommen begrüßen uns erstaunt, aber freundlich, eine Steffi und ein Jost aus Siegen. Wir sind die einzigen Menschen weit und breit. Am selben Abend, am gemeinsamen Lagerfeuer mit gutem Wein, stellen wir fest, dass wir die gleiche Reiserichtung haben: Indien. Nur wollen die beiden direkt über Persien dorthin, wir jedoch haben unsere Scheu vor Khomeinis Persien noch nicht überwunden und wollen durch Syrien, in den Irak und uns von Basra aus nach Bombay einschiffen.

Erst am Sonntag wird es etwas lebhafter. Wir erhalten Besuch von einem kleinen Lastwagen, vollbeladen mit Mamma, Pappa, Oma, Opa, vielen, vielen Kinderchen und einem Schaf. Wie üblich wird rasch festgestellt: „Aleman – Türkisch – Arkadash", ruckizucki sind wir alle in die Familie integriert, das Schaf wird geschlachtet und zum Ausbluten zwischen zwei Bäume gehängt, gehäutet, und landet schließlich am Spieß. Inzwischen sind noch ein paar Sonntagsgäste hinzugekommen und wir lernen eine der beeindruckenden türkischen Gesten kennen: Jeder, der beim Schlachten des Tieres anwesend war, bekommt ein Stück Fleisch, den sogenannten „Augenteil". Eine Sitte, die ihren Ursprung noch in sehr alter Zeit hat, als der glückliche Jäger seine Beute mit den weniger erfolgreichen Genossen teilte.

Kappadokien: Unterirdische Städte und Höhlenkirchen

Am fünften September beschließen wir, dass der offizielle Erholungsteil vorüber ist. Wir fahren gut 300 Kilometer von der Küste weg, ins innere Anatoliens, ins Tal von Göreme, nach Kappadokien. Wie in der ganzen Türkei, ist auch diese Fahrt von einer immer wechselnden Landschaft begleitet. Gebirge, Täler, Flüsse, interessante kleine Örtchen.

Kappadokien mit seinen Höhlenkirchen, in denen die ersten Christen vor den Moslems Zuflucht suchten, kann man lange beschreiben, sollte es aber besser gesehen haben. In Derinkuyu und Kaymakli besuchen wir die unterirdischen Städte, die über sieben Stockwerke bis in 55 Meter Tiefe reichen und sich über eine Länge von dreißig Kilometer erstrecken.

Das Tal von Göreme mit seinen bizarren Gesteinsformationen ist mit fast nichts zu vergleichen. Ausbrüche des 3.916 Meter hohen Ericiyas Dagh bei Kayseri – dem antiken Caesarea – brachten die helle Lavamasse hierher. Der ständige Wind Anatoliens und das Wetter erodierten das spröde Gestein und verliehen ihm seine launischen Formen. Hier ragen kilometerweit nadelartige Lavaspitzen in den Himmel, dort stehen riesenhafte, steinige Pilze in der Gegend und manche dieser Gebilde sehen aus wie ein einziger Akt der Akrobatik. Christliche Kultur und Geschichte sind in einer umwerfenden Landschaft eingebettet.

Die ersten Höhlenkirchen wurden von syrischen und griechischen Christen im siebten Jahrhundert erbaut, die letzten orthodoxen Griechen erst 1920 vertrieben. Leider ist dabei das Gros der Wandmalereien dem Abbildungsverbot und dem Eifer der islamischen Eroberer zum Opfer gefallen. Rigoros und brutal wurden die Zeugnisse der ersten christlichen Kultur ausgekratzt. Dennoch, einem ganz wichtigen Gut des Christentums konnten sich selbst die strengsten islamischen Eiferer nicht entziehen: die Kunst, einen vernünftigen Messwein zu keltern, haben sie stillschweigend von ihren griechischen Vorläufern übernommen. Und weil wir in Syrien und dem Irak trockene Zeiten auf uns zukommen sehen, halten wir vor einer kleineren Serap Fabrikasi, in etwas noblerem Deutsch würde es „Weingut“ heißen und stocken unseren Vorrat kräftig auf. Wir hoffen auf milde Zöllner...

Die Vergangenheit fährt mit!

In meinem Tagebuch mache ich folgende Eintragungen:

In dieser herrlichen Landschaft überkommen mich immer wieder Glücksgefühle darüber, dass ich die Entscheidung getroffen habe, jetzt die Welt zu sehen und die kostbare Zeit nicht am Schreibtisch oder mit langweiligen Leuten zu verbringen, deren Geschichten ich so gut wie meine eigenen kenne.

und:

Ich träume lebhaft und viel, seitdem wir auf dieser Reise sind. Es sind Träume, wie ich sie mir eigentlich nicht wünsche: mehr Alpträume, als glückliche Träume. Die Vergangenheit scheint mich einzuholen, ich werde sie verarbeiten müssen. Ich mache den Versuch, mir meine Träume zu notieren und über sie nachzudenken, um so näher an mein Unbewusstes zu gelangen. Ich merke, wie ich endlich Zeit für mich beanspruche und nur in Ruhe und Abstand den Weg zu mir selbst finden kann.

Grenzposten bei Kilis: Erst mal Tee trinken!

Nach 700 Kilometern in Richtung Südosten durch das angeblich sehr gefährliche Kurdengebiet erreichen wir am 10. September den türkisch-syrischen Grenzposten bei Kilis. Die Abfertigung geschieht hier zwar äußerst umständlich und mit Ruhe, wird dafür aber zum Erlebnis. An vier verschiedenen Posten werden unsere Pässe geprüft. Der erste, ein wichtigtuerischer „Jandarma“, kommt mit aufgepflanztem Gewehr, schaut kurz in den Bulli und fragt: „Haschisch?“ Wir sind erstaunt und denken erst, er will etwas für sich selber haben, kommen aber noch rechtzeitig auf den Trichter, dass er eigentlich meint, ob wir wohl schmuggeln. Mit vermutlich kennerischem Blick auf unseren äußeren Eindruck gibt er sich mit unserem „No!“ zufrieden. Etliche Kilometer weiter landen wir bei der „Police“. Dort werden die Pässe ein zweites Mal geprüft, wichtige Eintragungen in noch wichtigere Bücher gemacht und dabei der obligatorische Cay (Tee) serviert. Nichts passiert mit Eile und überhaupt nie ohne Pläuschchen „woher, wohin, how do you like...“ Im Häuschen daneben, beim Customs Officer, das gleiche. Während er Eintragungen in ein Buch macht, uns – ohne eine bejahende

Antwort zu erwarten – fragt, ob wir etwas anzumelden hätten, gibt es wieder Tee. Dann schaut er kurz in den Bulli hinein, bewundert die Einrichtung und wünscht uns kurz darauf „Bon voyage!". Keine fünfzig Meter weiter werden die Pässe noch einmal kontrolliert und – auweia – auch dieser Officer will mit uns Tee trinken. Nun lehnen wir aber höflich und bestimmt ab, unter Hinweis darauf, dass wir schon zwei Tees gehabt hätten. Wir hoffen ja immer noch, am heutigen Tag bei den Syrern anzukommen. zweihundert Meter weiter – man glaubt es kaum – werden die Pässe promt ein weiteres Mal kontrolliert, aber zum Glück scheint es dort keine Möglichkeit zum Teekochen zu geben. Der Mann weist uns nur freundlich darauf hin, dass unser Visum für Syrien an und für sich abgelaufen ist, aber dann öffnet er die Schranke.

Nun sehen wir auch endlich die syrische Seite, ein paar Hütten und eine Fahne mit für uns neuer Farbkombination.

Syrien und eine große Entscheidung in Damaskus

Die syrischen Grenzposten stehen in Gastfreundlichkeit ihren türkischen Kollegen in nichts nach. Nur wird der Tee mit sehr viel Zucker serviert. Erfreulicherweise geschieht auch die gesamte Abfertigung innerhalb eines einzigen Geländes, ohne Posten hinten, vorne und dazwischen. Nicht ohne vom Captain für den Abend im nahem Aleppo eingeladen zu sein (er will, dass wir ihn und seinen Sohn fotografieren) finden wir uns schließlich, nach gut drei Stunden Grenzprozedur, in der syrischen Republik mit dem klangvollen Namen Al Jumhuriya Al Arabiya as Souriya. Unser abgelaufenes Visum wurde problemlos um 14 Tage verlängert, an dieser Stelle hofften wir noch, dass sich die Iraker ebenso verhalten würden.

An der Zapfsäule gleich nach der Grenze freuen wir uns über den hiesigen Benzinpreis: 45 Pfennig der Liter! Hier kann man also noch Auto fahren! Am gleichen Abend sind wir in Aleppo. War die Türkei noch gerade irgendwo zwischen Orient und Okzident, so sind wir nun endgültig im Orient. Die Frauen laufen zum großen Teil noch völlig schwarz verschleiert herum, die Männer mit dem bequemen langen Kaftan und den durch die Palästinenser bekannten, kunstvoll gebundenen Kopftüchern. Je nach Laune werden aber auch traditionelle arabische Kleidung und mitteleuropäische Straßenkluft bunt miteinander vermischt. Ach, wie gerne würde ich so in Deutschland ins Büro gehen...

In Aleppo sind wir vom Basar, rund um die Große Moschee, geradezu begeistert. Wir nehmen uns viel zu wenig Zeit für diese Stadt, aber es drängt uns nun schon nach Damaskus, wo wir ganz wesentliche Dinge zu erledigen haben. Die Fahrt dorthin am nächsten Tag wirkt auf uns nach der abwechslungsreichen Türkei langweilig und mehr wie eine Pflichtübung. dreihundert Kilometer durchkreuzen wir eine Ebene, in der sich Wüste und Weite mit bereits abgeernteten Weizenfelder abwechseln. Nur die verstreuten Dörfer mit ihren eigenartigen Kuppeldächern bieten dem Auge hin und wieder eine kleine Abwechslung. Erst fünfzig Kilometer vor Damaskus, steigen wir langsam in ein kahles, völlig karges Gebirge auf.

Der Campingplatz, drei Kilometer vor Damaskus gelegen, erscheint uns in dieser geschäftigen Wüstenstadt wie eine Oase, doch an die Gebühren müssen wir uns erst gewöhnen.

Für den nächsten Morgen haben wir uns die Eintragung unseres Visums bei der indischen Botschaft als Hauptaufgabe vorgenommen, sowie die Verlängerung des irakischen Visums bei den dortigen Behörden und einen Gang zur deutschen Botschaft wegen dringend erwarteter Post. Wir sind sehr gespannt, ob alles klappt, denn davon hängt die weitere Route ab. Das Visum für Indien, in Bonn beantragt und zur Ausstellung in Damaskus erbeten, haben wir innerhalb einer Stunde. Zu unserer Freude sogar für sechs Monate, denn wie wir wissen, scheinen die indischen Behörden seit einiger Zeit nur noch eine Aufenthaltsdauer von drei Monaten zu genehmigen. Hoch motiviert steuern wir die irakische Botschaft an. Dort kommt aber ein unerbittliches „Keine Verlängerung". Nur die Ausstellung eines neuen Visums und die dauert mindestens vier Wochen! Wir eilen sofort zur iranischen und pakistanischen Botschaft, um abzuchecken, ob eine Durchquerung Probleme gäbe. Von beiden Steilen erfahren wir: keine Probleme, die Grenzen sind offen, wir brauchen kein Visum, lediglich das „Carnet-de-Passages" (das wir haben). Die Pakistanis drücken uns gleich noch einen Packen Prospekte in die Hand und meinen: „Have a nice trip!" Bei den Iranern blickt von der Wand ein gestrenger Khomeini auf uns herab. Der Mann scheint nicht einen Funken Spaß zu verstehen, fährt es mir durch den Kopf und mutig erwidere ich seinen ernsten Blick, zum Trotz mit einem freundlichen Lächeln.

Es ist Mittwoch und ein ehemaliger Studienkollege, der nun wieder in Damaskus lebt, hat uns für diesen Tag zum Mittagessen eingeladen. Unser Freund erzählt uns, dass er Beziehungen zu den Irakern habe und versuchen wolle, über seine Kontakte unsere Visa zu verlängern. Dazwischen liegt aber ein Freitag, der „Sonntag" in arabischen Ländern. So marschieren wir schließlich am Samstag gemeinsam zur irakischen Botschaft, um die dortigen Herren umzustimmen. Wir werden sogar vom Konsul persönlich empfangen, aber nichts geht. Die Leute bleiben stur. Die Entscheidung für diesen Fall, zurück durch die Türkei, dann durch den Iran über Pakistan nach Indien zu fahren, haben wir schon vorher getroffen. Nun hält uns nichts mehr. Kurz nach zwölf Uhr mittags befinden wir uns wieder auf der Straße nach Aleppo. Das malerische und sicher sehenswerte Felsendorf Maaloula, in dem als einzigem Ort der Erde immer noch Aramäisch, die Sprache Jesu Christi, gesprochen wird lassen wir links liegen. Ebenso Palmyra, das uns einen weiteren Umweg von 300 Kilometer gekostet hätte. Für Besichtigungen fehlt uns momentan die Muße. Khomeini müssen wir ins Auge blicken und je eher, desto besser. Bis zu unserem nächsten großen Ziel, der indischen Grenze bei Lahore, liegen vierhundert Kilometer durch Syrien, knapp tausend Kilometer durch die Türkei, zirka 2.700 Kilometer durch den Iran und noch einmal rund 2.000 Kilometer durch Pakistan. Die Abkürzung durch Afghanistan geht auch nicht mehr, denn dort stehen inzwischen zehntausende von Russen. Insgesamt also ein Streckenabschnitt von gut 6.000 Kilometer. Ich bin optimistisch und meine, dass wir das Ganze in etwa 14 Autotagen schaffen könnten. Diese Annahme sollte sich als richtig erweisen.

Es ist inzwischen der 15. September und am Abend erreichen wir rechtzeitig vor Einbruch der Dämmerung den uns bereits vertrauten Campingplatz bei Aleppo. Der Besitzer begrüßt uns wie alte Bekannte in fließendem Französisch. Nach sehr langer Zeit stellen wir wieder einmal den Wecker auf die gottlose Zeit von sechs Uhr früh. Um zehn Uhr sind wir bereits an der syrisch-türkischen Grenze. Das schon bekannte Ritual beginnt erneut, diesmal in umgekehrter Reihenfolge. Der Tee schmeckt erst so richtig bei den Türken. Eile hat an Grenzstationen grundsätzlich keinen Sinn und diesmal besteht der syrische Captain darauf – nachdem wir uns bei der Einreise bei ihm in Aleppo nicht gemeldet hatten – dass wir nun an Ort und Stelle einige Photos machen. Dazu bekommen wir seine genaue Adresse, damit wir ihm auch ja die Bilder zuschicken können. Zum Auto bringt er uns persönlich und für den Inhalt traut sich keiner seiner Untergebenen auch nur noch im geringsten zu interessieren. Auch die Türken erkennen uns als gute, harmlose, alte Freunde wieder und zusammen mit ihnen müssen wir ein bisschen auf die Syrer und die Ölausbeuter schimpfen. Dann müssen wir noch bestätigen, was wir auch gerne und ehrlich tun, dass wir uns freuen, wieder in der Türkei zu sein. Die Landschaft ist von nun an wieder bis weit hinein nach Persien interessant und abwechslungsreich. Über Urfa gelangen wir bereits am Montagabend bis Tatvan am Van See und schaffen noch die letzte Fähre über den riesigen See, hinüber nach Van. Die Fähre spart uns einen Umweg von 160 Kilometer und wie auf allen öffentlichen Verkehrsmitteln in der Türkei sind die Kosten dafür geradezu lächerlich – zwei Mark fünfzig!

Der Van See im »wilden Kurdistan« und Noahs mögliche Gedanken beim Berg Ararat

Der Van See ist mit seinen Ausmaßen schon ein kleines Meer. Über 3.764 qkm breitet er sich zwischen den erdig-braunen Vulkanbergen aus; er ist nicht nur der größte See der Türkei, sondern auch wahrscheinlich der schönste, dabei genau sieben Mal so groß wie der Bodensee, in einer Höhe von 1.700 Metern gelegen. Schwimmen in diesem See ist ein eigenartiges Erlebnis. Die Ausbrüche des Nemrud Dagh haben seine Ausflüsse verstopft, so bildete sich ein hoher Anteil an Soda. Das Wasser fühlt sich sonderbar seifig an und schmeckt ebenso. Nun sind wir noch einen knappen Tag von der iranischen Grenze entfernt und legen vor dem großen Sprung einen Tag Pause ein. Mehr für das Auto, als für uns. Den halben Tag verbringe ich damit, Zündung und Ventileinstellung zu überprüfen, die Vorderachse zu schmieren, den Luftfilter zu reinigen, Öl zu wechseln, die Bremsen durchzuchecken und Weinflaschen zu verstecken... Fertig für den Abschnitt, der zum ersten Mal mehr einem Pflichtlauf, als einer Kür gleichen wird.

Abends gegen acht, wir stehen an einer ruhigen Stelle am See und haben uns gerade für die Nacht fertig gemacht, klopft es energisch an der Tür. Zwei Jandarmas in voller Bewaffnung erklären, dass es hier zu gefährlich zum Campen sei und unterstreichen dies noch mit der bekannten Bewegung des Zeigefingers, horizontal vorbei am Hals. Sie laden uns ein, kostenlos und sicher bewacht bei ihrer Station zu übernachten. Da wir die vielen Geschichten vom „wilden Kurdistan" doch nicht ganz vergessen können – obwohl wir gerade mit den Kurden einige unserer engsten Begegnungen erlebt hatten – nehmen wir den gut gemeinten Rat an und folgen den beiden zu ihrer Wachstation.

Unbehelligt fahren wir am nächsten Morgen weiter nördlich, durch eine reizvolle Gegend, entlang dem Van See bis Caldiran und von dort über eine Schotterpiste durch das atemberaubende Vulkangebiet um den 3.542 Meter hohen kalten Vulkan Tendürek Dagh. Wir steigen dabei mit dem Auto auf gut 3.000 Meter, kommen durch gemütliche alte Kurdendörfer mit Lehmhütten und riesigen Stapelhaufen von Büffelmist, der in der baumlosen Gegend das einzige Brennmaterial darstellt. Der Büffelmist wird kunstvoll zu brotähnlichen Fladen geformt, in der Sonne zum Trocknen ausgelegt und dann zu kleinen Türmen angehäuft. Ein Bild, das uns bald vertraut sein wird und bis nach Ceylon folgt. Die auffällig bunt gekleideten Kurdenfrauen mit ihren Kindern winken und die Männer blicken uns offen und interessiert entgegen. Hier scheint niemand Aggressionen zu hegen. Außer ein paar Lastern treffen wir kaum auf ein Auto, auf Touristen schon lange nicht mehr. Ab und zu wird das Bild getrübt durch neu gebaute, entsetzlich eintönige und langweilige, aber moderne Siedlungen. Ein Programm der türkischen Zentralregierung, um die kurdischen Nomaden sesshaft zu machen. Soweit vielleicht sogar gelungen, doch vom menschlichen Aspekt her ebenso fehlgeschlagen wie die Wohnsilos in unseren heimatlichen Vorstädten.

Fünfmal werden wir auf dieser gebirgigen Strecke, die dicht entlang der persischen Grenze verläuft, von Militärposten angehalten. Viermal, als man sieht, dass wir nur Touristen sind, kurz und bündig abgefertigt. Das letzte Mal jedoch macht sich einer der Burschen besonders wichtig. Er will partout unser ganzes Auto inspizieren. Ich entschließe mich zum Gegenangriff: Wie ein Gockel plustere ich mich auf, verlange den Kommandanten zu sprechen und rede auf den Mann in sehr bestimmten Tonfall in Deutsch, Englisch und Französisch ein, in der Hoffnung, dass er wenigstens etwas versteht. Irgendwann kapiert er auch scheinbar die Worte „Aleman-Tourist-mach-ich-auf-gar-keinen-Fall" und beruhigt sich. Schließlich sind wir auch hier durch.

Nicht weit entfernt werden wir für diesen Zwischenfall entlohnt: vor uns, auf der gegenüberliegenden Seite des vulkanischen Tales, in das wir hinunterblicken, liegt der schneebedeckte Kegel des höchsten Berges in der Türkei, der Ararat. 5.172 Meter erhebt er sich. Dahinter liegt bereits die UdSSR, am Ende des Tales die iranische Grenze. Vor uns eine Schönheit, dass ich mir spontan wünsche, nach meinem irdischen Tod nicht in ein unbekanntes christliches Paradies eingehen zu müssen, sondern viel mehr, wie ein gläubiger Hindu, doch wieder auf diese herrliche Mutter Erde zurückkehren zu dürfen. Irgendwo da drüben, beim Berg Ararat, soll ja auch die Arche Noah gelandet sein. Vielleicht hatte dieser graue Vorvater an dieser Stelle die gleichen Gedanken wie ich: „Rechtzeitig aussteigen, die Welt ist wunderbar!"

Willkommen in der Islamischen Republik Iran

Am frühen Nachmittag erreichen wir die letzte Stadt in der Türkei, Dogubayazit. Von dort sind es noch zwanzig Kilometer bis zur Grenze. Wir parken dicht neben der E5, packen eine Melone, knuspriges, frisches Weißbrot und ein paar Tomaten aus und beobachten, ob außer uns selbst noch jemand weiter in Richtung Osten fährt. Eigentlich haben wir vor, ab hier, durch den Iran, mit jemandem zusammen zu fahren. Genügend Geschichten hat man ja inzwischen gehört, um nicht mehr ganz unvoreingenommen zu sein. Seit Tagen haben wir auf unserem Kurzwellenempfänger aufmerksam die Nachrichten der BBC, der Deutschen Welle, der Voice of America und sogar die Stimme der Islamischen Republik Iran (in Deutsch, täglich von 21.00 bis 21.30 Uhr) abgehört. Alles schien „normal" zu sein, außer den leider auch schon „normal" gewordenen Hinrichtungen von Schahanhängern und den Aufständen im Kurdengebiet.

Als nach zwei Stunden außer einigen Lastern kein einziger Tourist vorbeifährt, kommt das Gefühl wie bei „Warten auf Godot“ auf und wir beschließen zu handeln. Eine halbe Stunde später stehen wir am Grenzposten vor einem großen Schild in Deutsch und Englisch: „Willkommen in der Islamischen Republik Iran“. Darüber ein gigantisches Wandbild des düster dreinblickenden Ajatollahs, das den schönen Gruß darunter Lügen zu strafen scheint. Aber nun ist der erste Schritt getan, der zweite unvermeidlich. Eh wir uns versehen, hebt ein Mann die Schranke und kaum dass sie hinter uns herabgelassen ist, fragt er uns – in Uniform: „Do you need to change money? I pay official rates!“ Bei mir fällt sofort der Groschen: Bei Khomeini werden die Devisen knapp, der Mann will schwarz tauschen. Ich bin aber noch sehr auf der Hut und lehne erst einmal höflich ab, mit dem Hinweis, dass ich nur Reiseschecks dabei habe. Die nehmen Schwarzwechsler nämlich weltweit ungern. Die Polizei prüft den Pass und will den gelben Impfausweis sehen, alles scheint erstaunlich reibungslos abzulaufen. Kurz darauf können wir weiter fahren – einen einzigen Kilometer – bis zum Zoll. Auch hier, ein finsterer Khomeini an allen Wänden, ein Wechselschalter, der scheinbar von keinem Menschen benutzt wird, eine Versicherungsagentur, die uns für zehn Tage ihren Schutz verkauft und vor der Zollbaracke etwa fünf verschiedene Camper, ähnlich dem unseren. Darunter auch ein Ehepaar aus Neuseeland, das wir vor rund acht Wochen im griechischen Alexandropoulis kennengelernt hatten. Ein freudiges und erleichtertes „Hallo“ – schlagartig weicht das Gefühl von Unsicherheit und Alleinsein, wie in einem fremden Haus, der vertrauten Wärme des eigenen Wohnzimmers. Als der Zöllner in unseren Bulli steigt und sich nur für „Whisky“ zu interessieren scheint, bin ich schon wieder übermütig. Ich schaue ihm fest in die Augen, setze ein breites Grinsen auf und entgegne auf Englisch: „In Deutschland trinken wir nur Bier.“ Bereitwillig mache ich ihm alle Kästen auf, scheine für ihn glaubwürdig zu sein und nach zwei Minuten sind wir endgültig entlassen.

Schwarz getauscht und eine wichtige Standardfrage

Unter den Leuten mit den Wohnmobilen sind wir die einzigen Deutschen. Die anderen kommen aus England, Australien und aus Frankreich. Zum Teil stehen sie schon seit zwei Tagen beim Zoll und haben alle ein gemeinsames Problem: Der englische sowie der französische Automobilclub stellt momentan kein für den Iran gültiges Carnet-de-Passages aus, jenes Papierchen, für das man bei seiner Heimatbank Geld hinterlegt und das den verschiedenen Zollgebieten garantiert, dass das Auto auch wieder ausgeführt wird, denn sonst ist die hinterlegte Summe futsch. Da keiner unserer Reisekollegen eins hat, müssen sie einen beamteten Führer nehmen, der mit ihnen bis zur pakistanischen Grenze fährt. 2.700 Kilometer, mindestens vier Tage und in einem der geführten Autos, versteht sich, bei zusätzlichen Kosten von 300 bis 500 Englischen Pfund – je nach Verhandlungstalent. Aber unsere Gefährten sind enorm gut! Sie handeln aus, dass ein einziger Führer den ganzen Konvoy begleitet und dass er nicht in harter Währung bezahlt werden muss, sondern in iranischen Rials. In Rials, auf denen das Konterfei des gestürzten Schahs überstempelt wurde. Denn neues Geld, so erfahren wir, wird erst frisch gedruckt. Wie schön, so denke ich, dass unsere bundesdeutschen Scheine doch neutral gehalten sind.

Die englischsprechenden Genossen verblüffen uns noch weiter: Vor den Augen der Zöllner – und großenteils mit ihnen selbst – wird nun wild schwarz getauscht. Offizieller Kurs: 1 US Dollar gleich 70 Rials, schwarz 100 Rials. Inzwischen ist es acht Uhr geworden und nachdem die neuen Gefährten erklärten, dass man hier ruhig und sicher schläft, verbringen auch wir diese erste Nacht auf persischem Boden im Schutz der bewachten Zollbaracke, unter dem allgegenwärtigen Konterfei des Ajatollah.

Am nächsten Morgen mische ich mich erst unter die Schwarztauscher und dann rollen wir allein und ohne Konvoy auf die letzte Schranke zu, denn im Rudel zu reisen ist nicht ganz nach unserem Sinn. Und da sich die Iraner, die wir bisher kennenlernten, als durchwegs nette Menschen erwiesen, haben wir die Angst vor dem Unbekannten ein wenig abgelegt und fühlen uns inzwischen ziemlich sicher.

Der letzte Mann an der Schranke will nur noch einmal die Pässe sehen und Pedra freut sich laut: „Jetzt habe ich meinen ganzen Wein ungeschoren mit herüber gebracht!" „Und ich zehn Flaschen Bier", füge ich hinzu. Ein paar Kilometer weiter, die erste (und glücklicherweise einzige) Militärkontrolle. Barsch fragen sie nach Alcoholic Drinks, drängen uns mit geschultertem Gewehr in die Kabine, lassen sich alle Klappen öffnen, uns fährt der Schreck durch alle Glieder. Im Kühlschrank liegen zwei Flaschen Bier und in einem Korb steht offen – wie ich später merke – eine angebrochene Flasche Wein. Ich schaffe es aber doch, äußere Ruhe zu zeigen, öffne einzeln die Klappen, von denen ich weiß, dass sie „koscher" sind, erkläre ausführlich und betont höflich den Inhalt und wende erfolgreich einen Trick an. Meine Standardfrage bei allen späteren und ähnlichen Situationen: „Bitteschön, wo ist die nächste Tankstelle?" Diesen Satz habe ich in allen relevanten Sprachen gelernt. Er lenkt ab, bringt die Leute auf andere Ideen, schafft Verbindung, denn nicht nur „sie" wollen etwas, auch ich will etwas. Und wer etwas von gewichtigen Kontrolleuren sogar noch „will", der muss entweder harmlos, oder selber „wichtig" sein. Es hat immer funktioniert. Auch hier. Man ist erst verdutzt, denkt merklich nach, versucht zu erklären, steigt schließlich

aus der Kabine heraus um mir mit den Händen besser den Weg erläutern zu können und wünscht uns sogar noch „Welcome to Iran!“ Weg sind wir ... Nach der nächsten Kurve kommt das Bier ganz tief in einen Stauraum, die halbe Flasche Wein landet im Straßengraben. Unsere englischen Freunde an der Grenze hatten uns böse Geschichten erzählt, was passieren kann, wenn man mit Alkohol im Auto an einen islamischen Eiferer gerät.

Bei der nächsten Tankstelle brauchen wir tatsächlich Benzin und sind von den Socken: 25 Pfennig für den Liter! Damit werden die nächsten 3.000 Kilometer billig werden!

Zum ersten Mal in der Werkstatt

Von nun an fahren wir sehr zügig. Die Straßen sind durchwegs gut bis sehr gut. Am ersten Tag kommen wir bis Takestan, etwa hundert Kilometer vor Teheran, am zweiten Tag bis Esfahan. Vier Stunden vor Esfahan, auf einer kleineren Nebenstrecke, durchqueren wir ein Dorf. Ein Mullah und einige Militärs stehen am Dorfeingang und diskutieren. Als man uns kommen sieht, ist man sich nicht ganz im klaren, ob man uns anhalten oder ignorieren soll. Ich bemerke die Situation aus einiger Entfernung und sage zu Pedra: „Schau' ja nicht hin! Wir tun so, als ob wir die Brüder gar nicht sehen würden!“ Angestrengt sehen wir in die andere Richtung und dann, nachdem wir vorbei sind, in den Rückspiegel. Ich bemerke, wie der eine Uniformierte mit dem Gewehr herum fuchtelt und wütend mit der Faust droht. Die Tachonadel steht auf Hundert und bleibt dort auch die nächste Stunde. Aber kein Mensch verfolgt uns. Es war nur ein kleiner Spuk.

In Esfahan bemerke ich Schleifgeräusche an der hinteren Bremse, rechts. Bei einem neugebauten, modernen Hotel, dem „Esfahan Inn“, nimmt man auch Camper auf. Dort bocke ich den Wagen hoch, versuche die Bremse nachzustellen, aber nichts hilft. Die Backen schleifen an der Trommel. Dieser Fall war nicht eingeplant, zum Zerlegen der Bremse fehlt mir der notwendige sechsunddreißiger Nussschlüssel. Am nächsten Morgen beginnt die Suche nach einer VW-Werkstätte. Die vom Werk ausgeschriebene Vertragswerkstatt ist „vor einem Jahren schon“ umgezogen und als wir sie endlich finden, hat sie keine Zeit. In einem „Globetrotter-Buch“ finden wir noch eine Adresse, die sich als guter Tip erweist. Man repariert die Bremse, findet, dass auch noch zwei der Antriebslager dringend ausgewechselt werden sollten, hat dafür jedoch nicht die Teile – wir haben sie in der großen Ersatzteilkiste – am Nachmittag sind wir wieder flott. Nebenbei erfahren wir, dass „der Schah zwar nicht in Ordnung war, aber das mit den Mullahs wollten wir auch nicht!“ Einer meint: „Die Gegenrevolution kommt bestimmt!“ Wir selbst sind sehr zurückhaltend mit Äußerungen, lassen lieber reden, als dass wir uns selbst mitteilen. Im ganzen Land ist die Atmosphäre „man-weiß-nicht-woran-man-ist“. Einmal winkt man uns freundlich zu, ab und zu sprechen uns die Leute aus dem Mittelstand an und jammern über Khomeini, dann schreit man uns im Vorbeifahren böse Worte nach. Insgesamt wollen wir hier möglichst schnell durch, obwohl es uns leid tut, dieses große und interessante Land so schnell zu durchqueren. Bis vor Teheran durchfahren wir eine äußerst fruchtbare Vulkanebene, die im Norden von Gebirgen, die zum Kaspischen Meer hin abfallen, begrenzt wird, später, als wir nach Südosten abdrehen, kommt nur noch Wüste. Eine Hochwüste, in 1.000 bis 1.600 Meter Höhe gelegen, die teils aus vulkanischem Gestein, teils aus langen sandigen Abschnitten besteht. Die Hitze ist erträglich, in den Nächten wird es erstaunlich kalt. Wir erleben einige „milde“ Sandstürme, die uns den Sand durch alle Fugen und Ritzen blasen. Von den vielen attraktiven Kuppelbauten, vor allem den Moscheen sehen wir nur die äußere Fassade – für Nichtgläubige ist der Zutritt zur Zeit versperrt!

Über Rafsanjan, Kerman und Bam gelangen wir am fünften Tag ohne weitere Zwischenfälle in die Stadt Zahedan, kurz vor der pakistanischen Grenze. Hier endet auch die Teerstraße endgültig. Siebzig Kilometer Staub- und Schotterpiste führen uns bis zur Grenze und weitere hundertzwanzig hinein nach Pakistan. Die entgegenkommenden Autos lassen die Sonne immer wieder in einer dichten weißen Staubwand verschwinden. Erst dann beginnt ein schmaler, welliger Asphaltstreifen, der den Namen „Straße“ nicht verdient, uns aber immerhin zuverlässig durch die Wüste nach Quetta führt.

Obwohl die Wüste hüben wie drüben zunächst gleich aussieht, spüren wir, dass wir in einem neuen Land sind. Die pakistanischen Beamten an der Grenze begrüßen uns mit einem wohltuenden, flüssigen Englisch. In aller Ruhe wird erst mal palavert, insgesamt ist die Atmosphäre ruhig und freundlich. Eine wahre Entspannung nach der Ungewissheit im Iran. Trotz alledem sind wir sehr froh, doch nicht die Fähre von Basra nach Bombay genommen zu haben, denn dieser Weg war doch sehr viel einfacher und vor allem billiger.

Die 500 Kilometer von der Grenze, entlang dem nahen Afghanistan, durch totale Wüste bis Quetta, schaffen wir in eineinhalb Tagen. Die Straße ist so ziemlich das Schlimmste, das man sich vorstellen kann und erfordert enorme Anstrengungen von Pedra, mir und unserem Auto. Ich bin heilfroh, zuhause noch „heavy duty“ Gas-Stoßdämpfer eingebaut zu haben, zittere aber um die Aufhängungen und die Vorderachse. Immerhin wiegt unser Camper bei voller Beladung gut zwei Tonnen. Obwohl die Straße praktisch schnurgerade verläuft, schaffen wir maximal einen Schnitt von 35 km/h. Die Wüste mit ihren verschiedenen Formationen auf diesem Abschnitt ist sicher mit die interessanteste, die wir je gesehen haben. Ab und zu tauchen bunt und reizvoll aussehende Gestalten aus dem Nichts auf, in der Feme ziehen gemächlich und mit würdevollem Schritt Kamele oder Dromedare vorüber und völlig unvermutet – „in der Mitte von Nirgendwo“ – kommt uns hin und wieder ein einsamer, über unseren Anblick hocherfreuter Radfahrer entgegen. Gestalten, die noch genauso aussehen wie die heiligen drei Könige vor zweitausend Jahren oder Figuren, die geradezu dem Märchen von „Tausend-und-eine-Nacht“ entstiegen sein könnten. Dies alles und das erregende Gefühl, in dieser unwirklichen Einsamkeit und menschenfeindlichen Natur völlig auf sich selbst gestellt zu sein, ist eine Entschädigung für die riesigen Schlaglöcher in dem schmalen Asphaltband, die unzähligen und kreuzgefährlichen Bodenwellen, den Sand im Bett, im Geschirr, in den Augen und zwischen den Zähnen, den verkrusteten Schweiß im Gesicht, die Angst vor einer Autopanne.

Als wir schließlich in Quetta ankommen, ist es bereits dunkel. Wir sind erschöpft von der beschwerlichen Fahrt und glücklich, wieder unter Menschen zu sein. Manche unserer Tagesetappen sind länger als wir wollen, aber einfach unvermeidlich. Häufig müssen wir einfach von Punkt A bis Punkt B, weil dazwischen keine sichere Übernachtungsmöglichkeit liegt. Wir geben uns dem Glauben hin, nun den schwierigsten Teil der Reise geschafft zu haben. Ein bisschen haben wir das Gefühl wie Abiturienten nach erfolgreich bestandenem Examen.

Neben uns ziehen Fuhrwerke dahin: Kamele mit ihren behäbigen, mechanisch exakten Schritten angespannt vor ein archaisches Gefährt mit speichenlosen hölzernen Rädern. In den zahlreichen kleinen Läden ist noch voller Betrieb. In einer kleinen Bäckerei holen wir Fladenbrot für den nächsten Morgen. Vor einem gemauerten Loch, aus dessen tiefem Schlund eine rötlich heiße Glut leuchtet, kauert der Bäcker, formt kleine Rollen aus Teig, dreht sie freihändig in der Luft zu pizzaähnlichen Fladen und klatscht das Gebilde kunstfertig an die innere Wand des heißen Ofens. Sekunden später fischt er es mit einer Eisenstange heraus und balanciert es uns gezielt auf ein kleines Tablett aus geschnitztem Holz. Die ganze Szenerie wirkt wie aus einer längst vergangenen Epoche, ab und zu nur durch das laute Hupen eines Autos gestört, eines Gerätes, das hier so grotesk erscheint wie das Produkt aus einer völlig anderen Welt. Vor dem Ort die Zelte der Nomaden und der Flüchtlinge aus Afghanistan, überall die operettenhaften Gestalten aus dem Morgenland, neben der Moschee mit den schmucken Türmchen die schmucklose Fassade einer neuen Bank. Frauen scheinen in dieser anderen Welt fast ganz zu fehlen. Nur ab und zu tauchen sie auf, tiefverschleiert in grau-schwarzen Umhängen, ohne Gesicht und ohne Figur, ohne Form und versteckt wie ein Etwas, das man besitzt, aber keinem Menschen zeigen will.

Noch mehr Staub und 45 Grad im Schatten – reine Männergesellschaft macht Pedra aggressiv

Von Quetta, das in 1.600 Meter Höhe liegt, klettern wir noch ein bisschen höher, überqueren den Bolan-Pass und fahren dann zügig hinab, in die tropische Ebene bei Sibi. Binnen weniger Stunden durchleben wir den Wechsel von trocken-heißer Hochwüste zu feucht-heißem Tropenklima.

Abends in Succur schreibe ich in mein Tagebuch:

Kurz vor Sibi wieder furchtbare Straße. Asphalt überall gerissen, teilweise quälen wir uns im Schritttempo durch feinsten Staub. Diesmal verklebe ich die hinteren Klappen des Autos mit breitem Packband. Mittags parken wir frustriert etwas abseits der Piste. Wir hatten den schlimmsten Teil schon hinter uns geglaubt. Die Reste einer halben Melone werfen wir achtlos in den Staub um uns. Plötzlich fängt es um uns herum streng zu stinken an. Wir waren gerade ein bisschen eingenickt. Von uns unbemerkt, war eine Kamelherde herangezogen und im respektvollem Abstand kauern einige Hirten. Sie mustern interessiert unser Fahrzeug und kauen begierlich an den Resten unserer Melone. Wir beschließen spontan, den armen Kerlen die andere, noch ganze Hälfte zu schenken. Hier unten, nach dem Bolan-Pass ist es wahnsinnig heiß. Gut 45 Grad im Schatten. Erst ist die Hitze noch sehr trocken und erträglich, dann, wenig später bei Jacoband, wo die Reisfelder anfangen, vermischt sich die Hitze mit dem verdunsteten Wasser der überschwemmten Felder. Wir trinken jede Menge kaltes Wasser und sind heilfroh, dass unser Kühlschrank so gut funktioniert. Die plötzliche Veränderung nach den vielen Tagen in der Wüste ist für das Auge merklich erholsam. Endlich wieder Grün. Weite Flächen mit Reisfeldern, Palmen, Laubbäumen, Zuckerrohr, Kinder, Männer und Büffel, die in schmutzig-braunen Wasserkuhlen baden. Wir sind reif für eine Pause.

Aber wir haben noch zwei Tage anstrengende Fahrt vor uns. Von Succur, entlang dem tropischen Industal bis Multan und dann weiter nach Norden, bis Lahore.

In Multan greift Pedra zum Tagebuch:

Immer wieder sieht man Männer, die Hand in Hand auf der Straße spazieren, oder sich liebevoll umarmen. Es scheint hier sehr enge Männerfreundschaften zu geben. Kein Wunder, denn die Frauen leben überhaupt nicht in der Öffentlichkeit. Fast scheint es keine zu geben. Jedenfalls sind die Männer sehr darauf bedacht, sie zu verstecken. Mich macht diese reine Männergesellschaft aggressiv. Irgendwie möchte ich es ihnen heimzahlen, diese maßlose Überschätzung des eigenen Geschlechts. Gestern gab mir ein kleiner Junge vom

Fahrrad aus einen Fußtritt. Nicht stark, aber allein die Tatsache hat mich kochen lassen.

Schwierigkeiten mit Reparaturwerkstätten

In Lahore werden zwei neue Reifen fällig und der zweite Satz Antriebslager hinten. Diesmal müssen wir sie kaufen; zum doppelten Preis wie in Deutschland, wir sind aber froh, überhaupt welche zu bekommen. Die VW-Werkstätte hier ist noch relativ gut bestückt, die nächsten einigermaßen brauchbaren Reparaturbetriebe werden erst wieder in Kathmandu oder in Colombo auf Ceylon kommen. Indien versucht seine eigene Automobilindustrie zu fördern und führt so gut wie keine Neuwagen oder auch Ersatzteile ein. Die drei vom Werk angeführten Servicestationen sind in jeder Hinsicht entsprechend dürftig, wie wir uns leider persönlich überzeugen mussten. Bei sämtlichen anderen europäischen Wagentypen ist die Situation ebenso mager.

Endlich am ersten großen Ziel unserer Reise

Die Große Moschee in Lahore, das eifrige Gedränge in den Basars, das Fahren in den bunten Vespa-Rikshas, das alles gefällt uns. Doch insgesamt freuen wir uns nun auf Indien, wobei wir ja eigentlich schon ein bisschen „dort" sind. Denn früher war dies alles Teil eines einzigen, riesenhaften Landes, das erst 1947 in die Islamische Republik Pakistan und in die Indische Union zerfiel. Aber noch heute leben als sehr sichtbare Minderheit Millionen von Moslems in allen Teilen Indiens.

Nach den streng islamischen Ländern Syrien, Iran und auch Pakistan gehen uns nun diese Männergesellschaften mit den verschleierten, im Geheimen gehaltenen Frauen doch zunehmend auf die Nerven. Am vierten Oktober fahren wir bei Wagah über die Grenze nach Indien und sind unheimlich glücklich, das erste große Ziel dieser Reise erreicht zu haben.

2. Reiseabschnitt: Nordindien

Nordindien: Amritsar > Kaschmir > Delhi > Pushkar > Jaipur > Agra > Gangesebene bis Nepal

Erste Kontakte mit den Sikhs

Über wenige Meter und nur durch eine Schranke getrennt, gelangen wir wieder in eine neue Welt und – in eine neue Zeitzone. Ging in Pakistan die Sonne noch vier Stunden früher auf als in Mittel-Europa, sind es diesseits der Schranke schon viereinhalb Stunden; haben uns vor ein paar Minuten noch ziemlich europäisch gekleidete Grenzer verabschiedet, begrüßen uns nun Herren in khaki-grüner Uniform, auf dem Kopf einen roten, aus Tuch gewickelten Turban. Alle Männer mit Vollbart, der auf den ersten Blick kurzgehalten und sehr ordentlich wirkt. Bei genauerem Hinsehen stellt man fest, dass er niemals geschnitten wird und die deshalb sehr langen Barthaaren mit einem feinen Netz zusammengehalten werden. Sogar eine Frau gibt es unter den vielen Officials. Sie ist von Kopf bis Knöchel in einen hellblauen Sari aus Seide gehüllt, der den Bauch jedoch völlig nackt und frei lässt – entsprechend hiesiger Schönheitswerte und indischen Brauchtums. Wir sind im Punjab, dem Sikh-Staat im Nordwesten. Der Sikhismus, eine der großen Religionen Indiens, ging im frühen 16. Jahrhundert aus einer hinduistischen Reformbewegung hervor. Das starre Kastensystem des Hinduismus wurde abgeschafft, die brüderliche Einheit und Gleichheit aller Menschen zum höchsten Gebot erhoben. Teile des Christentums und des Islams arbeitete Guru Nanak, der Gründer der neuen Religion, in seine monotheistische Philosophie mit ein.

Unser Visum wird untersucht und man staunt, dass wir sechs Monate genehmigt bekommen haben. Die Regel sind ja nur drei Monate und deshalb erhalten wir einen Vermerk in den Pass, dass wir uns in Amritsar bei der Fremdenpolizei melden sollen. Tun wir auch, zwei Tage später. Nur wissen die Leute dort beim besten Willen nicht, was sie mit unserem Eintrag anfangen sollen. Ich schlage vor, den Vermerk doch einfach auszustreichen, irgendeinen Stempel darüber zu drucken und eine kleine, offiziell aussehende Unterschrift hinzuzufügen – fertig. Es klappt. Man findet die Idee gut und entlässt uns.

Die Dame im blauen Sari bearbeitet unter freien Himmel unser Carnet-de-Passages, ein Kollege trägt so wichtige Ausrüstungsgegenstände wie „Reservereifen, Kühlschrank, Kamera..." in meinen Pass ein und man bittet uns schließlich, zwei seiner Kollegen bis kurz vor Amritsar mitzunehmen. Da man an Grenzstationen nur die Frage „Haben Sie etwas zu verzollen?" mit „Nein!" beantworten soll, verfrachten wir die beiden Turbanträger nach hinten und schießen los.

Zwischen Fahrerhaus und Koje entsteht sofort eine lebhafte Diskussion. Ob wir zum ersten Mal in Indien wären, wie lange wir schon unterwegs sind, welchen Beruf wir haben, wie viele Kinder ... – das übliche Fragespiel, dem wir uns weltweit unterziehen, in stets gleicher Reihenfolge. Schließlich lädt uns der sichtlich ranghöhere der beiden Herren noch zu sich nach Hause zum Tea ein, stellt uns seine Familie vor und erzählt uns genau, wohin wir noch gehen und was wir besichtigen sollten. Eigentlich sollten wir auch noch zum „Dinner" bleiben, sind aber schon ein bisschen schlaff und lehnen höflich ab.

»Geh´n die zum Demonstrieren?« – Fahrradrikschas

Auf dem Weg in die Innenstadt, zum Youth Hostel, wo man auch Camper aufnimmt, fallen uns die Massen von Fußgängern und Fahrradrikschas auf. Alle Leute scheinen in eine Richtung zu laufen oder aus der anderen zu kommen. Durch Wolfgang, einen Globetrotter aus Heidelberg, den wir in Lahore trafen und der gerade sechs Monate Indien hinter sich hatte, sind wir schon ein bisschen auf die unheimliche Bevölkerungsdichte in indischen Städten und Dörfern vorbereitet: „Du fährst in eine Stadt und Du glaubst zuerst, die Leute marschieren irgendwohin zum Demonstrieren. Aber nichts dergleichen. Du kannst nur in gleichmäßigen Abständen hupen und langsam durchfahren!" Tatsächlich habe ich bald genaueste Vorstellungen, wie sich ein Bierfahrer fühlt, der seine Kutsche durch die Menschenmengen auf dem Münchner Oktoberfest lenkt.

Zu den zahlreichen Fahrradrikschas haben wir zuerst sehr gemischte Gefühle. Vorne strampelt, wie auf einem normalen Fahrrad, der Kuli. Hinten, in einer kleinen, bunt bemalten Kutsche werden bis zu drei Passagiere oder alle denkbaren Lasten transportiert. Die ersten Male, als wir in einem derartigen Gefährt chauffiert werden, kommen wir uns ein bisschen vor wie fragwürdige Kolonialisten oder Snobs, die fein in der Chaise sitzen und sich von einem Lakai, der sich dabei fürchterlich abplackt, durch die Gegend strampeln lassen. Nachdem wir aber rasch merken, dass diese Art der Fortbewegung in Indien ganz normal ist und dass sehr viele Leute damit ihr Brot verdienen, nehmen wir es hin, so wie es bei uns zuhause als selbstverständlich gilt, dass Menschen auch am Fließband sitzen.

Der Goldene Tempel, Nirwana, Guru Nanak und Adi Grantha

Von Massah Singh, dem „rikshaw man", dessen Territorium das Youth Hostel ist, lassen wir uns zum Goldenen Tempel kutschieren. Ist es das Bestreben eines jeden Moslem, einmal in seinem Leben die heilige Stadt Mekka zu besuchen, so will jeder Sikh mindestens einmal hierher nach Amritsar, zum Goldenen Tempel. Nach der Sage zog schon Lord Buddha hier durch die dichten Wälder, meditierte an dem kleinen See und kam zu der Erkenntnis: „Dies ist der beste Platz für die Bhikshus (buddhistische Mönche), um ihr Nirvana (höhere Bewusstseinsebene) zu erreichen". Auch Guru Nanak verbrachte hier einige Zeit und außerdem ist der Goldene Tempel, der Hari Mandir (Gottestempel), seit Jahrhunderten der Aufbewahrungsort des heiligsten Buchs der Sikhs, des Adi Grantha, was der Bibel bei den Christen oder dem Koran bei den Moslems entspricht.

Vor dem Portal des Goldenen Tempel müssen wir ein kleines Wasserbecken durchwaten, um zum Allerheiligsten im Inneren der Anlage zu gelangen. Wie bei scheinbar allen mittel- und fernöstlichen Religionen darf man auch hier den Tempel nur barfuß betreten. Wieder die Angst vor dem Fußpilz; doch dies sind banale Gedanken, denn selbst das Wasser dieses kleinen Beckens ist schon heilig. Wir erschrecken, als ein Sikh sich bückt, mit der hohlen Hand Wasser aus der dreckigen Brühe schöpft, erst einen Teil davon in den Mund gießt und dann den Rest, unter ehrfürchtigen Verbeugungen, über den ganzen Körper sprenkelt. Wir denken beide gleichzeitig an die vielen Seuchen, von denen zu Hause geredet wird und etwas baff flüstere ich zu Pedra: „Die spinnen doch!", bin aber trotzdem überzeugt und hingerissen von der Ernsthaftigkeit der religiösen Handlung. Ein älterer, ehrwürdig aussehender Mann mit Turban bedeutet uns, auch unsere Köpfe zu bedecken. Ich habe nur ein Papiertaschentuch. Geht nicht. Aber gleich daneben, in einer eigenen Ausgabestelle, kann man sich ein Kopftuch leihen. Barfuß und mit bedecktem Haupt durchwaten wir nun das Wasserbecken und gelangen über eine weiße Marmortreppe in den großen Tempelhof. Pilgerscharen in bunten Saris, Lenden- oder Wickelröcken, Pluderhosen, Turbanen und weiten, lockeren Oberkleidern bieten ein herrlich farbenfrohes Durcheinander. Völlig ungezwungen liegen manche Pilger herum und halten ein kleines Schläfchen, andere sitzen in kleinen Gruppen zusammen und palavern, andere mampfen einen kleinen Imbiss aus Curry, Reis und Früchten, ein Großteil gibt sich den verschiedenen religiösen Zeremonien hin. Ein offenbar heiliger Baum wird ehrfürchtig berührt, die Hände dann zum Gebet gefaltet und demütig die Erfüllung heimlicher Wünsche erfleht. Tempelsoldaten in ihren schreiend blauen Uniformen und mit mittelalterlichen Spießen bewaffnet, marschieren vorbei, direkt vor uns, in den großen, viereckigen Teichen stehen zahlreiche Gläubige bis zu den Hüften im Wasser und vollziehen ganz bestimmte, rituelle Waschungen. Von diesem Teich hat auch die Stadt ihren Namen: Amrita Sagar, oder „See der Unsterblichkeit".

Über eine kunstvolle Brücke aus weißem Marmor gelangen wir zur Mitte des Teichs, wo sich auf einer kleinen Insel der eigentliche Goldene Tempel befindet. Seinen Namen hat er von seinem Dach und den Fassaden aus reinem Blattgold. Mit einem strengen Blick auf die umgehängte Kamera bedeutet mir ein Tempelwächter: „Hier nicht fotografieren!" Scheinbar überzeugend sage ich „yes, yes", dann dürfen wir passieren. Die Atmosphäre und das Innere des Tempels sind aber so verführerisch, dass ich dann doch ein paar Mal unbemerkt, ohne durch den Sucher zu schauen heimlich auf den Auslöser drücke.

In der Mitte, auf einer kleinen geschnitzten Empore, eingewickelt in kostbare Tücher, liegt das riesige, heilige Buch, die Adi Grantha. Zur einen Seite hockt eine kleine Gruppe von Musikanten mit Tablas, kleinen Trommeln, die mit der Hand geschlagen werden und eigenartigen Harmonikas, deren Tastatur mit der einen Hand bespielt und dabei ein Blasebalg mit der anderen bearbeitet wird. Ihren Instrumenten entlocken sie eine Musik von ganz eigenartigem Reiz und begleiten sich dazu selbst mit Gesang in einer akustischen Harmonie, die ein fast berauschendes Gefühl der Ruhe und Entspannung verbreitet. Auf der anderen Seite sitzt auf einem Kissen, mit verschränkten Beinen, ein Guru und liest im Flüsterton aus einem heiligen Buch. Dicht an dicht kauern die Gläubigen und geben sich, wie auch wir, ganz der sakralen Stimmung hin. Der Strom von Pilgern, die am heiligen Buch vorbeiziehen wollen, reißt dabei keineswegs ab. Alles geschieht in erstaunlicher Ruhe, ganz im Einklang mit dem Drumherum. Einige der Pilger bringen „Holy Sweet" mit, einen braunen Teig, eingewickelt in große, grüne Pflanzenblätter, der von einem Priester in einem großen Topf gesammelt, mit einem silbernen Löffel neu vermischt und dann wieder unter die nächsten Gläubigen verteilt wird. Diese kauen ihn dann langsam und mit ungefähr der gleichen Verehrung, wie sich Katholiken mit Weihwasser beträufeln. Uns will der Priester gleich ein paar Mal zum Genuss der „Heiligen Süßigkeit" verführen. Mit freundlichem, aber bestimmtem Lächeln lehnen wir immer wieder ab. Zu viele gut gemeinte Ratschläge von wegen Hygiene haben wir noch im Kopf und natürlich auch die Erinnerung an den „Mammutdurchfall" in der Türkei.

Nachts im Tempel mit geplagten Amerikanern

Jeden Abend um zehn wird das heilige Buch auf einer Bahre feierlich vom Goldenen Tempel, über die Marmorbrücke in ein daran anschließendes Gotteshaus, dem Akal Takhat (Göttlichen Thron), getragen. Dort bleibt es die Nacht über und macht dann morgens um fünf den Weg zurück, wieder mit Prozession. Vorher wird stets eine große und feierliche Messe zelebriert. Pünktlich um neun sind wir wieder mit dabei. Der weiße Marmor, das glitzernde Gold, die bunte Schar der unzähligen Pilger wirken jetzt, im Licht der Scheinwerfer, noch viel aufregender. Zusammen mit dem farbigen Menschenhaufen drängeln wir uns über die schmale Marmorbrücke, hinein in den kleinen Tempel in der Mitte des Teichs. Auch hier sind wir noch mehr fasziniert als tagsüber. Das stetige Vorbeiziehen hat aufgehört. Man will da bleiben, sitzt mit gekreuzten Füßen auf dem Boden und rückt ganz eng zusammen. Man betet, meditiert in sich versunken oder beobachtet das Treiben mit großen Augen. Die sakrale Szene wird durch zwei auffällige Personengruppen, offensichtlich nord-amerikanischer Herkunft, heiter aufgelockert. Auf der einen Seite, mitten unter einer männlichen Pilgerreihe hocken zwei bleichgesichtige Typen. Beide wesentlich besser beleibt als ihre indische Umgebung. In der Kleidung, weißer Wickelrock, weites Hemd, haben sie sich angepasst, nur das an allen Ecken zusammengeknüpfte „Schneuztüchli" auf dem Kopf, scheinen die schwitzenden Herren aus den USA mitgebracht zu haben –und die Schwarten um den Bauch! Während ihre Nachbarn allesamt bequem und entspannt in ihrer beinverschränkten Haltung erscheinen, werden die beiden Fremden von der ungewohnten Stellung offensichtlich aufs Höchste geplagt. Da juckt und zwickt dauernd etwas, unbemerkt versucht man sich zu kratzen, da will man sich strecken und die eingeschlafenen Füße verdrehen, mit dem Kreislauf scheint es auch zu hapern – man muss dauernd heimlich und verhalten gähnen, der Schweiß steht in dicken Perlen auf der feisten Stirn. Trotzdem, die rituellen Bewegungen der einheimischen Nachbarn werden mitgemacht, mit den Lippen die immer wiederkehrenden, fremdklingenden Worte des Gebets geformt. Offensichtlich sind wir nicht die einzigen Amüsierten in der Menge. Eine ältere Inderin im rosaroten Sari, die unsere

Blicke und unser Schmunzeln bemerkt hat, grinst uns vielsagend und zwinkernd zu.

Gegenüber, hinter dem heiligen Buch, kniet sich unter tiefen Verbeugungen eine mehrköpfige, ebenso bleichgesichtige Frauengruppe nieder. Nach einem Blick in die Gesichter bin ich bereit unser Auto zu verwetten, dass es sich wieder um Nordamerikaner handelt. Ein geringes Risiko, denn wo immer sogenannte „Europäer“ sich auf der Suche nach indischen Religions- und Philosophiegut befinden, sind die Amerikaner weitaus am eifrigsten. Die Damen auf der anderen Seite scheinen auch keine Kosten gescheut zu haben, besonders echt zu wirken. Die weißen Anzüge und die hohen Turbane sind den Tempelsoldaten nachempfunden und alles sitzt ausgezeichnet. So gut, dass ich mir nicht verkneifen kann, mir die Damen in etwas weniger Kleidung vorzustellen. Aber jeder meiner tiefen Blicke wird sofort abgewehrt und scheint nur zu bewirken, dass die Leutchen noch intensiver in sich versinken. Ob sie wohl gemerkt haben, dass keine einzige Inderin in ihrem scheinbar Original Look erschienen ist? Bei soviel (Schein-)Heiligkeit beschließe ich auch bald, mich doch wieder mehr dem Ursprünglichen in diesem Raum hinzugeben.

Urplötzlich verstummt die Musik. Das heiligste der Sikh-Bücher wird sorgsam und in genauem Ritual enthüllt, Tuch um Tuch, bis schließlich ein prachtvolles, handgeschriebenes Werk erscheint. Der hohe Priester liest nun einige Stellen daraus vor und schon wird das Adi Grantha, in diesmal umgekehrter Reihenfolge, wieder eingewickelt. Schließlich wird es auf eine vergoldete, feinverzierte Bahre gelegt, diese von mehreren Männern aufgehoben und – umringt von der dicht gedrängten Pilgermenge – langsam über die Brücke zur anderen Seite des Heiligen Teichs getragen. Dabei ist es für die Gläubigen eine besondere Ehre, die Bahre ein Stück mitzutragen. Entsprechend werden die Träger immer wieder von nachdrängelnden Männern abgelöst. Auch unsere beiden amerikanischen Freunde sind da mit von der Partie – und werden genauso rasch wieder zur Seite geschoben.

Wir verlassen den Tempel überzeugt und hingerissen von der Religiosität und Ernsthaftigkeit dieser Atmosphäre und hoffen, eine derartige Ausstrahlung noch recht häufig in Indien, besonders in den Hindutempeln, zu finden. Aber wir werden eine ganze Weile warten müssen!

Autoversicherung für 18 DM

Bei einer Versicherungsagentur kaufen wir am nächsten Morgen eine Police für unser Auto. Gültig in ganz Indien und Nepal für ein halbes Jahr. Kostet lächerliche 81 Rupies oder 18 DM. Alles was im Bereich der Haftpflicht liegt, wird nirgendwo so teuer gehandelt wie in Europa oder Nordamerika. Das gilt für Blechschäden – und auch fürs Leben! Die dort angebotenen Autoversicherungen mit weltweiter Gültigkeit werden zu Preisen angeboten, die für den Normalverbraucher jenseits von Gut und Böse liegen. Das ganze Leben ist ein Risiko und auf dieser Reise lernen wir mehr und mehr damit umzugehen, uns aus dieser Zwangsjacke des anerzogenen Sicherheitsdenken zu lösen, an der ganz Europa inzwischen zu ersticken droht. Und wie schon beim ersten Mal im Iran packen wir denn auch den Versicherungsschein mehr als Souvenir, als für den Ernstfall ein, obwohl wir später erfahren, dass tatsächlich auch bezahlt wird.

Eine wahrhaftige Demonstration und eine schwierige Ortsumgebung

Es ist immer noch die erste Oktoberwoche und die langen Regen der Monsunzeit sind ziemlich vorüber. Im äußersten Norden Indiens gibt es jedoch einen Staat, der außerhalb dieser Klimazone liegt, wo es jetzt Herbst wird, genau wie in Europa. Kaschmir heißt dieses Land und wir gehen davon aus, dass wir die Hauptstadt Srinagar, zwischen den Bergen des Himalaya, im Kaschmir Valley gelegen, innerhalb von zwei Fahrtagen erreichen können.

Kurz vor Mittag fahren wir in dem Ort Batala mitten hinein in eine LKW-Blockade. Inzwischen haben wir einige indische Ortschaften hinter uns und sind an die Menschenmassen im Zentrum fast schon gewöhnt. So ist auch hier unser erster Eindruck, dass nur alle Mann wieder unterwegs sind – aber diesmal ist es Ernst! Lastwagen und Busse stehen dicht an dicht, wir mitten drin, nichts scheint mehr vorwärts oder rückwärts zu gehen. Irgendwie kommt uns die Sache doch komisch vor, wir fragen einen von den tausend Leuten um uns und erfahren: „Demonstration against the Government!" „Warum denn", will ich wissen. „Because no Diesel!" In Pakistan hatten wir bereits gehört, dass in Indien Dieseltreibstoff knapp ist. Die Demonstration, so wird uns gesagt, „kann Stunden dauern", was in diesem Teil der Welt auch Tage heißen kann! Wie aus einem Mund sagen Pedra und ich laut das erlösende Wort, mit dem Fäkalien in der Umgangssprache bezeichnet werden.

Ohne weiter zu zögern checke ich die Fluchtmöglichkeiten und stelle zunächst fest, dass es sehr schlecht aussieht. Wir sind mitten drin. Doch wenn ich einige Straßenhändler dazu bringe, dass sie ihre Karren verschieben, den Leuten gut zurede, laut hupe, etwas Glück habe... Nach zirka zehnmal hin und her rangieren steht unser Bulli neben einem Monster-Bus und hautnah vor einer Gemüsefuhre. Ich springe heraus und schreie „Please!" und bedeute dem Mann mit Handzeichen und guten Worten, dass er sein Gefährt zurückschieben soll. Fluchend, aber noch unter der Schockwirkung unseres anrollenden Autos bewegt er sich. Einige Passanten stimmen sich ärgerlich auf uns ein, wahrscheinlich der mangelnden Solidarität wegen, Pedra brüllt mir mit rotem Kopf zu: „Hör auf mit dem Scheiß, das hat keinen Zweck!“ , aber ich bin heute in Form. Eigenhändig verrücke ich eine Karre mit irgendwelchen Blechen darauf, bringe noch mindestens zehn Gemüsekutschen und Ochsenkarren dazu, ebenfalls auf die Seite zu gehen, die Demonstranten werden heißer und wütender, aber irgendwie bahne ich mir äußerst zielstrebig meinen Weg durch die Menge, vorbei an der langen Reihe der dicht aufeinander gefahrenen Lastwagen und Busse. Und plötzlich sind wir raus aus dem Trubel. Ich kann wenden und fahre mit geschwellter Brust zurück. Pedra strahlt nun auch wieder und meint erleichtert: „Da haben wir ja wirklich Glück gehabt!" Direkt vor der Ortsausfahrt hatte ich ein Schild gesehen: BATALA BYPASS – UNDER CONSTRUCTION (Batala Umgehung im Bau). „Da müssen wir hin“, sage ich zielsicher und fahre ohne zu zögern die Umgehungsstraße an. Nach knapp 500 Metern steht dort ein Bus, alle Passagiere im Aussteigen begriffen. „Aha“, meint Pedra, „der hat von der Sache rechtzeitig Wind bekommen.“

Ich fahre erst langsam hinter den Bus, dann an ihm vorbei und sehe, warum er stehen geblieben ist. Eine Bahnschiene versperrt den Weg, der Asphalt hört einen Meter davor auf und nach einer kleinen Grube, vielleicht einen halben Meter höher, liegen die Schienenstränge. Wie zur Unterstreichung dieser Macht kommt auf den verdammten Schienen zu gleicher Minute auch noch ein endlos langer Zug angerollt. Eine furchtbar stinkende Wolke hüllt uns ein – man fährt noch mit Kohle. Kaum ist der Mief abgezogen, untersuche ich unsere Möglichkeiten genauer. Einige Ziegelbrocken und Felsen liegen herum, mit einer guten Stunde Arbeit könnte ich für beide Räder eine kleine Auffahrt bauen. Ich nehme den Klappspaten und fange an, Erde und Steine zu bewegen. Die Sonne brennt mir auf's Kreuz, ich schwitze fürchterlich. Die indischen Passagiere aus dem Bus, die anscheinend auch weiter wollen, erkennen mein Vorhaben und packen tüchtig mit an. Irgendwann habe ich das Gefühl, dass es gehen könnte. „Leg Dich auf die Schienen“, rufe ich Pedra zu, „und sage mir genau, wie viel Bodenfreiheit ich noch habe, oder wenn was aufschlägt!“

Unter großer Anteilnahme der Leute aus dem Bus legt sich Pedra flach, einige der Inder ebenso, ich fahre langsam an, der Bulli geht vorne ganz entsetzlich in die Luft, ich verliere jeden Überblick, schreie zum Fenster heraus „Geht's?“ „Ja!“, tönt es zurück, „etwas weiter nach rechts!“ – die Hinterräder drehen sich durch, ich nehme noch einmal Anlauf und lande unsanft quer über den Schienen. „Nur kein Zug jetzt“, betet Pedra, während ich das

Auto langsam über den Schienenstrang und herunter auf die andere Seite lenke.

„Thank you, thank you", rufen wir den Leuten aus dem Bus zu, winken aus dem Fenster und können nun endgültig die Stadt mit ihrer wahrhaftigen Demonstration umfahren.

Motor »richtig powern« auf der Fahrt ins Kaschmir Tal

Bei der Stadt Pathankot gehen die weiten, saftig-grünen Reisfelder langsam in eine große, mit hohem Schilfgras bewachsene Flussebene über. Vor uns wird es gebirgig. Wir nähern uns dem Himalaya.

Die Steigungen werden zahlreicher und steiler. Die Hänge sind von einem intensiven Grün überzogen, wie wir es vorher nie gesehen haben. Eine subtropische Vegetation. Bambus, Palmen, Mandarinenbäume, Sträucher mit uns fremden, aber unheimlich reizvollen Blüten und Blättern. Überall in die Hänge gebaute und mit kleinen Lehmwällen umgebene Reisterrassen. Nichts ist gerade, alles krumm und harmonisch geschwungen. Die Lehmhütten mit den Strohdächern, die schlanken, ästhetisch anzublickenden Menschen dieser Gegend, die Rinder-, Schaf- und Ziegenherden, die bunt gekleideten Nomadenstämme, alles scheint in einer völligen Harmonie zusammenzupassen.

Die Straße windet sich vorbei an erschreckend steil abfallenden Schluchten und Flusstäler. Wir steigen hoch zum 3.100 Meter hohen Banihal Pass, fahren in 2.700 Meter Höhe durch den drei Kilometer langen Jawahartunnel und blicken dann, unvermutet plötzlich, hinab in das Tal von Kaschmir und hinüber auf die schneebedeckten Gipfel des Himalaya.

Als einziger unter den landschaftlichen Schönheiten leidet unser Motor – und das sogar ganz gewaltig. Das indische Benzin mit höchstens 83 Oktan macht ihm bei diesen enormen Steigungen schwer zu schaffen. 83 Oktan laut Angabe und dabei wird an vielen Tankstellen noch vor Petrol Adulteration, oder Benzin-Pantscherei gewarnt! Ich versuche das unüberhörbare Klingeln an den größeren Steigungen durch „richtiges powern" mit Gaspedal und Schalthebel auszugleichen. Sehr froh bin ich, zuhause noch einen Öltemperatur- und einen Drehzahlmesser eingebaut zu haben. In dieser Gegend – und das gilt auch für den weitaus größten Teil unserer Reise – ist man völlig auf sich selbst und auf das Funktionieren seines Autos angewiesen. Die Hoffnung auf eine Garage oder gar passende Ersatzteile erweist sich fast immer als falsch. In der Regel ist man davon hunderte von Kilometern entfernt. Ein totaler Motorschaden ist, wenn er nicht an Ort und Stelle selbst behoben werden kann, nur durch einen teuren Hucke-Pack-Transport per Laster zu bewältigen – wenn man überhaupt einen solchen findet.

Der Gedanke, irgendwann mit schwerem Schaden stecken zu bleiben, begleitet den Asien- (und Südamerika-)Fahrer wie ein Alptraum, den man am besten immer wieder verdrängt! Ich sehe dabei häufig Parallelen zu einem Segelschiff: Irgendwann merkst du, dass du ganz alleine auf dich gestellt bist – und du fühlst dich unheimlich gut dabei. Besonders nachdem man die ersten Probleme selbständig gelöst hat.

Vor dieser Reise war ich eine „autotechnische Null“. Probleme am Auto hatte ich, da es bequemer war, gegen Geld an mehr oder weniger schlechte Autowerkstätten abgeschoben. Inzwischen jedoch genieße ich es sehr, eine Maschine im buchstäblichen Sinne, selbst in die Hand zu nehmen. Solche Erfolge, sowie viele andere innere und äußere Erlebnisse dieser Reise erscheinen mir heute wichtiger als manche der Tätigkeiten, denen ich mich früher hingab. Unser System zwingt uns leider in der Regel dazu, dass wir nur noch eine einzige Tätigkeit einigermaßen „gut“ ausführen können. Dabei vergessen wir völlig, was sonst noch alles in uns steckt.

Kaschmir

Vor uns liegt das etwa 130 Kilometer lange und 35 Kilometer breite Tal von Kaschmir. In einer Höhe von 1.500 bis 1.850 Meter ist es eingebettet zwischen schneebedeckten Fünf- und Sechstausendern. Dabei befinden wir uns etwa auf dem Breitengraden des nördlichen Marokkos. Das Klima ist ähnlich dem in Europa. Hier trifft man sogar auf vier Jahreszeiten, während es im restlichen Indien nur Trocken- oder Regenzeit gibt. Ebenso sehen wir nun wieder die vertrauten Obst- und Gemüsesorten der Heimat. Äpfel, Pflaumen, Birnen, Weizen, ja sogar Erdbeeren. Bei einigen Bäumen ist das Laub schon gelb und rot verfärbt, die ersten Blätter fallen. Das vertraute Bild vom Herbst – völlig anders, als noch am Tag zuvor, auf der Fahrt durch das üppig grüne, vom Monsun geprägte Gebirge von Jammu.

Fast zwei Wochen lang erholen wir uns dort von den Strapazen der langen Fahrt. Zwischen Damaskus und Kaschmir lagen nur wenige Tage des Verschnaufens und gut sechstausend, zum Teil enorm schwierige Kilometer.

Entspannen kann man in dieser Gegend vorzüglich. Direkt am Ufer des Nagin Lake, bei einem Mr. Mirza haben wir ein ganz hervorragendes Plätzchen gefunden. Er vermietet seinen riesigen Garten, mit uralten, breiten

Tschenar-Platanen an die paar Camper aus Europa, die den Weg hierher gefunden haben. Außer dem unseren, zu dieser Zeit noch knapp zehn andere Gespanne. Ein paar VW-Busse, zwei alte Hanomags, aber auch ein Franzose mit seiner BMW 600, sowie ein amerikanisches Pärchen, das nur ein Zelt aufgestellt hatte. Keiner der Leute ist nur zum sogenannten „Urlaub" hier und weniger als zwei Monate unterwegs, einige sogar schon Jahre. Erstaunlicherweise sind alle durchwegs „bürgerliche" Leute mit ebensolchen Berufen: Handwerker, Lehrer, Ingenieure, ein Mediziner, ein frühpensionierter Zahnarzt; bei den Frauen treffen wir immer wieder auf die Bezeichnung „Krankenschwester" oder „MTA". Ebenso bemerkenswert ist das durchschnittliche Alter dieser Reisegruppe: Ein guter Teil der Männer ist so um die dreißig, oft auch vierzig, hat bereits voll im Beruf gestanden und häufig eine gut bezahlte Stellung mit Pensionsanspruch oder Firmenrente zu Hause gelassen. Irgendwann war bei jedem die Frage aufgetaucht: „War das alles?" und dann haben sie angefangen zu sparen. Einige haben dafür fünf Jahre konsequent gewirtschaftet. Manchmal ging es auch schneller. Ein anderer hat kurzerhand alles verkauft, was er bis dahin geschaffen hatte und in die Verwirklichung dieses einen großen Traums gesteckt. Natürlich sind es in der Regel die Leute aus den westlichen Industrienationen die man so trifft;

bunt zusammengewürfelt, aus allen Himmelsrichtungen. Nur in einem Punkt sind sich alle gleich: Irgendwann haben sie aufgehört, den Sinn des Lebens in einer möglichst geradlinigen Karriere und der raschen Anhäufung von Konsumgütern und Immobilien zu sehen. Oder das zu suchen, was in unserer Gesellschaft schlechthin als „erfolgreich" gilt. Nur ganz selten sind diese Leute in ihren Wohnmobilen völlige Aussteiger. Meistens haben sie ganz konkrete Vorstellungen wann und wo sie wieder einsteigen. Herrlich ist es zu erleben, wie man plötzlich nicht mehr alleine zu sein scheint, wie sie alle auf einmal wieder Zeit für einander haben und wie man selbst wieder in diesem schon fast vergessenen Rhythmus hineinwächst. Immer besser lerne ich die eigenen Grenzen und die des zeitlich Sinnvollen zu erkennen.

Arbeit auch während der Reise

Neben der Erholungsphase gibt es an diesem See auch einige Arbeiten zu erledigen. Tagelang tippe ich am ersten Bericht über unsere Reise, der Motor braucht einen tune-up, das Fahrwerk muss nach den katastrophalen Straßen genau auf Schäden abgesucht werden, die nächste Etappe wird neu geplant und schließlich findet man sich dauernd beim Schachern. Die vielen Händler, die uns mit ihren kleinen Booten direkt vom See aus beliefern, das breite Angebot an bester handwerklicher Arbeit, das sie und ihre Kollegen in den vielen kleinen Läden von Srinagar anbieten. Das alles ist sehr verführerisch – und schlecht für unser Budget. Vieles von der Kunst des Teppichknüpfens, des Schnitzens und der Metallverarbeitung haben die islamischen Invasoren aus dem Iran hierhergebracht. Ebenso wie ihren Glauben. Und viele der hellhäutigen Perser scheinen in diesem schönen Tal gleich ganz geblieben zu sein; wie man immer wieder in den Gesichtern dieser Menschen sieht, die eher mediterran als indisch wirken.

Zu spät für Ladakh

Eigentlich wollen wir von hier aus in ein anderes Tal, nach Leh, im benachbarten Ladakh oder „Klein-Tibet", mit einer völlig anderen Kultur und Landschaft. Aber dafür müssten wir über den 3.530 Meter hohen Zojila Pass. Einmal in diesen Tagen hat es dort schon kräftig geschneit, für zwei Tage war er geschlossen und am 15. Oktober soll er ganz gesperrt werden. Mit einigem Pech könnte es uns passieren, dass wir auf der anderen Seite liegen bleiben und dann auf das Frühjahr warten müssten. Einem Schweizer soll es im letzten Jahr so ergangen sein. Wir geben den Plan auf. Eine kleine Gruppe, bestehend aus einem Gefährt mit Schweizer Kennzeichen sowie einem aus Köln, beschließt die Fahrt noch zu riskieren. Zwei Tage später ist unser

Freund aus Köln wieder da. Ohne Auto. Das war am ersten Tag, kurz nach dem Zojila Pass, liegen geblieben mit Differentialschaden. Nach weiteren drei Tagen ist das Auto wieder bei uns. Per Huckepack mit Laster. Dann verbringt der Kölner mühevoll und vergeblich Tage damit, ein derartiges Teil für seinen Mercedes-Bus in Srinagar aufzutreiben. Schließlich versucht er es per Telex über den ADAC in München. Doch entweder kommt das Telex beim ADAC oder die Rückantwort bei der Post in Srinagar nicht an. Unser Freund ist der Verzweiflung nahe, als am späten Abend auf unserem Gelände ein neues Gespann auftaucht. Ein umgebauter Laster der Marke Mercedes mit vier jungen munteren Germanen an Bord und einer riesigen Kiste mit Ersatzteilen. Darunter auch ein komplett zerlegter Dieselmotor und – ein gebrauchtes Differential vom Ausschlächter in Deutschland. Eine Stunde später sieht unser „Kölscher" Freund einen Grund zu einer großen Feier...

Kaschmir: »Auf Wiedersehen« - hoffentlich

Als wir uns schließlich in der zweiten Oktoberhälfte von dieser herrlichen Gegend, dem Nagin und Dal See mit seinen Hausbooten aus Holz und den freundlichen Bewohnern dieses Tales verabschieden, tut es fast ein bisschen weh. Waren wir dort doch sehr rasch heimisch geworden.

Zwei Tagesreisen weiter südlich, in Pathankot erleben wir das hinduistische Neujahrsfest, ganz ähnlich unserem Sylvester. Es wird geblitzt und gekracht, die Feierlichkeiten ziehen sich über mehrere Tage hinweg. Hier in Indien beginnt offiziell das Jahr 1901, wir schreiben bald 1980.

Durch das Tal von Kangra, vorbei an reizvollen Teeplantagen und immer in den Ausläufern des Himalaya, gelangen wir in das Örtchen Dharamsala. Kurz dahinter, in den Bergen, hat sich der Dalai Lama nach der Flucht aus Tibet mit seiner großen Gefolgschaft niedergelassen. Die vielen Tibeter, die hier leben, ziehen uns rasch in ihren Bann. Ihrem stets freundlichem Lächeln kann man nicht widerstehen. Ein Kontrast zu den meist sehr ernst dreinblickenden Indern in ihrer Umgebung.

Seitenweise könnte man über die vielfältigen Landschaften Nordindiens erzählen, von den Dörfern und ihren Menschen, von den vielen Inspirationen, die man hier erhalten kann. Dieses Land muss man selbst sehen, kein Bild und kein Buch kann die Eindrücke wiedergeben, an denen man sich hier erfreuen kann.

Eine Woche organisieren, einkaufen, besichtigen in Neu-Delhi

Unser nächstes größeres Ziel heißt Neu-Delhi. Nicht, weil wir uns schon nach einer größeren Stadt sehnen, sondern weil es auf unserem Weg liegt und wir dort vieles zu erledigen haben.

Bei der deutschen Botschaft melden wir unser Auto ab; für Nepal besorgen wir uns ein Visum; bei der ceylonesischen Botschaft fragen wir an, ob wir eine Aufenthaltsgenehmigung für drei Monate bekommen können; in den Government Emporiums der einzelnen Unionsstaaten halten wir Ausschau nach geeigneten Weihnachtsgeschenken und Mitbringseln; die vordere linke Bremse, die im Gebirge immer wieder einmal bösartig gequietscht hat, will ich untersuchen; bei American Express wollen wir Schecks einlösen und – last not least – endlich wieder einmal Post abholen. Runde 15.000 Kilometer sind wir nun gefahren, seit vier Monaten unterwegs und haben seit Damaskus nichts mehr von zuhause gehört.

Nach einer knappen Woche organisieren, einkaufen und besichtigen sind wir froh, die Stadt wieder verlassen zu können. Über Jaipur, der Stadt mit den beeindruckenden Maharaja-Palästen, einer hochinteressanten mittelalterlichen Sternwarte und einem florierenden Silbermarkt, wollen wir dann weiter nach Pushkar, einem kleinen Pilgerstädtchen im Unionsstaat Rajasthan. Dort, zum ersten Vollmond im November, findet alljährlich ein gewaltiges Fest mit dem größten Kamelmarkt der Welt statt, zu dem sich hunderttausende von gläubigen Hindus aus allen Teilen Indiens einfinden.

Pushkar Fair – ein Riesenfest in Rajasthan

Die stark gegensätzlichen Landschaftsbilder Rajasthans bezaubern uns schlagartig. Eine völlig andere Szenerie als im indischen Norden! Romantischen Seenlandschaften und fruchtbaren Ebenen folgen karge, trockene Steinhügel, die – hinter Pushkar schlagartig – in die große Wüste Tharr auslaufen, dort wo der heiße Südwestwind, der Loo, den Wüstensand zu harmonischen Dünen aufwirft.

Dazwischen trennt die rund 700 Kilometer lange Bergkette des Arwalli, die Ebenen des Nordens und des Südens. Der Norden verliert sich im Gangesdelta, der Süden geht über in die dichten Wälder von Gujarat.

Rajasthan, mit rund 342.000 Quadtratkilometern der zweitgrößte Unionsstaat Indiens, entspricht in seiner Ausdehnung ungefähr der Größe von Belgien und Luxemburg. Sechzig Millionen Menschen sollen hier leben.

Menschen, die mit einer tief verwurzelten Geschichte und Tradition zu den interessantesten und farbigsten dieses Halbkontinents gehören. Schon im 6. Jahrhundert nach unserer Zeitrechnung versucht der Eroberer Harsha ganz Nordindien zu unterwerfen. Es gelingt ihm auch – bis auf Rajasthan. Die Rajputen werden erst im 17. Jahrhundert vom großen Kaiser Akbar in das Reich eingeordnet. Nicht durch Krieg, sondern durch eine geschickte Heiratspolitik. Schade, dass das heute nicht mehr geht – wie gerne würde ich doch die Russen und die Amerikaner miteinander verheiraten oder damals Golda Meir mit König Hussein...

Einerseits begeistern uns hier die Männer, die einem offen, stolz und mit einer gewissen Verschmitztheit ins Auge sehen und andererseits die Frauen: Denn nicht der Sari ist hier das vorherrschende Kleidungsstück, sondern Rock, Bluse und Jacke. Röcke in klaren, tiefen Farben; ein schreiendes, aber doch angenehmes Blau und ein purpurnes Rot herrschen vor; entweder schlicht und einfach, die Farbe selbst im Vordergrund oder mit viel Liebe und riesigem Aufwand bestickt und verziert. Ähnlich die Blusen, Jacken und Umhänge. Um die Arme hängen reihenweise dicke, schwere Silberringe, die Nasen und Ohren sind mit feinen Gold- oder Silberklunkern verziert, die

Fußgelenke ähnlich den Armen geschmückt. Das lange, seidenschwarze Haar ist oft in kleine, zierliche Zöpfchen geflochten und häufig sitzt darauf, wie eine Krone, ein weiteres kostbares Schmuckstück oder ein feinbesticktes, kleines Käppi. Unser Auge wird nicht müde, diese Menschen immer und immer wieder anzusehen; mein Finger hängt häufig am Auslöser, denn sie haben es sogar gern, in ihrem Festtagsputz fotografiert zu werden.

Die Bevölkerung bekennt sich zu 90 % zum Hinduismus, 7 % sollen Mohammedaner sein, der Rest sind Jains und einige Sikhs. Gleich neben der für die Mohammedaner heiligen Stadt Ajmer liegt der Ort Pushkar. Der Sage nach ist Brahma selbst hier gewesen. Und an der Stelle, an der er eine Lotusblüte fallen ließ, entstand der für die Hindus heiligste See Indiens. An seinen Ufern bauten sie das Städtchen Pushkar.

»Einfach irre«

Alles scheint am Abend des 31. Oktober nach Pushkar zu fahren. An den wichtigsten Kreuzungen stehen Polizisten und weisen auf die Frage „Pushkar Fair?“ in die entsprechende Richtung. Je näher wir kommen, desto dichter wird der Strom von Fußgängern, Ochsenkarren und Kamelwagen; Autos sind nur wenige unterwegs. Die kleinen Wege und weißgekalkten Häuser des Ortes strahlen wider im Schein unzähliger Petroleumlampen, Glühbirnen und kleinen Kochfeuerstellen. Rechter Hand, in einem Tempel, der offensichtlich dem Affengott Hanuman geweiht ist, haben sich Gläubige zum Gebet versammelt. Die riesige, rote Affenfigur wird immer wieder ehrfürchtig berührt. Diese Götterfiguren sind sehr häufig mit einer glänzend roten Farbe bedeckt. Wir erfahren, dass es sich um Betelbutter handelt. Gesang, vermischt mit der eigenartig schönen Musik von Tablas und Harmonikas tönt uns entgegen. Da das Betreten von Hindutempeln Andersgläubigen generell verboten ist, können wir die Szene leider nur aus der Entfernung auf uns wirken lassen.

Zwischen Händlern, Bettlern und Pilgern, fragen wir uns zum Youth Hostel oder Tourist Bungalow durch, vor dem man parken können soll. Mit zaghaftem Gehupe und im Schritttempo schieben wir uns langsam durch die dichte Menge. Man weist uns in eine kleine Straße, die zum See hinunterführt. Es stinkt schrecklich nach Urin und Fäkalien, denn es ist einer der kleinen Seitenwege, in die sich die Menge mit Vorliebe zur Verrichtung zurückzieht. Männer und Frauen kauern in ihrer typischen Hockstellung und lassen es laufen. Dazwischen ein paar heilige Kühe, Köter und Katzen. Einer unserer Schweizer Freunde nennt derartige Szenen treffend „India Live“.

Unser erster Gang durch den Ort, noch am selben Abend, übertrifft alle Erwartungen. Ein an und für sich sehr gepflegtes, sauberes Städtchen bietet sich uns dar. Von seinem natürlichen Charme sind wir sofort begeistert. In diesen Tagen jedoch ist der Ort heillos überfüllt. Ein scheinbar nicht abreißender Menschenstrom schiebt sich durch die engen Gassen: Inder in weißen, flatternden Tüchern; Frauen in Saris; Saddhus mit langen Haaren, religiösen Bemalungen im Gesicht und in der einen Hand einen Stock, in der anderen ein „Kamadal" – einen kleinen Behälter aus Messing oder einer Kürbisschale, bekleidet nur mit einem Umhängetuch, dem „Langoti"; dazwischen westliche Hippies, die in ihrer Aufmachung die buntesten Inder übertreffen wollen. Am letzten Tag, dem alljährlichen Höhepunkt des Festes, sollen es bis zu 250.000 Besucher sein. Die Tierhändler mit ihren riesigen Herden lagern gleich hinter dem Ort zwischen den Sanddünen, wo die Wüste Tharr beginnt. Dazwischen hat man einen beachtlichen Jahrmarkt aufgebaut. Mit Zirkuszelten, Geisterbahnen, Schießbuden, Gauklern und Zauberern, Garküchen und Getränkeständen, Beratungsstellen für Familienplanung und sogar einer kleinen Industrie- und Landwirtschaftsausstellung.

Dazwischen: Unzählig viele professionelle Bettler

Die Profis unter den Bettlern scheinen buchstäblich aus allen Teilen der Union angereist zu sein, sowie Scharen von teils unsagbar erbärmlich anzusehenden, nur noch „menschenähnlichen" Gestalten, an allen Vieren amputiert oder mit unbeschreiblich verkrüppelten Gliedmaßen, von ihren Angehörigen – oder Besitzern – in kleinen Wägelchen herbeigeschoben oder getragen.

Ein völlig entstellter Krüppel, total weiß überkalkt, liegt auf dem Boden, mit einer Hand immer zittrig umher schlagend, aus dem Mund stets den gleichen, undefinierbaren Laut ausstoßend, in den Augen einen verzweifelten, apathischen Blick menschlicher Agonie. Auf der Brust – es ist schon fast irrwitzig – sitzt ihm ein zahmer, krächzender Papagei. Diese Augen haben nichts Flehendes mehr an sich, sie drücken eher ein forderndes, zorniges Leid aus. Einen unserer indischen Freunde haben wir später, in Agra, auf diese Fälle angesprochen. „Diese Bettler", so meint er, „sind ein ganz trauriges Kapitel. Sie werden schon als Baby entführt, derartig unbeschreiblich verstümmelt und dann als professionelle Bettler von diesen Gangstern, die sich als Angehörige ausgeben und das Geld kassieren, zu den entsprechenden Plätzen gebracht. Es stehen schwere Strafen darauf – wenn man die Leute ergreifen kann – aber sehr selten ist etwas nachzuweisen, da die Kinder eben schon im allerfrühesten Alter entführt werden. Und wer kann dann noch beweisen, ob es sich nicht tatsächlich um eine Missgeburt gehandelt hat." Wir sind sprachlos.

Überall strecken uns Leprakranke fordernd die verstümmelten Glieder entgegen; Mütter mit kranken Kindern auf dem Arm, werfen uns – mit routiniertem Hinweis auf das Bündel Elend – flehende Blicke zu. An jeder Ecke gibt es Geldwechsler, die Scheine in kleine Münzen umtauschen. Wir wechseln, von der Szene zunächst erschüttert und teilweise wahrlich angewidert, auch einige Scheine. Pedra teilt zuerst fleißig aus, wird dann aber – als einige Kinder merken, dass hier etwas zu holen ist – regelrecht von bettelnden Kindern und Müttern mit Säuglingen auf den Armen verfolgt. Wir ändern die Methode rasch und verteilen nur noch in gezielten Fällen. Unser indischer Freund hat uns später empfohlen, kein Geld zu geben. Das Geld werde den Kindern, genauso wie den zahlreichen Krüppeln, abgenommen. Er selbst gibt nur Sachen zum unmittelbaren Verzehr, wie Bananen oder Reis.

Europäische Hippies – Gesellschaft im Abseits

Wir staunen, als die Pilger scharenweise in den kleinen See eintauchen und dabei beten. Für europäische Verhältnisse gleicht dieser See inzwischen eher einer Kloake; bei all diesen vielen Menschen reicht die Selbstreinigungskraft des Wassers in diesen Tagen bestimmt nicht mehr aus. Trotzdem hören wir nichts von Seuchen oder sonstigen Gruselgeschichten, die man zuhause allzu schnell aufgetischt bekommt. Der Glaube muss auch hier Berge versetzen können...

Wir treffen europäische Hippies, die hier schon seit fünf und mehr Jahren in der Illegalität leben. Das Visum ist längst abgelaufen. Aber keine indische Behörde, solange die Leute sich selbst davon fern halten, scheint sich darum zu kümmern. Und wenn schon, mit ein bisschen Bakschisch ist hier manches zu erreichen. Einige der Hippies haben sogar Kinder, die hier geboren wurden und teilweise schon im schulpflichtigem Alter sind. Chancenlos – mit unseren Augen gesehen. Von den Indern nicht anerkannt und damit nicht integrationsfähig, leben sie ein Dasein am Rand einer Gesellschaft in engen, eigenen Zirkeln. Bei manchen dieser westlichen Gestalten muss man wahrhaftig zweimal hinsehen, um herauszufinden, ob es sich um einen naturgetreuen indischen Saddhu handelt oder um seinen europäischen Abklatsch.

Die unzähligen Händler bieten alles an, was verkaufsfähig scheint: Unmengen verschiedenartiger Süßigkeiten, Obst, Gemüse, Messingtöpfe, Haschischpfeifen, Tonwaren, modernen Silber-, Gold- und Tünnefschmuck.

Überall stehen kleine Garküchen, die Reis, Linsenbrei, frisches Fladenbrot, sog. Tschapatis, oder Kartoffelgerichte anbieten. Meist werden wir ganz offen, selten auch flüsternd, im Vorbeigehen angesprochen: „Haschisch, Marijuana, Opium?“ Wenn wir nicht gleich reagieren, etwas lauter und eindringlicher: „You want some dope? Haschisch? Shit?“

Fasziniert vom Kamelmarkt

Am folgenden Morgen lassen wir uns erst einmal durch die quirlende Stadt, dann Richtung Kamelmarkt treiben. Das Bild und die Atmosphäre sind hier völlig anders. Fast nahtlos geht das eine in das andere über. Gleich hinter den letzten Häusern beginnt die Wüste. Erst steinig und mit Gestrüpp überzogen, durchsetzt mit wenigen dürren Bäumen, dann – in einiger Entfernung – übergehend in ockerfarbene Sanddünen, die, riesigen Wellen gleichend, vor dem Ort auszurollen scheinen. So weit das Auge reichen kann: Kamele in allen Größen und Farben von fast weiß über das typische Hellbraun bis zu dunklem Schwarz. Schlanke, ästhetisch anzublickende Männer in hellen Wickelhosen, Hemden und turbanähnlich gebundenen bunten Tüchern. Vom Wetter zerfurchte Gesichter mit Vollbart oder mindestens buschigem Schnurrbart, die dunklen Augen stolz und selbstbewusst, aber freundlich blitzend. Kamele werden vorgeführt, es wird geschachert und gefeilscht in genau dem Stil, den man nur im Orient erleben kann. Überall hocken kleine und große Männergruppen und palavern. Die Haschischpfeife kreist ungeniert, wie bei uns zuhause die Flasche. Ab und zu werden wir dazu eingeladen, auch einen Zug zu nehmen.

Dazwischen, wie bunte Farbtupfer, die Frauen. Sie scheinen der ganze Stolz der Familie zu sein. Frauen beim Kochen, beim Schwatzen, beim Mist einsammeln und trocknen. Der Kamel- oder Büffelmist wird erst in kleine, runde Kuchen geformt, dann in der Sonne getrocknet und schließlich wie Brennholz gestapelt. Er ist das einzige brennbare Material in dieser ausgedörrten Gegend.

Fasziniert beobachten wir das Treiben der Menschen und Kamele. Kamele, denen man versucht, unter schreiendem und knurrendem Protest ein Geschirr anzulegen, wilde Kamele, denen man regelrecht den Willen bricht, um sie zu zähmen. Die Beine werden verknüpft; die Tiere winden sich aufbäumend und zornig schreiend, bis sie schließlich erschöpft und kraftlos zusammenbrechen. Mit Grausen sehen wir, wie ihnen ein Dorn durch die Nüstern gedrückt wird, mit dem sie später beim Reiten gelenkt werden. Mit Rührung stellen wir auf der anderen Seite fest, dass Kamele ganz offensichtlich füreinander Mitleid zeigen und wie sie miteinander schmusen.

In einigem Abstand ziehen immer wieder lange Karawanen vorüber, die entweder neu hinzukommen, oder – falls die Geschäfte bereits zufriedenstellend abgeschlossen sind – weiter wandern.

Klar getrennt, in einer anderen Hügelkette, läuft ein weiterer, gemischter Viehmarkt ab. Hier werden Büffel, Kühe, Hühner und Ziegen versteigert. Fast schon zu viel für unsere limitierte Aufnahmefähigkeit.

In die Stadt ziehen inzwischen immer weitere Pilger-, Händler- und Besucherscharen. Am 4. November ist in diesem Jahr Vollmond und damit der letzte Tag mit gleichzeitigem Höhepunkt des Riesenfestes. Organisierte Kamelrennen, Versteigerungen, Schaustellungen und Belustigungen werden noch einmal voll auf Schwung gebracht. Unser Platz vor dem „Tourist-Bungalow“, am ersten Tag noch eine kleine Oase, wird inzwischen auch vierundzwanzig Stunden am Tag von Menschen belagert. Die hygienischen Verhältnisse werden langsam auch für unverwöhnte Nerven unerträglich. Die Fäkalien, die überall herumliegen und auch der Urin stinken buchstäblich zum Himmel. Am 3. November verlassen wir das fast schon unglaubliche Treiben gerade noch rechtzeitig. Als wir im Schneckentempo aus der Stadt rollen, zieht sich, wir können es kaum fassen, bis zum zwanzig Kilometer entfernten Ajmer immer noch ein kontinuierlicher Menschenstrom zu dem heiligen Ort. Wir selbst sind noch so voll von dieser Faszination und doch froh, nun wieder alleine mit uns selbst zu sein und weiter zu ziehen durch die weiten, schönen Landschaften eines anderen Indiens. Nirgendwo auf der Welt haben wir ein derartiges Zusammentreffen von „Monsterfest“, menschlicher Tragödie und religiösem Eifer noch einmal miterlebt!

Im Staat Rajasthan gäbe es noch eine ganze Menge zu sehen: Die Stadt Udaipur, den heiligen Berg Mount Abu, Jaisalmer, die Tempelstadt in der Wüste, man könnte auch noch weiter südwestlich, nach Gujarat fahren. Es soll auch eine ganze Reihe Reisender geben, die den Stress von zu Hause mit auf den Trip nehmen und alles besichtigen, das „man gesehen haben muss!“ Wir gehören nicht zu dieser Kategorie. Denn schon sehr bald haben wir gemerkt, dass unsere Aufnahme- und Verdauungsfähigkeit nur begrenzt ist und dass man immer wieder etwas Abstand braucht. Reisen und sich mit dieser Welt auseinandersetzen, ist eine lebensfüllende Aufgabe, die man nicht in einen kurzen Zeitraum pressen kann.

Wir gelangen auf der gleichen Straße zurück nach Jaipur und von dort, in Richtung Agra, in den Vogelwildpark „Kheoladeo Ghana Bird Sanctuary“. Am Tor müssen wir uns erst einmal ärgern. Der Eintritt für Auto, Kamera und jede Person beträgt 5 Rupies – wobei für „Indian Nationals“ nur eine Rupie berechnet wird. Diskriminierung oder Touristennepp? Der

Vogelpark leidet unter der großen Dürre diesen Jahres. Die Vögel sind zum großen Teil erst gar nicht hier gelandet. Was wir an Exemplaren zu sehen bekommen, ist entsprechend mager.

Agra, die Taj Mahal und eine geplatzte Geburtstagsüberraschung

Am nächsten Tag sind wir in Agra. Die Taj Mahal, mit ihrem ganzen Gebäudekomplex drum herum, wird mit Recht als eines der schönsten und vollendetsten Bauwerke dieser Welt bezeichnet. Wir haben vor, im Angesicht dieser würdevollen Kulisse meinen Geburtstag zu feiern. Im Highway Inn, einem der vier uns bekannten Campingplätze Indiens, bekommen wir sehr guten Kontakt mit dem Besitzer, einem pensionierten Major. Shiv Raj Singh, so heißt der Mann, stellt uns seine Familie vor, erzählt uns vieles über die Intrigen indischer Politik und gibt uns interessante Einblicke in hinduistische Philosophie.

Mehrmals am Tag besucht er seine wenigen Camper, freut sich immer über einen Schwatz und ist stets besorgt, ob auch „alles okay" ist. In seiner fürsorglichen Weise schafft er es schließlich – natürlich unbeabsichtigt – Pedra eine Geburtstagsüberraschung zu verderben. Einen Tag vor meinem Sechsunddreißigsten rückt Pedra alleine aus, um in der Stadt noch eine Überraschung zu finden. Eine sehr schwierige Angelegenheit, wenn man praktisch vierundzwanzig Stunden aufeinander sitzt und im vollgepackten Auto kaum ein Platz für Verstecke ist. Vorher bespricht sie sich noch genau mit Shiv Raj und verschwindet dann per Rikscha in die Stadt.

Kaum ist sie wieder zurück und hat mich des Autos verwiesen, taucht Shiv Raj auf und fragt unschuldig: „Did you get your cake?" Pedra reagiert nicht. Ich stehe daneben und tu auch so, als ob ich nichts gehört hätte. Shiv Raj hakt etwas lauter nach: „Did you get your cake?" Ich merke wie Pedra kocht und fast den Tränen nahe ist und verziehe mich erst einmal. Am nächsten Morgen kommt Shiv Raj, kaum das er mich beim Auto sieht, lachend auf mich zu, hängt mir eine Kette aus gelben Blümchen um den Hals und meint: „Ich wollte der erste sein, der Dir zum Geburtstag gratuliert, nachdem ich die Überraschung so verpatzt habe. Pedra hat fürchterlich mit mir geschimpft!" Zusammen mit den anderen Campern schneiden wir den Kuchen an.

Als wir dann abends, es ist nicht mehr ganz Vollmond, im Garten vor der Taj Mahal sitzen – der vom weißen Marmor reflektierte Mond verleiht dem Ganzen etwas unsagbar Reizvolles – meine ich zu Pedra: „Dieser Geburtstag hat außer dem exotischen Rahmen noch etwas ganz Besonderes.

Normalerweise denke ich an diesem Tag über das vergangene Jahr nach, überlege, was ich im nächsten Lebensjahr vorhabe. Dieses Mal ist mir alles egal. Ich fühle mich so, wie ich bin, unheimlich zufrieden und will überhaupt keine großen Pläne mehr machen." Macht man Pläne nur, wenn man unzufrieden ist?

Zwiespältige Gefühle

Zwei Tage später verlassen wir Agra. Durch die weite, langweilige und äußerst dicht besiedelte Gangesebene müssen wir einige Tage nach Osten fahren, um dann ziemlich gerade nach Norden, in Richtung Nepal und Kathmandu abbiegen zu können. Die Strecke nervt uns teilweise bis zur Toleranzgrenze.

Sobald wir tanken oder auch nur zu einer Rast anhalten, sind wir von fünfzig, hundert oder auch mehr Menschen umzingelt. Neugierig und mit ausdruckslosen Gesichtern werden wir ständig wie Wesen von einem anderen Stern begafft. Kommunikation ist nicht möglich und wird auch gar nicht gewünscht. Häufig kommt man sich vor wie eine eingesperrte Ratte und reagiert ungewollt aggressiv. Durch unzählige kleine Dörfer und dichtest besiedelte Städte müssen wir hindurch, uns immer wieder durch Massen von Fußgängern, Fahrradrikschas und Ochsenkarren schieben. Die Qualität der Straße wechselt ständig. Nach einigen guten Kilometern geht sie meist völlig unvermittelt in ein schmales, welliges Asphaltband über. Die entgegenkommenden Laster und Busse fahren stur und mit voller Geschwindigkeit geradewegs auf einen zu. Wer überleben will, muss runter vom mageren Asphalt und rein in die riesigen Löcher der Böschung. Täglich sehen wir Frontalzusammenstöße und umgekippte Laster. Dieser irrwitzige Fahrstil gilt bei den Fahrern als Mutprobe: Wer die schwächeren Nerven hat, weicht aus. Je nach Selbsteinschätzung haben sie quer über das Fahrerhaus Sprüche gemalt, wie „King of the Road" oder „God bless us". Irgendwo geraten wir wieder in eine Straßenblockade. Wild gestikulierende, schreiende Männer und Jugendliche. Ein querstehender Laster und ein Ochsenkarren versperren die Straße. Ich lenke gerade noch an dem Tumult vorbei, durch eine kleine Lücke im Abseits. Die Meute hinter uns reagiert wütend. Fäuste werden in die Höhe gestreckt, ein Stein fliegt und trifft den Bulli haarscharf unterhalb der Heckscheibe. Eine dicke Beule verbleibt im Blech, aber wir sind heilfroh, dass das Fenster verschont geblieben ist.

Indien bringt uns immer wieder in Zwiespalt mit uns selbst! Fast täglich wird man mit ungewohnten Schönheiten und Faszination belohnt, ständig muss man neue Eindrücke und Situationen verarbeiten, dann wird man wieder von unvorstellbaren Menschenmassen, von lästigen Gaffern oder von scheußlichen Straßen geplagt. Häufig passiert es, dass einer von uns gerade einen Höhenflug erlebt und der andere wegen irgendeiner Situation auf einem Tiefpunkt anlangt und gereizt reagiert und so für einige Stunden der Haussegen schief hängt.

In unserem Tagebuch vermerke ich:

Straßenzeichen oft unverständlich, weil nur in Hindi. Ochsenkarren, Elefanten, Radler, Rikschas, heilige Kühe, Menschen, Menschen, Menschen ... Ich bin froh, wenn ich hier raus bin!

Nach einer kleinen Pause bei den buddhistischen Mönchen von Kusinagar, bei Kasia, dem Sterbeort Buddhas, fühlen wir uns wieder etwas besser. Der für uns langweiligste und auch im Nachhinein anstrengendste Streckenabschnitt unserer Reise durch Indien liegt damit hinter uns. Wenig später schon erleben wir einen Klimawechsel, nachdem wir den riesigen Gandak Fluss, der direkt aus dem Himalaya strömt, überquert haben. Die Luft ist tropisch schwer und dampfig. Überall um uns herum das zarte Grün von jungem Reis, dazwischen Bauern in den Feldern, bald schon wieder eine erholsame Weite. Irgendwo fangen die Leute auch wieder an, uns freundlich zuzuwinken.

Dennoch, als wir kurz darauf den nepalesischen Grenzposten bei Birganj erreichen, sind wir froh, diesen Teil Indiens hinter uns zu haben und freuen uns auf die nächste längere Entspannungspause.

3. Reiseabschnitt: Nepal

Nepal und Trekking im Himalaja

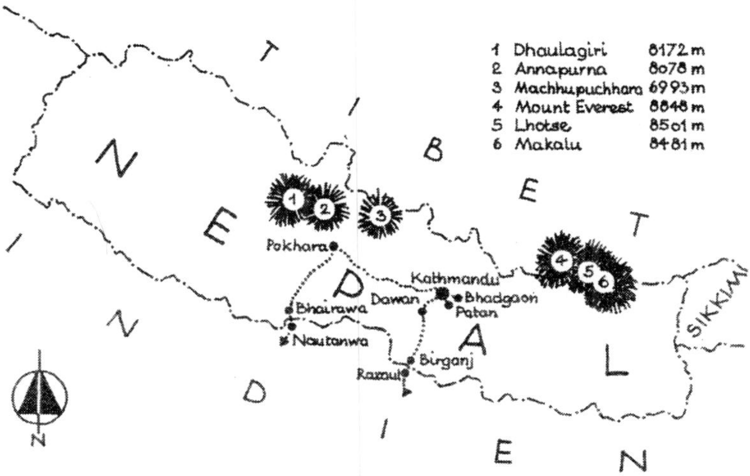

Hier kann man eventuell sein Auto verkaufen

An der Grenze die üblichen Eintragungen im Pass und im Carnet. Das Auto wird von beiden Grenzposten kaum gemustert. Fast genauso problemlos, wie man von Bayern nach Österreich fährt, sind wir nun im Nepal.

Nur ein paar knappe Stunden brauchen wir, um das Terai, die dem Himalayagebirge vorgelagerte Ebene, zu durchfahren. Hier unten versucht man einige Industrien anzusiedeln, wobei das weitaus wichtigste unter diesen Schöpfungen eine gut gehende Bierbrauerei sein dürfte, die ihr Gesöff auch nicht ganz billig verkauft. Für die 0,7 Liter Flasche werden knapp über zwei Mark verlangt.

Obwohl sich das Landschaftsbild kaum von dem auf der indischen Seite unterscheidet, merken wir doch, dass wir in einem anderen Land sind. Die Menschen sind die gleichen wie auf der anderen Seite und auch im Glauben bekennen sie sich überwiegend zum Hinduismus. Aber immer häufiger fallen uns Gesichter auf, die etwas breiter erscheinen, bei denen die Augen mandelförmig geschlitzt sind. Flüchtlinge aus Tibet, wie wir sie schon in Nordwest-Indien kennengelernt haben, oder Nepalis aus dem Hochland. Stämme, die sich mit irgendwelchen mongolischen oder tibetischen Nachbarn vermischt haben. Einige Jeeps chinesischen Ursprungs, Busse der Marken Toyota, Datsun oder Mercedes zeigen uns ebenfalls, dass wir eine Grenze überschritten haben. Nepal ist absolut das einzige Land in Asien, wo man eventuell sein Auto noch verkaufen kann: Indien versucht eine eigene Industrie aufzubauen und schützt diese rigoros durch Importkontrollen, Ceylon hat sehr hohe Zölle und von dort aus geht es ohnehin nur per Schiff weiter. Nepal dagegen ist auf Importe angewiesen – und auf das Wohlwollen Indiens. Jede Ware wird erst einmal im indischen Seehafen Kalkutta umgeladen, jedes Flugzeug landet zunächst in Delhi. Dahinter, im Norden, sitzen die Chinesen, gegen die man erst recht keine Chance hätte und mit denen man genauso leben muss. Eine schwierige Situation, die vieles mit der Afghanistans gemeinsam hat. Die Männer tragen hier kaum noch die weiten, weißen Wickelhosen wie die Herren auf der indischen Seite. Schlappige Hosen, fast im westlichen Stil, herrschen vor. Markant erscheint die Kopfbedeckung, ein rundes Käppi, das Topi, ähnlich wie es in vielen islamischen Gesellschaften getragen wird. Die Frauen hingegen scheinen sich auf den ersten Blick von ihren Kolleginnen weiter südlich kaum zu unterscheiden. Sehr häufig winkt man uns mit breitem Grinsen freundlich zu und wir fangen sehr rasch an, uns hier wohl zu fühlen.

Wohnsitz des Schneegottes und »tolle Typen« aus der Zigarettenreklame

Nach vielleicht dreißig Kilometern stehen wir plötzlich vor einem hässlichen, großen Monstrum mitten auf einem runden Platz. Ein Denkmal im sozialistischen Brutal-Stil, das besagt, dass die Straße, die hier rechts abbiegt und nach Osten führt, von den russischen Freunden gebaut wurde. Später, in der Nähe von Pokhara, kommen wir zu einer Stelle, wo eifrig an einer Straße gebuddelt wird, die in Richtung Westen führt – mit amerikanischer Unterstützung!

Ziemlich nahtlos tauchen wir ein in die Vorberge des Himalajas, mit ihrer dichten Dschungellandschaft. „Himalaya", ein Wort, das auf nepalesisch soviel bedeutet wie „Wohnsitz des Himas", des Schneegottes.

Die Fahrerei, bergauf und bergab, mit unzähligen Serpentinen beginnt. Die Landschaft um uns ist mit ihrer satten, abwechslungsreichen Pflanzenwelt kaum zu überbieten. Alles scheint hier zu wachsen. Vom tropischen Bambus über riesige, rote Christussterne, wie wir sie in Miniform zuhause in Blumentöpfen kennen, bis zu bizarren Kakteenarten. Kein Wunder: Nepal liegt ungefähr auf dem gleichen Breitengrad wie Kairo oder die Kanarischen Inseln. Nur sind die Höhenunterschiede etwas anders. Die tiefsten Stellen liegen um 500 Meter, die Höchste, der Mount Everest bei 8.848 Metern.

Kaum haben wir den ersten Berg überfahren, kommen wir im nächsten Tal vor einer eingestürzten Brücke jäh zum Stehen. Ein vielleicht 25 Meter breiter Gebirgsfluss rauscht unter uns munter und ungestüm durch sein Schotterbett. Ein kleiner Kiesweg führt die Böschung hinab, verläuft direkt durch den Fluss und steigt auf der anderen Seite wieder zur höher liegenden Straße empor.

Einige Laster stehen bereits unten vor den Fluten und zögern, dann nehmen sie Anlauf und rauschen hindurch. Die Wellen schlagen ziemlich hoch, als die hochbeinigen Autos in die Fluten tauchen. Gut einen halben Meter sinken sie an der tiefsten Stelle ein.

Wir schauen uns die Sache ein paar Minuten an und überdenken unsere Chancen. Es gibt nur zwei Möglichkeiten: Auch durch den Fluss oder nicht nach Kathmandu. Einige Jungen wittern ihre Chance zu einem kleinen Bakschisch zu kommen und zeigen mir aufgeregt, wie und wo wir am besten durchkommen. Ich fahre hinunter ans Flussufer, bleibe etwa zehn Meter vor dem Wasser stehen, lege den ersten Gang ein und gebe Vollgas. An der tiefsten Stelle merke ich, wie der schwere Wagen im lockeren Schotter einsinkt. „Nur durch hier – jetzt ja nicht stecken bleiben", fährt es mir durch den Kopf und ich fühle, ohne Pedra dabei anzusehen, dass sie neben mir genauso angespannt ist wie ich. Und dann ist die Gefahr auch schon vorbei. Die Räder greifen wieder, stetig wird es seichter und mit einem befriedigenden Gefühl lenke ich den Bulli auf der anderen Seite die Böschung hoch.

Unwillkürlich muss ich an die „tollen Typen“ aus den Zigarettenreklamen denken und den Flair, den einem diese Werbung suggerieren soll. Nur, das hier ist das wahre Gefühl! Der Weg nach Kathmandu scheint frei zu sein.

Ein atemberaubendes Panorama

Die Landschaft erinnert uns stark an das, was wir bereits in Jammu, auf dem Weg nach Kaschmir gesehen haben. Dort waren die Reisfelder in ihren harmonischen Formen zwar noch ein bisschen ausgeprägter, doch ist diese Gegend um einiges gigantischer. Über den Simhanjyang Pass steigen wir in eine Höhe von 2.540 Metern und kurz vor dem Örtchen Daman, nach einer scharfen Kurve liegt vor uns ein atemberaubender Rundblick: Über 180 Grad, von links nach rechts, soweit das Auge schweifen kann, ziehen sich die weißen Riesen des Himalaya, bis die Entferntesten von ihnen irgendwo im Dunst verschwinden. Baff, schweigend, mit offenen Mund verharren wir sehr lange vor diesem gewaltigen Panorama. Das einzige was mir einfällt ist: „Gott, wenn es ihn gibt, dann ist er hier zu finden!“

Von nun an begleiten uns diese Giganten bis zu unserem nächsten Ziel, nach Kathmandu. Nur ab und zu, wenn wir einen der vielen Hügel hinauf keuchen, werden sie zeitweise von dem vielschichtigen Grün um uns herum verdeckt, um dann, nach einer Kurve oder einem Kamm, umso intensiver voll ins Bild zu platzen.

In der frühen Dämmerung, wenn die unteren Berge schon im Schatten der höheren verschwinden, die Sonne aber von den dahinterliegenden schneeweißen Achttausendern noch voll reflektiert wird, scheint es, als ob diese Riesen im Nichts und unwirklich über den Bergen davor frei schweben würden. Eine wahrhaft einzigartige Szenerie.

Die vielen kleinen Dörfer mit den terrassenartigen, muschelförmigen Feldern, mit den ziegelrot und weiß getünchten Häuserfassaden, den geschnitzten, hölzernen Balkonen, lassen mich immer wieder an meine bayerische Heimat, an Österreich, die Schweiz oder Yugoslawien denken. In einer auffälligen Art und Weise scheinen sie sich im Baustil alle zu ähneln, so wie die Probleme ihrer unterschiedlichen Bewohner; das raue, wechselnde Klima in den Bergen, die harte Arbeit am Hang, die Abgeschiedenheit und die tägliche Auseinandersetzung mit der Natur.

Immer wieder »kurz davor«

Wir winden uns bergauf, bergab, Kurve um Kurve, Pass um Pass. Für die 200 Kilometer von der indischen Grenze bis Kathmandu brauchen wir einen guten Tag. Immer wieder meinen wir, „jetzt, nach diesem Hügel muss es kommen!“ – aber immer wieder folgt ein weiterer Pass. Dann hört auch noch der Asphalt auf. Die letzten 25 Kilometer sind noch im Bau, Schlagloch an Schlagloch und Unmengen von Dreck und feinem Staub. Oft wähnen wir uns kurz vor dem Ziel und bringen uns so fast um den letzten Nerv. Wir schimpfen auf den König und unterstellen, dass er selber nur per Flugzeug reist, denn sonst wäre diese Straße sicher schon sehr lange repariert.

Schließlich erreichen wir unser Ziel, ein bisschen erschöpft nach einer recht langen Tagesetappe, doch mit dem Gefühl, durch eine der schönsten Gegenden auf dieser Erde gefahren zu sein!

Kathmandu: Hierher müssen wir noch mehrmals!

Über diese Stadt kann man nur zwei Arten von Büchern schreiben: Kunstbücher oder einem persönlichen Erlebnisbericht. Will man ersteres tun, hat man ein Lebenswerk vor sich! Ich versuche mich im wesentlichen auf das letztere zu beschränken. Schon am ersten Abend, als wir noch ein bisschen durch die Innenstadt um den Durbar Square bummeln, wissen wir, dass uns diese Stadt in ihren Bann gezogen hat. Hierher müssen wir mit Sicherheit noch mehrmals!

Ein bisschen erinnern mich diese reich geschmückten Pagodentempel aus Holz an den Chinesischen Turm in München. Aber was für ein Vergleich! Nur der Stil geht ein bisschen in diese Richtung, ansonsten ein Unterschied wie zwischen Barock und Gotik.

Die dunkelgebeizten hölzernen Fassaden der unzähligen Geschäfts- und Wohnhäuser geben der Stadt die Gemütlichkeit eines alten, alpinen Skidorfs mit exotischem Rahmen. In den kleinen Läden, die zur Straße hin völlig offen sind, hocken die Händler im Schein von Petroleumlampen oder Kerzen. Kaum ein elektrisches Licht ist zu sehen. Die bunt gekleideten Nepalifrauen, die Männer mit ihren Topis auf dem Kopf, die freundlichen Tibeter mit ihren breiten, stets zum Lachen bereiten Gesichtern, die meist jüngeren, aufgeschlossen wirkenden Touristen, das alles schafft eine einmalige Atmosphäre.

Ein quirliges, aber doch entspanntes Treiben herrscht in den Straßen vom Einbruch der Dunkelheit bis gegen 22 Uhr. Dann erlahmt das Leben schlagartig. Die letzten Läden werden dichtgemacht, auch die eifrigsten Kunden ziehen sich zurück, jeder versucht, die eigenen warmen vier Wände zu erreichen. Denn um diese Jahreszeit wird es auch auf 1.100 Meter schon erstaunlich kühl. Fern ab von den vielen Zerstreuungsmöglichkeiten Europas haben wir uns auch längst diesem Rhythmus angepasst: Früh ins Bett und zeitig wieder raus.

Berauschende Mittel

Erstaunt und hingerissen bewundern wir bei Tag die kunstvoll bearbeiteten Tempel, Pagoden, Götterfiguren und die Vielzahl kleiner Läden. Natürlich schlendern wir auch durch die sogenannte Freak Street, in der man für wenig Geld einfache und bequeme Kleider kaufen kann, gebrauchte Bücher tauschen, original englischen Kuchen (Pie) löffeln oder in einer der vielen kleinen Restaurants billig essen kann. Und wer es nötig hat, kann hier auch günstig seinen Bedarf an Haschisch, Marijuana oder Opium decken. Shiloms, die dazugehörigen Pfeifchen aus Ton oder Holz, werden völlig offen, gleich im Laden daneben, angeboten. Offiziell ist „rauchen“ zwar auch in Nepal verboten, doch solange der Genuss nicht zu Ausartungen führt, kümmert sich kein Mensch darum. Denn es gehören diese entspannenden, berauschenden Mittel ja von alters her in diesen Kulturkreis; so wie bei uns Bier, Wein oder Schnaps. Zum Problem gemacht haben die genannten Mittel ja auch nicht die Herstellerländer, sondern die verwöhnte Schickeria und die verzogenen Wohlstandskinder in den USA und Europa, die daraus einen Modetrend entstehen ließen und es zur Flucht aus einer Gesellschaft benützen, mit der sie nicht mehr zurechtkommen.

Göttin sein – hartes Schicksal

Am Nachmittag bekommen wir noch eine leibhaftige Göttin zu sehen. Jawohl, das gibt es noch! In Nepal, wo sich der überwiegende Teil der Bevölkerung zum Hinduismus bekennt, einem Hinduismus mit wesentlichen Elementen des Buddhismus.

Die meisten guten Götter, so scheint es mir manchmal, haben ja schon vor geraumer Zeit diese Welt verlassen. Aber hier, in Kathmandu kann man sogar noch eine besuchen. In einem sehr schönen, alten Palast, dem Kumari Ghar, dem „Wohnsitz der Jungfrau". Diese Kumari soll eine Inkarnation der Frau des Hindugottes Schiwa sein. Schon als kleines Mädchen wird sie aus dem nepalesischen Stamm der Newars ausgesucht. In Frage kommen nur ganz bestimmte Mädchen im Alter von etwa drei Jahren, sie müssen einen völlig narben- und fleckenlosen Körper haben, die Reaktion und Funktion aller Sinne wird überprüft und das Horoskop muss ganz besonders günstig stehen. Jeweils sechs solcher Mädchen werden in die engere Wahl gezogen! Sie werden in einen engen Raum eingeschlossen und von außen mit einem Getöse von Trommeln, Muschelhörnern, Gongs, Zimbalen und Trompeten berieselt. Innen werden die Mädchen mit immer schrecklicheren Masken, die das Laster versinnbildlichen, konfrontiert. Wer zuerst weint, scheidet aus, der Reihe nach, bis auf die letzte. Die wird dann in einer großen Feier zur neuen Göttin gekrönt und bleibt dies solange, bis sie sich entweder verletzt und blutet – oder in die Pubertät kommt und die ersten Zeichen der Menstruation zeigt.

Es ist kein leichtes Schicksal so eine Göttin zu sein! Das Geschöpft wächst getrennt von seinen Eltern, in einem wahrlich „goldenen Käfig" auf und hat später große Schwierigkeiten, einen Mann zu finden. Denn, so geht der Glaube, wer eine Kumari heiratet, stirbt innerhalb von sechs Monaten. Was auch schon passiert sein soll!

Wir betreten erwartungsvoll den Innenhof des Kumari Ghar. Eine französisch sprechende Reisegruppe mit nepalesischen Führer wartet bereits. Alle suchen gespannt die Fenster im ersten Stock ab. Da – für einen kurzen Moment – zeigt sich an einem der offenen Fenster ein kleines, pausbackiges Mädchen; in einer Kleidung, die viel zu feierlich für ihr junges und verspieltes Alter erscheint. Gar nicht so, wie man es sich von einem Gott vorstellt, schaukelt sie sich kurz im Fenster, hebt die Hand wie zum Gruß, dann ist die „Erscheinung" schon vorbei.

Fluss aus dem Munde Schiwas und bleichgesichtige Ferntouristen ohne Pietät

In Pashupatinath, wenige Kilometer von Kathmandu entfernt, besuchen wir den heiligsten aller nepalesischen Hindutempel. Er liegt am heiligen Fluss Bagmati, der später in den ebenso heiligen Ganges fließt. Dieser Fluss soll der Sage nach dem Munde Schiwas, einem der drei höchsten Gottheiten im Hinduglauben, entsprungen sein. Entsprechend ist der Tempel diesem Gott geweiht und weil dieser, wie alle hinduistischen Gottheiten, verschiedene Erscheinungsformen hat, in diesem Fall der Gestalt des Pashupati, des Gottes der Tiere.

Wir haben das Glück des Zufalls. Es ist der 18. November und für die Hindus eine Art „Allerheiligen". Scharen von Pilgern kommen aus allen Gegenden Nepals, sogar aus Indien, um an diesem Tag in den geheiligten Gewässer einzutauchen, zu beten und die Verstorbenen zu ehren. Zu ihrem Gedenken pflanzt man dabei sieben verschiedene Samenkörner: Mais, Weizen, Reis, Hirse, sowie drei weitere Sorten, deren indische Namen mir aber entfallen sind.

Von der, den Tempeln gegenüberliegenden Flussseite, hat man einen sehr guten Überblick in etwas erhöhter Position. Man kann aus guter Entfernung beobachten, wie die Männer und Frauen im eiskalten Fluss baden, sich waschen, miteinander plantschen, oder, wie schon in Amritsar, in voller Hingebung beten und in einem bestimmten Ritual immer wieder untertauchen. Dicht daneben, keine fünfzig Meter flussabwärts, werden Leichen verbrannt. Wie auch bei den Buddhisten soll der Mensch wieder zu Staub und Asche werden. Für den gläubigen Hindu ist es das größte Glück, wenn seine Reste in den reinigenden Fluten eines geheiligten Flusses dem Meer zutreiben.

Mit gemischten Gefühlen, aber doch von der eigenen Neugier besiegt, betrachten wir diese Zeremonien aus gehöriger Distanz. Auf den Grund eines Scheiterhaufens aus dicken Balken wird ein Leichnam gelegt, der mit einer grau-weißen Substanz eingerieben ist. Zügig werden darüber weitere Balken gestapelt, Stroh dazugelegt und das Ganze entzündet. Diese

Handlung dauert nur wenige Minuten, die gesamte Verbrennung kaum mehr als eine halbe Stunde. Ein Brahmane, ein Priester, ganz in weißes Tuch gehüllt, wohnt der Handlung bis zuletzt, wenn die Asche in den Fluss gekippt wird, bei. Die manuelle Tätigkeit wird von den Doms, der untersten Kaste, ausgeführt. Die Angehörigen halten sich etwas im Hintergrund, sitzend oder stehend warten sie das Ende ab.

Einige bleichgesichtige Ferntouristen halten von Distanz allerdings wenig und von Pietät scheinbar überhaupt nichts. Völlig ungeniert gehen sie an die Verbrennungsstätten oft bis auf nur einen Meter heran, legen die dicke Kamera ans Auge und schießen mit aller Ruhe ihre Bilder... Diese fremdartigen Menschen sind ja sooo exotisch und man glaubt, alles mit ihnen machen zu dürfen! Nur keinen Respekt haben – oft nicht einmal vor sich selbst!

Drei kleine Königreiche und ein Schwächeanfall in Patan

Einen weiteren Ausflug machen wir nach Patan, einer der drei großen Tempelstädte hier im Kathmandu-Tal. Diese drei Zentren entstanden aufgrund einer ganz normalen Erbgeschichte:

1448 teilte der König von Nepal, Yaksha Malla, sein Reich unter seinen drei Söhnen auf. Drei Länder brauchen natürlich auch drei Hauptstädte. Klare Sache! So entstanden dicht nebeneinander Kantipur, das heutige Kathmandu, Bhaktapur, jetzt Bhadgaon, sowie Lalitpur, das nun Patan heißt. Diese drei Miniländer konkurrierten heftig miteinander, jeder der Herrscher wollte größere und schönere Tempel bauen. So finden wir heute drei kunsthistorisch unvorstellbar reiche Städte in unmittelbarer Nähe.

Genau wie bayrische Barockkirchen haben auch nepalesische Tempel etwas Gemeinsames: Irgendwie sind sie sich alle ähnlich und nur ein Experte wird sich über die vielen Details und Varianten stets aufs neue begeistern können.

Wir wandern erst etwas ziellos über den Tempelplatz und sind froh, als unsere Aufmerksamkeit plötzlich auf eine menschliche Begebenheit gezogen wird. Mitten auf der kleinen gepflasterten Straße zwischen den Pagoden ist eine Frau ohnmächtig geworden. Die schon etwas ältere Nepalesin in der typischen Tracht eines Gebirgsstammes scheint einem Schwächeanfall erlegen zu sein. Regungslos liegt sie da. Innerhalb weniger Augenblicke eilt ein unscheinbarer Mann in bäuerlicher Kleidung herbei. Seinem Gesicht nach ist es ein etwa Fünfzigjähriger mit tibetischem Einschlag.

Selbstverständlich und mit offensichtlicher Routine kauert er sich in Hockstellung neben die Frau, zieht aus einer seiner Jackentaschen drei gezwirbelte Räucherstäbchen, hält sie der Bewusstlosen unter die Nase und fühlt dabei mit der anderen Hand den Puls. Wir sehen, wie sich der Brustkorb der zunächst regungslosen Kranken ganz langsam, fast unmerklich, zu heben und zu senken beginnt.

Mit der rechten Hand zieht der Mann nun eine Mischung aus Reiskörnern, roter Kreide, den roten Blättern eines riesigen Weihnachtssterns, sowie einige weitere uns unbekannte Samenkörner aus seiner Tasche. Konzentriert flüstert er dabei beschwörende Worte und wirft in regelmäßigen Abständen gezielt einige Bestandteile seiner geheimnisvollen Mixtur über den Körper der Liegenden. Ab und zu macht er mit der Linken bedeutungsvolle Zeichen in die Luft.

Die Atembewegungen der Frau werden erkennbar stärker und nach einigen Minuten wird ihr Oberkörper auf Anordnung des Medizinmannes von zwei Begleiterinnen behutsam aufgerichtet und von deren Armen gestützt. Kurze Zeit später schlägt die Frau die Augen langsam auf. Erst mit Schwere, die dann aber, über einen scheinbaren Zustand der Starre, in ein flatterndes Blinzeln übergeht. Darauf massiert ihr der Alte mit dem abgewinkelten Daumen sowie dem Zeige- und Mittelfinger der linken Hand zuerst die Schläfen, dann die Stirn. Noch etwas benommen, aber wieder bei vollem Bewusstsein, wird die Frau von ihren Begleiterinnen nun auf die Beine gestellt. Die Arbeit des Mannes scheint damit erledigt zu sein. Zuerst wollen ihm einige der Dorfbewohnerinnen Geld geben, aber er lehnt höflich ab und will sich schnell verziehen. Etwa zehn Meter hat er sich schon entfernt, als eine der Bäuerinnen eine Handvoll Mandarinen aus der Tasche zieht und diese ihm fast bittend nachstreckt. Mit verlegenem Grinsen kehrt er noch einmal um und nimmt die freundliche Geste dankend an. Die Frauen rufen ihm noch einige gute Worte nach, nehmen ihre noch etwas wackelige Gefährtin in die Mitte und ziehen mit sichtlich erleichtertem Geschwatze weiter.

Deutsch-französisches Fluchen

Am nächsten nächsten Morgen wieder zurück in Kathmandu, ziehen wir um. Von der Happy Lodge, bei der wir bislang standen, in den nördlicheren Stadtteil Thamel, zur Yeti Lodge. Diese Gegend bietet einen ausgezeichneten Pie Shop, bei dem allein die Zimtrollen einige extra Tage wert sind, Trekking Shops, vorzügliche Restaurants, mit Menüpreisen unter 2 DM (!), die wir auch noch kennenlernen wollen. Die Überraschung ist groß. Wir treffen dort gleich drei alte Bekannte, alle ebenfalls mit dem VW-Bus unterwegs. Hether und Allan aus Australien, Michelle und Pierre aus Marseille, sowie Rolf und Ingrid aus Freiburg. Hether und Allan hatten wir das erste Mal an der türkisch-persischen Grenze, dann in Srinagar und zuletzt in Agra gesehen. Ingrid und Rolf zuerst in Aleppo (Syrien), dann irgendwo in einem abgelegenen Dorf in Jammu und schließlich wieder in Neu-Delhi. Pierre und Michelle lernten wir in Agra kennen. Wir reden Englisch, Deutsch und Französisch wild durcheinander, denn zu erzählen gibt es viel!

Pierres Auto wegen werde ich fast noch zum Kriminalfall. Irgendwo auf einer indischen Piste war ihm vorne an der Achse der Querlenker gerissen. Bereits in Delhi hatte er sich ohne Erfolg um Ersatz bemüht, in Agra sprach er uns dann vergeblich wegen eines Stabilisateurs an und hier in Kathmandu hatte er bei einer VW-Werkstätte auch kein Glück. Ohne Querlenker war er so ein paar tausend Kilometer über die Straßen geschlackert, immer in der Hoffnung, bei der nächsten Etappe endlich das notwendige Teil zu bekommen.

„Beim Flughafen habe ich einige völlig abgewrackte VW-Busse gesehen", berichte ich ihm, „es fehlen zwar die Scheiben und sonst alles, was abzumontieren ist, aber Du könntest ja mal schauen, ob noch ein Querlenker dran ist".

Pierre fährt voll guter Hoffnung zum Flughafen, erkundigt sich, wem die Dinger gehören und erfährt, sie stünden unter Zollverschluss. Die Herren in der Dienststelle, bei denen er nachfragt, ob er sich selber einen Querlenker von einem der Wracks abbauen könnte, erklären sich alle für nicht zuständig oder für überfordert. Schließlich meint ein etwas höherer Beamter: „Auch gegen Bezahlung kann da nichts gemacht werden!" Der Hinweis, dass die Schrottkisten ja ohnehin vor sich hinrosten und die meisten brauchbaren Teile schon abmontiert seien, hilft auch nichts. Völlig frustriert kommt der gute Pierre wieder.

„Dann lass uns doch einfach hinfahren und selber das Teilchen ausbauen", schlage ich Pierre vor, „mit zwei Schrauben ist es ab und die Gummipuffer sägen wir durch". Wir zögern beide noch etwas, aber die Vorstellung, dass Pierre sonst noch einmal hunderte von Kilometern durch Indien mit schlackernder Vorderachse fahren muss, gibt uns Mut. „Frechheit siegt immer", füge ich noch hinzu, „in zehn Minuten ist der Fall erledigt." Wir fahren also raus zum Flughafen, packen die notwendigen Werkzeuge in eine Decke und marschieren gezielt auf eines der Wracks zu. Kein Mensch kümmert sich um uns. Das Auto steht mit der Vorderseite gegen eine Mauer, an der die Nepalis, weil Toiletten fast überall in Asien fehlen, mit Vorliebe ihre Notdurft verrichten. Es stinkt erbärmlich. Aber was soll's, es geht schließlich um ein wichtiges Ersatzteil. Wenn einer am Verhungern ist, heißt so etwas „Mundraub“ und ist straffrei. Ähnlich sehen wir diesen Einsatz.

Wir breiten eine Decke aus, fangen an zu sägen, um die beiden Schrauben zu lösen. In fünf Minuten ist fast alles erledigt, nur eine der beiden Schrauben bleibt stur. Hammerschläge, Kriechöl, selbst deutsch-französisches Fluchen versagen jede Wirkung.

Langsam werden einige Nepalis in grünen Uniformen auf uns aufmerksam. Einer schaut uns sogar interessiert zu und gibt uns gute Ratschläge. Doch dann wird es uns plötzlich mulmig, wir brechen die Aktion erfolglos ab, lassen Schraube Schraube sein und verduften.

Ein Freund im Knast

Pierre versucht am gleichen schönen Sonntagnachmittag sein Glück noch einmal alleine und – landet prompt im Knast. Es hilft kein Hinweis, dass das Auto ja ohnehin nur Schrott war, eigentlich nur noch aus der Karosserie bestand. Pierre verbringt die erste Nacht in einer nepalesischen Gemeinschaftszelle. Dort werden ihm auch noch einige Reiseschecks gestohlen. Wäre soweit kein Problem, denn American Express leistet innerhalb von vierundzwanzig Stunden Ersatz. Doch Pierre sitzt fest.

Der Rest unserer Gruppe geht gleich am Montagmorgen zur französischen Botschaft und schildert den Fall. Ehrlich und ohne Spielchen. Klar, dass es nicht ohne gescheite Belehrungen abgeht, aber dann ist man bereit zu helfen. Das heißt, man stellt uns den Trouble Shooter zur Verfügung, einen Nepali, der sich auskennt und gute Beziehungen zu allen möglichen Behörden hat und für die Botschaft die lokalen Probleme löst. Derartige Herren habe ich bei anderen Gelegenheiten auch schon bei der amerikanischen Vertretung schätzen gelernt, sie scheinen zum wichtigsten Inventar einer diplomatischen Gesandtschaft zu gehören.

Unser neuer Bekannter blickt auf eine lange Berufserfahrung zurück. Voll Stolz erzählt er uns, dass er vorher in schweizerischem Dienst stand; wie schlimm asiatische Gefängnisse von innen aussehen; wie drakonisch teilweise die Strafen sind; wie hoch die „Bakschisch“-Zahlungen sein können oder müssen, bis man wieder draußen ist und dass er nur „hoffen“ kann, Pierre schnell wieder freizubekommen. Sofort hat er auch einen „Trick“ bereit: Wir sollten Pierre „unbemerkt“ beibringen, dass er bei der Vernehmung behauptet, er habe das Teil keineswegs „klauen“, sondern nur

„abmontieren“ wollen, um zu sehen, „ob es passt“, um es dann dem Zoll legal abkaufen zu können. Denn ein solches Vorhaben sei in Nepal „weniger strafbar“.

Das Problem ist nur, wie können wir Pierre diese Version „unbemerkt“ beibringen. Stets sitzt ein Bewacher neben ihm. Zwei Tage versorgen wir unseren Freund im Gefängnis mit Kuchen, Lektüre und seinem eigenen Schlafsack, werden aber selbst nicht vorgelassen und können nur hoffen, dass wenigstens einige der guten Sachen bei ihm ankommen.

Dann ist die Verhandlung. Pierre weiß immer noch nichts von der „richtigen Version“ und wir nicht, wie wir es ihm sagen sollen. Dann haben wir Glück. Für den Weg vom Gefängnis zum Gericht fehlt ein Auto. Allan bietet seinen VW-Bus an, die Bewacher und Pierre in Handschellen steigen ein, Michelle darf mit hinein und kann ihrem Mann die „richtige Version“ in aller Ruhe in Französisch erklären. Ein paar Stunden später und mit einem „Bußgeld“, bzw. „Bakschisch“ von 100 Dollar ist Pierre wieder frei.

Die direkte Tuchfühlung mit einem asiatischen Gefängnis und der örtlichen Gerichtsbarkeit, sowie die Geschichten, die wir von dem Mann der französischen Botschaft noch zu hören bekommen, reichen aus, um uns ein für allemal von derartigen „Notlösungen“ zu bewahren. Mit einem blauen Auge sind wir gerade noch davongekommen!

Swayambunath und Lama-Mönche

Nach dieser Episode pilgern wir zum Buddhatempel und der großen Stupa von Svayambunath. Stupas sind halbkugelförmige Anlagen, die ursprünglich einen Grabhügel darstellten, in ihrer Form aber eine Gharba (Gebärmutter), den „Ort der Schöpfung“ symbolisieren. Sehr häufig sind in diesen Stupas, ähnlich wie von Heiligen in katholischen Kirchen, Reliquien Buddhas aufbewahrt.

Aufgrund der vielen Affenherden die hier herumtollen, wird diese Anlage von den Einheimischen auch „Monkey Temple“ genannt. Wir betreten ihn durch ein Tor, das von riesigen Buddhafiguren gesäumt wird, die den Meister in verschiedenen Handlungen darstellen. Nicht ohne mit den vielen Affen gespielt zu haben, klettern wir die 231 Stufen zum eigentlichen Tempel hinauf.

Von weitem beobachten uns dabei die „Alles-sehenden-Augen” Buddhas, die an allen vier Seiten des Tempels aufgemalten riesigen Augenpaare mit der Zahl „Eins“, in Devanganari Schrift, in ihrer Mitte. Diese „Eins“ gleicht unserem Fragezeichen und steht für das erste Gebot Buddhas.

In einem herrlichen Durcheinander befinden sich überall Gebetsmühlen, Buddhafiguren und kleine Nischen mit Kerzen und Glöckchen, Mönche mit purpurfarbenen Umhängen und mit kahl geschorenen Schädeln wandeln umher. Der Blick hinunter nach Kathmandu und hinüber auf die umliegenden Schneeriesen des Himalaya ist ein zusätzlicher Reiz.

Im großen Tempelraum des daneben liegenden Lama-Klosters hören wir eigenartige Klänge. Wir gehen den Geräuschen nach und gelangen zu einem Gebetsraum.

Der rechteckige Raum von vielleicht acht mal zwölf Metern wird auf der dem Eingang gegenüberliegenden Seite von mehreren Buddhafiguren beherrscht. Entlang der Längsseiten sitzen etwas erhöht und auf Sitzkissen etwa zwanzig Mönche in zwei Reihen. Der jüngste ist vielleicht fünf Jahre alt, der älteste um die sechzig. Ihre Köpfe sind einheitlich kahl geschoren, ihre Körper von den typischen purpurfarbenen Roben der Lama-Mönche umhüllt. Vor jedem liegt ein Tantra, längliche, aufeinander gestapelte Buchseiten aus dünnem Holz oder feinem Papier, die die handgeschriebenen heiligen Schriften enthalten. Einige der Mönche, durchwegs im Kindesalter, halten verschiedene Blasinstrumente in den Händen, die entweder dem schweizerischen Alphorn ähneln oder nichts anderes sind als riesige Seemuscheln mit Mundstück. Abgeschlossen wird jede Reihe von einem gewaltigen Gong und einer Trommel.

Gebetet wird laut. Nicht gleichmäßig im Chor wie in christlichen Kirchen, sondern ganz individuell. Jeder betet in seiner eigenen Geschwindigkeit, Tonlage und Lautstärke. In gewissen Zeitabständen scheint sich das Gebet dennoch zu koordinieren, dann wird plötzlich wieder stark und laut in die Hörner geblasen. Man sieht, wie es den Jungen Spaß bereitet, dabei den Ton möglichst nach eigenem Gefallen zu modulieren.

Irgendwann teilt einer Plätzchen aus, nicht ohne vorherige Verbeugungen vor den Buddhafiguren. Hauptsächlich greifen die noch jüngeren Mönche zu. Dabei wird ungehindert gemampft, während andere noch im Gebet vertieft sind. Wir beobachten, wie die Kinder miteinander scherzen, sich gegenseitig die Plätzchen klauen, wie Rituale, frommes Gebet und menschliche Regungen völlig gleichberechtigt miteinander zum Einklang kommen. Keiner der Älteren schaut etwa strafend auf die Jüngeren, wenn sie miteinander schäkern. Für christliche Kirchen eine undenkbare Sache. Dort haben Gebete leider unnatürlich ernst zu sein!

Verhängnisvoller Mittagsschlaf auf dem Weg nach Pokhara

Wir könnten es noch lange im Kathmandu Tal aushalten, aber unser Visum ist auf 30 Tage begrenzt und damit wollen wir auskommen. So brechen wir am 21. November auf zum Phewa See, der hundert Kilometer weiter westlich liegt.

Wir klettern die entsetzliche Straße zurück, überqueren den 1.500 Meter hohen Thankot Pass und kommen nach 25 Kilometern in ein wunderbares Flusstal, das uns zu unserem Ziel führen wird. Die Straße ist neu gebaut und erlaubt fast schon ein gemütliches Fahren. Mittags machen wir am Straßenrand Rast und schlafen sogar ein wenig.

Eine Stunde später werden wir angehalten. Eine Schranke versperrt den Weg, wir müssen Maut entrichten und uns in ein dickes Buch eintragen. Ein alter Mann in bunter bäuerlicher Kleidung stellt sich neben unser geparktes Auto, packt ein geigenartiges Saiteninstrument aus und fängt zu zirpen an. Dazu singt er eine anscheinend lustige Ballade und zwinkert uns immer wieder mit den Augen zu. Für unsere Ohren klingt das Ganze fremdländisch, ernsthaft und lustig zugleich. Sein Gesang erinnert an Walther von der Vogelweide. Da es schon dämmert und wir weiter wollen, geben wir dem Alten ein kleines „Bakschisch" und hoffen, damit frei zukommen. Aber falsch gedacht! Ohne seinen Gesang und das Gefiedel zu unterbrechen, bedeutet uns der Gute mit Kopfbewegungen, Minenspiel und Körpersprache, dass wir dableiben müssen, bis er mit seiner Ballade zu Ende ist. Wir geben nach und warten bis zu einem klaren Ende – aber der Mann will gleich noch eine Strophe anhängen. Vielleicht war das Trinkgeld zu hoch! Erst nach einem zusätzlichen Spielchen dürfen wir weiter.

Kurz darauf und ohne Vorwarnung hört die Straße auf. Eine Brücke ist während des Monsuns eingestürzt, ein kleiner Weg führt hinunter zum Fluss. Die Situation erscheint ähnlich der auf dem Weg nach Kathmandu – nur, dass diesmal weit und breit kein Auto zu sehen ist, bei dem ich erkennen kann, wie tief der Fluss nun wirklich ist. So vertraue ich auf mein eigenes Gespür, Glück und die Bodenfreiheit des VW und nehme Anlauf. In der Mitte wieder das Gefühl von lockerem Kies und beunruhigend tiefer werdendem Wasser. Fuß fest auf dem Gaspedal, Getriebe im ersten Gang – und wir stottern mit letzter Kraft die Uferböschung hinauf. Diesmal scheint sich Wasser in den Kerzen oder im Zündverteiler gefangen zu haben. Der Motor setzt aus, ich will schon anhalten und alles reinigen, doch dann fängt er sich und läuft ohne weitere Mucken wieder herrlich rund.

Mit hereinbrechender Dunkelheit fahren wir in Pokhara ein. Es ist ein völlig verzweigtes Dorf und wir brauchen lange, um irgendein Zentrum zu finden. Als wir dann schließlich in die kleine Straße einbiegen, die zum See hinunterführt, bemerken wir sehr schnell, dass es uns auch hier gefallen wird. Das Sträßchen wird gesäumt von kleinen, offenen Kneipen und ein paar Miniläden. Auch erkennen wir sympathische Gesichter jüngerer Leute aus Europa. Wir fahren ganz an den See heran. Es ist nun völlig dunkel, nur der Mond beleuchtet das Wasser und die Umgebung. Wir sind die einzigen Camper.

Als wir anfangen uns auszubreiten, mache ich eine böse Entdeckung. Auf der Suche nach meinen Wanderstiefeln stelle ich fest, dass einer fehlt. Wir räumen das ganze Auto um – der linke Schuh bleibt verschwunden. Am Morgen, beim Wegfahren, war er mit Sicherheit noch da. Bleibt nur der eine Halt am Mittag mit der Siesta, als wir beide eingeschlafen waren. Ich rekonstruiere, wie ein Schuh aus dem Auto fallen kann und komme zu der Überzeugung: „Das hätten wir merken müssen!“ Er muss uns also gestohlen worden sein. Tatsächlich, erinnere ich mich, war da auch ein Bursche, der unser Auto genau beobachtete und sich angeschlichen haben muss, als wir eingeschlummert waren. Das einzige, was er in der Eile zu fassen bekam, war anscheinend mein Schuh. Klingt für mich heute noch fantastisch, scheint aber nach wie vor die einzige Erklärung zu sein.

Ich bin echt zerknirscht, denke mit Wehmut an die gut eingelaufenen Schuhe mit dem schönen Namen Cloud Walkers und stelle mir vor, wie ich versuchen muss mir in Pokhara welche zu leihen. Ich sehe mich in schlecht sitzenden Wanderstiefeln, mit schmerzenden Füßen und Blasen... Auweiauwei, die guten Schuhe werden mir schwer fehlen!

Vorbereitungen und Start zum Jomoson Trek

Genau vier Tage ruhen wir uns aus, wandern ein bisschen durch die herrliche Gegend um den Phewa See, machen Besorgungen für den geplanten Trek, planen die nächsten Etappen durch Indien, aber finden absolut keine brauchbaren Ersatzschuhe für mich. Unsere Freunde aus Kathmandu trudeln auch hier wieder ein und am dritten Tag fährt ein Bedford mit neuseeländischem Kennzeichen vor. Dave und Muriel, die wir zuerst im griechischen Alexandropolis, dann Wochen später in Persien getroffen und darauf völlig aus den Augen verloren hatten, kreuzen nun hier wieder unseren Weg! Ihr Bedford mit original Wohnwagenaufbau sieht inzwischen schwer mitgenommen aus. Konzipiert in sogenannter „Leichtbauweise“ für europäische Straßen ist er nun total verzogen, keine Türe oder Klappe schließt mehr korrekt, ein völliger Klapperkasten. Aber das kann die beiden nicht aus der Ruhe bringen. Dave feiert seinen 54. Geburtstag mit uns, seine

Frau backt dazu einen großen Kuchen und bis Neuseeland, so meint Dave, würde seine Kiste, noch allemal kommen: „Die Ankunft dort ist zu meinem nächsten Geburtstag geplant!"

Mit gewisser Sorge beobachten wir das Wetter. Die letzten Tage ist es recht durchwachsen gewesen. Zwar ohne Regen, doch meistens bewölkt. Die Gipfel der Sechs- bis Achttausender um uns kommen nur selten aus den Wolken. Aber wenn, dann ist es jedes Mal ein umwerfender Eindruck: Links, im Westen, der Dhaulagiri (8.172 m), dann der South Peak (7.219 m), Annapurna I (8.091 m), der wunderschöne und dem Matterhorn ähnelnde Machhapuchhare (6.993 m), gefolgt von Annapurna III (7.555 m), Annapurna IV (7.525 m), Annapurna II (7.937 m) und als letzten Großen der Lamjung Himal mit 6.931 Metern. Wir davor in rund 900 Meter Höhe. Ein beeindruckendes Erlebnis!

An und für sich wollen wir auf dem Jomoson Trek bis hinter ins Dhaulagiri Gebiet gehen, denn dieser Trek wurde uns als einigermaßen leicht und mit „Superausblicken" schmackhaft gemacht. Laut Trekking-Karte braucht man dafür mindestens sieben Tage und das gleiche wieder zurück. Es sei denn, man bekommt einen Sitzplatz in der Maschine von Jomoson nach Pokhara.

Am 26. November starten Pedra und ich, um „endlich den Himalaya zu bezwingen". Den Bulli haben wir bei einem Hotel abgestellt. Mit komischem Gefühl trennen wir uns von ihm und dem Komfort der heimeligen Atmosphäre, die er uns seit fünf Monaten tagtäglich gegeben hat. Zum ersten Mal auf dieser Reise werden wir nicht in seinem vertrauten Bauch schlafen. Ich sehe verräucherte Hüttenzimmer vor mir mit mehreren Betten ohne Matratzen, dafür aber mit knüppelharten Holzleisten, Wanzen und Flöhe hat man uns angekündigt. Es wird bestimmt nicht leicht werden! Mich selbst tröstend, denke ich an den eigenen Schlafsack, das Flohpulver, das wir mitgenommen haben und daran, dass wir jeden Abend so müde sein werden, dass mir ohnehin alles egal sein wird. Pedra hat ähnliche Gedanken, miteinander versuchen wir darüber Späßchen zu machen.

Jeder von uns hat seinen großen Rucksack geschultert. Als wir uns gegenseitig betrachten, stellen wir fest, dass wir wie bei alten Griechenland-Reisen aussehen. Zehn bis zwölf Kilo hat jeder von uns auf den Schultern und nach den ersten Schritten sage ich zu Pedra: „Wir haben viel zu viel eingepackt!" Und sie: „Ach komm jetzt, fang nicht gleich schon wieder zu jammern an!" „Und so soll ich vielleicht vierzehn Tage oder noch länger durch dieses Gebirge wandern", maule ich noch nach. Aber dann geht's endgültig los!

Wenn nur die verdammten zwölf Kilo nicht auf meinem Rücken wären!

Gleich am Dorfende warten eifrige Nepali-Buben und wollen uns den Weg zeigen oder den Rucksack tragen. Gegen Bezahlung, versteht sich. Aber nun hat auch mich der Ehrgeiz gepackt. Nach 100 m sind wir schließlich den letzten und aufdringlichsten der Burschen los. Die ersten beiden Stunden verlaufen ohne nennenswerte Steigungen. Ein Camp für Flüchtlinge aus Tibet lassen wir links liegen, einmal müssen wir ganz steil hinunter zu einem wilden Fluss, überqueren ihn über eine abenteuerliche Hängebrücke aus Seilen und Holzstämmen und kraxeln auf der anderen Seite wieder hoch.

Wir sind in einem großen, hügeligen Tal, um uns mittelgroße Berge, die weißen Riesen sind von hier aus nur auf ganz kurzen Abschnitten zu sehen. Die Landschaft verzaubert uns: das ständig wechselnde Grün der Reisfelder, alle möglichen Büsche, Bäume und Sträucher, bunte Blumen, manchmal ein wilder Affe. Dann und wann begegnen wir einem Bauern oder einer Bäuerin und erst Stunden später treffen wir auf das erste europäische Gesicht. Wenn nur die verdammten zwölf Kilo nicht auf meinem Rücken wären!

Schweiß rinnt in Strömen

Im ersten Dorf füllen wir unsere Feldflasche mit frischem Wasser, nicht ohne „Micropur", ein Entkeimungsmittel, dazu zu geben. Erst eine Stunde später dürfen wir davon trinken, denn solange dauert es, bis das Wasser koscher ist. Eine wichtige Vorsichtsmaßnahme, denn hier in den Bergen wäre ein Durchfall äußerst unangenehm.

Der Schweiß rinnt in Strömen. Wir wechseln das Hemd und hängen das nasse T-Shirt so über den Rucksack, dass es schon während des Wanderns trocknen kann. Für diesen Zweck, sowie zum Trocknen von Waschlappen oder Socken, haben wir eigens einige Wäscheklammern eingepackt. Schon am zweiten Tag sehen unsere Rucksäcke äußerst individuell aus!

Als wir ein breites, steiniges und fast ausgetrocknetes Flussbett erreichen, ist es bereits Nachmittag und wir haben mindestens vier Stunden Weg hinter uns. Ich fange wieder an zu meckern: „Über mir Wolken, von der Landschaft sehe ich wenig, weil ich immer auf den Boden und die verdammten Steine schauen muss, den saublöden Rucksack durch die Gegend schleppen, das alles soll schön sein, nur weil jeder Depp sagt, dass man in Nepal auch trekken gehen muss!"

Aber da komme ich Pedra gerade recht: „Es ist doch wirklich fürchterlich mit Dir! Weil das nun ein bisschen Anstrengung kostet, ist es erst mal wieder Mist!"

Natürlich lasse ich so einen bösen Vorwurf nicht auf mir sitzen und die Diskussion setzt sich in diesem Stil eine Weile fort. Dann marschieren wir eine Zeitlang schweigend nebeneinander her. Plötzlich stehen wir am Fuß der steil ansteigenden Naudanda Ridge (Ridge = Kamm). Es geht schnurstracks in den Wald hinein, ein schmaler, steiniger Weg liegt noch vor uns. Nicht zu laut, aber doch so, dass Pedra es noch hören kann, lasse ich ein „Oooh Kruuuzifix " von mir. Es wird mit einem bösen, fast resignierenden Blick quittiert.

Ich schiebe die Handballen unter die Trageriemen, um so den schmerzenden Schultern etwas Abstand zu verschaffen und setze den Rucksack mit seinem Schwerpunkt auf eine Stelle im Kreuz, an der er mich momentan am wenigstens drückt. In dieser Haltung komme ich an einer Hütte vorbei, vor der ein Mann steht. „Wie weit ist es noch bis Naudanda?" Frage ich. „Eine Stunde", kommt die Antwort. Doch aus Erzählungen weiß ich, dass bei derartigen Auskünften von Einheimischen immer gut das doppelte gerechnet werden muss.

Da kommt ein zweiter, noch recht junger Mann dazu und fragt: „Porter? Do you need a porter?" („Braucht Ihr einen Träger?") Mit einem Blick auf Pedra sage ich „No!" „To Naudanda only 10 Rupies", schlägt er vor. Schließlich einigen wir uns auf fünf und ich schaue Pedra fragend an. Aber sie ist von enormen sportlichem Ehrgeiz besessen und meint: „Ich brauche keinen!" Ich versuche sie zu bekehren, rechne ihr vor, wie wenig fünf Rupies sind, aber sie bleibt konsequent.

Ich übergebe meine Last dem Burschen nur allzu gerne. Meine Wirbelsäule scheint fühlbar um mindestens drei Zentimeter nach oben zu schnellen, meine Schultern hören auf zu schmerzen, urplötzlich gehe ich wie auf Wolken. „Willst Du nicht doch auch einen Träger bis da hinauf nehmen", frage ich Pedra. „Neh, ich bin schon okay." „Naja", versuche ich es, „wir könnten uns den Mann ja ab und zu teilen". Nichts geht. Manchmal habe ich Angst, wenn ich sehe, wie Pedras Kopf vor Anstrengung immer roter wird und ich bezichtige sie der Sturheit. Aber sie ist auf „sportlichem Trip" und bleibt dabei.

Wir befinden uns nun auf dem uralten Handelsweg von Kathmandu über Pokhara nach Jomoson, Muktinath und weiter nach Tibet. Nach wie vor werden Güter und Waren auf dieser Strecke hin und her transportiert zu Fuß, mit einem riesigen Korb auf dem Rücken, der am Kopf von einem Stirnband, dem „namlo", gehalten wird oder – in selteneren Fällen – von Mulikarawanen. Bevor 1955 die Asphaltverbindung von Raxaul, Indien, nach Kathmandu eröffnet wurde, ging dieser Fußweg sogar bis nach Nordindien.

Kurz vor Sonnenuntergang erreichen wir schließlich die Kammhöhe und das Dorf Naudanda in 1.460 Meter Höhe. Wir sind beide heilfroh, als wir in einer Lodge sogar noch ein Zimmer mit nur zwei Betten finden.

Wir bestellen das Standardessen: Reis mit Dal, oder Dal mit Reis. Dal ist ein einfacher Linsenbrei. Bald schon wird es unangenehm kalt. Strom, Gas oder Heizung gibt es hier natürlich nicht und so sitzen wir fest in unsere Anoraks gehüllt und schlürfen heißen Tee mit Rum. Wir diskutieren lange die Route und das Wetter, das sich immer noch recht unbeständig zeigt. Schließlich einigen wir uns darauf, nicht den langen Jomoson-Trek zu machen, sondern einen Tag später, in Birethanti, nach rechts abzubiegen und den kleineren und überschaubareren Annapurna-Trek zu gehen. So sind wir sicher, mit einer Woche auszukommen, was uns auch zeitlich besser in den Rahmen passt.

Sehr früh, wie das hier Sitte ist, verziehen wir uns in Richtung Bett. Über eine nackte Holzplanke ist nur ein dünnes Tuch gebreitet. Um vor eventuellen Wanzen oder Flöhen sicher zu sein, legen wir noch die mitgebrachten Plastikfolien darüber und kriechen dann in unsere Schlafsäcke.

Als wir am nächsten Morgen um sieben Uhr aufwachen und den Fensterladen aufreißen, liegt ein großartiges Panorama vor uns. In den hochgelegenen Regionen muss es während der Nacht geschneit haben, im warmen Licht der frühen Morgensonne liegen nun die weißen Gipfel des bizarren Machhupuchhare und der Annapurna Berge vor uns, viel näher, als wir es bislang vom Tal aus gesehen haben. Keine zwei Stunden später aber sind sie wieder von dichten Wolkenfeldern eingehüllt.

Wir laden die Rucksäcke auf die noch böse schmerzenden Schultern und kämpfen gegen den Muskelkater in den Waden an, indem wir gleich zügig losmarschieren. Ein paar Häuser weiter werden uns noch frische Mandarinen angeboten, die selbst noch in dieser Höhe wachsen. Auf den gesunden, kräftigen Wuchs eines Marihuana Bäumchens hinweisend, meint ein verschmitzt aussehendes Bäuerchen: „Nehmt etwas mit, es wird Euch sicher heute Abend herrlich entspannen!" Da hat er bestimmt nicht Unrecht!

Die Landschaft ist nun sehr abwechslungsreich. Alpin, aber aufgrund der südlichen Breitengrade doch ganz anders! Exotisch fremd. Bis in große

Höhen sind die Berge landwirtschaftlich genutzt. Natürlich geschwungene Terrassenfelder mit Reis, Weizen, Hirse, Zwiebeln, Paprika, Chillipfeffer, Kraut, Tomaten oder Bananenstauden. Dann wieder dichte Wälder mit Bambus, Akazien, Rhododendronbüschen, Bäumen und Sträuchern wie im botanischen Garten, ringsum ein üppiges Blühen von Gebüsch und Blumen. Die Baumgrenze liegt hier weit über 3.000 Meter; im Vergleich dazu in den Alpen bei rund 1.800 Meter.

Immer wieder begegnen wir langen Muli- und Eselkolonnen. Interessant wie das Leittier, mit einem bunten Wedel auf dem Rücken, aus Ziegen- oder Yakhaaren geknüpft, dekoriert ist. Noch mehr als am ersten Tag staunen wir über die nepalesischen Träger. Welche unglaubliche Lasten sie in ihren doko, den großen Körben, tragen. Wir haben erlebt, wie darin Kranke transportiert, große Mengen von nassem Lehm zum Hüttenbau oder – last not least – zwei Rucksäcke von fußkranken Touristen geschleppt werden. Dabei legen diese Träger mit ihren meist barfüßigen Trittlingen ein Tempo hin, das für einen Europäer unmöglich scheint. Fälschlicherweise werden diese Männer verallgemeinernd „Sherpas" genannt. Dies ist jedoch nur einer von vielen Stämmen im Himalaya und richtig ist die Bezeichnung „Porter" oder „Träger".

Batis, Kaurimuscheln und Rucksackbäume

Eine der angenehmen Abwechslungen auf dieser Route sind die vielen kleinen Batis oder Teehäuser. Dort hocken die Nepalis in ihren Hütten, kochen auf einem offenen Feuer Tee in runden, verrußten Kesseln, verkaufen Kekse, Mandarinen und einfache Speisen. Wir bleiben da recht oft stehen, lassen den Rücken und die Füße ausdampfen und versuchen den schmerzenden Muskelpartien eine kleine Entlastung zu verschaffen.

Irgendwo, mitten auf dem Weg, sitzen ein paar Männer und würfeln. Die Spielleidenschaft scheint ähnlich heiß zu sein wie in unseren Breiten, denn die Ausrufe, wenn ein Spieler seine Punkte zählt, klingen sehr vertraut, auch wenn ich kein Wort davon verstehe. Ich staune allerdings nicht schlecht, als ich bemerke, wie gleichberechtigt neben einem Häufchen Paisamünzen und Rupiesscheinen auch ein Stößchen Kaurimuscheln liegt. Ein Zahlungsmittel aus sehr alten Tagen und in sehr vielen Ländern weit verbreitet. Ich bin aber überrascht, dass damit noch in einer so großen Entfernung zum Meer gehandelt wird.

Ein Segen für Lasten schleppende Nepalis und mit Rucksack bepackte Touristen sind die „Rucksackbäume", wie ich sie getauft habe. Chautara heißen sie auf Nepalesisch. Es handelt sich dabei um Steinwälle in Rucksack- oder

Korbhöhe, die in der Regel um einen großen Baum gestapelt sind. Hier kann man dann bequem seinen Rucksack anlehnen, ohne ihn jedes Mal ganz absetzen zu müssen, kann ein bisschen verschnaufen, in die Landschaft schauen oder die wohlverdiente Brotzeit auspacken. Diese „Chautaras" sind meist in solchen Abständen aufgebaut, dass man geradewegs von einem zu anderen wandern kann.

An einer dieser Stellen treffen wir wieder auf einen Balladensänger. Hier ist er von einer Gruppe Bauern umringt und wird von einem Knaben mit einer, kräftigen, hellen Stimme begleitet. Tatsächlich entspricht diese Darbietung unserem mittelalterlichen Minnegesang, verständlich für ein Land, wo selbst Transistorradios noch eine Seltenheit sind und es Fernsehen nur in der Hauptstadt gibt.

Schlimme Zustände in der Küche und Träume von gestern

An diesem zweiten Tag hat sich meine Stimmung wesentlich gebessert. Ich bin wieder voll dabei, trage meinen Rucksack selber, auch wenn die Muskelschmerzen in Schultern und Waden immer schlimmer werden. Trekken stellt sich als ganz schön anstrengend heraus. Ständig geht man bergauf, bergab; dieses Gebirge ist voll von steilen Flusstälern, in die man immer wieder hinunter muss, um dann auf der anderen Seite wieder auf die gleiche Höhe zu gelangen. Kaum ein Tag, an dem man geradlinig, wie in den Alpen, in eine Richtung gehen kann.

Mittags erreichen wir Chandrakot in etwa 1.700 Meter und müssen von dort hinunter nach Birethanti, rund 700 Meter tiefer. Eine gute Stunde steigen wir Treppen. Jawohl, Treppen. Denn hier auf der Karawanenroute sind die Steine an vielen Stellen stiegenartig angeordnet. Seit Jahrhunderten, zum Schutz gegen Erdrutsche und um einen ungehinderten Verkehr zu ermöglichen. Dieser Abstieg kostet uns die letzte Kraft an diesem Tag und wir sind heilfroh, als wir in der ersten Lodge von Birethanti gerade noch ein Zimmer bekommen. Besonders unsere Waden tun höllisch weh, nachdem die überanstrengten Muskeln endlich zur Ruhe kommen. Unsere Bewegungen kann man nicht mehr „gehen" nennen, richtiger ist sicher „staksen". Wir überlegen, ob wir einen Tag Pause einlegen sollen, verlegen die endgültige Entscheidung aber auf den Morgen.

Der Küchenchef ist in diesem Haus erstaunlich gut. Auf Bestellung backt er sogar einen Chocolate Pie. Wie überall in diesem Teil der Welt darf man nur nicht zu genau in die Küche schauen. Manches Grausen muss man da verdrängen! Abgespült wird mit dem Sand vor dem Haus und direkt vor unseren Augen. Gar nicht so schlecht die Idee mit dem Sand – nur, regelmäßig wird in den gleichen Sand gespuckt, manchmal pinkelt ein Hund hinein, manchmal auch ein Mensch! Entsprechend viele Leute bekommen auf diesen Treks (und nicht nur da!) bösartige Durchfallerkrankungen oder gar Hepatitis. Was soll's: Für den ersten Fall haben wir Medizin dabei, gegen den zweiten sind wir mit einem immer noch fragwürdigen Mittel geimpft. Außerdem macht Trekken enorm hungrig und ein bisschen Dreck oder ein paar kleine Bazillen schmecken bekanntlich ziemlich neutral! Spät abends trifft noch eine Patrouille der königlich-nepalesischen Infanterie ein. Der Häuptling und sein Adjutant reiten auf Mulis, der Rest der Truppe läuft zu Fuß. Als ich mir die Leutchen genauer ansehe, kann ich nur hoffen, dass weder die Chinesen im Norden noch die Inder im Süden Appetit auf dieses Land bekommen!

Von den anderen Trekkern, die wie wir hier übernachten, erfahren wir, wie lange sie schon in den Bergen herumlaufen, Details über die einzelnen Routen, das Wetter, Unfälle und Erkrankungen, die sie selbst oder andere erfahren haben.

Schließlich fallen wir wieder auf die harten Bretter-Betten. Privatatmosphäre gibt es wenig. Alles schläft unter einem riesigen Dach, die Trennwände zwischen den einzelnen „Zimmern" sind gerade mannshoch. Irgend ein Mensch schnarcht ganz fürchterlich, ein anderer hustet dauerhaft und erbärmlich. Ich tippe auf Keuchhusten oder Schlimmeres. Am nächsten Morgen stelle ich fest, dass es der Koch war, der recht gerne auch in der Gegend herumspuckte... Wir überlassen ihm eine Schachtel Antibiotika.

Ich träume, wie schon so oft auf dieser Reise, sehr intensiv. Die Vergangenheit und die unverarbeiteten Probleme melden sich hier, wo man endlich viel Zeit und Sinn zum Nachdenken hat, immer wieder. Keineswegs sehe ich diese Nachwehen meines bisherigen Lebens als Plage an. Im Gegenteil. Ich bin froh, vieles noch einmal nachleben und analysieren zu können. Pedra ergeht es genauso. Seit langer Zeit schon führt sie konsequent ein eigenes Traumbuch.

Hüttenatmosphäre und Berge, die wie eine schöne Sünde locken

Als wir am nächsten Morgen noch schläfrig vor die Hütte treten, stellen wir fest, dass die Berge vom Vortag noch ein bisschen näher gerückt sind. Die Wolken haben sich, wie meistens in den frühen Morgenstunden, total aufgelöst. Gegen zehn Uhr hängen sie dann aber wieder dick und schwer zwischen den Bergen. Die Gipfel sind wohl nur vom Flugzeug aus zu sehen. Je höher wir steigen, um so grauer wird es. Wir haben Angst, dass wir an diesem Tag noch in den Regen kommen.

Rund 1.000 Meter Höhenunterschied müssen wir auf dem Abschnitt nach Ghandrung bewältigen. Nach einem langgezogenen Flusstal führen uns dann wieder unzählige Stufen hinauf in den Ort. Dort fällt die Entscheidung, ob wir noch zwei Tage weiter zum Annapurna Base Camp gehen oder in drei Tagen wieder zurück nach Pokhara. Oben auf 2.000 Meter Höhe ist es nachmittags, als wir ankommen, schon empfindlich kalt. Die Wolken haben sich nun völlig zusammengezogen, wir hoffen auf gute Sicht am nächsten Morgen. Abends sinkt die Temperatur auf 5 °C und Trekker, die zurück vom Hino Sanctuary und vom Base Camp kommen, erzählen, dass es da oben geschneit hat. Dort, in 4.000 Meter Höhe soll die Aussicht zwar „alles schlagen", aber unter den gegebenen Wetterverhältnissen sehen wir ein großes Risiko stecken zu bleiben. Dazu kommt mein unzureichendes Schuhwerk. Am Abend sitzen wir dann mit einigen Wanderern bei einer Familie, in deren kleiner Hütte, zusammen. Der Wohnraum ist total verräuchert. „Warum hat man in Nepal eigentlich keinen Kamin", frage ich den Besitzer, einen Lehrer, der recht gut Englisch spricht.

„Den Rauch brauchen wir", erklärt er uns, „weil sonst Termiten und anderes Ungeziefer binnen zwei Jahren das Holz und die Strohdächer völlig durchgefressen hätten." Die Augen brennen bald vom Rauch und immer wieder wird man zum Husten gereizt. Interessiert beobachten wir, wie die Frau vor ihrem offenen Feuer am Boden hockt, einen Pfannkuchen nach dem anderen für uns bäckt, geschickt die verrußten Töpfe auf der einzigen Pfanne manövriert und gelassen dabei ihr jüngstes Kind im Arm wiegt, es dann kurz zur Seite legt, um etwas umzurühren und ihm dann wie nebenbei die Brust zum Stillen gibt. Da ist nichts von Hektik zu spüren, alles geschieht mit routinierter Gelassenheit, im fest gefügten Ablauf, schon Jahrhunderte bewährt und eingespielt.

Am nächsten Morgen meinen es die Götter, die in den hohen Bergen des Himalaya wohnen, wieder gut mit uns. Für eine knappe Stunde reißen sie die Wolkenvorhänge auf und gönnen uns einen überwältigenden Rundblick in ihre gigantische Natur. Zum Greifen nahe sind nun der South Peak und einige der Annapurna Gipfel. Der Machhapuchhare besticht noch mehr durch seine Schönheit und reizt und lockt, hier noch nicht aufzugeben und noch weiter zu wandern. Alle Muskelschmerzen sind vergessen, wir stehen nur noch da und versuchen diese herrliche Sicht in uns aufzunehmen.

Ich verstehe plötzlich, wie man hier alles rationale Denken fallenlassen kann und keinen dringlicheren Wunsch mehr hat, als sich mit diesen Giganten einzulassen, mit den Launen des Wetters und den Gefahren zu kämpfen, um sie schließlich und endlich zu bezwingen und zu erobern. Unheimlich klein und winzig komme ich mir im Angesicht dieser riesenhaften Bergwände vor. Der Gedanke, mich als Zwerg mit einem dieser Goliaths anzulegen wird fast zum ungeheuerlichen Drang!

Dann urplötzlich und wie um mich vor mir selbst zu schützen, schiebt ein Gott dunkle, fette Wolken vor meine Faszination, hüllt seine Schätze wieder ein und mahnt uns endgültig zur Umkehr.

Vorbei an Blutegeln mit dem Glück der Naiven

Schweren Herzens steigen wir wieder hinab nach Birethanti. Obwohl die vertrauten Muskelschmerzen nach einigen Stunden wieder da sind, scheint nun alles besser zu gehen. Irgendwie sind unsere Bewegungen routinierter. Trotz der grauen Wolken begeistern uns Landschaft, Dörfer und Menschen immer wieder aufs Neue. Wir sind glücklich, uns auf diese anstrengende, aber schöne Tour eingelassen zu haben.

Als wir in Birethanti ankommen, fängt es an zu nieseln. Wir schaffen es gerade noch bis in die Lodge, als ein handfester Tropenregen losgeht. Wir hoffen, dass sich nun vielleicht die allgemeine Wetterlage endgültig klärt und überlegen schon, ob wir den Trek nicht doch noch verlängern sollten. Aber nichts dergleichen. Eine ganze Nacht und den darauffolgenden Tag regnet es in Strömen. Wir sitzen fest und haben Zwangspause.

Erst dann hat sich das Wetter einigermaßen beruhigt. Dafür ist nun der Weg zurück völlig aufgeweicht und glitschig. Wir müssen höllisch aufpassen, um nirgends auszurutschen. Aber unsere Kondition ist jetzt endgültig „top". Viel schneller als erwartet sind wir wieder in Naudanda, essen dort zu Mittag und überlegen, ob wir noch hinunter ins Tal, nach Pokhara, marschieren sollten. Die Nepalesen meinen, wir mussten es gut in drei Stunden schaffen.

Leider lassen wir uns auf diese Zeitangabe ein, haben fast schon vergessen, wie schnell diese Menschen durch ihre Berge laufen und dass wir – trotz guter Kondition – das Doppelte rechnen sollten.

Und so legen wir an diesem Tag eigentlich zwei Tagesetappen zurück. Die letzten anderthalb Stunden werden zum Nachtmarsch. Zum Glück ist fast Vollmond und eine Taschenlampe haben wir auch dabei. Durch den Regen sind aber im Tal hinter dem Phewa See einige Rinnsale zu rauschenden

Gebirgsbächen geworden, die wir nun zu überqueren haben.

Der Boden ist total durchgeweicht, unsere Schuhe längst gänzlich durchnässt und wir sparen uns die Mühe, sie vor jedem Bach auszuziehen. Am nächsten Morgen erzählt man uns, dass es in dieser Gegend scharenweise Blutegel geben soll. Doch wir haben wieder das Glück der Naiven und bleiben verschont.

Gut zwölf Stunden sind wir an diesem Tag mit unseren Rucksäcken marschiert, als wir in überraschend guter Form in Pokhara ankommen. Erleichtert stellen wir fest, dass unser Auto noch so dasteht, wie wir es verlassen haben und freuen uns, wieder im eigenen Bett auf einer weichen Matratze schlafen zu können. Vorher genehmigen wir uns noch einen Besuch in Baba`s Restaurant, wo eine tibetische Flüchtlingsfamilie verdammt gut kocht. Jeder von uns verschlingt zwei Gerichte, einschließlich Nachspeise!

Wehmütiger Blick zurück

Drei Tage erholen wir uns dann noch am Ufer des Phewa Sees und packen die warmen Sachen für's Gebirge wieder ganz nach unten in die Fächer.

An einem dieser Abende besucht uns ein etwa zwölfjähriger Junge, barfuß und nur mit einer kurzen Hose und einem dünnen, durchlöcherten Hemd bekleidet. Es hat vielleicht noch 12 °C und er friert.

„You have pullover?“ bittet er mich in seinem holprigen Englisch. Einige Klamotten haben wir bereits verschenkt und sind mittlerweile schon abgehärtet in Bezug auf die allgegenwärtige Bettelei in diesem Teil der Welt. Ich erkläre ihm, er solle doch nach Hause gehen und sich einen Pullover oder eine Decke holen. Er meint nur lakonisch: „No pullover, no money!“ Ich selbst habe noch genau zwei Pullover und einen Anorak. Trotzdem schäme ich mich meines relativen Reichtums. Haben wir doch viel mehr in den begrenzten Stauräumen unseres Autos oder sogar in dem noch engeren Rucksack, als dieser Junge jemals in seinem ganzen Leben besitzen wird!

„Gibst Du Einem etwas – es ist ja doch nur ein Tropfen auf den heißen Stein!“ Unser Trost und leider auch bestimmt eine Ausrede in vielen ähnlichen Situationen. Stellvertretend für die Welt aus der wir kommen, bleibt immer häufiger ein ungutes Gefühl bei diesen Begegnungen und der Erinnerung an unsere Konsumgesellschaft, die daheim geblieben ist, zurück.

Am 5. Dezember fahren wir weiter in Richtung Bhairawa an die indische

Grenze. Acht Stunden Berg- und Talfahrt – Kurve links, Kurve rechts – beanspruchen unsere ganze Aufmerksamkeit. Ab und zu grüßen uns noch die weißen Gipfel. Manchmal bleiben wir stehen und blicken wehmütig zurück, haben aber doch schon Abschied genommen und sind voll Erwartung auf das, was uns Indien wieder bieten wird.

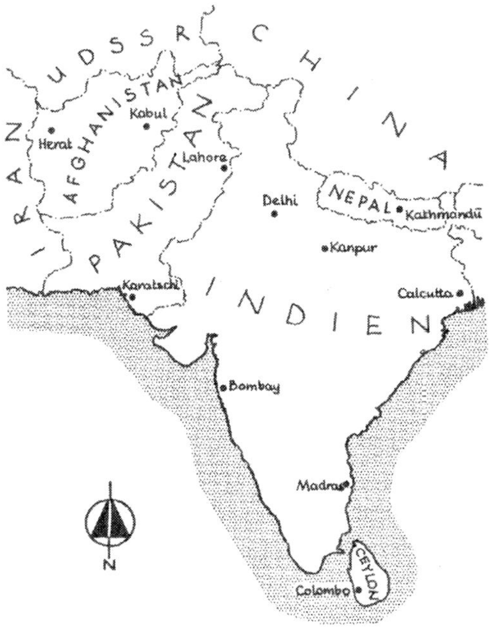

4. Reiseabschnitt: Indien

Grenze Nepal bis Überfahrt nach Ceylon:
Varanasi > Khajurao > Bombay > Poona (Bhagwan) > Südindien

Nächtliche Störung mit tiefer sitzendem Pazifismus

Unseren Plan, den indischen Halbkontinent zu umfahren, haben wir inzwischen aufgegeben. Die Zeit, die wir hier verbringen wollen, ist dazu viel zu kurz. Das Land ist riesig groß und die Strecken, aufgrund der schlechten Straßen noch viel länger als vergleichbare Distanzen in Europa. So wollen wir nun, von der nepalesischen Grenze bei Nautanwa nach Varanasi und von dort, auf ziemlich geradem Weg nach Bombay, Goa und weiter an die Südspitze, nach Rameswaram, zur Verschiffung nach Ceylon.

Ohne Zwischenfälle passieren wir die Grenze vom nepalesischen Bhairawa ins indische Nautanwa. Mit einem Schlag ist die Welt wieder verändert. Die Ochsenkarren schieben die unzähligen Fußgänger zur Seite, die wenigen PKW's der Marke Ambassador, die Ochsenkarren und die vereinzelten Laster tun wiederum so, als ob ihnen die Straße allein gehöre. In der geschäftigen Dorfstraße, gesäumt von Gemüsehändlern, Zuckerbäckern, kleinen

Garküchen und Krämerläden, kann man fast alles finden, aber nur selten das, was man wirklich braucht. Einige Leute winken und rufen uns zu, wenn sie unser fremdländisches Auto erblicken. Es ist ein bisschen, wie wenn wir wieder nach Hause führen, so vertraut sind uns diese Gesichter und das Treiben.

Die schmale Ausfahrtsstraße nach Süden ist fast leer. Es dämmert. Wir biegen von der Hauptstraße ab und suchen uns in einer Baumgruppe einen geschützten Platz. Die Stelle ist zwar nicht sonderlich gemütlich, es liegen Steinbrocken herum, doch hält sie neugierige Blicke ab. Wir sind sowieso sehr müde und schlafen bald ein.

Plötzlich, Stunden später, wache ich auf. Neben uns ein Geräusch, als ob Steine auf einen Holzboden geworfen würden. Erst denke ich, ich träume, aber als Pedra ebenso aufwacht und meint: „Ich glaub ich spinne!", schiebe ich einen Vorhang zur Seite und luge vorsichtig zum Fenster hinaus. Es ist neblig und düster. Nicht weit sehe ich einige dünne Gestalten, die doch tatsächlich die herumliegenden Felsbrocken auf einen Lastwagen laden. Ob die Leute nachts hier Steine klauen, fährt es mir durch den Kopf. Aber der Lärm ist bestimmt meilenweit zu hören und wer wird denn schon einen Steinbruch berauben wollen? Mir fällt „Schmuggel" ein, weil wir jedoch noch in der Nähe der Grenze sind, verwerfe ich den Gedanken aber rasch wieder. Das Ganze scheint ohne jeden Sinn und ich kann mir überhaupt nicht vorstellen, was die Nachtaktion soll. Dass die ruhigen Inder plötzlich Tag und Nacht arbeiten wollen, kommt mir auch nicht logisch vor. Von Pedra, die ein Kissen dicht über beide Ohren gezogen hat, höre ich ein gepresstes, aber böse gemeintes „Scheißtypen". Ich bin ratlos und versuche trotz Lärm weiterzuschlafen.

Kaum habe auch ich mein Kissen über die Ohren gezogen, als es ans Auto klopft und ein Laster unmittelbar vor uns hupt. Ein dürrer Mann im „dhoti", den weißen Wickelhosen und mit Turban, erklärt völlig ruhig – als ob es zu dieser nachtschlafenen Zeit das normalste Vergnügen der Welt wäre – dass er jetzt hier, genau an der Stelle, wo unser Auto steht, Steine aufladen müsse.

Es ist komisch, in jedem uns bekannten Land hätten wir nun langsam Zustände oder Angst bekommen, aber hier unter diesen Menschen, bleiben wir völlig gelassen. Ich steige nach vorne ins Fahrerhaus, frage den Mann, wo wir in Ruhe weiterschlafen könnten, rangiere in der Dunkelheit etwas zurück. Zwei der Gestalten helfen mir dabei, wir legen uns wieder ins Bett und schlafen weiter. Auf unserer ganzen Indienreise kam uns nie der Gedanke an einen Raubüberfall oder dergleichen. In keinem Land der Welt haben wir uns so sicher gefühlt wie hier.

Obgleich es auch hier Aggressionen gibt und Indien sogar mehrere zweifelhafte Kriege geführt hat, ist doch ein tiefer sitzender Pazifismus zu spüren, den ich nicht so einfach erklären kann!

Varanasi: Mit der Rikscha unterwegs im Morgengrauen

Einen Tag später sind wir 300 Kilometer südlich, in Varanasi, der heiligen Stadt der Hindus am Ganges. Unser erstes Ziel ist der „PWD-Bungalow“, der uns zum Campen empfohlen wurde. Diese Government Bungalows, die den Namen „PWD-, DAK-, oder Rail Road Bungalow“ haben, je nach Regierungsdepartment dem sie zugehören, sind ein Segen, sie stammen noch aus der Kolonialzeit und werden an Stelle von Hotels für reisende Verwaltungsbeamte eingerichtet. Sie liegen etwa eine Tagesetappe auseinander und sind bereit, Touristen im Auto übernachten zu lassen oder falls ein Bett frei ist, dieses gegen wenig Entgelt anzubieten. Ab und zu kocht der Verwalter sogar und dann ist man in der Regel besser bedient als in öffentlichen Restaurants, obgleich einen die indische Küche für unser Empfinden nicht vom Hocker wirft. Das Gemüse ist in der Regel verkocht, Fleisch, falls es überhaupt welches gibt, zäh wie Leder und das Geflügel scheint unter chronischer Magersucht zu leiden. Zum Glück finden wir aber überall interessante Gemüsemärkte mit erstaunlich gutem Angebot und Dank unserer Küche im Wohnmobil sind wir auch diesbezüglich unabhängig.

Varanasi, die Hauptstadt des früheren Fürstentums Benares, gehört mit zum Pauschalprogramm aller westlichen Reiseveranstalter und ihre Kunden sind auch nirgends zu übersehen. Gemeinsames Merkmal dieser Besucher ist, dass sie nie alleine, sondern immer in großen Herden auftauchen, stets ehrfürchtig den weisen Worten eines großen Führers lauschen, der sie zur Eile antreibt und die so, in riesigen, aber komfortablen Bussen, von einer Besichtigung zur anderen kutschiert werden. Wo immer sie auf der Welt auf einheimischen Märkten auftauchen, gehen die Preise sofort in die Höhe und die guten Sitten in die Knie.

Wir bringen derartige Touristenzentren auch meist rasch hinter uns und so haben wir nach eingehender Lektüre unserer Bordbibliothek für den nächsten Morgen um halb sechs eine Radrikscha bestellt. Denn die Ghats am Ganges, so lesen wir, sollte man im Morgengrauen besichtigen!

Den Wecker stellen wir sogar noch eine Stunde früher, damit wir Zeit für ein gutes Frühstück haben, das wir zu brauchen glauben für das, was vor uns liegt. Denn wir haben viel von dem Ort gehört: „Leichenverbrennungen, tote Rinder und aufgeschwemmte Menschenleichen, die im verseuchten

Wasser des Ganges an den Pilgern vorbei treiben" und sonstige Schauergeschichten, mit denen wir im Westen immer gut versorgt werden, damit wir ja sehen, wie gut wir es haben und wie sauber doch alles bei uns ist!

Wir tappen schließlich durch die Dunkelheit und den Morgennebel und suchen unseren „Rikscha Man". Es ist kaum zu glauben, er und noch einige seiner Kollegen warten schon am Tor auf Kundschaft. Fröstelnd sitzen sie auf ihren Fahrrädern, wollene Decken um die mageren Körper gehüllt und als sie uns erspähen, wollen uns alle gleichzeitig fahren. Aber mit energischem Griff geleitet uns unser Partner vom Vorabend in sein Gefährt.

Inzwischen sind wir daran gewöhnt, uns von einem keuchenden Mann auf einem Fahrrad durch die Städte strampeln zu lassen. Er lebt schließlich davon und wir sind froh, unser eigenes Auto stehen lassen zu können.

Unserem Fahrer wird bald sehr warm, während wir hinten frieren. Es hat vielleicht 10 °C. Die Stadt gibt sich um diese Zeit noch menschenleer. Als wir aber nach einer Viertelstunde auf dem großen Platz vor dem Dasahwamedh Gath abgeladen werden, herrscht dort schon munteres Treiben. Vereinzelt kommen uns Pilger entgegen mit einem bunten Pudertupfer auf der Stirn als Zeichen, dass sie die morgendliche Opfergabe an die Götter, die Puja, bereits hinter sich haben.

Benares, das heute wieder den Namen der Hauptstadt Varanasi des einstigen Gebietes Benares angenommen hat, ist für die Hindus, was Mekka für die Moslems ist. Schon gut tausend Jahre vor unserer Zeitrechnung haben sich Siedler an dieser Stelle niedergelassen. Leider ist wenig von dieser Kultur erhalten geblieben. Bereits 1033 n.Chr. wurde die Stadt zum ersten Mal von eifrigen Moslems total zerstört. Der Sultan von Delhi ließ im 14. Jahrhundert sämtliche Hindutempel niederreißen und an ihrer Stelle Moscheen errichten. Erst in der zweiten Hälfte des 18. Jahrhunderts konnten sich die Hindus hier wieder ausbreiten und die wenigen markanten Tempel stammen aus der Zeit danach.

Wasser des Himmels

Hierher zum Ganges, dem Ganga oder „Wasser des Himmels", kommen alljährlich über eine Millionen Pilger aus allen Teilen Indiens, um sich in seinen Fluten von Sünden rein zu waschen oder um an seinen Ufern zu sterben und sich so vom ewigen Kreislauf der Wiedergeburt zu befreien. Man sieht tatsächlich, wie Sterbende von ihren Verwandten auf einer Bahre an die Ghats getragen werden und dort buchstäblich auf die Erlösung warten.

Nach dem Hinscheiden wird die Bahre noch ein letztes Mal in den Fluss getaucht, damit die Lippen des Toten mit dem Himmelswasser benetzt werden. Ziemlich unzeremoniell erfolgt darauf die Verbrennung. Ständig werden die Scheiterhaufen von den Doms, Menschen der untersten Kaste, am Brennen gehalten. Der Sohn, der Gatte oder der Bruder umschreitet dann fünfmal den Scheiterhaufen, die anderen männlichen Verwandten warten im Hintergrund. Frauen nehmen in der Regel an der Verbrennung nicht teil. Zum Schluss wird die Asche in den Ganges gekippt und die gesamte Familie nimmt dann ein Bad im Fluss zur Reinigung des eigenen Körpers und Geistes.

Vom Boot aus erhascht man als Tourist von dieser Szene nur einen kurzen Blick. Unser geschäftstüchtiger Bootsfahrer meint es gut mit uns und will ein paar Mal vor dem Marnikarnika Ghat, an dem die meisten dieser Zeremonien stattfinden, auf- und abfahren, aber wir haben zuviel Respekt vor dem Geschehen und lassen ihn rasch wieder abdrehen. Es gibt dort sowieso schon zu viele Neugierige!

Etwas genauer jedoch und wieder aus respektvoller Distanz betrachten wir die rituellen Waschungen der Gläubigen am Fluss. Nur die Brahmanen, die Priesterkaste, befolgen die genauen Riten, wie sie in den Lehrbüchern vorgeschrieben sind. Für die einfachen Pilger genügt es, wenn sie mindestens drei Mal mittels Kniebeuge ganz ins Wasser eintauchen, um einen Reinheitsgrad zu erreichen, der sie beim anschließenden Tempelgang oder beim Gebet zu Hause, in die günstigste Lage zur „Begegnung mit Gott“ versetzt.

Der Blick ist dabei, zu dieser frühen Morgenstunde, aufs gegenüberliegende Ufer gerichtet, dorthin, wo nun langsam aus einem rotgelben Vorhof die wärmende Sonne auftaucht. Ein Ereignis, dem auch wir schon eine ganze Weile hoffnungsvoll entgegensehen. Denn jetzt, Anfang Dezember, ist es recht frisch um diese Tageszeit. In unsere wärmenden Jacken gehüllt, bewundern wir die Leute, wie sie sich bei dieser Kälte ihrer Kulthandlung unterziehen: die Männer im Lendenschurz, die Frauen im keuschen Sari. Sie stehen im Wasser, beten würdevoll und ohne jede Hast. Immer wieder tauchen sie ein, die Hände erhoben, den Kopf dabei schräg mit den Augen zum Himmel gerichtet. Mit der rechten Hand schöpfen sie Wasser und gießen es bei erhobenen Haupt in den Mund. Ich schaue mir das Wasser des breiten Flusses sehr genau an. Ich sehe keine Tierkadaver schwimmen, keine braune Industrieschlicke wie im Rhein. Nur ein paar Blumen treiben dahin, Opfergaben frommer Hindus. In einem Fluss, dessen Farbe natürlich grau-grün aussieht und nicht so, wie ihn die Sensationsschreiber zu Hause gerne schildern.

Vielleicht vermag einer, der aus seiner koscheren und heilen Welt im Westen mal kurz hierher jettet, wesentlich mehr Sensationen zu sehen. Vielleicht haben wir selbst auch schon zu viel in Indien erlebt. Pushkar in Rajastan und Pashupatinath in Nepal haben uns mehr beeindruckt. Doch möglicherweise nur deshalb, weil wir dort zu besonderen Festzeiten waren.

Massage vor Brahmas großem Pferdeopfer

Zurück am Dasasvamedha Ghat hat nun, morgens um sieben, das volle Leben eingesetzt. An diesen Stufen, von denen man den schönsten Aus- und Überblick hat, soll den indischen Veden zufolge Brahma sein großes Pferdeopfer gebracht haben. Daher auch der Name dieses Ghats: Das (Zehn), Aswa (Pferde), Medh (Opfer). Unmittelbar an den Treppen haben sich zahlreiche Händler niedergelassen. Kaum sind wir aus dem Boot gestiegen, werden wir mit Angeboten überhäuft: astrologische Dienste und Ratschläge, billiger Schmuck, ein erstes morgendliches Tschapati (Fladenbrot) mit Linsenbrei, eine Massage an Ort und Stelle. Auch meine Haare, so meint einer, würde er sehr gut schneiden. Aber dies ist seit Antritt der Reise ausschließlich Pedras Ressort. Bei dem Massageangebot zögere ich. „Full massage only 10 Rupies", lockt er. Dazu habe ich vor all den Leuten doch etwas Hemmungen. Schließlich einigen wir uns auf eine Kopfmassage für zwei Rupies. Indische Masseure verstehen ihr Handwerk! Meine Gesichtszüge werden immer entspannter, während einige Besucher aus Japan, jeweils mit mindestens zwei Kameras vor dem Bauch, amüsiert und kichernd zuschauen. Pedras blondes Haar regt den Masseur dazu an, bei ihr die Aktivitäten von Gesicht auf Nacken, Schultern, Arme und Beine auszudehnen. In keiner Weise aber fies oder lüstern, sondern korrekt und aus „Spaß an der Freud!"

So entspannt, durchlaufen wir ein paar Schritte weiter die Galerie professioneller Bettler. So wie sie aussehen, scheinen sie von Pushkar direkt hierher gefahren zu sein. Sie sind überall dort, wo fromme Pilger in ihrer momentanen Hochstimmung bereit sind, Almosen zu verteilen – geben macht schließlich glücklich.

Wichtig: Fettpresse und Wunderkleber

Wir lassen uns noch etwas weiter durch die Altstadt treiben, die im Vergleich zum neueren Teil der Stadt sehr interessant ist. Tempel in den verschiedensten Bau-und Kunststilen Indiens wurden hier von den einzelnen Volksgruppen erbaut; im bunten und ausdrucksvollen Stil Südindiens oder im schlanken, schlichteren Stupastil des Nordens. Einige Moscheen zeugen von der bewegten islamischen Vergangenheit, auch heute noch bildet der Islam die zweitgrößte Religionsgruppe in der indischen Union.

Mittags erholen wir uns erst einmal ausgiebig von dem doch recht eindrucksvollen Erlebnissen. Dann fällt mir ein, dass ich noch ganz gern vor den nächsten 2.000 Kilometer bis Bombay und nach der holprigen Etappe von Lahore hierher die Vorderachse abgeschmiert hätte. Pedra macht solange „kleine Wäsche“ und ich rücke alleine aus. Die erste Garage macht um drei Uhr Nachmittags noch „Lunchtime“, die zweite ist „on strike“, bei der dritten passt die Schmierpresse nicht und so bin ich fast schon am Aufgeben, als mir noch die große TATA-Werkstätte bei der Ortseinfahrt einfällt. Ich habe Glück. Der Manager, mit dem ich spreche, war mal sechs Monate in Deutschland und freut sich über meinen Besuch. Seine Fettpresse hat zwar nicht gerade den besten Druck, aber mit viel gutem Willen klappt es schließlich. „Fettpresse“ schreibe ich inzwischen in großen Lettern auf meinen geistigen Ausrüstungszettel, denn „VW-Service weltweit“ ist nur ein Werbegag! Vor allem in Indien.

Bei der Rückfahrt zum DAK-Bungalow fährt mir ein Laster auf die hintere Stoßstange. Der dicke Schutzgummi reißt, die Stoßstange selbst wird ein bisschen eingedellt. Es hätte schlimmer ausgehen können. Streiten tu ich nicht lange, denn ich weiß, dass nichts zu holen ist. So sitze ich abends mit meiner demolierten Stoßstange auf dem Rasen und versuche sie so gut wie möglich auszubeulen. Den Gummi klebe ich mit „Wunderkleber“ und staune bis heute, dass er immer noch hält.

Wir beraten, ob wir noch einen Tag hierbleiben sollen, entschließen uns dann aber zur Weiterreise.

Steinewerfer, Kuh läuft in´s Auto, Leberknödelsuppe

Der nächste Morgen fängt schlecht an. Wir schauen beide nicht genau auf die Straßenkarte und fahren erst einmal 27 Kilometer in die falsche Richtung. Durch enge Dörfer, über miese Straßen. So müssen wir noch einmal zurück und von vorne anfangen. Zwei Stunden später! Und dabei haben wir uns ein größeres Tagesziel vorgenommen. Fast 450 Kilometer weiter, zu den Tempeln von Khajuraho. Die äußerst dicht besiedelte Gangesebene mit ihren weiten, langweiligen Ebenen haben wir noch von der Herfahrt in schlechter Erinnerung und sind froh, als sich kurz nach Mirzapur das Landschaftsbild schlagartig ändert. Wir steigen einige hundert Meter hinauf auf ein weites Plateau das trocken und steppenartig, mit Gestrüpp und knorrigen Bäumen bewachsen ist. Endlich kann das Auge wieder schweifen.

Unsere Aufmerksamkeit gilt nicht mehr Menschen, Ochsenkarren, heiligen Kühen, Buffalos, streunenden Hunden, Rikschas und wieder Menschen, sondern kann sich endlich in einer nur spärlich besiedelten Weite zerstreuen.

Die wenigen Dörfer erscheinen zwar ärmlicher, aber durchwegs sauberer. Massive, teilweise zweistöckige Ziegelbauten, nicht so dicht gedrängt wie die Behausungen in der Ganges Ebene. Ich denke erst an Rajastan, aber als ich dann die verstreuten Bauernhöfe mit ihren romantischen, gewellten und schiefen Ziegeldächern sehe, denke ich gar an die Provence oder die Toskana. Gleichzeitig steigt auch unsere Stimmung. Wir sind sehr froh, dem am dichtesten besiedelten indischen Unionsstaat (ca. 220 Menschen pro Quadratkilometer!), Uttar Pradesh, entkommen zu sein. Bis der erste Stein fliegt! Die Kinder am Straßenrand reagieren plötzlich wieder aggressiv. Viele winken freundlich und lieb, andere winken erst und verziehen sich dann, wenn man nahe genug ist, das Gesicht zur bösen Grimasse verzogen und schreien uns sicher nicht nett gemeinte Worte nach. Und immer wieder fliegt ein Stein. Kein ernstes Problem, solange man nicht genau getroffen wird.

Aber so gegen drei Uhr nachmittags passiert es. Ein Geschoß trifft voll in die Plastikscheibe der seitlichen Schiebetüre. Ich sehe rot! Parke den Bulli gerade noch neben der Straße und kriege einige hundert Meter auf einem Feld einen der Jungs zu fassen. Ich versohle ihn vor den erstaunten Bauern, aber leider viel zu wenig. Denn als ich zurück beim Auto bin, sehe ich erst richtig den vollen Schaden. Die Scheibe ist in der Mitte zerplatzt. Um keinen Riesenauflauf zu riskieren, fahren wir einige Kilometer weiter. Ich habe eine Stinkwut, denn die Steinewerferei verfolgt uns in Abständen nun seit der Türkei. Die Karosserie hat schon einige Dellen. Diese eine Scheibe ist ein echtes Problem. Ich fluche etwa zwanzig Kilometer laut in Bayrisch und Englisch. Pedra fällt auch nichts Besseres ein, sie schimpft mit. Nach dem Sturm kommt die Ruhe und ich denke für ein paar weitere Kilometer ruhig vor mich hin. Ohne viel Worte parke ich in einem Feld. Pedra fragt: „Was ist denn nun los? " Ich antworte: „Wir müssen die Scheibe reparieren!" und packe die Werkzeugkiste aus, nehme wieder unseren „Wunderkleber" und erkläre Pedra, wie ich glaube, dass wir die Scheibe flicken können. Zu zweit schaffen wir es, die Scheibe wieder dicht zu bekommen, aber eine hässliche Narbe bleibt doch. Bevor wir die Arbeit beenden können, sind wir natürlich von zahlreichen Gaffern umgeben. Ich schreie auf die Kerle ein und erkläre ihnen den Schaden. Sie erkennen klugerweise meine Wut und bleiben in respektvollem Abstand. Mit Pedra ist an diesem Tag auch nicht mehr gut Kirschen essen. Unser Fall – und sicher unser Zorn – wird mit Kichern und Flüstern diskutiert.

Ziemlich genervt fahren wir weiter. Als wir in Rewa volltanken und sofort wieder von mindestens dreißig Mann bestaunt werden, haben wir beide nicht mehr die Kraft, uns darüber zu mokieren. Pedra bleibt im Auto sitzen und vertieft sich in ein Buch und ich mich voll aufs Tanken und Bezahlen. Nur so schaffen wir es, die Menge einigermaßen zu ignorieren.

Der Tag ist aber noch für einen Schock gut. Kurz vor der Dämmerung läuft uns bei der Weiterfahrt urplötzlich eine dumme, aber heilige Kuh, frontal ins Auto. Ich bremse wild, das Vieh in letzter Minute auch, findet mit seinen Hufen aber auf dem glatten Asphalt keinen Halt. Es tut einen heftigen Schlag, doch das vorn montierte Reserverad und der Grill vor den Scheinwerfern halten dem schweren Vieh stand. Nur das Nummernschild wird etwas verbogen. Die Kuh scheint auch mit dem Schrecken davongekommen zu sein. Jedenfalls rafft sie sich ziemlich schnell wieder auf und verschwindet in unheiliger Eile im nahen Gebüsch.

Jetzt reicht es uns. Kurz entschlossen fahren wir in eine hohe Mangobaumgruppe und campieren dort. Meine liebe Pedra taucht in unseren Vorratsbehälter und zieht strahlend eine Dose „Echte bayrische Leberknödelsuppe“ heraus. Ein Freund hatte uns in Deutschland noch empfohlen: „Irgendwann stinkt es Euch bestimmt ganz fürchterlich. Nehmt Euch für solche Fälle ein paar gute Dosen mit und hebt sie nur für Stimmungstiefs auf?“ An diesem Abend war ich für diesen Tip sehr dankbar. Wir killen noch die letzten beiden Flaschen King Fisher Bier, drücken eine Kassette Vivaldi in den Recorder und fangen langsam an uns zu regenerieren. Indien, wie jedes noch nicht „touristengerechte“ Land, hat neben fantastischen Höhepunkten auch ein gutes Maß an Schwierigkeiten und Tiefs zu bieten. Aber gerade das Ungewisse und der Becher voll Abenteuer trägt zum ungeheurem Reiz einer Reise in diese Länder bei.

Hindutempel in Khajurako, buddhistische Stupas in Sanchi

Früh am nächsten Morgen erreichen wir das an und für sich für den Vorabend geplante Ziel, Khajuraho. Wer mit dem Auto hierher kommt, kann eine herrliche Fahrt durch weite Steppen, dichte Wälder und Teakholzforste genießen. Doch die meisten Leute kommen zu diesen kleinen, aber wegen seiner Tempelanlagen sehr wesentlichen Ort per Flieger, täglich zweimal aus Richtung New Delhi – quasi kurz und schmerzlos. Wir sind froh – bei allen immer wieder auftretenden Frustrationen – uns die einzelnen Länder noch im alten Sinne zu „erreisen“.

Die Tempelanlagen, von denen noch 22 zum Teil sehr gut erhalten sind, wurden vor rund tausend Jahren von dem Rajputen Stamm der Chandellas erbaut. Über die Jahrhunderte wurden von allen möglichen Kultgemeinden die ihnen jeweils typischen Erweiterungen hinzugefügt. So findet man Tempel, die Vishnu, dem Erhalter, geweiht sind, oder Shiva, dem Gott der Zerstörung. Spuren des Buddhismus, der Jains, ja sogar der Sonnenanbeter sind hier von Experten zu finden. Figuren, voll Inbrunst und mit hohem Können gemeißelt, stellen Nymphen, Tiere, Dämonen, Götter und Sterbliche dar, die den Ausdruck menschlicher Gefühle und Leidenschaften widerspiegeln. Leider sind die Tempel auch wegen einiger, ganz deutlicher Kopulationsszenen berühmt geworden und kamen deshalb sogar zu dem Spitznamen „Sextempel". Tatsächlich aber gehören sie zu den schönsten Ausdrucksformen der Kunst des mittelalterlichen Indiens.

Reflexionen über Indien

In einem Café neben den Tempelanlagen denken wir lange über Indien und seine Menschen nach. Es wird uns klar, dass wir momentan an einem ziemlichen Tiefpunkt angelangt sind. Die Landschaften sind zwar immer wieder überwältigend. Die Menschen aber, vor allem die oft aggressiven und neugierigen Jugendlichen und Halbwüchsigen, haben uns insgesamt doch enttäuscht. Die Erwartung, nette freundliche Orientalen zu finden, geprägt und gebildet von der pazifistischen Philosophie des Hinduismus, wird nur teilweise erfüllt. Und trotzdem, Indien ist täglich für neue Überraschungen gut, Höhen- und Tiefflüge eingeschlossen. Indien ist einfach riesengroß! Mit allen Unterschieden innerhalb seiner verschiedenen Volksstämme, seiner Landschaften und Klimazonen, mit seinem nahtlosen Übergang von Vergangenheit und Zukunft, mit seinen unglaublich prachtvollen Palästen neben trostlosen Slums, mit seinen Ruhe und Tiefe ausstrahlenden Menschen, in einem riesigen Meer von nervender Geschäftemacherei und fieser Aufdringlichkeit, mit seinen irrsinnig dicht besiedelten Gegenden und dem riesig weiten, freien Land. Viel Dummheit und Ignoranz neben großer Weisheit; Arroganz und Korruption neben echter Freundlichkeit und Ehrlichkeit. Vieles davon könnte man beliebig in jedes Land übertragen – nur haben wir beide das Gefühl, in Indien sind die Wechselbäder häufiger. Oft glauben wir, von einer Oase in eine andere zu fahren. Manchmal graust es uns, in einem Dorf halten zu müssen, um Lebensmittel nachzukaufen oder zu tanken. Das Umzingeln der Gaffer, die Schritt auf Schritt folgenden Neugierigen können einen immer wieder niederschmettern. Intellektuell befriedigende Begegnungen sind recht selten. Wir haben dabei auch unsere Art, mit dem Camper zu reisen, eingehend in Frage gestellt. Aber selbst von Leuten, die sich im öffentlichen Verkehrsmitteln bewegten, haben wir ebenso von stressigen Episoden gehört und wurden in der Regel um unsere individuelle Bewegungsfreiheit und um die Rückzugsmöglichkeit in unsere „eigenen vier Wände" beneidet.

Wir beschließen hier, an diesem Nachmittag, die Zeit nicht mehr in zu vielen Stops zu verzetteln, sondern weiter südlich, in Goa, eine längere Erholungspause zu machen.

In Sanchi besichtigen wir die buddhistische Tempelanlage und sind sehr beeindruckt, vor allem im Kontrast zum hinduistischen und nicht weit davon entfernten Khajuraho. Mit einem japanischen Forscher der Universität Osaka komme ich ins Gespräch. Er erklärt mir interessante Einzelheiten über seine Arbeit und lobt dabei eingehend seine deutsche Kamera. Und mit Belustigung stellen wir fest, dass die japanische Marke, die mir vor dem germanischen Bauch hängt, auch nicht von schlechten Eltern ist.

Metallenes Klappern vorne rechts!

Am nächsten Tag, bei der Weiterfahrt über Ashta, Dewas und Indore, kommt auf einmal hartes, metallenes Klappern unüberhörbar rechts aus Richtung Vorderachse. „In der Mitte von Nirgendwo" parke ich in einem kleinen Seitenweg und lege mich unters Auto. „Der Stoßdämpfer ist unten aus seiner Gummimuffe gerutscht und schlackert jetzt locker auf dem Bolzen umher", rufe ich Pedra die Diagnose zu. Etwas besorgt erwidert sie: „Kannst Du das selber reparieren?" „Ich schätze schon!" Ich bocke das Auto auf, baue den Stoßdämpfer aus und versuche die Muffe wieder einzudrücken. Aber die ist aus Hartgummi und äußerst widerspenstig. Ich drücke und schwitze und versuche es schließlich sogar mit Feilen. Nichts geht. Langsam wird es dunkel und Pedra schlägt vor, erst mal zu übernachten und morgen früh weiterzumachen. Ich nehme meine drei Reparaturhandbücher aus dem Auto und lese. Die beiden deutschen Werke, der „Korp" und das „VW Werkstatt-Handbuch" sagen zu so einem Fall gar nichts. Erst der amerikanische „Clymer" schlägt vor, den Gummi mit etwas Fett einzureiben und dann aufzudrücken. Hervorragend! Zehn Minuten später ist der Stoßdämpfer wieder eingebaut und Pedra sehr stolz auf mich. Ich habe nur Angst, dass er gerade wegen des Fetts wieder abrutscht. Wir sind erleichtert, dass es nur ein kleines Problem war, denn seit Tagen ist uns kein europäisches Touristenauto mehr begegnet. Ein Zustand, an den wir uns gewöhnt haben. Es gab eine Zeit, in der wir noch die Europäer pro Tag und die Wochen seit der Abreise gezählt hatten. Inzwischen sind wir aber schon im sechsten Monat unterwegs. In der elften Woche hatten wir angefangen in Monaten zu rechnen.

Etwa 300 Kilometer vor Bombay erleben wir eine völlig neuartige Landschaft. Bizarre Berge, die mich entfernt an den amerikanischen Grand Canyon erinnern und weite, sanfte Hügel, die einen fast englischen Charakter haben, wechseln sich ab.
Am 14. Dezember fahren wir in Bombay ein. Mit über sechs Millionen Einwohnern, die weitaus größte Stadt auf unserer indischen Reise. Hier finden wir entsetzliche Slums, sind aber auch erstaunt über den dichten Verkehr, über das moderne Großstadtgewimmel, die reichhaltigen Zeugen der englischen Kolonialvergangenheit, die von original victorianischen Prachtbauten bis zu authentischen London Doppeldeckerbussen reicht. Insgesamt eine erstaunlich saubere und schöne, wenn auch riesige Stadt.

Unser autarkes Wohnmobil erlaubt es uns, direkt neben dem feudalen Taj Mahal Hotel und vor dem Tor von Indien, dem Gateway of India, zwei Tage und Nächte zu verbringen. Trotzdem der Platz direkt am Meer liegt, ist es stickig heiß und wir sind froh, auf die zwanzig Kilometer entfernte Juhu-Beach ausweichen zu können. Vorher haben wir aber noch wichtige Sachen zu erledigen. Wir wollen Impfungen auffrischen lassen, einiges besichtigen und vor allem bei American Express die Post abholen. Seit Kathmandu zum ersten Mal wieder Nachrichten von zuhause!

Die große Überraschung: Pedras Zwillingsschwester erwartet ein Kind. Wir freuen uns riesig über diese Meldung und rechnen schnell nach, wann es denn so weit sein wird und sind sehr enttäuscht, dass wir das Kind erst sehen werden, wenn es schon ein Jahr alt ist. So eilen wir schnurstracks zum nächsten Telefonamt, um den werdenden Eltern alles Gute zu wünschen. Vier Stunden, von sieben Uhr früh bis um elf Uhr abends, warten wir auf die Verbindung. Als es dann endlich in Bremen läutet, ist niemand da.

Am nächsten Tag haben wir einen sehr persönlichen Grund zu feiern: Unseren ersten Hochzeitstag! Mittags speisen wir bei einem Chinesen, nachmittags lassen wir uns die Cholera-Auffrischung in den linken Arm drücken (mit selbst gelieferter Einwegspritze!), schließlich treibe ich noch eine Flasche Portwein „Made in Goa“ auf und abends sitzen wir dann glücklich am Strand von Juhu. Dort, beim Sea View Hotel, dem einzigen Platz für Camper in der Bombay Gegend, treffen wir auch alte Bekannte, die sporadisch immer wieder unseren Weg kreuzen.

Besuch in Poona beim Bhagwan

Über Bombay könnte man noch seitenweise berichten. Leider gehören die Bilder dieser Stadt mit ihren überfüllten Slums, den Bettlern und den Menschen, die auf der Straße schlafen, zum festen Repertoire jeder Illustriertenreportage. Das eigentliche Indien ist jedoch ganz anders!

Interessanter ist unsere Begegnung mit einer Persönlichkeit, die sich besonders in der westlichen Welt großer Berühmtheit erfreut: Bhagwan Shree Rajneesh, damals noch in Poona, inzwischen ausgewandert, der überwiegenden Anzahl seiner Jünger folgend, in die USA. Sicher ist die folgende Geschichte deswegen nicht mehr ganz so aktuell. Aber dies betrifft nur den äußeren Rahmen und die Umgebung von Poona. Was bleibt ist das Phänomen dieses Mannes und seiner Bewegung!

Von Bombay fahren wir einen halben Tag Richtung Osten, in die Industriestadt Poona oder Pune. Es liegt direkt auf unserem Weg in Richtung Goa und vom Ashram des Bhagwan haben wir schon sehr viel gehört. Einen Ashram wollten wir unbedingt aufsuchen, hofften wir doch, von der Mystik und Philosophie Indiens noch etwas mehr mitzukriegen.

Als wir uns dem Ort nähern, sind wir zunächst erstaunt über die riesige Industrieansammlung. Hatten wir doch erwartet, dass ein so berühmtes Meditationszentrum in einer schönen Natur liegen müsste.

In Poona fragen wir uns durch. In einer Villengegend mit dem wohlklingenden Namen Koreagan Park, mitten zwischen hochfeinen Nobelresidenzen des hiesigen Industrieadels, stehen wir dann vor einem großen Tor, das – so erfahren wir bald – Gateless Gate oder „Torloses Tor“ heißt und auf dem in großen Lettern steht Shree Rajneesh Ashram.

In den engen Anliegerstraßen um den Ashram wimmelt es von fast ausschließlich westlichen Gesichtern, die sich in zwei Punkten auffallend ähneln: Alle sind in Kleider der Farbnuancen orange bis purpur gehüllt und um den Hals tragen sie eine Holzperlenkette, dem Rosenkranz stark ähnlich, an deren Ende ein kreisrundes Bild eines Mannes mit auffällig stechenden Augen hängt. Es handelt sich um ein Mala, eine Gebetskette mit 108 Perlen. Und wo beim Rosenkranz das Kruzifix baumelt, hängt hier das Bildnis des großen Guru, zu deutsch: „Herr des Geistes“.

Um das Tor selbst und auf dem vielleicht fünfzig Meter langen Weg zum Verwaltungsgebäude drängeln sich die orangefarbenen Jünger in beängstigender Dichte. Wir wenden uns erst einmal zum Pavillon rechts vom Tor,

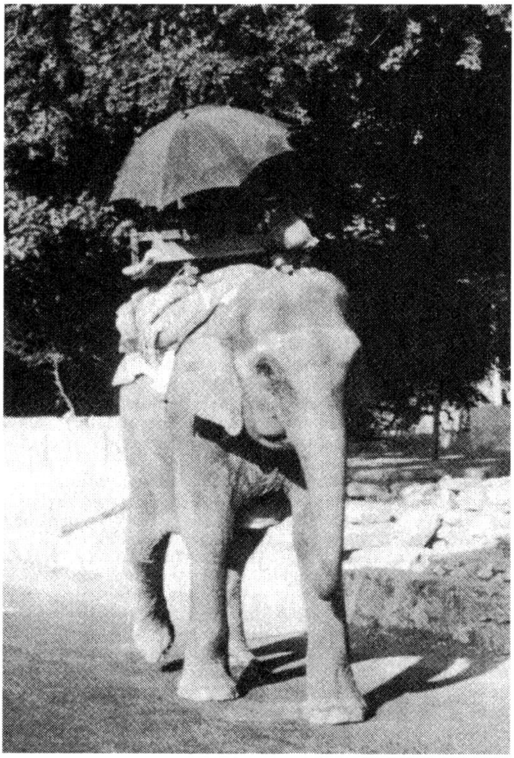

dem Empfang. Überall glotzt uns der große Meister mit seinen beseelten Augen entgegen. Sein Konterfei hängt an allen Wänden, an Säulen, auf den Wegen, ja, sage und schreibe selbst auf der Herrentoilette hängen riesige Schwarz-Weiß-Fotos, die den Bhagwan, oder „Erleuchteten", in verschiedenen Aktionen der Seeligmachung zeigen.

Schon am Eingang riecht es verdammt nach Kommerz, wir können uns einer spontanen Abwehrhaltung nicht erwehren. Ich lese einige der großzügig verteilten Prospekte und Verkündungen an den Wänden und werde leicht steif, als jeder Wandschrieb mit der gleichen Phrase aufhört: „Love". Ob eine Verhaltensmaßregel, ein Veranstaltungshinweis oder der Küchenzettel, alles endet mit „Love".

Von einer Amerikanerin im Einheitslook werden wir äußerst freundlich empfangen. Mit routinierter Ruhe und Lässigkeit erklärt sie uns, was hier alles läuft. Dabei zeigt sie ein „Dauer-Cheese-Lächeln". Nebenbei fertigt sie ein kleines Mädchen ab, das seine Eltern sucht und ruft ihr zum Abschied, mit verschmelzendem Blick nach „I love you".

Ich merke, wie ich jetzt schon schwach werde. Bei den omnipräsenten Bildern des „Erleuchteten“ denke ich unwillkürlich an den „Großen Bruder“ in George Orwells 1984. Trotzdem, wir laufen nicht gleich davon, haben wir von Poona doch im Westen schon zuviel gehört. Ketzerische Gedanken darf man in dieser Glückseligkeit verheißenden Umgebung nur heimlich und mit schlechtem Gewissen haben, verkündet doch ein großes Schild vor dem riesigen Meditationsdeck, der Buddha Hall: „Please leave shoes and mind here.“ (Frei übersetzt: „Schuhe ausziehen und Gehirn abschalten.“) Bezeichnenderweise hält hier der große Meister täglich morgens um acht Uhr seinen zweistündigen „Discourse" oder seine Morgenpredigt. Abwechselnd spricht er einen Tag über allgemeine philosophische Themen, wie Lao Tse, Buddha, oder Christus, am jeweils anderen Tag beantwortet er Briefe und Fragen seiner zahlreichen Jünger. Dabei wird buchstäblich jedes seiner Worte auf Band aufgenommen, in verschiedenen Sprachen gedruckt und verkauft. Hier im Ashram kann man die weisen Worte in einem eigenen Pavillon links vom Eingang auf Tonkassetten, in kleinen Broschüren, in Paperback oder Hochglanzleinen kaufen. Bhagwan-Zentren in aller Welt sorgen für weiteren Absatz. Hauptsächliche Zielmärkte sind die USA, die Bundesrepublik, England, Holland und Japan. Entsprechend verteilen sich auch die Nationalitäten der anwesenden Gefolgschaft. Gut siebzig Prozent US-Amerikaner, der Rest Europäer und Japaner, Inder tauchen nur ganz vereinzelt auf. „Religion ist ja auch“, wie der Bhagwan selber sagt, „der Luxus des reichen Mannes ...“ Abends um zwanzig Uhr stehen wir vor dem Eingang zum Lao Tse House und werden von zwei rotgekleideten Wächtern zurückgehalten. Hier darf nur rein, wer im Einheitslook aus Naturfasern gekleidet ist. Nach Seife oder gar Parfüm darf man keineswegs riechen, denn der Oberguru ist angeblich sehr allergisch und leidet an Asthma. Zu diesem Zweck wird jeder, der zum morgendlichen „Discourse" oder wie hier, zur allabendlichen „Initiation“ kommt, von zwei Wächtern von Kopf bis Fuß abgeschnüffelt. (Kein Witz, das stimmt!) Beim Anblick dieses Verfahrens und der dicht gedrängten Jüngerschar fragen wir uns, zu welchen Erniedrigungen sich die Leute hier noch hergeben.

Bei dieser Initiation kann man dann offiziell ein Jünger, oder Sanyasin des Meisters werden (Sanyasin = Entsagender), im klassischen Sinn ein Bettelmönch, der dann ein ockerfarbenes Gewand trägt. Dazu bekommt man das schon beschriebene Mala um den Hals gehängt und als äußeres Zeichen der inneren Wandlung einen neuen, indischen Namen.

Inwieweit diese Bezeichnung – entsprechend dem ursprünglichen Sinn – eine weitere Verarschung ist, davon uns zu überzeugen, haben wir am nächsten Morgen Gelegenheit. Um acht Uhr wollen wir am zweistündigen „Discourse" teilnehmen. Ohne Kunstfasergewebe zu tragen und weder nach

Schweiß noch nach Duftstoffen riechend, erscheinen wir. Zusammen mit bestimmt tausend hauptsächlich westlichen Sanyasins, überpünktlich eine Viertelstunde früher. Jeder einzelne wird von Wächtern in Rot freundlich, aber energisch und genau, beschnüffelt und der Faserprüfung unterzogen. Wir haben beide Mühe uns zu beherrschen und wollen, nachdem wir die Tickets für je 10 Rupies, etwa 2,30 DM (viel Geld in Indien!) bereits gelöst haben, wirklich hören, was so ein weiser Mann zu sagen hat. Pedra fällt prompt bei der Riechprobe durch. Obwohl wir genau darauf geachtet haben, scheint ihr Baumwollpulli noch Spuren eines Parfüms an sich zu haben. Ein Kopftuch hat sie sich auch noch kaufen müssen, denn Damen haben mit Kopfbedeckung zu erscheinen. Trotzdem ist nichts zu machen, Pedra „riecht" und darf nicht auf das große offene Deck der Buddha Hall. Sie muss draußen sitzen und kann dem Meister nur über große Lautsprecher lauschen. Ich darf rein. Gut tausend Leutchen sitzen in einem riesigen Halbkreis auf dem Boden vor einem Podest mit einem bequemen, großen Sessel, davor ein Mikrophon, links und rechts Palmenstöcke. Kurz vor acht erheben sich einige Aufpasser und zeigen den Versammelten durch Handbewegungen an, ruhig zu sein. Es wird, wie in der Oper, noch ein letztes Mal gehüstelt und geräuspert, dann tritt totale Stille ein. Alles starrt gespannt zum Podium. Da kommt der Meister Schlag acht plötzlich aus dem Hintergrund. Mit schütterem grauem Haar und langem Bart, die Hände hoch zum östlichen Gruß gefaltet, den Körper in einen schönen leuchtend weißen Kaftan gehüllt. Kurz dreht er sich nach allen Seiten zu seinem Publikum und setzt sich dann bequem hin.

Der Auftritt ist gut und gekonnt! Ohne Umschweife geht's los: „Question number one!" Und dann folgen zwei Stunden verschiedenster trivialer Fragen die im Stil der „Fragen an Dr. Braun", oder der englischsprachigen „Letters to Abigail" verfasst sind und genauso niveaulos beantwortet werden. Da ist nichts von Tiefe oder gar von Weisheit zu spüren. Nur Geschwätz. Nach einer Stunde wird es mir zu viel und ich schleiche hinaus. Prompt werde ich von zwei Wächtern aufgehalten. Ich gebe plötzliche Übelkeit an. Mein Name wird notiert und ich werde gebeten, zur Strafe mindestens drei Tage nicht mehr zu erscheinen. Ich erscheine bestimmt nicht mehr! Meine Frau finde ich bei den Lautsprechern, da wo sich Kinder aufzuhalten haben, denn die könnten sich ja mal undiszipliniert verhalten und den Meister stören. Auch hier wird die Szene überwacht, bis das Geschwätz um zehn Uhr zu Ende ist.

Wir fragen uns lange und ernsthaft, was dem Mann eine so große Gefolgschaft zutreibt. Wir schauen die Gesichter seiner Jünger an und können keineswegs sagen, dass es sich um lauter Irre handelt. Im Gegenteil! Es sind alle Altersklassen vertreten und viele der Gesichter sehen interessant und gelöst aus. Tatsächlich bekommen auch viele Menschen hier das, was sie suchen: ein Vatersymbol, eine Gemeinschaft und ein sehr breites Angebot an relativ preiswerten Therapiegruppen. Pedra hat die Titel genau geprüft, über die Qualität der Inhalte können wir freilich nichts sagen. Die Therapeuten sind zum überwiegenden Teil US-Amerikaner. Zweifellos füllt der Bhagwan ein philosophisches Vakuum für Leute aus dem industrie- und leistungsorientierten Westen, die von Marx, Lenin und einer kapitalistischen Gesellschaft mit sozialem Anstrich desillusioniert sind.

Unverständlich bleibt uns aber wieder der krasse Gegensatz: Sie, die Sanyasin, die „Entsagenden", sehen täglich, wie sich der Bhagwan, der „Erleuchtete", mit einem namentlich für Indien grotesken Luxus umgibt. Ein nagelneuer weinroter Buick steht unverhüllt neben einem blitzblanken gelben Mercedes 450 SE vor dem Verwaltungsgebäude. Seit seinem letztem Geburtstag, dem 12. Dezember 1979, legt er die kaum hundert Meter von seiner Villa im Lao Tse Gelände zur Bhudda Hall im chauffeurgelenkten weißen Rolls Royce, Marke Silver Cloud, zurück.

Drei Stunden lang diskutiere ich anschließend mit dem amerikanischen Pressesekretär des Bhagwans, der schon seit drei Jahren im Ashram lebt und nun Swami Deva Wodan heißt. Meine Verwunderung und mein Erstaunen über diese Begegnung bleiben bis heute bestehen, wenn gleich ich auch viele der Motive verstehen kann, die zur Flucht aus der westlichen Industriegesellschaft führen können. Aber aus einem System heraus und in ein anderes hinein – ich bezweifle, dass dies die richtige Antwort ist!

Es ist ohne Frage konsequent, dass dieser Mann mit seiner Gefolgschaft in die USA gezogen ist. Weg von der Industriestadt Poona in die freie Wüste Oregons, weg vom Visumzwang für seine Jünger oder einem Leben in der Illegalität, das nur durch dauernde Bestechung der Bürokraten in Poona möglich war.

Der Bhagwan und sein Big Business bleiben unser Gesprächsstoff für die nächsten Tage.

Weihnachten in Goa

Inzwischen hatten wir den 20. Dezember und es sieht so aus, als ob wir tatsächlich das bei Indienfahrern sprichwörtliche „Weihnachten in Goa" feiern werden. Entlang der sehr guten NH 4 fahren wir in Richtung Süden. Fünfhundert Kilometer sind es nur noch und dennoch, wir brauchen fast zwei ganze Tage. Die Landschaft Zentralindiens zeigt eine ganz besonders charakteristische Eigenart; immer wieder bezwingt man einen Pass und erreicht somit eine neue Ebene, die ein völlig anderes Erscheinungsbild hat. Es ist beinahe, wie wenn man von einer Welt in die andere fahren würde. Trockene, prärieartige Gegenden mit Sandsteingebirgen werden von intensiv bewässerten und saftig grünen Ackerböden abgelöst. Von hoher Bevölkerungsdichte ist hier keine Rede mehr, eher müsste es Bevölkerungsmangel heißen. In Belgaum biegen wir von der NH 4 ab und fahren dann ständig bergab in Richtung Meer und Goa. Deutlich ändert sich die Vegetation. Je weiter wir hinunter kommen, desto üppiger und grüner wird das Gebüsch um uns. Das Klima wird heißer und feuchter. Vögel zwitschern laut und verlockend, einige Affen laufen vor uns über die Straße. Unsere Stimmung steigt schlagartig; in eine richtige Ferienfreude geraten wir. Die Luft ist schwer, süß und tropisch. Abseits der Straße, bei einem kleinen Fluss in einer Waldlichtung, halten wir, packen die Dusche aus und waschen den Schweiß und den Staub der letzten 500 Kilometer herunter. Denn am Abend wollten wir in Panjim kräftig feiern.

Von Goas prächtigen Stränden haben wir schon vorher viel gehört, trotzdem brauchen wir fast zwei Tage, um unseren Traumstrand zu finden. Am bezauberndsten, ja fast paradiesisch sind der äußerste Süden und der Norden. Beide Küsten sind aber sehr schwer zugänglich. Bei Margao, bei Colva und bei Calangute stehen inzwischen schon einige Hotels für die Flugtouristen und die Gegend bei Ajuna ist fest in der Hand der Hippies. So finden wir schließlich in der Nähe des kleinen Fischerdörfchens Chapora den Platz, den wir lange gesucht haben.

Die Gegend entspricht dem, was man sich unter Südsee vorstellt. Unser Auto steht auf einem grasbewachsenem Plateau mit weitem Blick über das Meer. Hinter uns, vor uns und um uns hohe Kokospalmen, die in einen strahlend blauen Himmel hineinragen; sandige gelbe Buchten, umrahmt von kantigen, braunen Felsen, dahinter endlos weite Palmenhaine und unter uns das Arabische Meer mit einer angenehmen Brandung und einer Wassertemperatur von mindestens 25 °C.

In ertragbarem Abstand stehen ein paar weitere Autocamper, einige Deutsche, ein Holländer, ein Engländer und ein Schweizer. Es ist gut, hier nicht ganz einsam zu stehen, denn, wie wir leider in der Sylvesternacht am eigenen Leib erfahren, klauen die Hippies, aber auch vereinzelt die Einheimischen wie die Raben.

Der einzige Wermutstropfen in diesem „Beinahe-Paradies“ (vollkommene Paradiese haben wir nirgendwo gefunden!) sind ein paar Busse mit indischen Touristen, die regelmäßig am Nachmittag hier ankutschieren. Die

Leutchen wandern dann am Strand entlang, sehen sich – und das ist für sie die wahre Attraktion – die meist nackt herumliegenden westlichen Sonnenanbeter an, werden kurz darauf mit lautem Gehupe wieder in ihren TATA-Bus getrieben und düsen weiter. Bis der nächste kommt...

Jeden Morgen ziehen wir einen Kübel frisches Wasser aus einem der zahlreichen Brunnen und jedes Mal, wenn ich einen unserer beiden 13-Liter-Behälter zum entfernt stehenden Auto geschleppt habe, bin ich froh, dass uns das Schicksal nicht mit einem 20-Liter-Kanister gesegnet hat!

In der Früh bringen kleine Mädchen frisches rundes Weißbrot (dank der portugiesischen Vergangenheit das Beste in ganz Indien), Mandarinen, Bananen, Papayas, Kokosnüsse und auf Bestellung sogar selbst gemachte Erdnussbutter und Marmelade. Dabei stehen sie in einem heißen, aber nicht bösen Konkurrenzkampf miteinander und passen genau auf, dass man nicht bei der Mitbewerberin kauft. Hat man sich einmal für eine solche Lieferantin entschlossen, ist sie einem treu – auf Gedeih und Verderb. Morgens um halb acht klopft es dann energisch am Bus und sie meint: „Hello, good morning, bread!" So wie sie es ausspricht, klingt das ganze allerdings wie ein einziges Wort. Die riesigen Lasten werden gekonnt in einem runden Korb auf dem Kopf balanciert, wobei sie sich sehr graziös bewegen, Rücken steif, Kopf und Nacken gerade, mit kleinen, fast tänzelnden Schritten.

Goa unterscheidet sich durch seine tropische, üppige Vegetation, und vor allem durch sein überall sichtbares portugiesisches Kulturerbe, ganz wesentlich vom restlichen Indien. Die Häuser und Kirchen könnten genauso gut in Südamerika, in Portugal oder Spanien stehen. Selbstverständlich ist man hier katholisch. Viele der Gesichter zeigen die markanten Formen ihrer südeuropäischen Ahnen und manchmal ist die Hautfarbe sogar heller als die unsere; die noblen Familien sprechen immer noch portugiesisch.

In dieser Umgebung erleben wir ungetrübte Erholungsferien, feiern Weihnachten und Sylvester.

Schlag auf Schlag

In der Sylvesternacht, bei einer der zahlreichen Feten am Strand, kommt die erste Trübung. Jemand schlägt während unserer Abwesenheit die Scheibe an der Beifahrertüre ein und entwendet einiges. Wahrscheinlich haben wir den größten Schaden gerade noch verhindern können, denn als wir uns dem Auto nähern, springen ein paar dunkelhäutige Kerle in ihr eigenes Gefährt und brausen vor unseren Augen davon. Zum Glück sind wir versichert, doch einige Dinge fehlen nun, die in Indien nicht zu ersetzen sind.

Das Hauptproblem ist die zerschlagene Scheibe. Der VW-Händler (einer der drei in Indien) hat natürlich keine. Dabei erinnere ich mich, dass uns irgendwann am Strand ein sehr freundliches Paar in akzentfreiem Deutsch angesprochen hat. Beide haben in Deutschland Medizin studiert und uns „für alle Fälle“ ihre Adresse in Panjim gegeben. Der Bruder, der mit dabei war, besitzt eine Autowerkstätte.

Das ist unser Glück. Dank der portugiesischen Vergangenheit laufen in Goa noch eine recht stattliche Anzahl von VW's. Meist totale „Oldies“, aber immerhin. Einige geschäftstüchtige Händler kaufen außerdem regelmäßig Teile von durchreisenden Touristen und verwerten Schrottautos. Allerdings, wer wirklich was braucht, muss „blechen“. Für neuere Baujahre wie dem unserem sieht es düster aus.

Doch unser neuer Freund Antonio, jüngster Spross einer noblen portugiesisch-indischen Ahnenreihe, erweist sich als wahre Perle. Zwei Tage klappert er alle seine Bekannten und Händler ab, dann hat er die passende Scheibe.

Nachdem dieses Problem gelöst ist, beschließe ich mich an den Folgetagen unter das Auto zu legen und langsam und mit Ruhe den fälligen Service zu machen: Zündung einstellen, Kontakte auswechseln, Ventile justieren usw. Irgendwo „patscht“ es auch seit Varanasi und ich vermute ein Loch im Auspuff. Eine genaue Untersuchung zeigt mir aber einen noch völlig heilen

Auspuff. Das Geräusch bleibt und eine weitere gründlichere Untersuchung weist darauf hin, dass es in Wirklichkeit zwischen Zylinderkopf und Zündkerze des dritten Zylinders herausbläst. Einer der benachbarten Camper – ein Automechaniker – tastet fachkundig mit dem Finger das Gewinde im Zylinderkopf ab und meint lakonisch: „Du hast einen Riss im Zylinderkopf!" Schöne Bescherung! Das heißt Motor zerlegen und nachsehen, wie schlimm es genau ist.

Am nächsten Morgen sind wir wieder unterwegs in Richtung Panjim zu Antonios Garage. Kaum fünf Kilometer gefahren, trifft uns der dritte Schlag. Es raucht plötzlich unter dem Armaturenbrett und riecht nach verschmortem Kabel. Ich drehe den Zündschlüssel sofort nach links, der Rauch wird trotzdem stärker. Blitzschnell laufe ich nach hinten, reiße einige Gabelschlüssel aus dem Werkzeugkasten und klemme beide Batterien ab. Dennoch bin ich zu langsam, überall im Motorraum und unter dem Armaturenbrett sind Kabel zusammengeschmort.

Ich presse ein langgezogenes, aber inniges „Kruzifix!" zwischen den Zähnen hervor und Pedra fügt ernsthaft hinzu: „Jetzt hat uns der Bulli zuviel zugemutet." Für die nächsten zwei Tage spricht sie dann nur mehr lapidar vom „Vauweh".

Ein paar Minuten stehen wir ruhig da und können es nicht fassen. Bis hierher ohne eine einzige Panne und nun ein Schaden nach dem anderen. Resigniert und geknickt schließen wir das Auto ab, halten ein Taxi an und lassen uns zurück zu unserem schönen Platz über dem Meer und zu unseren Bekannten fahren.

Einer der Leute schleppt uns schließlich mit seinem Auto ab. Unterwegs reißt das Drahtseil und als wir endlich in Antonios Garagenhof stehen, haben wir doch tatsächlich – es ist kaum zu glauben – vorne links einen Platten. Den ersten auf der ganzen Reise! In dieser Situation entlockt er uns sogar noch ein Lachen. Noch am gleichen Tag zerlegen wir den Motor und stellen mit Bestürzung fest: Risse in beiden, nicht nur in einem Zylinderkopf und zwar so stark, dass es ratsam ist, beide auszuwechseln, denn die nächste, angeblich gut ausgerüstete VW-Werkstätte wäre erst im weit entfernten Ceylon. Ein Motorschaden auf der Weiterfahrt durch Südindien hätte also schlimme Folgen!

Nun beginnt der unglaublich schwierige Prozess, zwei Ersatz-Zylinderköpfe zu beschaffen. „Mandovi Motors", der offizielle VW-Händler hat einen einzigen, aber der ist aus der Bauserie 1969. Antonio schöpft seine sämtlichen Beziehungen aus, aber das Resultat bleibt immer das gleiche. Bis zum

Baujahr 69 mit nur einer Bohrung für das Ansaugrohr ja, aber der passt nicht zu unserem Ansaugrohr und dem Vergaser. Eine eingehende Lektüre meiner Reparaturhandbücher zeigt mir, wie oft VW während der einzelnen Baujahre teilweise zwar nur geringfügige, aber immer wieder Änderungen durchführte. Nichts passt zu nichts! Dabei fällt mir ein Ausspruch eines befreundeten VW-Mechanikers ein: „Der VW sieht nur von außen gleich aus. Innen ändern die Leute ständig so viel, dass Du fast zu viel bekommst!" Ich könnte das ganze Volkswagen-Werk zerreißen!

Schließlich fährt uns unser Freund Antonio mit rührendem Einsatz zwei Tage an allen Stränden Goas entlang. Überall fragen wir die wenigen ausländischen VW-Reisenden, ob sie denn nicht zufällig zwei Zylinderköpfe der Bauserie ab 76 dabei hätten. Sagt doch glatt einer: „Ja, vor genau einer Woche war hier einer gestanden, der hatte einen ganzen Motor, fein säuberlich zerlegt, im Koffer dabei. Das Getriebe hatte er noch einem Franzosen verkauft, aber jetzt ist er schon auf dem Weg nach Nepal."

Wir prüfen die Möglichkeiten beim Zoll und bei der Air India, die Teile einfliegen zu lassen. Aber da müssten wir sie persönlich in Bombay abholen, verzollen usw. Kostet mindestens eine Woche und viel Geld! Ein Freund Antonios, der nach Bombay fährt, schaut bei den Händlern dort. Auch nichts!

Pedra und ich verbringen die Abende und Nächte in unserem defekten VW auf Antonios Garagenhof. Nach vier Tagen sind wir alle fix und fertig. Antonio kümmert sich nur noch um unseren Fall. Plötzlich erklärt er verschmitzt: „Wenn wir in Indien keine Teile haben, machen wir sie, oder wir lassen uns etwas anderes einfallen. Wir werden euren Motor umbauen!" Pedra und ich schauen beide ungläubig, aber doch mit neuer Hoffnung. „Wir bauen euch alte Zylinderköpfe drauf, ein altes Ansaugrohr und einen genauso alten Vergaser und die Kiste müsste wieder laufen."

Nach genau sechs Tagen und Nächten in Antonios Werkstätte fahren wir tatsächlich mit umgebautem Motor, neuen, bunten Autokabeln Made in India und unter großem Jubel unserer Freunde auf dem herrlichen Standplatz bei Chapora vor. Sie hatten uns fast schon aufgegeben.

Hippies, Bhagwan-Leute und eine abenteuerliche Flussüberquerung

Im Norden Goas treffen wir wieder auf die orange gekleideten Jünger des Bhagwan. Hier unten, wo sie nicht in solchen Scharen wie in Poona auftreten, wirken sie wesentlich angenehmer. Sind es doch Leute, die sich mit sich selbst beschäftigen und auf ihre Art (oder die des Bhagwan) versuchen, anders zu leben. In jedem Fall sind sie ein sehr wohltuender Kontrast zu den meist inhaltlos dahinvegetierenden Hippies, deren Gesichter leer und langweilig wirken. Häufig geplagt von unvorstellbaren Aggressionen gegen sich selbst und die restliche Welt, kaputtgegangen an harten Drogen, die oft nur eine erste Flucht aus einer lieblosen und unsozialen Umwelt waren. Das neue Heil, das sie zu finden glauben, ist noch sehr viel grausamer!

Wir erholen uns nach dem überstandenen Autostress noch für eine Woche und Pedra nennt den „Vauweh" inzwischen wieder Bulli. Eigentlich will ich ja noch an meinen Stories schreiben, aber nach einem Monat in Goa werden wir langsam unruhig und wollen weiter. So sind wir am. 22. Januar wieder auf der Straße in Richtung Süden.

Noch am gleichen Tag erleben wir eine sehr abenteuerliche Flussüberquerung. Die Straße endet unvermittelt vor einem etwa 200 Meter breiten Fluss. Von hier aus soll ein „ferry boat" fahren, so sagt man uns. Wir warten geduldig zwei Stunden und was dann kommt, setzt uns in Schrecken. Zwei wenig vertrauenserweckende zusammengetäute Kähne, darauf soll das Auto über zwei Planken gefahren und dann das Ganze von einem dritten Kahn mit Dieselantrieb über den Fluss gezogen werden. Ich rechne rasch durch: „Wenn die ganze Chose in der Mitte absäuft, ist der gute Bulli weg, samt dem reparierten Motor und versichert ist auch nichts. „Wir studieren die Straßenkarte, aber die einzige Alternative: Mindestens 300 Kilometer Umweg bis zur nächsten Brücke. So lassen wir erst einmal ein paar indische Gefährte vorbei und schauen interessiert zu, was passiert. Nachdem auch ein kleiner Laster die Überquerung heil überstanden hat, werden wir mutig. Unter reger Anteilnahme der lokalen Bevölkerung lenke ich den „Vauweh" über die Planken, ziehe die Handbremse an, mache drei Kreuzzeichen und ab geht's.

Über Mysore und Madurai zu einer Nacht im Eisenbahnwaggon

Einen Tag fahren wir nun an der herrlichen tropischen Küste des Unionsstaates Karnataka entlang, dann südöstlich, ständig bergauf, durch die Western Ghats und die riesigen Teakholzwälder, zu den berühmten Jog Falls. 253 Meter soll einer der Fälle in die Tiefe stürzen und außerdem gehören sie, wie ein Reiseführer schreibt, „zu den schönsten Süd-Indiens". Was wir finden ist enttäuschend. Was hier früher einmal ungebändigt in die Tiefe stürzte, wird nun von einem großen Wasserwerk reguliert und was bleibt, sind ein paar ärmliche Rinnsale. Trotzdem, die Umgebung mit ihrer exotischen Vegetation ist sehr reizvoll. Palmen, Bananenstauden, verschiedenartige Laubbäume, bunt blühende Sträucher und Blumen.

An und für sich wollen wir noch in dem südindischen Höhenort Ootacamund Halt machen und ein in der Nähe befindliches Wildreservat besuchen, doch unser grober Zeitplan zeigt uns, dass wir nun langsam nach Ceylon müssen. So besichtigen wir nur noch die beeindruckenden Tempelanlagen in Belur. Die Landschaft dieser Gegend erinnert mich unweigerlich an die Toscana. Selbst die Häuser haben etwas Italienisches an sich.

Hier unten im Süden Indiens ist das Reisen durch weite, schwach besiedelte Landstriche wieder viel angenehmer. Die Menschen wirken ruhiger und „easy going“. Das aufdringliche Gegaffe, das uns im Gangesdelta und in Teilen Mittelindiens verfolgt hat, ist verschwunden.

Die hinduistischen Tempelanlagen unterscheiden sich stark von denen des Nordens. Die Figuren sind bunt und plastisch und erinnern teilweise an exotische Schaufensterpuppen. Pferde in Lebensgröße zieren einige dieser Tempel und in ihrer Bemalung sehen sie fast aus wie europäische Schaukelpferde aus dem 18. und 19. Jahrhundert.

Die Landschaft ist reizvoll und abwechslungsreich. Tropische Täler, in denen Reis und Palmyrapalmen gedeihen, immer wieder kleine, malerische Seen, weiche Hügel, gleich einer Voralpenlandschaft, verschlafene Kuhdörfer, in denen die Menschen noch ganz erstaunt gucken, wenn ein Auto durchfährt. Kinder und Erwachsene winken uns zu, die Rinder und Buffalos haben durchwegs bunt bemalte Hörner, Vögel krächzen, zwitschern und pfeifen, immer wieder quicklebendige, wilde Affenherden. Die Tage sind nicht zu heiß und die Nächte angenehm kühl. Hier gefällt uns Indien wieder sehr gut; doch sind wir schon dabei, uns innerlich davon zu lösen, uns auf ein neues fernes Ziel zu freuen.

In Mysore bleiben wir nochmal zwei Tage. Es gibt viel zu sehen: Einen prachtvollen Maharajapalast, den Nandi-Stier, einen malerischen Gemüsemarkt und viele interessante Architekturen, zum Teil noch aus der Kolonialzeit; die Universität, das Rathaus und das imposante Parlamentsgebäude des Union-Staates Karnataka.

In der Nacht, auf unserem Standplatz direkt oberhalb des schwarzen „Nandi-Stiers", werden wir fast von Mosquitos gefressen. Eine Plage, die uns bislang erspart blieb.

Auf der Weiterfahrt nach Madurai fahren wir an stattlichen Weinfeldern vorbei. Erstaunlich viele christliche Kirchen gibt es hier im Süden und Pedra denkt ganz logisch an Messwein. Immer wieder, wenn wir die schönen Bauerngehöfte betrachten, taucht die Frage auf: „Ob sie hier wohl Wein machen?" Aber die Suche bleibt vergeblich. Die Trauben scheinen nur zum Essen zu sein und nicht zum Vergären. Schade! So süffeln wir abends weiterhin indisches Bier oder, wenn es ganz trocken kommt, heißen Tee.

Die riesige Tempelanlage von Madurai schlägt uns voll in ihren Bann. Der künstlerische Aufwand ist unvorstellbar und die religiöse Atmosphäre im Inneren einfach ehrfurchterregend. Zum ersten Mal, dass wir von einem Hindutempel so berührt sind. Wir reihen diese Anlage in die bisher mit am überzeugendste religiöse Stätte ein, die wir erlebt haben: Die Moschee von Bursa, der Goldene Tempel der Sikhs in Amritstar und schließlich hier der Minakshi Tempel von Madurai aus dem 17. Jahrhundert.

Die Stadt selbst verlockt wenig zum Verbleiben und so gelangen wir am 29. Januar an einen der äußersten Punkte Indiens, den „Bahnhof-Ort" Mandapam. Hier endet die Straße, unser Auto wird in einen Eisenbahnwagon verladen, um in das etwa zwanzig Kilometer weiterliegende Rameshwaram gerollt zu werden, von wo aus uns die Fähre über die sogenannte Adams Bridge nach Ceylon fährt.

Die Verladung auf die Eisenbahn verläuft unter Schwierigkeiten. Seit ein paar Monaten ist es billiger, in einem offenen Waggon transportiert zu werden. Dafür muss aber angeblich ein Inspektor aus Rameshwaram anreisen und eine Genehmigung ausstellen. Und das kann Tage dauern. Die anschließende Fähre schippert aber nur dreimal die Woche; es ist Dienstag und das Schiff am Freitag wollen wir unbedingt erreichen. So lasse ich fast alle Luft aus den Reifen und rolle zentimeterweise und haarscharf in einen „closed wagon“. Da der Zug aber erst am nächsten Morgen früh um sieben fährt, verbringen wir eine stickig heiße Nacht im „Vauweh“, der sich noch dazu in einem geschlossenen Eisenbahnwagon befindet.

Rameshwaram: links Bengalisches Meer, rechts Arabisches Meer, geradeaus Ceylon, dazwischen die Angst, dass der Bulli in´s Wasser fällt

Mit nur einer Stunde Verspätung geht´s am nächsten Morgen los. Wir erreichen den letzten indischen Ort unserer Reise, Rameshwaram. Fast komme ich nicht mehr aus dem verdammten „closed wagon“, weil die Abladerampe etwas höher ist als das Plateau des Eisenbahnwaggons und so eine kleine Schräge zu überwinden ist. Es geht nicht mehr um Zentimeter, sondern buchstäblich um Millimeter. Nach vielem Hin und Her und einer Stunde Schweißarbeit sind wir schließlich draußen.

Der kleine Ort ist ganz auf Sand gebaut und es stinkt fürchterlich nach trockenem Fisch. In erholsamer Lage, etwas außerhalb, finden wir den „Tourist Bungalow“ und können in Ruhe auf unser Schiff am übernächsten Tag warten. Die kleine Pause benütze ich, um mich noch einmal unters Auto zu legen und das „Schiff klar zum Gefecht“ für Ceylon zu machen. Pedra stöhnt unter dem Berg Wäsche, den sie sich vornehmen will.

Inzwischen sind zwei weitere Camper eingelaufen und wir hoffen, dass keiner mehr dazu kommt, denn die Kapazität der Fähre ist begrenzt. So stehen wir Freitags früh um acht beim Zollgebäude, um zwölf Uhr soll es weitergehen. Von der Verladung selbst haben wir tolle Geschichten gehört; immer wieder soll mal ein Seil am Schiffskran reißen und ein Auto „rein aus Versehen“ ins Meer plumpsen. Wir sind beide sehr froh, wenn diese Etappe gut überstanden ist. Mit den beiden Campern ziehen wir uns gegenseitig auf und versuchen, herauszubekommen, wer sein Auto zuerst verladen lässt. Jeder versucht, sich zu drücken. Wir machen aus, dass der derjenige, der zuerst der auf dem Schiff ist, das Stahlseil genau überprüft und aufpasst, das sonst nichts schief geht.

In einer endlosen Reihe ceylonesischer und indischer Reisender erledigen wir beim Zoll und bei der Grenzpolizei die üblichen Formalitäten. Inzwischen hat sich auch eine muntere Ansammlung westlicher Touristen gebildet, meist junge Leute mit Rucksack.

Um zwölf Uhr – zum offiziellen Abfahrtstermin – geht es ernsthaft an die

Verladung. Es wird uns angesichts unserer Autos, den vielen Gruselgeschichten und – last not least – bei dem was wir sehen, recht mulmig zumute. Das Schiff liegt zirka einen Kilometer weit im Meer draußen und der Weg dorthin ist wegen des seichten Wassers mit einer „Zwischenfähre" zu überqueren. Und die ist großartig: es sind wieder zwei zusammengetäute Eingeborenenboote, auf die wir über zwei Holzplanken fahren müssen, dann werden jeweils noch zwei derartige Bötchen, voll mit Passagieren, angehängt und das ganze Gespann von einem Fischerboot mit Dieselmotor bis zur Fähre gezogen, die Autos werden dort mittels Kran verladen.

Irgendwie haben wir Glück. Ein Mann, der für den ersten Teil der Verladung verantwortlich ist, winkt einen gelben VW-Bus neben uns zuerst auf die Planken. Mit Herzklopfen und Erleichterung stellen wir fest: „Es geht!" Eh wir uns versehen, rauscht das urig aussehende Gespann ab und ein paar Kilometer weiter sehen wir, wie ein „gelbes Etwas" scheinbar problemlos auf das wartende Schiff gehievt wird. Das Gespann kommt zurück – unser Bulli ist der nächste. Die Spannung steigt noch einmal. Mit Schwung fahre ich über die Planken. Der Bulli wird nochmals festgetäut, die Männer wollen ein Trinkgeld, Pedra und ich müssen zurück in den Passagierkahn und ab geht' s.

Etwa zehn Minuten wellige Fahrt über die Hafenbucht hinaus auf's Meer, besorgte Blicke in Richtung Bulli und dann kommt ihm schon gnadenlos das berüchtigte Drahtseil des Schiffskrans entgegen. Ich bin der Erste auf der Fähre, besichtige noch kurz und einigermaßen erleichtert das Seil und dann – ruhig, gleichmäßig und wirklich gekonnt – wird unser heiß geliebtes Auto auf das Schiffsdeck gehievt.
Ich springe dem Mann am Kran, einem wuchtigen, braungebrannten Tamilen fast um den Hals und will ihm ein paar Dollar Trinkgeld geben, aber er grinst nur, klopft mir freundlich auf die Schulter und lehnt lässig ab.

Diese Verladung ist auch für die anderen bestimmt tausend Reisenden eine große Attraktion. Jeder hat den „großen Plumps“ erwartet und in Deutsch oder Englisch, mit verschiedenen europäischen Akzenten, werden wir immer wieder gefragt, ob wir denn genügend Fotos gemacht hätten, sonst würde man uns gerne welche zuschicken.

Nach einer mehrstündigen Verspätung wird die Ankerkette gelichtet und die etwa dreistündige Überfahrt nach Ceylon beginnt.

Langsam verschwindet hinter uns der indische Halbkontinent, auf dem wir in gut vier Monaten über 10.000 Kilometer zurückgelegt, auf dem wir viel Schönes kennengelernt haben, aber auch manche Enttäuschung und Schwierigkeit durchmachen mussten; dessen eigentlichen Reiz und Tiefe wir aber erst richtig aus der Entfernung schätzen lernten.

5. Reiseabschnitt: Ceylon

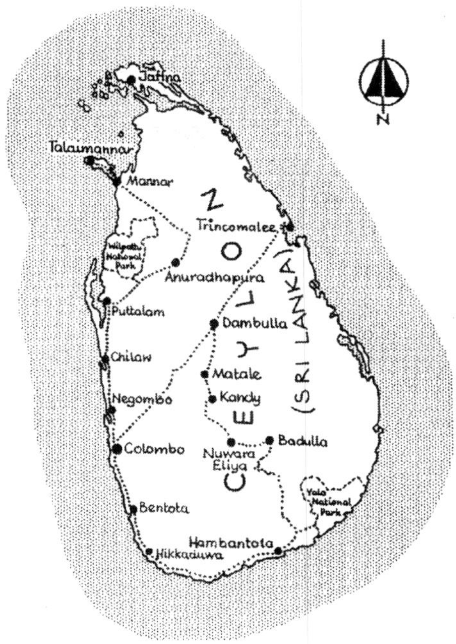

Auf den Spuren von Adam und Eva nach Ceylon

In unserer „Bordbibliothek" haben wir uns ein bisschen informiert und erfahren, dass Ceylon vor etwa zehn Jahren wieder seinen historischen Namen Sri Lanka angenommen hat; dass es etwa so groß wie Bayern, dabei mit 14 Millionen Einwohnern doppelt so dicht besiedelt ist und dass es unter diesen vielen Menschen drei große Gruppen gibt: aus Indien eingewanderte Tamilen, die sich hauptsächlich im Norden des Inselstaates, um die Stadt Jaffna angesiedelt haben und sich nach wie vor zum Hinduismus bekennen; Nachkommen verschiedener arabischer Gruppen, die sich überall, besonders stark aber im Osten, niedergelassen haben und dem Islam angehören, sowie die weitaus größte Gruppe, die buddhistischen Singhalesen. Dazu kommen noch kleiner Grüppchen, z.B. Nachfahren der ehemaligen holländischen und englischen Kolonialherren.

Gestritten haben sich die Herren aus Europa alle um das herrliche Land – die Holländer, die Franzosen, die Portugiesen, die Spanier, aber zuletzt, bis zur Erlangung der Unabhängigkeit 1948, hatten die Engländer die Hand darauf. Inzwischen nennt es sich Sozialistische Republik Sri Lanka, aber von echtem Sozialismus ist seit der demokratischen Abwahl der Regierung Bandaranaike wenig zu spüren.

Die Meerenge, die wir von Indien nach Ceylon per Schiff überquert haben, ist zweien dieser Religionsgruppen heilig: den Hindus, weil die beiden großen Meere des Indischen Ozeans – das Arabische Meer und der Golf von Bengalen – hier zusammenstoßen und den Moslems, weil nach ihrem Glauben an dieser Stelle Adam und Eva nach ihrer Vertreibung aus dem Paradies nach Ceylon geflüchtet sind. Von den Arabern hat diese enge, nur 35 Kilometer breite Meerstreifen auch seinen Namen: „Adams Bridge".

Entsprechend kunterbunt gemischt setzen sich die Passagiere zusammen, mit denen wir hinüber nach Talaimannar fahren: dunkelhäutige, südindische Tamilen, die buddhistischen Singhalesen (auch „Sinhalesen" buchstabiert), einige Ziegen und Hühner, Frauen im Sari und Männer mit dem bequemen „Sarong" (einem knöchellangen Wickelrock) bekleidet, hellhäutigere Moslems und muntere Europäer, die sich meist auf Deck aufhalten und von der Sonne wärmen lassen.

Pünktlich zum Sonnenuntergang, ein glühend roter Ball schickt sich an ins Meer zu versinken, rollt eine Gruppe von Moslems unter Anleitung eines „Obermuftis" den Gebetsteppich aus und verbeugt sich, nach dem uns bereits sehr vertrautem Ritual, in Richtung Mekka.

Die knapp dreistündige Überfahrt vergeht wie im Flug und eh' wir uns versehen, hängt unser Auto wieder am Drahtseil. Diesmal ist die Prozedur nicht ganz so spannend, da das Schiff in Talaimannar direkt am Kai anlegen kann. Etwa tausend Menschen drängeln nun in völligem Chaos vom Schiff hinunter und wollen möglichst schnell durch Zoll und Passkontrolle. Wir haben Glück und werden zunächst, wahrscheinlich der abzuladenden Autos wegen, zuvorkommend behandelt. Die ersten Stempel müssen noch auf dem Schiff in den Pass. Wir glauben schon weiterfahren zu können – aber „Denkste!" Die Leute in der anschließenden Zollbaracke haben anderes vor: fast vier Stunden müssen wir warten, bis der letzte Passagier überprüft ist. Es hilft kein gutes Zureden, es hilft kein Schimpfen. Erst dann finden sich die Herren bereit, unser „Carnet" abzustempeln. Dann allerdings gegen 23 Uhr interessiert sie plötzlich nichts mehr, in weniger als einer Minute sind wir durch. Wir wären um diese schöne Stunde auch nicht mehr zu allzu viel Palaver fähig gewesen. Denn, um die Zeit und den Stunk zu vertreiben hat einer nach dem anderem die letzten guten Sachen aus Indien ausgepackt. Und so sind wir schließlich in einer sehr gelösten Stimmung, als uns der Grenzer doch noch ein „Have a good time in Sri Lanka" nachruft. Wir steuern auch nur etwas abseits auf eine freie Wiese, ziehen das Bett raus und ergeben uns dem Reich indischer Träume.

Buddha´s Baum

Am nächsten Morgen fahren wir auf einer grässlichen Straße durch endlose Palmyra- und Kokospalmenhaine die langgezogene Mannar Island entlang, vorbei am ersten Wildpark, dem Giant's Tank Birds Sanctuary.

Wildparks sind in Sri Lanka eine große Sache. Über zehn Prozent der Landfläche sind dafür reserviert und das nicht nur der Touristen wegen. Der früher einmal großartige Wildbestand – Elefanten, Tiger, Affenherden, Krokodile, Wildschweine, Antilopen, hunderterlei von Vogelarten – wurde von dem schlimmsten Tier, dem „homo sapiens", immer mehr verdrängt und reduziert. Eine weitsichtige Innenpolitik hat aber dann in den fünfziger und sechziger Jahren über das ganze Land verteilt etwa 15 Parks entstehen lassen. Allerdings, wer sich einmal in den Wildparks Kenyas oder Tanzanias umgesehen hat, kommt hierher – und auch nach Indien – mit zu hohen Erwartungen.

Unser eigentliches Tagesziel aber ist Anuradhapura. Gut 2.400 Jahre ist es her, dass diese Stadt gegründet wurde und insgesamt 119 Singhalesenkönige sollen hier ihre Residenz gehabt haben. Anuradhapura gehört unbestritten zu den interessantesten Ruinenstädten Asiens. Schon 270 v. Chr. wurde durch den Prinzen und späteren Mönch Bikkhu Mahendra der Buddhismus nach Ceylon gebracht. Eine seiner Schwestern brachte einen Zweig des Baumes mit, unter dem Buddha meditiert hatte und pflanzte ihn hier ein. Er soll der älteste Baum der Welt mit nachweisbarer Geschichte sein. Ferner gibt es mehrere „Dagobas", d.h. halbkugelförmige Tempel, einer umgestülpten Reisschale gleichend – die als Reliquienschreine Buddhas dienen. Ein Kloster und eine buddhistische Universität sorgen heute noch für die Erhaltung der religiösen und mystischen Atmosphäre.

Vor dem „Sri Maha Bodhi-Baum" – ein Abkömmling des erwähnten Bodhi-Baumes, unter dem Buddha vor knapp zweieinhalbtausend Jahren meditiert und seine Erleuchtung gefunden hat – hält ein Bus und eine Gruppe mitteleuropäischer Touristen steigt aus. Es ist die erste Begegnung mit einer organisierten Reisegruppe seit langer Zeit. So sehen wir bewusst und mit leichtem Grausen, wie ein bleicher, dickleibiger und überfressener Körper nach dem anderen schwerfällig und ungelenk die zwei steilen Stufen aus dem Bus herunterklettert. Wir stellen spontan fest, dass die sehnigen, schlanken, dunkler getönten Körper der Inder und hiesigen Ceylonesen sicher mehr dem Bild entsprechen, dass der liebe Gott sich vorgestellt hat, als er den Versuch gemacht hat, den Menschen nach seinem Ebenbild zu gestalten. Das äußere Bild dieser Mittelstandsgenossen hebt sich auch deutlich unangenehm von dem der europäischen Hippies und Individualreisenden ab, die wir bisher getroffen haben. Mit Verwunderung fällt mir ein, dass der bundesdeutsche Durchschnittsbürger gut zwanzig Prozent dem Ticker auf der Waage zuviel zumutet und dass ein gesunder Geist in einem gesunden Körper wohnen soll.

Nur wenig weiter, etwas abseits von dem kleinen Ort unmittelbar am Ufer des schön gelegenen Tisa Wewa (Wewa = See), sitzen wir dann am Spätnachmittag wieder in zauberhafter Natur vor unserem Wanderhäuschen und freuen uns über unser derzeitig völlig freies Leben. Oft schon habe ich mit Pedra mein Leben jetzt und vorher diskutiert; habe ich mich gefragt, ob das relativ sichere Geld und das Übermaß an sozialen Absicherungen, das man sich für einen Acht- bis Zwölf-Stunden-Tag, regelmäßig fünfmal die Woche, einhandelt, wirklich das an Wert aufwiegt, was man dafür an freier Zeit und an Möglichkeiten sich selbst und diese schöne Welt zu erfahren, in die Waage wirft. Wie schön wäre es doch, wenn man gerade so viel Geld hätte, dass man nicht mehr arbeiten müsste, sondern könnte, wenn man Lust hat, ohne schauen zu müssen, was dabei in barer Münze herauskommt.

Die ärmere, sogenannte dritte Welt regt sehr zum Denken an. „Ärmer" bezieht sich dabei nicht nur auf das, was in DM oder Dollar gemessen wird, sondern auch „ärmer" an Stress, an Herzinfarkt, Krebs, Smog, Lärm und Wasserverschmutzung, an Personenkontrollen per Computer, an Neureichs, an Werbung, an „Haben-wollen" und „Haben-müssen". So „arm" erscheint sie dann gar nicht mehr!

Wilpattu Sanctuary: »Wo ein Jeep hinkommt, kommt ein Bulli auch hin!«

Auf unserem weiteren Weg in Richtung Colombo, nur eine knappe Autostunde von Anuradhapura entfernt, liegt das erste größere Wildreservat, das Wilpattu Sanctuary. Die Gegend hier oben im Norden ist sehr wasserreich und grün. Überall kleine Stauseen oder natürliche Teiche, tropische Urwaldlandschaft, aber auch savannenähnliche Abschnitte.

Die wenigen Begegnungen mit den Einheimischen, die wir haben, verlaufen wohltuend und ohne Aufdringlichkeit. Als wir uns in einem kleinen Hotel am Straßenrand nach dem Weg erkundigen und fragen, ob man uns Wasser für unsere beiden leeren Tanks gebe, verblüfft uns die Freundlichkeit und das echte Interesse der Leute. Der noch junge Manager kommt persönlich, weil man nicht gleich versteht, warum wir Wasser brauchen. Dann besteht er darauf, dass nicht ich die Tanks schleppe, sondern ein Bediensteter. Schließlich stellt er uns seine Küchenmannschaft vor und erklärt eingehend die exotischen Posten auf seinem Speiseplan. Ohne zu erwarten, dass wir bleiben, begleitet er uns zum Auto und will genau wissen, wo wir in unserem „Vee-double-juh-Bus“ schlafen, wie wir kochen und wie die Wasserpumpe funktioniert.

Auf der engen, löchrigen Staubstraße zum Parkeingang kommen uns einige Vierradantriebler mit bleichgesichtigen Insassen entgegen. „Wo die mit ihren Jeeps hinkommen,“ meine ich zu Pedra, „da kommen wir mit unserem Bulli auch hin!“ Den Mann im „Park Headquarter“, bei dem man sich anmeldet, muss ich dann auch von den Fähigkeiten unseres Autos erst überzeugen, bevor er uns passieren lässt. „Ohne Guide“, meint er aber, „it is not possible“. So müssen wir schließlich zwischen uns einen schlanken, dunkelhäutigen Mann in Khakiuniform und mit Schießgewehr einzwängen.

Die eigentliche Wildbeobachtung spielt sich an einigen kleinen Seen ab. Die Fahrt dorthin ist mühsam. Rund dreißig Kilometer staubigen und schlechten Weges durch einen Urwald, der meist zu dicht ist, um Tiere auch nur in fünf Meter Entfernung beobachten können. Kein Vergleich zur weiten Savannen-Landschaft Ostafrikas. Was wir dann bei den Seen – die übrigens sehr melodische Namen haben, wie Kumbuk Wila, Timbiri Wila, Mahapatessa Wila, Damata Wila – zu sehen bekommen, ist nicht ganz so schlecht: Marabus, Störche, Wildhühner, viele bunte Vogelarten, meterlange Iguanas, ein paar Wildschweine, Antilopen, einige Affenherden, zwei riesige Krokodile, die sich faul in der Sonne räkeln und bei unserem Anblick einladend den großen Rachen aufreißen und als Höhepunkt einen der selten gewordenen Leoparden. Die versprochene Elefantenherde bleibt jedoch versteckt. Einige wilde Buffalos tun ′s auch.

Der Preis, den wir dafür zahlen, ist im Vergleich zu dem, was die Reiseveranstalter ihren Gästen für diesen Ausflug abnehmen, geradezu lächerlich: Eintritt rund 1,50 DM pro Person und für das Auto 1,20 DM. Der uns begleitende Wildhüter ist umsonst.

Bei Puttalam treffen wir wieder auf die Küste. Von hier ab, bis weit runter in den Süden, ist das Land sehr dicht besiedelt. Kokosplantage reiht sich an Kokosplantage, Dorf an Dorf. Das Meer ist nur an ganz wenigen Stellen zugänglich.

In Chilaw begegnen wir zum ersten Mal der berühmten ceylonesischen Batikkunst. Mindestens zehn kleinere Galerien und „factories“ bieten hier ihre Produkte an. „Was kaufen wir alles und wem bringen wir was mit?“, scheint das einzige Problem zu sein. Dann erinnern wir uns aber doch an unser knappes Budget und an die bereits übervollen Stauräume und ziehen mit nur einer Bluse ab.

In Negombo fahren wir an den ersten Touristensilos vorbei. Etwas verloren und abseits stehen sie neben dem sonst recht hübschen Städtchen. Tourismus ist, neben Tee und Kokosprodukten, mit der größte Devisenbringer. Allerdings, wer fürchtet, Touristenbunker in spanischen Dimensionen hier zu finden, der kann beruhigt sein. Die Zielgruppe scheint hier, schon wegen der zusätzlichen Flugkosten, eine Einkommensstufe höher angesiedelt.

Wichtige Entscheidung in Colombo

Wir laufen am Unabhängigkeitstag, dem 4. Februar in Colombo ein. Es ist Montag und in der Stadt selbst ist wenig los. Feiertägliche Ruhe. Nur an dem langen Strand, der „Galle Road", promenieren die städtischen Bewohner. Mit Kind und Kegel, mit Oma und Opa; fast wie im europäischem Süden. Eisverkäufer eingeschlossen. Gleich dahinter liegt das Boy Scout Headquarters, das uns zum campen empfohlen wurde. Die folgende Nacht wird unheimlich heiß und schwül. Kein Lüftchen rührt sich und nicht einmal der frühe Morgen bringt etwas Abkühlung. Unser Autoventilator rotiert die ganze Nacht. Wir sind froh, unser Auto an allen Fenstern und Öffnungen moskitodicht gemacht zu haben, denn die Biester sind hier besonders aktiv.

Für Colombo planen wir mindestens zwei Tage, denn wir haben wieder viel zu tun: Unsere Post bei der Botschaft abholen, Visum verlängern, Geld wechseln und – als ganz besondere Aktion – prüfen, wie wir unser Auto von hier aus weiterbekommen. In Bombay hatten wir uns diesbezüglich bereits die Hacken abgelaufen. Leute, denen wir begegneten und die ähnliche Probleme hatten, meinten, dass es von Colombo aus erstens billiger und zweitens problemloser sei, denn hier gäbe es einen Automobilclub, der einem den größten Teil des Papierkriegs abnehme. Noch sind wir für einige Variationen bezüglich unserer weiteren Reiseroute offen. Fest steht, wir wollen von hier aus per Flugzeug über Bangkok nach San Francisco. Die Zwischenstopps in Asien oder Australien, auf Neuseeland und in der Südsee wollen wir erst in Bangkok planen, denn Flugtickets sind dort, entsprechend allen Informationen, wesentlich billiger. Unser Hauptproblem ist zunächst das Auto. Ein Verkauf hier bringt uns einen großen Verlust, den Landweg zurück nach Europa kennen wir, es bleibt also nur entweder die Verschiffung nach Bremen und dort das Auto verkaufen zu lassen oder, wenn die Kosten einigermaßen im Verhältnis stehen, den etwas längeren Weg per Frachtschiff zur Westküste der USA zu buchen.

Eine ganz wichtige Information bekamen wir bereits von meinem Bruder in USA: Wenn er eine Vollmacht von uns hätte, könnte er das Auto in

Empfang nehmen; wir bräuchten nicht selbst dort sein, wenn das Schiff im Hafen anlegt. Der Zoll und andere Behörden seien in den USA auch kein Hindernis. Wir sind also zeitlich ungebunden für den Weg zwischen hier und San Francisco.

Unser erster Gang führt uns also zur Automobil Association of Ceylon. Dort treffen wir auf einen sehr hilfsbereiten Mann mit dem schwer auszusprechenden Namen „Mister Tillekeratne". Er weiß in Sachen Verschiffung Bescheid. Im Schnitt hat er so fünfzig Kunden pro Jahr, die mit ähnlichen Anliegen kommen. Die meisten wollen zurück nach Europa, einige nach den USA und ganz wenige nach dem kenianischen Mombasa oder an den Arabischen Golf. Er berechnet die Frachtkosten für unser Auto entsprechend dem Volumen, will unser „Carnet-de-Passages" sehen und meint, er würde alles vorbereiten. Schiffe sowohl nach Europa als auch nach den USA laufen etwa in zweiwöchigem Turnus aus.

Die Frachtkosten vergleichen wir noch bei einigen anderen Schiffahrtsagenturen und bedienen uns dabei eines sehr wichtigen Tricks, der uns von Globetrottern, die derartige Touren bereits hinter sich hatten, erzählt wurde: Wir geben nicht genau die Abmaße unseres Hochraum-Kastenwagens an, sondern die der knapp zwei Kubikmeter kleineren Normalausführung. Bei der tatsächlichen Verladung, so heißt es, würde nur in seltensten Fällen nachgemessen. So bekommen wir schließlich ein Kostenangebot von rund 1.250 US Dollar für Europa und von 2.000 US Dollar für die USA Westküste. Ein harter Brocken, den wir aber irgendwie schlucken müssen. Die Route nach Südamerika wäre noch bedeutend teurer. Wir rechnen alles durch und entschließen uns dann, die President Eisenhower für den 15. März 1980 nach San Francisco zu buchen. Wir haben also noch gute fünf Wochen für Ceylon.

Quer durchs Land und große Geschäfte mit Tee

Am darauffolgenden Donnerstag starten wir, um die Insel besser kennenzulernen. Entlang der Küste kommen wir durch Bentota, wo wieder einige Luxushotels hingeklatscht wurden und noch weiter südlich nach Hikkaduwa, wo im Meer wunderschöne Korallengärten liegen und davor leider auch ein paar Nobelherbergen. Allerdings gibt es in diesem Ort auch eine Reihe sehr gemütlicher Pensionen und kleiner Hotels. Dass früher hier außerdem – bevor die Polizei sie vertrieben hat – der Sammelort der Hippies war, spricht für die landschaftliche Schönheit dieses Fleckens. Über Hippies kann man denken wie man will, aber Tatsache bleibt, dass sie sich grundsätzlich da aufhalten, wo die Natur am schönsten ist. So auch hier, etwas abseits vom Ort. Herrliche Kokospalmen, die fast unmittelbar bis ans Meer heranwachsen, ein traumhafter sauberer Strand und gleich etwas dahinter, in einem saftigen, grünen Tropenwald, kleine Häuser von Bauern und Fischern. Die Menschen sind sehr angenehm, easy going, sich um sich selbst kümmernd, immer zu einem „joke“ und zu einem kleinem „talk“ bereit und sie lachen gerne.

Wir entschließen uns trotzdem, noch etwas weiter zu fahren, denn der Osten der Insel soll auch sehr attraktiv sein und solange wir noch das Auto haben, wollen wir uns möglichst viel anschauen. Gut hundert Kilometer fahren wir weiter entlang der Südküste, bis die Straße bei Hambantota ins Landesinnere führt. Zu unserer Rechten liegt nun der riesige Ruhunu National Park, der aber immer noch besser unter dem alten Namen Yala Park bekannt ist.

Nach Monaten müssen wir wieder einmal die Scheibenwischer einschalten. Ein kurzes, aber sehr ergiebiges Tropengewitter füllt im Nu die ausgetrockneten Tümpel und überflutet an einigen Stellen die Straße. Doch die kräftige Tropensonne räumt zügig wieder auf und verwandelt die Gegend für ein paar Stunden in eine Dampfküche. Die Luft ist schwer, süß und würzig. Die vielen Vögel verkünden ihre Lebenslust durch noch intensiveres Gezwitscher und Gepfeife, einige schwarze Buffalos suhlen sich mit Genuss in den erdigen Tümpeln und ein paar besonders muntere Äffchen wetzen mit Volldampf vor uns über den Weg.

Langsam steigen wir in das ceylonesische Hochland auf. Die Landschaft ist herrlich und ich verstehe, dass die Engländer dieses Land als „Garten Eden auf Erden“ bezeichneten. Dem Bundala Bird Sanctuary folgt gleich der nächste Vogelpark, beim Wirawila Tank. Hier führt die Straße direkt durch den See. Als uns ein Ochsenkarren entgegenkommt, haben wir beide große Mühe aneinander vorbeizukommen, ohne dass einer baden geht. Bei Welawaya geht es dann steil bergauf, in eine völlig andere Landschaft. Die tropische, südseehafte Küste wechselt in eine Gegend mit Gummiplantagen, Teakholzforstungen, immer wieder kleinen zartgrünen Reisfeldern, Bananenstauden, bunten Sträuchern und Blumen. Alle Augenblicke bleiben wir stehen, um die Eindrücke auf uns wirken zu lassen.

Mit Sorge verfolge ich den schnell fortschreitenden Zähler meiner Kamera. Wir sind bei Film Nummer 32, das heißt, über 1.150 Einzelaufnahmen seit wir unterwegs sind! Ich sehe, den Posten „Fotografie“ in unserem Budget muss ich neu überdenken.

Doch plötzlich nur noch Teesträucher soweit das Auge reicht. Über sämtliche Hügel die etwa hüfthohen grünen Stauden, von denen nur die vordersten zarten Blätter gepflückt werden. Schlanke Frauen und Männer mit hohen Körben auf dem Rücken stehen zwischen den Büschen und zupfen blitzschnell die begehrten Blättchen. Denn Ceylon Tee ist gefragt und erstaunlicherweise baut das kleine Land etwa zwanzig Prozent der Weltproduktion an. Was aber nicht heißt, dass deswegen bei den Pflückern der Wohlstand ausgebrochen ist! Der Mindestlohn wurde erst vor kurzem von vier auf acht Rupies (1 DM = 8,87 Rupies!) hochgesetzt. Aber nicht für die Stunde, versteht sich, sondern für den Achtstundentag! Ein Pfund Tee der besten Sorte wurde uns für 15 Rupies (etwa 1,80 DM) verkauft. Die Großen der Teehandelsbranche zahlen etwa die Hälfte (!) und verschachern ihn in Europa um 20 DM aufwärts, was etwa 175 Rupies entspricht. Wer verdient wohl hier am stärksten? Und vor allem: Wer hat die Arbeit?

»Kleinengland« in 2.000 Meter Höhe, »Reserved for Touropa« in Kandy

Bis Nuwara Eliya haben wir 2.000 Meter Höhe erreicht. Wir besichtigen eine „Tea Factory“ und sehen, wie die Blätter getrocknet, sortiert und verpackt werden. Über die hoch entwickelten Maschinen und Anlagen sind wir sehr erstaunt.

Zu Kolonialzeiten war Nuwara Eliya ein beliebter Rückzugsort der Engländer von der tropisch-feuchten Küste, heute befinden sich in dieser Gegend einige herrliche Landhäuser und Hotels im „Colonial Style“ und im Ort selbst glaubt man in einer kleinen, verträumten, englischen Landgemeinde zu sein. Am Markt kaufen wir nach langer Zeit wieder einmal Fleisch. Bei einem Moslem-Metzger, versteht sich, denn die Buddhisten verschmähen ja Fleisch ebenso wie die Hindus. Unsere „Hütte“ haben wir direkt neben dem Ort an einem kleinen See geparkt und als abends die Temperatur auf etwa 10 °C sinkt, müssen wir uns kneifen, um glauben zu können, dass wir nur sieben Breitengrade über dem Äquator sind.

Am nächsten Tag geht's wieder bergab, rund hundert Kilometer weiter und 1.650 Meter tiefer nach Kandy. Wir besichtigen den wirklich sehenswerten botanischen Garten und staunen über die vielen herrlichen Pflanzen. Leider sind wir nach dem Besuch auf dem gleichen Bildungsstand, da wir mit ausschließlich lateinischen Bezeichnungen genauso viel anfangen können, wie wenn sie chinesisch wären.

Vor dem Temple of the Tooth, so genannt, weil dort als Reliquie ein Zahn Buddhas aufbewahrt wird, stehen wieder viele kleine, mittlere und größere Busse, aus denen die Besucher aus aller Welt hervorquellen.

Als wir am Abend eine Vorstellung der mit einem recht berühmten „Kandy Tänzer“ besuchen, ist, trotzdem wir frühzeitig eintreffen, kein Platz mehr in den vorderen Reihen zu bekommen. Denn bis auf die letzten fünf Reihen heißt es „Reserved for Touropa, ADAC-Reise-GmbH, Neckermann und Kuoni“.

Halbe Insel Regenzeit, halbe Insel Trockenzeit

Von Kandy ist es noch etwa ein Tag oder gut 200 Kilometer bis nach Trincomalee im nordöstlichen Teil der Insel. In Matale halten wir bei einer der zahlreichen Gewürzplantagen und lassen uns zeigen, wie Vanille, Muskat, Ingwer, Curry, Zimt, Chilli, schwarzer Pfeffer, Nelken und noch eine Reihe anderer exotischer Küchenzutaten wachsen.

In Trincomalee stelle ich mit großem Schrecken fest, dass unser Auto plötzlich 20,3 Liter für die letzten hundert Kilometer verbraucht hat. Bei den Benzinpreisen von über einer Mark ein dicker Hund! Mit nun schon recht furchtlosem Griff mache ich die Motorhaube auf und erkenne: „Schock hängen geblieben“. Ich hänge ihn nun endgültig aus und stelle vorsichtshalber den Vergaser neu ein. Trotzdem, seit dem Motorumbau säuft unser „Veedouble-juh-Bus“ einen Liter mehr als normal.

Hier oben herrscht noch Regenzeit. Ein Kuriosum, das dieses Land bietet. Wenn im Nordosten die Regenzeit beginnt, hört sie im Südwesten auf und umgekehrt, obwohl die gesamte Insel nördlich des Äquators liegt. Als wir ankommen bläst ein frischer, stürmischer Wind über das Meer und der Himmel ist mit grauen Wolken verhangen. Die Tatsache, dass die Insel hier drüben wesentlich dünner besiedelt ist, hatte uns sehr hoffnungsvoll gemacht. Aber die Landschaft hat nicht ganz den tropischen Reiz wie der Südosten und die Küste ist nur an wenigen Stellen frei zugänglich; viele Hotels und eingezäuntes Privatland versperren den Weg. So rollen wir einen Tag später wieder quer durch die Insel, was bei der guten Straße leicht zu machen ist, holen in Colombo noch einmal Post ab und bleiben dann endgültig im Süden.

Letzte Knödel im Bauch bei starker Brandung

Bei Bentota finden wir ein herrliches Plätzchen. Bei einem ganz kleinen Hotel vereinbaren wir mit dem Besitzer, dass wir uns direkt daneben, am Meer, hinstellen können. Der erste Tag ist traumhaft, abends knacken wir, quasi zum Urlaubsanfang, die letzte Fleischdose. „Rheinischer Sauerbraten“ steht drauf. Dazu ebenfalls die letzte Packung rohe Kartoffelklöße. Später haben wir beide Probleme einzuschlafen. Nicht wegen der runden Knödel im Bauch, sondern der Brandung wegen. Wir beschließen aber, uns daran zu gewöhnen.

Am nächsten Tag wachen wir beide mit leichtem Kopfweh auf und selbst Aspirin will es nicht vertreiben. Ich sage zu Pedra: „Das ist bestimmt die Dauerberieselung der Brandung, weil wir zu nahe am Meer stehen. Pedra meint, dass es sich hier um „Naturlärm“ handelt und dass der „bittschön keineswegs mit Autolärm zu vergleichen ist.“ Ich bleibe bei meiner Feststellung, dass ich da gar nicht so viel Unterschied sehen kann!

Abends, als die Flut hereinkommt und die Wellenkämme noch etwas höher werden, müssen wir uns zuschreien, um uns zu verständigen, obwohl wir nur Meter auseinander stehen. Ich versuche einzuschlafen, was mir lange nicht gelingt. Immer wieder in gleichmäßigen Abständen das Getöse der Wellen. Ein Rauschen, das aus der Stille heraus langsam ansteigt, nach einem gewaltigen Höhepunkt plötzlich zusammenbricht, schäumend auseinander rollt und dann wieder von vorne beginnt. Ich wickle mein Kissen um den Kopf und drücke beide Enden gegen die Ohren und wende mich vorsichtig, um die neben mir tief schlafende Pedra nicht zu wecken. Irgendwann döse ich ein. Ab und zu schrecke ich aus meinem Halbschlaf auf und kriege undeutlich mit, dass Pedra auch nicht mehr so gut schläft, bin aber zu schlaff, um diesen Zustand genauer zu ergründen. Gegen halb sieben wache ich endgültig auf. Das vertraute Gesicht meiner lieben Frau grinst mir entgegen. Sie ist sichtlich froh, dass ich nun endlich zu mir komme. „Zwei Stunden bin ich schon wach und hab bereits fünf Postkarten geschrieben“, erklärt sie mir lachend, „und da hab ich immer wieder meinen Herbi angesehen, wie er neben mir liegt und sein Kissen um die Ohren gewickelt hat und konnte vor Mitleid nicht mehr schlafen. Da hab ich dann in aller Ruhe von dem schönen Platz Abschied genommen. Hunger hab ich! Und nach dem Frühstück fahren wir weiter an unsere alte Stelle bei Hikkaduwa!“

Und so finden wir uns am gleichen Vormittag wieder etwas südlich von Hikkaduwa, bei Tiranagama, wo wir noch fast einen ganzen Monat verbringen wollen.

Große Kenntnisse in der Astrologie

Wir finden einen Standplatz in einem Palmenhain, neben einem kleinen Vier-Zimmer-Hotel. Mit dem Besitzer und seiner Familie haben wir bald guten Kontakt. Er erzählt uns, dass er und seine Frau an und für sich für die Regierung arbeiten und von ihren Ersparnissen dieses Hotel aufgebaut haben. Er ist strenggläubiger Buddhist und in einem Zimmer brennt immer eine Reihe Ölkerzen vor einer sorgfältig in Plastik verhüllten Buddhafigur.

Er spricht sehr gut Englisch und so erklärt er uns eines schönen Tages, wie er sein kleines Hotel gebaut hat: „Das Land selbst habe ich schon von meinem Großvater geerbt. Als ich genügend Geld für die erste Baustufe gespart hatte, bin ich zu einem weisen, alten Mönch nach Colombo gefahren, der vor allem für seine großen Kenntnisse in der Astrologie bekannt ist. Er hat ausführlich mein Horoskop studiert und mir dann genau den Tag genannt, an dem ich den Grundstein legen muss, um Glück zu haben. Diesen schön verzierten und gesegneten Stein habe ich dann selbst zum vorgeschriebenen Datum vergraben."

Ich bewundere seinen Ziehbrunnen und stelle fest, dass jetzt am Ende der Trockenzeit fast alle anderen Brunnen leer sind, er aber immer noch reichlich Wasser hat. „Das ist die gleiche Geschichte", meint er. „Bevor ich den Brunnen gegraben habe, habe ich ebenfalls einen gelehrten Astrologen aufgesucht, der mir aus meinem Horoskop genau die Stelle gesagt hat, an der ich Wasser finden würde!" Auf meine Neugierde hin, erklärt er noch: „Wenn bei uns ein Kind geboren wird, ist es ganz wichtig, dass man die Stunde, Minute und das Datum notiert. Denn aus diesen Daten erzählt uns der Astrologe, ohne es vorher zu wissen, ob es ein Junge oder ein Mädchen ist. Und dann erstellt er ein Horoskop, das wir dem Kind sorgfältig aufheben."

Fisch wird immer weniger!

Auf sein Land mit dem angrenzenden Palmenhain hat er nicht ganz das Alleinrecht. Denn seit erdenklichen Zeiten kommen hierher die Fischersleute aus den benachbarten Hütten, flicken ihre Netze, verteilen den täglichen Fang, ziehen auf dem davor liegenden Sandstrand ihre urig aussehenden Boote an Land und beobachten das Meer nach möglichen Fischschwärmen.

Eine Tatsache, von der wir auch profitieren. Schon am ersten Tag bekommen wir Kontakt mit den Fischern. Vor allem einer, mit dem europäischen Namen Robert, wird bald unser guter Freund. Ein drahtiger, dunkelgebräunter Mann von Mitte vierzig, in dessen wettergegerbten Gesicht einige lustige Falten und ein Mund mit gewaltigen Zahnlücken vorherrschen. Die Flächen seiner Hände und seiner nackten Fußsohlen sind rosig weiß: eine Pigmentstörung, die man sehr häufig in diesen Gegenden findet.

Er besucht uns mehrmals am Tag, hockt sich unter eine der Palmen, erzählt einige seiner Geschichten oder fragt uns interessiert nach unseren stories.

Oft sitzt er nur ruhig und gelassen da und beobachtet, wie wir am Auto herummachen oder wie ich in meine Schreibmaschine tippe. In keiner Weise aufdringlich oder fordernd; er strahlt eine natürliche Ruhe aus, so dass seine Anwesenheit angenehm ist und er merkt genau, wenn man alleine sein will.

So berichtet er uns, dass er früher sein eigenes Boot hatte und mit zwei Freunden fischen ging. Aber vor gut einem Jahr hat er es bei dem schrecklichen Wirbelsturm, der ganze Teile von Ceylon verwüstete, verloren. Ein neues zu kaufen, so meint er, könnte er sich nicht leisten, denn so ein Boot kostet rund 4.000 Rupies (knapp 500 DM). Er erklärt uns, dass die besten der alten Einbaumboote mit Ausleger aus Yak-Holz gebaut werden und bis zu 100 Jahren halten. Boote aus dem Holz des Mangobaumes würden zwar die Hälfte kosten, aber auch nach fünf Jahren schon vergammeln.

„Und die Fische, die wir fangen, werden immer weniger", erzählt Robert. „No more fish!" Eine Tatsache, auf die ich nicht weiter eingehen möchte, denn hier bekomme ich ein schlechtes Gewissen. Die besser entwickelte Welt, aus der wir kommen – sprich: Europa, Japan, Russland und Amerika – fischt mit ihren hochmodernen und schnellen Fangflotten die Meere leer und die ärmeren Länder mit ihren ursprünglichen und einfacheren Fangmethoden geraten immer mehr ins Hintertreffen. „Früher", so erzählt Robert, „habe ich für meine Familie fünf Rupies am Tag gebraucht und jetzt – nur zwei Jahren später – brauche ich fünfzehn, es ist alles so teuer geworden!" Dies stimmt: der Ölpreis und alles was damit zusammenhängt, trifft die Ärmsten am schlimmsten. Ihre eigenen Rohstoffe und Produkte gleichen die Preissteigerungen und Inflationsraten in keiner Weise mehr aus!

Mit Fassungslosigkeit sehen diese Leute, wie die westlichen Touristen in den Nobelhotels vor den Korallengärten bei Hikkaduwa pro Übernachtung 700 Rupies (ca. 80 DM) hinblättern. Ohne Frühstück, versteht sich und ohne mit der Wimper zu zucken! In Negombo, wo auch einige Touristenbunker stehen und Energie knapp ist, wird im Ort mehrmals am Tag der Strom abgeschaltet, damit die westlichen Devisenbringer, in den dicken Hotels daneben, jederzeit warm duschen können. Besteht zu irgendeiner Zeit an einem aus dem Land stammenden oder importierten Grundnahrungsmittelknappheit, gehen logischerweise die Preise hoch. Kein Problem für die Hotels, denn bei den ohnehin enormen Gewinnspannen – dank billiger Arbeitskräfte – wird der höhere Preis locker bezahlt. In diesen Ländern sahnt ausschließlich eine kleine Schicht von korrupten Beamten und Neureichs ab. Der Geldsegen des Tourismus hat jedoch für die kleinen Leute in erster Linie Schattenseiten.

Eines Morgens kommt am Strand unter den Eingeborenen große Unruhe auf. Einige Halbwüchsige, die das Meer beobachtet haben, stoßen plötzlich laute Schreie aus, die einem Kriegsgeschrei gleichen: ein langgezogenes schrilles „Uuuuh – Uuuuh – Uuuuh". Als einer der Burschen aufgeregt auf's Meer hinaus deutet, sehen wir ihn auch: Einen riesigen Fischschwarm, der das Wasser an einigen Stellen aufwirbelt und dunkel färbt. Darüber kreisende und immer wieder blitzschnell eintauchende Möwen. „Malu – Malu! (= Fisch) „Tuna, Tuna!" Die Leute am Strand geraten in Bewegung. Aus allen Richtungen laufen die Fischer herbei und zwei der Auslegerboote werden von einer Gruppe Männer, mit dem Rücken voraus, über den Sand in Richtung Meer gezogen. Mit einem Sing-Sang-artigem „Eh-la, Eh-la, Eh-la, ..." feuern sie sich gegenseitig an. Kaum am Wasser angelangt, springen sie ins Boot und lenken es mit einigen gezielten Paddelschlägen durch die Brandung. Dann wird in Windeseile das Fangnetz, mit den armdicken Kokostauen an den Enden, ausgebreitet. Nach knapp einer Stunde hat sich das Netz gefüllt und wird wieder an Land gezogen. Der Fang ist gewaltig! Der beste seit Wochen, etwa hundert Thunfische. Die bringen auf dem Markt 20 bis 35 Rupies das Stück, je nach Größe. Der Ertrag wird durch die Zahl der Beteiligten, rund zwanzig Mann, geteilt.

Und dann sehen wir wieder wochenlang, wie die Männer mit fast leerem Netz heimkommen, Tag für Tag. Ab und zu ertönt das langgezogene „Uuuuh - Uuuuh" und einmal tummelt sich sogar ein Schwarm von mindestens „one Lakh Tunas" (1 Lakh = 100.000) in etwa hundert Meter Entfernung vor der Küste. Doch sie können das Netz nicht schnell genug auslegen, der Fischschwarm dreht vorzeitig ab.

Wir betrachten fasziniert den Wettlauf und den Kampf mit der Natur und dem Glück, beobachten interessiert, wie diese Menschen gelassen einen Sieg erringen oder die weitaus häufigeren Niederlagen ertragen, ich sehe, wie sich der Mann noch als „Mann" fühlt und nicht als impotentes Rädchen einer anonymen Maschinerie. Seit Beginn unserer Reise erleben wir immer intensiver eine Natur, deren Rhythmen und Launen wir in unserem städtischen Alltag fast schon vergessen, oder schlimmer noch, überhaupt nie kennengelernt haben.

Am ersten März ist „Poya Tag" oder Vollmond, im buddhistischen Ceylon stets ein Feiertag und der Tag, an dem der Unterschied zwischen den Gezeiten am stärksten ist. Die Fischer erwarten Regen und nach dem Regen Fisch. Prompt ziehen abends dicke, schwere Wolken auf. In der näheren Umgebung blitzt und kracht es schon ganz böse; ein kräftiger Wind pfeift durch die Palmenblätter; aber der Segen geht nur im Nachbardorf nieder. Wieder kein Fisch...

Essen tun nur die Gäste

Eines Tages lädt uns der Bäcker mit dem schönen Namen Buddhakorala zum Essen ein. Ich habe irgendwann einen Schwarz-Weiß-Film durch die Kamera gezogen und ihm so mit Bildern seiner ganzen großen Familie, seinem Bäckerladen, seinen vier Gehilfen und den Enkelkindern eine große Freude bereitet. Wann immer Pedra oder ich zum Plätzchen kaufen kommen, werden unsere Taschen zusätzlich mit frischen Sachen aus seiner Backstube vollgestopft. Das „Dinner" soll aber eine besondere Sache sein und wird uns schon Tage vorher angekündigt. Unsere Freunde Klaus und Monika und noch zwei europäische Pärchen werden ebenfalls eingeladen. Am Abend holt uns der Sohn persönlich ab und schaut, dass wir den Weg durch den Dschungel finden. Als wir ankommen, ist die gesamte Backstube ausgeräumt, in der Mitte steht nun ein großer Tisch mit einem schönen handgestickten Tuch bedeckt, darauf einige flackernde Kerzen, die Licht geben. Dann kommt Teller über Teller: Reis, Krabben, Fisch, exotisches Gemüse aus Bananenblüten, Palmenherzensalat, Tomaten und ein Fruchtsalat aus Ananas, Bananen, Papayas und Mangos, Kuchen, Bier, Zuckerrohrschnaps und ... und ... und ... Man bedeutet uns Platz zu nehmen. Wir sind erstaunt, dass nur genau so viele Stühle da sind wie Gäste. „Was ist los?" frage ich unseren Freund. „Das ist so Sitte bei uns", erfahren wir, „erst essen die Gäste und später wir." Ein wenig komisch ist es zuerst doch, als einer der Gäste bestätigt, dass es tatsächlich so Sitte ist und man deswegen auch nach dem Essen nicht zu lange bleiben soll, greifen wir kräftig zu. Unsere Gastgeber stehen dabei lachend und schwatzend um uns herum, freuen sich, dass es uns schmeckt und sind ängstlich darum besorgt, dass wir auch von allem etwas probieren.

Eines der Gespräche, das wir beim Essen führen, dreht sich um die „Devil Dances“ oder „Teufelstänze“, von denen wir gehört haben. Ich zögere, dieses Wort mit „Teufelsaustreibungen“ zu übersetzen, obwohl es sich sicher um eine Art Exorzismus handelt. Allerdings um eine andere Version. Zumindest wird dabei nicht mit dem Kruzifix herumgefuchtelt. Wir lassen uns sagen, dass es dabei in der Regel darum geht, einen „bösen Geist“ oder gar Teufel aus einer Person auszutreiben. Dieser „bad spirit“ kann in Form von Krankheit, Verrücktheit oder auch Unfruchtbarkeit im Menschen wohnen. Diese „Heilmethode“ wird in Ceylon noch sehr stark praktiziert. Zwar werden die vielen Tanzmasken, die überall angeboten werden, hauptsächlich für die Touristen gefertigt, doch in den Dörfern im Busch wird auch heute noch regelmäßig ein guter „Devil Dancer“ gebraucht.

Bevor wir uns an diesem Abend verabschieden, verspricht unser Freund „Buddhi“, uns zu einem dieser Tänze mitzunehmen, wenn die Familie, bei der ein „Devil Dance“ stattfindet, damit einverstanden ist.

»Devil Dancer« gegen Unfruchtbarkeit

Zwei Tage später, es ist schon stockdunkle Nacht, kommt er tatsächlich an: „Heute Abend, wenn Ihr Lust habt, könnt Ihr mitkommen. Ich habe mit der Familie gesprochen, Ihr seid eingeladen“. Buddhis Bruder ist noch mit dabei und zu viert gehen wir erst durch ein Dorf und dann einen langen Weg durch den Busch. „Don't worry“, meint Buddhi, „ich bringe Euch schon wieder zurück.“

Der Trommelschlag, der uns schon eine ganze Weile begleitet, wird stärker je näher wir dem Ort des Zeremoniells kommen. Irgendwann mischt sich ein eigenartiger Gesang dazu. Plötzlich stehen wir auf einem kleinen Platz vor einer Lehmhütte, der von mehreren Fackeln hell und ein wenig gespenstisch erleuchtet wird. Auf der einen Seite sind eigenartige Gestelle aufgebaut, von denen lange, grüne Gräser herunterhängen und auf denen eine große Anzahl brennender Räucherstäbchen stecken. Auf der anderen Seite drängeln sich die Nachbarn, Verwandten und Bekannten der Familie. Neben der breiten Veranda des Hauses bearbeiten zwei Männer je eine große Trommel. Ihnen gegenüber bemerken wir einen Vorhang, einen kleinen Tisch auf dem ebenfalls Räucherstäbchen brennen, sowie kunstvoll gefertigte Bastflechtereien, einen Korb mit einer Kokosnuss und anderen Früchten. Daneben liegt ein weißer Hahn mit zusammengebundenen Füßen, der sich so ruhig verhält, als wenn er wüsste, dass sein letztes Stündchen geschlagen hat.

In der Mitte des Platzes tanzt eine dämonenhaft aussehende Gestalt. Mal gibt sie sich wilden, ruckartigen Zuckungen hin, um im nächsten Augenblick leichtfüßig durch die Luft zu wirbeln oder auch um einzelne Körperteile spielerisch in Schwingung zu versetzen. Der Körper ist in bunte, wild aussehende Tücher gehüllt. Hals-, Arm- und Fußgelenke schmücken silberne Schellen. Das Gesicht ist mit vielerlei Farben bemalt und auf dem Kopf sitzt eine Krone aus bunten Federn.

„Was ist der Grund für den Devil Dance?" frage ich Buddhis Bruder Siri. „Die Frau ist seit drei Jahren verheiratet und no baby".

Schnell rechne ich durch, wie lange Pedra und ich verheiratet sind und stelle beruhigt fest, wir haben noch Zeit.

Hinter dem Vorhang, so erzählt uns Siri, sitzt die Frau mit ihrem Ehemann. Zwischen den braungesichtigen Zuschauern bietet man uns und unseren Freunden – welche Ehre – in der vordersten Reihe ein paar kleine Stühle an. Im Türrahmen, hinter der Veranda, stehen die Eltern des Ehepaares und bei genauerem Hinsehen erkennen wir jetzt, in dem eigentlichen Wohnraum, einen kunstvoll aufgebauten Altar mit verschiedenen Buddhafiguren, Blumen, Kerzen und bunten, Furcht einflößenden Teufelsmasken.

Der Tanz zieht sich über Stunden hin. Der erste Tänzer wird von einem zweiten abgelöst, dann tanzen beide. Am Höhepunkt nimmt einer der beiden einen kräftigen Schluck aus einem Trinkbeutel und speit mehrmals Feuer durch die Luft. Dann ergreift er den in völliger Ruhe verharrenden Hahn und führt mit ihm einen wilden Tanz auf. Der Vorhang wird gelüftet und man kann das Ehepaar nun deutlich erkennen: sympathisch aussehende Leute, etwas schüchtern und verlegen lächelnd, der Mann Anfang dreißig, die Frau wohl Mitte zwanzig.

Nach einer weiteren Runde wird die Zeremonie plötzlich unterbrochen und Tee gereicht, dann wird der Tanz im Wohnraum des Hauses fortgesetzt. Nach einer Huldigung vor dem Buddhaaltar mit den verschiedenen Teufelsmasken bringt einer der Tänzer einen kleinen Teller, auf dem ein rundes Ei liegt. Wir lassen uns sagen, dass es sich um ein Schildkrötenei handelt. Unter rhythmischen Bewegungen seines ganzen Körpers und einem eigenartigen Singsang zerdrückt er das Ei langsam mit den Fingern und schmiert dem Paar unter beschwörenden Worten den Brei auf Stirn und Haare.

Wir verziehen uns kurz nach Mitternacht, ohne das Ende abzuwarten, denn derartige Rituale ziehen sich bis in die frühen Morgenstunden hin, teilweise sogar über Tage hinweg.

Wir sind beide von der Mystik dieses Erlebnisses tief beeindruckt. Pedra erzählt mir, wie sie bei den Bewegungen des Tänzers immer wieder innerlich mitschwang: rhythmische Bewegungen, die der Körper scheinbar automatisch macht, wenn er vom Kopf „losgelassen" wird. Die große Leistung eines Devil Dancers besteht ja gerade darin, seinen Kopf mehr oder weniger auszuschalten und sich ganz den Sinnen, den spirituellen „Fäden" hinzugeben und so den „Teufeln" oder „Geistern" entgegenzuwirken. Ein wirkliches Eintauchen in die spirituelle Handlung, ein Mitschwingen mit dem Tänzer und mit seinen bedeutungsvollen Ritualen kann bestimmt eine – wenn auch vielleicht unbewusste – Wirkung auf Körper und Geist ausüben. Erkennt doch auch der Westen langsam die Grenzen der Logik – und dafür die Stärke des Unbewussten und der Mystik.

Jeder Abschied ist wie ein bisschen Sterben!

So verbringen wir Woche um Woche mit unseren ceylonesischen Freunden, schaffen es, an ihrem Leben teilzuhaben, erfahren mehr und mehr von ihrem Auf und Ab, freuen uns mit ihnen über einen guten Fischfang oder – viel häufiger – schauen enttäuscht auf das leere Netz, lernen, wie man eine Kokosnuss richtig schält und was man mit diesen Früchten alles machen kann, verarzten immer wieder mal mit unserem heißbegehrten Medizinkoffer kleinere Verletzungen oder Wehwehchen und haben, als es Mitte März wird, überhaupt keine Lust weiterzufahren. Aber unser Auto muss spätestens am 13. März im Hafen sein und unser Flugzeug startet am 14. in Richtung Bangkok. Um nicht in Hetze zu geraten, packen wir schon am 12. März und als wir endgültig Abschied nehmen müssen, hat sich um uns eine kleine Versammlung gebildet. Alle sind gekommen, um uns „Good bye" zu sagen: Robert und die Fischersleute, der Bäcker mit seiner ganzen Mannschaft, der Besitzer des kleinen Hotels mit seiner Familie, unsere Nachbarn der vergangenen Wochen aus den umliegenden Hütten. Als ich den Starter herumdrehe, haben einige der lieben Menschen feuchte Augen; Pedra und ich auch. Wissen wir doch, dass es ein endgültiger Abschied ist und jeder Abschied ist ein bisschen Sterben.

Traurig und ganz langsam fahren wir in Richtung Colombo, hängen unseren Gedanken nach und versuchen uns aufzumuntern indem wir davon reden, was vor uns liegt.

In Colombo suchen wir ein letztes Mal die Deutsche Botschaft auf um nach Post zu sehen. Gegen 14 Uhr sind wir beim Automobil Club und damit beginnt ein fürchterlicher Stress. Mister Tillekeratne meint in aller Ruhe, wir müssten morgen um 10.30 Uhr das Auto im Hafen abliefern, hätten aber vorher noch einiges an Formalitäten zu erledigen: von der Ceylon

Shipping Corporation den endgültigen Preis bestätigen lassen, Geld wechseln, beim Finanzamt eine Bestätigung für die gewechselten Devisen ausstellen lassen; wieder zurück zu Ceylon Shipping, die Fracht bezahlen. Spätestens um 17 Uhr wird in Colombo alles dicht gemacht, es beginnt ein Wettlauf gegen die Zeit. Abends um sechs Uhr kaufen wir noch ein paar feste Reisetaschen, fahren zu dem bekannten Platz bei den Pfadfindern und fangen an, das Auto seetüchtig zu machen und unsere neuen Reisetaschen für die nächsten Monate zu packen.

Irgendwann trifft unser Schweizer Freund Michael mit seinem urigen Gefährt ein und findet uns in einem ziemlich geschafftem Zustand. „Ach Du liebe Zeit", meint er, „das ischt ja eine fürchterliche Hektik hier!"

Ein paar Stunden später sitzen wir dann doch zu dritt in einem China Restaurant. Michael, der tagelang sein restliches Geld mit seinen noch sehr großen Reiseplänen verglich, hatte sich auch entschieden, einen Sprung weiter zu machen.

Hektisches Ende und eine »nicht ganz« legale Aktion

Am nächsten Morgen, es ist der 13. März, läutet früh um sechs der Wecker. Wir frühstücken und ordnen ein letztes Mal die Stauräume im Auto, überprüfen noch mal die Taschen, die uns die nächsten Monate begleiten werden, schauen, dass die wichtigsten Papiere beisammen sind und treffen dann Punkt zehn bei der Automobil Association ein. Mr. Tillekeratne braucht noch 100 Rupies in kleinen Scheinen, die er im Hafen gezielt an den richtigen Stellen verteilen will, damit „nirgends zu genau hingeschaut wird" und damit es kein „trouble" gibt.

Um elf Uhr sind wir dann im Hafen. Die President Eisenhower, so sagt man uns, liege schon draußen im Meer und warte auf einen Anlegeplatz. Um zwölf Uhr, nachdem sich der Zollinspektor versichert hat, dass wir nichts Unerlaubtes ausführen und dank „Bakschisch" mit kurzem Blick die Ladepapiere und das „Carnet" abgestempelt hat, sind wir fertig „for loading". Aber nun ist Mittag und nichts geht mehr. Um 14 Uhr erfahren wir, dass wir erst in drei Stunden in den Container fahren können.

Inzwischen haben Pedra und ich sehr besorgt die verschiedenen Containergrößen im Hinblick auf unsere „heruntergespielte" Wagenhöhe betrachtet. Immer wieder muss ich Pedras Frage „Meinst Du, in den passt unser Bulli? mit „Nein" beantworten. Die Größe der Container sind in „Foot" und „Inches" angegeben und ich habe sie alle in Meter und

Zentimeter umgerechnet und mit den Ausmaßen unseres Autos verglichen. Nur die ganz langen Dinger, mindestens fünfmal so lang wie unser „Vauweh", scheinen zu passen. Wir beschließen aber ganz ruhig zu bleiben und abzuwarten, was da kommt.

Plötzlich erscheint ein Herr und meint wir müssten nochmals in die Stadt zurück – ohne Auto – um die endgültige Bill of Loading abzuholen. Um 17 Uhr sind wir wieder im Hafen. Kaum ein Mensch ist mehr da und wir befürchten schon, dass man uns vergessen hat. Da taucht „Mr. G." auf und nimmt die Sache mit viel Energie in die Hand. Um 18 Uhr rollt ein Lastenheber mit einem Container an, unser Auto wird kurz fixiert und ohne ein Wort zu sagen, verschwindet der Transporter wieder. „Auweia". Eine Viertelstunde später kommt er aber wieder zurück, diesmal mit einer etwas größeren Ausführung. Ich schaue rasch auf das Höhenmaß und sage zu Pedra: „Könnte passen".

Einige Arbeiter reißen die verriegelten Türen des Containers auf, legen einen Keil unter und meinen: „Let' s go!" Langsam fahre ich an, Pedra überprüft, ähnlich wie bei der Eisenbahnverladung vor Rameswaram, ob ich hängen bleibe und – es fehlen leider ein paar Zentimeter! Mr. G. entfährt ein lautes „Shit!". Ich steige aus, schaue mir die Sache genau an und finde:' „No problem, ich lasse etwas Luft aus den Reifen und es passt." Zehn Minuten später sind wir drin. Ich verschließe ein letztes Mal das Auto und vermeide tunlichst zu fragen, ob die Schiffahrtslinie einen Schlüssel braucht. Von verschiedenen Seiten wurde uns gesagt, dass in Häfen bis zuletzt irre geklaut wird und so wollen wir nichts riskieren. Zwischen Beifahrertür und seitlicher Schiebetür hänge ich noch eine dicke Kette mit Vorhängeschloss, die später, in San Francisco, dann auch tatsächlich fehlt.

Kaum sind wir aus dem Container wieder heraus, laden einige Männer eifrig große Kisten mit Ceylon-Tee ein. Mr. G. meint: „All clear now." Pedra und ich marschieren in Richtung Hafenausgang.

Genau davor parkt das uns vertraute Auto von Michael. Unsere Freude über diese Überraschung schlägt in jähes Entsetzen um als wir sehen, daß der zusätzlich angebaute Staukasten völlig zerrissen ist und im Auto selbst so ziemlich alles fehlt, was abzuschrauben war. Kein Michael weit und breit. Plötzlich kommt er grinsend aus dem Hafentor. „Michael, was ist denn da passiert?" schreien wir beide wie mit einem Munde. Michaels Grinsen wird noch breiter und seelenruhig meint er mit Schweizer Akzent: „No problem, ichch habe michch entschlossen die alte Kiste dem Zoll zu schenkchen. Meine Kchlamotten habe ichch in einen Kcharton verpackcht und morgen liefere ichch den Schrotthaufen endgültich ab! Steigt ein, dann fahre ichch

Euchch zu Eurem Hot-tell!“

Im „Hot-tell“ zischen wir dann zu dritt erst einmal ein kühles Bier. Während des Abendessens fällt mir plötzlich siedend heiß ein: „Ich habe die Batterien nicht abgeklemmt!“ Eine halbe Stunde diskutieren wir, was alles passieren kann, falls eine Klemme, wie in Goa, abfällt. Das Schiff dampft schließlich fünf Wochen über den Ozean und bei den dauernden Erschütterungen kann sich ohne weiteres ein nicht abgesicherter Kontakt lösen. Im Tank war auch noch etwas Benzin! Ich sehe schon einen brennenden Container und dann ein ganzes Schiff vor mir. Es ist bereits 22 Uhr, als Michael meint: „Es hilft nichts, wir müssen nochmal in den Hafen“.

Eine Viertelstunde später sind wir dort. Die Hafenpolizei am Eingang will uns nicht passieren lassen, aber nachdem ich den Fall in bunten Farben geschildert habe, sehen auch sie die Notwendigkeit. Wir eilen über das dunkle Hafengelände und finden prompt den richtigen Container; die Nummer hatte ich glücklicherweise notiert.

Er ist fest verriegelt und verplombt. Kein Mensch weit und breit. Ich schaue um ein paar Gebäude herum – niemand. „Schöner Mist! Morgen Mittag geht unser Flug nach Bangkok!“ Ich wäge ab, ob ich die Plombe selber knacken soll, denke an die möglichen Folgen und gebe auf. Asiatische Gefängnisse sind dunkel und das Palaver, wenn man uns ertappt, sicher riesengroß.

Da kommt mit Knattern ein kleines Motorrad auf uns zu. Und bei näherer Betrachtung stellt sich heraus, es ist Mr. G. Es ist kaum zu glauben! Ich erkläre ihm die Sachlage, er hört ruhig zu und meint dann: „We can´t do it!“ Der Container ist bereits verplombt und selbst, wenn er wollte, er dürfe nicht.

Da nähert sich noch ein Motorrad und wieder hilft uns der Zufall. Es ist der Chef der Ceylon Shipping Corporation. Auch ihm schildere ich den Fall mit allen Gefahren, doch auch er meint: „Wir können nichts machen. Wir müssten eine Crew holen, die die Teekisten entfernt und dann wieder einlädt und das Schiff soll morgen auslaufen.“

Die Crew ist das Stichwort, bei dem ich einhake. „Mein Freund und ich machen es selbst, wenn nur Sie die Plombe öffnen!“

Die beiden Männer palavern kurz in Singhalese (Nationalsprache Ceylons) und meinen schließlich: „Okay. Aber beeilt Euch und macht nicht zu viel Lärm.“ Ich weiß, was wir vorhaben, ist für die beiden riskant.

Mr. G. besorgt eine Beißzange, entfernt die Plombe und hilft uns die Türen des Containers zu öffnen. Etwa zwanzig Minuten laden Michael und ich riesige, aber relativ leichte Teekisten aus, reißen uns dabei die Hände blutig, haben aber schließlich die Motorklappe frei. Die Batterien abzuklemmen ist ein Kinderspiel und die Teekisten sind rasch wieder aufgetürmt. Erleichtert verriegeln wir erneut die Containertüren und ich stecke den beiden Herren mit ehrlichem Dank ein kleines Trinkgeld zu, das sie zuerst ablehnen, dann aber doch annehmen. Mein Gewissen ist erleichtert.

Kurz darauf sind wir wieder in unserem Hotel und begießen erst noch die kleine Sonderaktion, bevor wir kaputt in die Kissen fallen.

Der nächste Vormittag wird ein weiteres Mal zum Wettlauf gegen die Uhr. Punkt neun, als die thailändische Botschaft öffnet, sind wir dort und fragen nach einem Visum. Es könnte aber erst um 15 Uhr fertig sein, heißt es. Unser Flugzeug geht aber um 13 Uhr, entgegnen wir – und halten dann auch prompt um 9.30 Uhr das wichtige Dokument in Händen. Wer nach Thailand ohne Rückflugticket kommt, braucht nämlich ein Visum.

Kurz darauf tauschen wir noch eine der beiden Ledertragetaschen um, in die bereits mein ganzes Reisegepäck verstaut war. Zuallerletzt hatte ich daran noch einige wesentliche Mängel festgestellt. Während Pedra mitten unter den Straßenhändlern die Taschen umpackt, laufe ich nochmal zur Shipping Line, um noch eine letzte Unterschrift zu leisten.

Da wir den letzten „Airport Bus“ um zehn Uhr knapp verpassen, sitzen wir eine halbe Stunde später abgehetzt in einem Taxi und kommen gerade noch rechtzeitig zum Flughafen.

Pünktlich um 13 Uhr hebt unsere Boeing 747 ab, das herrliche Land unter uns wird rasch zu einem kleinen grünen Fleck und dann sind wir schon in 10.000 Meter Höhe weit über dem Indischen Ozean und fliegen in Richtung Osten, nach Bangkok.

6. Reiseabschnitt: Bangkok - Philippinen - Hawaii
(mit dem Rucksack und öffentlichen Verkehrsmitteln)

Bangkok: Zu spät gekommen

Im Flugzeug kommen wir erst richtig zum Verschnaufen. Wie im Zeitraffer laufen die vergangenen zwei Tage nochmals vor uns ab. Wir können kaum glauben, dass doch noch alles so gut geklappt hat. Die freundliche Stewardess von „Thai International“ serviert uns einen großen Campari. Der Flug vergeht tatsächlich „wie im Flug“ und als es heißt „Wir befinden uns im Anflug auf Bangkok" (sogar in deutscher Sprache), setzt unter uns gerade die kurze tropische Dämmerung ein.

Kurz darauf, im Flughafengebäude, wechseln wir einige Dollar in Bath und versuchen ein Hotel zu bekommen. Wir sind von den Preisen entsetzt. Gut zwei bis drei mal höher als in Indien und Ceylon. Schließlich reservieren wir ein Zimmer im Hotel Malaysia für 10 US Dollar.

Per Sammeltaxi wühlen wir uns durch den Wahnsinnsverkehr der Sechsmillionenstadt. Das Bild wird naturgemäß von Autos japanischer Herkunft geprägt, aber auch alles, was in Europa und Amerika produziert wird, ist hier vertreten.

Das „Hotel Malaysia“ entpuppt sich als ein ziemlich heruntergekommener Schuppen. Die Zimmer jedoch sind sauber und haben sogar Klimaanlage. Bei fast allen Hotels, an denen unser Sammeltaxi hält, fallen uns die Informationszettel sämtlicher europäischer Reiseunternehmen ins Auge. Im „Hotel Malaysia“ fehlen sie – dafür gibt es aber ein „Schwarzes Brett“ mit sehr hilfreichen Hinweisen der meist jungen Hausgäste; denn, wie sich herausstellt, ist dieser Laden der Sammelort budgetbewusster Individualreisender. Was wir lesen, gefällt uns überhaupt nicht: da wird vor Raubüberfällen bei helllichtem Tag im Bus Number 4 und Number 25 gewarnt, da liest man Berichte von Überfällen in Phuket, Pattaya oder Chiang Mai, Taschendiebstähle und Vergewaltigungen, Scheckbetrügereien und sonstige Tricks; das klingt in der Tat wie das, was man sonst nur aus Kolumbien erzählt bekommt.

Die drei folgenden Tage haben wir Zeit, uns selbst umzusehen. Sie genügen, um uns zu überzeugen, dieses Land oder zumindest Bangkok so rasch wie möglich zu verlassen.

Wer sehen will, was die Stationierung von US-Soldaten und der Massentourismus aus dem Westen und Japan anrichten, der muss hierher! Entsetzlich, wie dieses Land mit seiner einst großen Kultur von amerikanisch-europäisch-japanischen Negativeinflüssen aufs grausamste verwandelt wurde. Westliche Klischees und Werbefallen überall. Protzige Läden und Hotels allgegenwärtig, so dass man sich fragen muss, ob man überhaupt in einem Entwicklungsland ist. Alles, was ein westliches Land produziert, scheint hier auf dem Markt zu sein. Schicke Frauen und dicke Mercedes, protzige Geschäftemacher und jeder erdenkliche Glitzerkram auf der einen Seite und kaum zwei Straßenzüge dahinter das andere Thailand. Ein Thailand der Slums und unterbezahlten Arbeitermassen, mit einer konsequenterweise enormen Kriminalitätsrate. Vor jedem größeren Geschäft, Hotel oder Privathaus steht eine private und schwer bewaffnete Security Force. Ein Segler, den wir später kennenlernen, erzählt uns, dass selbst das Meer weit um Thailand herum kreuzgefährlich sei; Piraterie mit gnadenlosen Mordzügen und Versenkungen seien buchstäblich an der Tagesordnung.

Riesige Filmplakate werben für Kriegsfilme, Horrorschocker oder Kriminalreißer. Wo beispielsweise in Indien romantischer Kitsch und Liebestragödien die großen Renner waren, scheint man hier die Massen nur durch die Darstellung nackter Gewalt ins Kino zu bekommen. Wo in dem Teil Asiens, indem wir uns bisher aufhielten, Prostitution irgendwo im Verborgenen ablief, ist sie hier ein wesentlicher volkswirtschaftlicher Einkommensfaktor und die „Bumsbomber“ vom Rhein, aus Rom und Tokyo bringen täglich neue Jumbo-Ladungen von „Einmal-imJahr-für-14-Tage-Playboys“.

In Braun's Café beim Malaysia Hotel schlägt mir ein Chinese ein „tolles“ Geschäft vor. Zuerst fragt er mich beiläufig, ob ich bei ihm Reiseschecks tauschen wolle. Da der Kurs, den er nennt, günstig ist, zeige ich mich nicht ganz uninteressiert. Nachdem er sich nach allen Seiten umgesehen hat, erzählt er mir schließlich, dass er noch etwas „viel Besseres“ zu bieten hätte. Ich sollte meine Reiseschecks offiziell bei der Polizei als „gestohlen“ melden, mir bei „American Express“ daraufhin neue ausstellen lassen und ihm die alten Schecks „verkaufen“. Er würde 35 % des Werts bezahlen und bei einer entsprechenden Summe sogar bis zu 45 %. Ein Geschäft, das er „alle Tage“ mache und das „völlig problemlos“ ablaufe. Möglich – nur nicht mit mir!

Das „alte, vergangene“ „Thailand, das wir in einem buddhistischen Kloster in der Nähe des „Hotel Intercontinental“ erleben, oder in der künstlerisch enorm aufwendigen Anlage des alten Königspalastes und der dazugehörigen Tempel, oder bei einigen netten Begegnungen mit den „kleinen“ Leuten in einem der offenen Märkte, das alles ist ein schreiender Kontrast zu dem „neuen“ Thailand, das überhand genommen hat. In dieses Land sind wir um Jahre zu spät gekommen!

Ziemlich schnell sind Pedra und ich einig, dass wir schnell weiter wollen. Bei einigen Reisebüros haben wir die Tarife unserer in Frage kommenden Routen geprüft und sind aus Kostengründen zu dem Entschluss gelangt, den Umweg über Australien, Neuseeland und die Südsee zu streichen. Für jeweils 430 US Dollar bieten dafür Korean Airways und Air Philippines interessante Alternativen an: Entweder über Hong Kong, Taiwan, Seoul, Tokyo nach Los Angeles oder über Manila und Honolulu nach San Francisco. Nachdem wir große asiatische Städte und die damit verbundenen Kosten soeben direkt erlebt haben, entschließen wir uns für die Philippinen mit ihren über siebentausend Inseln. Das offene Land und die Natur sind es, die uns reizen. Nicht die überfüllten Großstädte mit ihrem gleichförmigen Chaos, dem Verkehr und dem Gestank.

Und so sitzen wir am Dienstag, den 18. März, im Flugzeug. Wieder sind wir vom Service der „Thai Air" sehr angetan und landen nur dreieinhalb Stunden später in Manila.

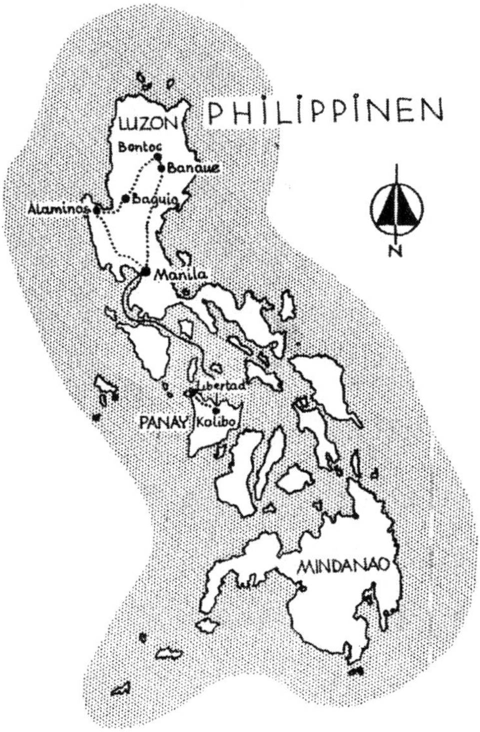

Der Flug und die dazwischenliegenden knapp 3.000 Kilometer vergehen uns zu schnell. Mit dieser Geschwindigkeit erkämpft – oder erobert – man sich den Weg zu den einzelnen Ländern nicht mehr. Eh man sich versieht, ist man da. Quasi hineingeworfen, mittendrin. Die Distanzen, die dazwischen liegen, kriegt man überhaupt nicht mit. Ebenso wenig, wie die dazwischenliegenden Länder und Kulturen allmählich ineinander übergehen.

Schon am Flughafen haben wir im Vergleich zu Thailand einen völlig anderen Eindruck. Wo dort überall Airconditioner fauchten, drehen sich hier Ventilatoren. Glanz und Glitzer fehlen, auch auf der Fahrt vom Flughafen in die Innenstadt. Manila erscheint im Vergleich zu Bangkok ärmlicher, vielleicht sogar etwas düsterer.

Trotzdem fällt uns der starke amerikanische Einfluss ins Auge. Kein Wunder: Seit 1898 – nachdem die Spanier nach über 300-jähriger Kolonialzeit aufgrund der Niederlage im Spanisch-amerikanischen Krieg abziehen mussten – machten sich hier die Amerikaner breit. Erst am 4. Juli 1946 erhielten die Philippinen ihre volle Unabhängigkeit. Die USA bleiben dennoch präsent: auf verschiedenen Militärbasen, durch starke, wirtschaftliche Vorherrschaft und die nicht rückgängig zu machende Beeinflussung des Denkens und der Kultur.

So sind wir auch von Manila zuerst ein wenig geschockt und meinen schon, vom Regen in die Traufe gekommen zu sein. Da es gerade erst Mittag ist, beschließen wir unverzüglich weiter in Richtung Norden zu fahren. Wenig später sitzen wir in einem entsetzlich klapprigen Bus der Philippine Rabbits.

Bald schon verändert sich das Landschaftsbild. Wir erreichen die ersten Hügelketten der Kordilleren. Die vertrauten Wasserbüffel und Bauern in den Reisfeldern mit runden, spitz zulaufenden Strohhüten auf dem Kopf zeigen uns – gottlob – dass der amerikanische Einfluss begrenzt zu sein scheint. Die Philippinen sind doch – und sogar in erster Linie – Entwicklungsland. Hier gibt es sogar noch Kopfjäger, pigmänenartige „Negritos" und völlig scheue Sammler- und Jägerstämme, die kaum je einen weißen Mann gesehen haben. Zumindest haben wir derartiges gelesen und sind voller Hoffnung, bald auf diese „andere" Welt zu stoßen.

Der „Bretterbudenbaustil" mit eindeutigen amerikanischen Kennzeichen wird langsam durch originelle und für die Tropen typische Palmstrohhütten aufgelockert. Wegen Schlangen und sonstigem Viehzeug sind sie fast ausschließlich auf Stelzen gebaut.

Die Erde in diesem Teil der Insel Luzon erscheint etwas trocken und braun, ein Unterschied zu dem tropisch satten Grün, das wir im Süden Ceylons hinter uns ließen.

Krankheit Nummer Eins in den Tropen: Erkältungen

Endlich hat mich auch Pedras böse Erkältung erreicht. Ich fange zu schniefen und zu schneuzen an. Aber da geteiltes Leid bekanntlich halbes Leid ist, beschließen wir, irgendwo am Meer, in einem ruhigen Ort für ein paar Tage zu rasten, uns auszukurieren und uns gegenseitig zu bemitleiden.

Nach einem Mal Umsteigen erreichen wir Alaminos und besteigen ein „tricycle", das uns weiter nach Lucap, dem letzten Ort vor dem Nationalpark der hundert Inseln fährt.

„Tricycle" und „Jeepneys" sind ganz typische philippinische Fortbewegungsmittel. Jeepneys sind umgebaute Jeeps der US Armee, die diese im zweiten Weltkrieg zurückgelassen hatte. Mit Liebe und Phantasie werden die Dinger so gestaltet, dass hinten, auf zwei kleinen Bänken, jeweils acht Passagiere sitzen können. Sie werden mit großem Einsatz verziert, das heißt bunt bemalt und mit viel Chrom und Trödel – wie kleinen Metallpferdchen und vielen Spiegeln – beladen. Die „TÜV-Leute" bei uns in Deutschland würden einen Herzinfarkt bekommen, wenn sie diese Dinger sehen könnten. Die Exklusivausführungen sind mit Disco Sound, Autostereoanlagen japanischer Herkunft, ausgerüstet. Das Programm besteht durchwegs aus den neuesten amerikanischen Hits. Denn Englisch mit amerikanischem Akzent ist neben Tagalog Nationalsprache und dem entsprechend auch das Radioprogramm.

Tricycle sind japanische Kleinmotorräder mit Beiwagen. In der Bemalung und beim Lametta eifern sie den größeren Jeepneys getreulich nach. Zwei bis drei schlankere Menschen haben in so einem Vehikel Platz, manchmal auch drei bis vier; und hinten auf dem Gepäckträger werden Koffer und Taschen festgebunden. Unser Tricycle-Mann setzt uns an einem kleinen Hotel mit dem Namen Last Resort ab. Um uns ist es stockdunkel und wir können kaum erkennen, wo wir eigentlich sind. Wir sind steinmüde. In Bangkok waren wir um fünf Uhr morgens aufgestanden, es war also ein langer Tag. Trotzdem bringe ich noch die Energie auf, den Zimmerpreis von 75 auf 60 Pesos herunterzuhandeln. Vor uns liegt das Meer. Doch da, wo es am Tag blau oder grün sein soll, liegt nun eine dunkle, graue Brühe. Der Mond lässt sich auch nicht blicken, um die düstere Szene zu erhellen.

Am nächsten Morgen erwachen wir voll Neugierde auf die Umgebung um uns herum. Das kleine Hotel scheint direkt ins Wasser, auf Pfählen, gebaut zu sein. Das Land dahinter ist von Palmen und Stelzenhütten der Eingeborenen gesäumt und steigt langsam in einer sanften Hügelkette an.

Gleich nach dem Frühstück nehmen wir einen Katamaran und lassen uns von einem gelbbraunen Burschen auf eine der zahlreichen vor uns liegenden Inselchen fahren. Ein kleiner Dieselmotor betreibt das Boot, dessen buntbemalter Rumpf aus Speerholz ist, die beiden Ausleger bestehen aus einfachen Bambusstämmen.

Unser Bootsmann setzt uns irgendwo ab und fragt, wann er uns wieder abholen soll. Dann haben wir ein kleines Paradies einen ganzen Tag für uns alleine. Die Insel misst etwa 30 auf 20 Meter, die Mitte und der nördliche Teil sind dicht mit grünem und blühenden Gestrüpp bewachsen, eine Felswand fällt senkrecht ins Meer ab. Im Süden aber zieht sich über die ganze Länge ein fast perlweißer Sandstrand, der sachte ins Meer übergeht. Ein Meer, das erst eine glasig grüne Färbung zeigt, die in ein kräftiges Türkis übergeht und dann allmählich, entsprechend der zunehmenden Wassertiefe, ein sattes Dunkelblau annimmt. Nur ab und zu zieht träge ein Fischerboot in einiger Entfernung vorbei: es ist so schön, dass man fast ausflippen möchte. Ich denke an Robinson Crusoe und freue mich, dass mein Freitag, eine Pedra ist.

Wunderheiler und ein schöner Markt in Baguio

Da wir uns aber den täglichen Bootstrip von 35 Pesos (1 DM = ca. 4 Pesos) nicht leisten wollen, ziehen wir am nächsten Tag weiter. Ein schaukelnder Minibus bringt uns mit lautem und heißem Disco Sound etwa 50 Kilometer weiter nach Bauang. Dort ist es zwar nicht ganz so schön, aber doch passabel genug, um uns auf unsere Erkältung konzentrieren zu können. Am Morgen des dritten Tages, als wir schon die Taschen zur Weiterreise gepackt haben, tut mir plötzlich das Kreuz „grippig" weh und Pedra der Kopf. Ich finde, wir sollten noch einen Tag hierbleiben und packen wieder aus.

Der Strand ist hier nicht perlweiß, sondern grau-schwarz, wie fast überall auf den Philippinen, ein typischer Vulkanboden, denn die Philippinen sind Vulkaninseln und an ein paar Stellen qualmt es heute noch. Pedra meint etwas unromantisch: „Es sieht hier fast so aus, wie wenn man an einer Dreckstraße liegt!" Die Palmen mit den braunen Kokosnüssen und den breiten grünen Fächern, die paar Hotels und links und rechts die kleinen Fischerhütten sind zwar recht hübsch, doch alles in allem nicht ganz das, was wir gerne hätten. Und so sitzen wir einen Tag später, am 24. März, erneut in einem spartanisch eingerichteten Klapperbus und rollen weiter in den Norden und damit in die Berge, den „Cordilleros" von Luzon. Unser Ziel ist zunächst Baguio, das 1.500 Meter hoch liegt und aufgrund dieser Lage als Sommerhauptstadt der Philippinen gilt. Baguio wurde im Westen vor allem durch seine Wunderheiler bekannt: Diese Wunderheiler, so sagt man, sind in der Lage, Operationen mit den bloßen Händen durchzuführen, ohne den Körper aufzuschneiden.

Auch in der Diagnosestellung sollen sie einmalige Fähigkeiten haben; Tumore und Krebsgeschwüre werden zielsicher erkannt und ohne Narkose, Messer oder Nadel entfernt. Die berühmtesten dieser Leute besitzen inzwischen imposante Häuser, denn der Andrang von Gläubigen aus dem devisengesegneten Westen ist groß und um den Kunden die Reise zu erleichtern, werden an speziellen Tagen Behandlungen in einigen Luxushotels in Manila durchgeführt.

Die Stadt selbst zeigt erst einmal ein stark amerikanisch angehauchtes

Aussehen: Zusammengenagelte Häuser aus Holz und Läden in westlicher Aufmachung. Aber der Markt ist dann doch exotisch und originell und die Waren sind fast alle auf hiesigem Boden gewachsen oder „Made in the Philippines“. Hier, im Getümmel der braunen Menschen, deren Körper und Gesichtsformen an die Ureinwohner Amerikas erinnern, fühlen wir uns sofort wieder wohl. Hier kann man schachern und handeln; es ist Teil des Geschäfts, ja es wird sogar erwartet. Denn Ware zum fixen Preis nur herüber zu reichen und Wechselgeld herausgeben – ist ja langweilig!

Achtes Weltwunder

Eine gute Tagesfahrt mit dem Bus weiter nördlich, gibt es in den Bergen die weltberühmten Reisterrasse vor Banaue. In Prospekten werden sie gern als das „Achte Weltwunder“ bezeichnet.

Das Wetter ist recht durchwachsen. Obwohl an und für sich Trockenzeit sein soll, tobt einige hundert Kilometer weiter südlich ein Taifun mit dem schönen Namen „Biring“ und seine Ausläufer bringen immer wieder kräftige Regenschauer und grauen Himmel. Zu unbeständig, um eine neun Stunden dauernde Fahrt im unbequemen Bus mit schlechtem Rundblick und noch dazu getönten und verkratzten Plastikscheiben zu rechtfertigen. Reisterrassen haben wir ja auch schon genug in Nordindien und Nepal gesehen und so beschließen wir, auf das „Achte Weltwunder“ zu verzichten.

Wir checken im Hotel Silvertone Branch Inn, mitten im Zentrum von Baguio ein und wollen an und für sich am nächsten Morgen zurück nach Manila, um von dort aus irgendeine möglichst leere Palmeninsel anzusteuern.

Abends sitzen wir bei einem Bier in einer Folklorekneipe mit dem Namen Fire Place. Über der Theke hängt ein großes, farbiges Poster mit den hügeligen Landschaften und den Reisterrassen um Banaue. Daneben einige Bilder von wild aussehenden Eingeborenen, die unweigerlich an amerikanische Indios erinnern. Sieht interessant aus. Aber da wir ja schon eine Entscheidung diesbezüglich getroffen haben, bestärken wir uns erst einmal gegenseitig, doch nicht mehr hinzufahren. Unser Blick wandert aber immer wieder zu dem Poster und den Bildern mit den Leuten vom Stamm der Ifugaos und so sind wir urplötzlich der Meinung: „Nur am Strand zu liegen, ist doch zu schade“. Schließlich ist es unsere letzte Chance, derartige asiatische Landschaften genauer zu erleben. Plötzlich sind wir uns einig, uns nun doch mit den Philippinen tiefer einzulassen.

Unsere Freiheit und Unabhängigkeit, die es uns erlaubt, Entscheidungen immer wieder zu überdenken und umzuwerfen, der mangelnde Druck von Zeit und Terminen, hat unser Leben und uns selbst bereits ganz wesentlich verändert. Vieles sehen wir weniger verkniffen; wir gehen leichter mit uns und unserer Umwelt um. Viele der klischeehaften „Solls" und „Müsste" unserer Vergangenheit sind mittlerweile zu nichtssagenden Belanglosigkeiten geschrumpft. Die Skala unserer „Werte" hat sich beträchtlich verschoben.

Am nächsten Morgen stehen wir auf dem kleinen Busbahnhof der „Dangwa Tranco-Gesellschaft". Als wir um sieben Uhr ankommen, ist der kleine Bus hoffnungslos überfüllt. Die freundliche Dame am Fahrkartenschalter schafft es jedoch, uns davon zu überzeugen, dass auch wir mit unseren beiden Ledertaschen noch Platz haben. Irgendwo finden wir auch ein paar Quadratzentimeter zwischen den braunen Gesichtern, den vielen Taschen, Paketen und Körben. Wir haben Platznummer 47 und 48, wobei die offiziellen Nummern bei 39 aufhören. Kein Problem für die Leute um uns. Sie rutschen noch ein bisschen enger zusammen, verschieben das Durcheinander im Mittelgang und türmen unsere beiden Taschen obendrauf. So sitzen wir schließlich eingeklemmt zwischen Menschen und vielen bunten Gepäckstücken. Mit Grausen denke ich an die sieben Stunden Fahrt nach Bontoc: Meine Füße werden bestimmt einschlafen und mit Schrecken fällt mir jene Wagner-Opernaufführung von „Tristan und Isolde" ein, die mich einmal ganze fünf Stunden auf einem grässlich schmalen Sitz fesselte. Was, wenn sich meine Blase rührt? Hunger werde ich zwischendurch sicher auch bekommen...

Punkt neun Uhr fährt der überladene Bus los. Gleich nach Baguio hört die schmale Asphaltstraße auf. Nun staubt es durch alle Ritzen, Fugen und Fenster. Bald schon fühlen sich meine Haare drahtig an.

Um halb zehn Uhr schaue ich auf Pedras Uhr und rechne vor: „Noch genau 13 mal so lang." Nach einer weiteren halben Stunde habe ich mich an das Geklapper, den Staub und die Enge um mich gewöhnt. Pedra macht, wie immer bei solchen Gelegenheiten, ein paar aufmunternde Bemerkungen und Gesten. Ein klarer Nachteil der Reisen mit öffentlichen Bussen zeigt sich hier. Man sieht von der Landschaft wesentlich weniger als bei der Fahrt mit dem eigenen Auto. Die Scheiben sind schmutzig, aus verkratztem Plastik oder gar noch farbig getönt. An vielen sehenswerten Stellen, wo man halten möchte, rauscht man vorbei. Sitzt du rechts, siehst du kaum was links passiert und sitzt du links, siehst du eben nur die Welt von links.

Wir bewundern die Ruhe und Gelassenheit dieser Menschen. Ein Kind erbricht sich plötzlich, der Mann daneben, ein Fremder, rückt ohne Hast oder gar Ärger ein Stück zur Seite und hilft der Mutter, das Beste aus der Malaise zu machen. Mit Selbstverständlichkeit wird über das Gepäck, das den Mittelgang total versperrt, hinüber geklettert oder anderen Leutchen beim Ein- und Aussteigen geholfen, Kisten und Kartons werden durch die Fenster gereicht, ein Huhn, das gackernd versucht, aus einem Korb zu entfliehen, wird sachte wieder nach unten gedrückt, irgendwer verstaut in einem Kofferabteil eine an allen Vieren zusammengebundene und erbärmlich quiekende Sau und immer wieder wird ein bisschen zusammengerückt, denn der Bus hält oft und weniger Leute scheinen aus- als einzusteigen. Einer alten Frau hinter uns fallen ein paar rohe Eier auf den Boden. Ihre Nachbarinnen kichern und schauen dabei voll Mitgefühl auf die schleimig gelbe Brühe. Dann wischen sie gemeinsam mit einer alten Zeitung den Brei zur Seite.

Zwei Stunden später drückt mich der Morgenkaffee. Es ist nicht mehr auszuhalten. Jeden Stoß auf der schlechten Straße spürt meine Blase zweimal. Ich melde mich kurz beim „Conductor“ und wenig später hält er. Es scheint viele der Mitpassagiere an der gleichen Stelle gedrückt zu haben ...

Nach einer weiteren halben Stunde hat sich der graue Himmel verdichtet und der anfängliche Nieselregen geht in einen handfesten Landregen über. Die leider überall auf Luzon vorhandenen Blechhütten der Philippinos sehen nun noch grauer und scheußlicher aus. Da Holz knapp ist und damit teuer, werden die Außenfassaden fast immer mit verzinktem Blech überzogen. Es sieht wahrhaft hässlich aus und verschandelt ganze Landstriche. Die amerikanische Denkweise „möglichst schnell und billig“ wurde hier allzu unkritisch übernommen und zeigt wirklich schlimmste Auswüchse.

Kurz nach einer kleinen Mittagspause, irgendwo auf dem 2.200 Meter hohen Sinipsi Pass, bleibt unser Bus plötzlich stehen. Einen Platten hinten links! Unter reger Beteiligung der Besatzung wird der Reifen im strömenden Regen gewechselt. Nach ca. zehn Minuten geht's weiter. Der Reservereifen sieht allerdings auch schon sehr abgefahren aus und ich kann nur hoffen, dass wir es bis Bontoc schaffen.

Nach genau sieben Stunden und dreißig Minuten erreichen wir tatsächlich Bontoc. Wir müssen hier übernachten und am nächsten Mittag den Bus nach Banaue zu den Reisterrassen nehmen. Die Blechbudenstadt ist extrem hässlich. Durch eine kurze Bemerkung in unserem Reiseführer waren wir schon darauf vorbereitet, aber sie übertrifft noch sämtliche Vorstellungen: Eine ganze Gemeinde verstreuter Wegwerfkanister, zwischen an und für sich schön gelegenen Bergen!

In „Pines Kitchenette and Inn", wo wir zu Abend essen, sitzt eine Reisegruppe von Neckermann um einen großen gedeckten Tisch. Amüsiert hören wir zu, wie die Reiseleiterin mit fester Stimme den genau vorgetimten Ablauf des Abends und des folgenden Tages verkündet. Die Leutchen hören brav und aufmerksam zu und sehen frisch geduscht, züchtig gescheitelt und wenig interessant aus. Mir fallen Begriffe ein wie „pauschal", „gleichförmig", „anpassen"; nur an „Ferien" denke ich nicht. Aber vielleicht ist das der Grund, warum die verspielten „Ferien" auf einmal „Urlaub" heißen, wenn man „erwachsen" werden muss ...

Die Dame in der „Rural Bank" am nächsten Morgen meint, als ich einen DM-Reisescheck eintauschen will: „Wir handeln hier leider nicht mit DM. Ich kenne den Wechselkurs nicht, wir nehmen nur US Dollar." Das gleiche Bild in der „Philippine National Bank". Waren DM und Schweizer Franken überall in Indien und Ceylon problemlos zu tauschen, so ist man hier eindeutig auf Dollar-Kurs eingestellt. Zum Glück schleppen wir beide Währungen mit uns herum, wobei uns der Dollar etwas unsympathisch wurde. Man weiß nämlich nie, wie viel Geld man tatsächlich besitzt. Der Wechselkurs schwankt enorm.

Trotz des starken Regens während der vergangenen Nacht kommt der „Frühbus" aus Baguio ziemlich pünktlich an. Um Schlag zwölf Uhr fährt er weiter nach Banaue zu unserem eigentlichen Ziel. Im Bus lernen wir nette Leute kennen. Annie und Scott aus Australien. Beide sind für ein Jahr unterwegs durch Asien in Richtung Europa.

Erstaunlicherweise treffen wir immer wieder viele Australier, die ebenso wie wir für ein oder zwei Jahre unterwegs sind. Durchwegs Leute in der „etablierteren" Altersklasse. Wir hören, dass es in Australien anscheinend akzeptiert wird, sich ab und zu mal „auszuklinken", um das zu tun, was man wirklich will. Vielleicht wird dort die auch bei uns bekannte Weisheit „Arbeiten um zu Leben"– und nicht umgekehrt – ernster genommen.

Die Fahrt hat sich gelohnt, aber Taifun Biring rückt näher

Hat uns die Landschaft während der bisher absolvierten Fahrt im Vergleich zu dem, was wir in Nordindien und Nepal gesehen hatten, etwas enttäuscht, so ändert sich der Eindruck schlagartig, als unser Bus nach einigen Hügeln und Kurven kurz vor dem Ort Banaue hält. Wir bekommen Gelegenheit auszusteigen, um das vor uns liegende Panorama zu genießen. Die rumplige Fahrt hierher hat sich wirklich gelohnt! Diese Reisterrassen-Landschaft wirkt ganz anders als die Nordindiens: Was dort weich in die tropische

Landschaft, mit dem Hintergrund weiß gepuderter Bergriesen, eingebettet war, ist hier in ebenso kunstvoller und harmonischer Form in die Berge, Hügel und Täler eingebaut, erscheint aber noch großartiger. Wahre Lehmwälle umrahmen das zarte, immer wieder wechselnde und intensive Grün der Reissetzlinge. Zum Segen der hiesigen Bewohner und des Tourismus haben sich die Wellblechdächer und -fassaden kaum breit gemacht. Pfahlbauten aus Holz und mit dichtem Stroh aus Palmenblättern gedeckt, nisten hier in der schönen Natur. Banaue selbst ist nur ein ganz kleiner Blechhaufen von höchstens fünfzig Häusern.

Eine ältere Dame mit gutmütigem Gesicht spricht uns an, als wir aus dem Bus steigen. Es klingt sehr förmlich, aber freundlich, wie sie uns begrüßt: „Darf ich Sie einladen, bei mir zu wohnen? Ich habe ein kleines Hotel, gleich nebenan". An und für sich haben wir ja Vorurteile gegenüber „Schleppern", aber die Frau hat etwas Vornehmes und dabei sehr Warmes an sich. Sie führt uns zu einem kleinen Reihenhaus, über dessen Tür ein großes Schild hängt: „You and I Lodge". Der Name gefällt uns ebenso wie das Zimmer, das sie uns zeigt. Wir haben direkte Aussicht auf die ganze Herrlichkeit im Tal und auf den Hügel. Eigentlich hat das „Hotel" nur drei Zimmer. Eins davon bewohnt die Besitzerin mit ihrer kleinen Tochter und zwei werden vermietet. Ihr Sohn studiert Betriebswirtschaft in Baguio und das kostet Geld. Klar, dass wir uns ein Waschbecken und die Toilette teilen müssen.

Am nächsten Tag ergibt sich eine nicht ganz unwillkommene Zwangspause. Es regnet unaufhörlich, der Taifun Biring scheint näherzurücken. Wir machen die gleiche Erfahrung wie in Nepal: die Reiseführer beschreiben das Wetter in den Tropen nach Regen- und Trockenzeit und tun so, als ob Regen während der Trockenzeit unmöglich wäre. Aber die Natur, vor allem in den Bergen, spielt da doch ganz anders.

»Muss überhaupt nirgendwo anders mehr hin!«

Erst am darauffolgenden Morgen, kurz nach dem Frühstück, reißt die graue Wolkenwand auf. Irgendein Gott der hier beheimateten Ifugaos scheint Mitleid mit uns zu haben. Dem Glück noch nicht ganz trauend, packen wir den zusammenklappbaren Regenschirm und die Kamera in die Umhängetasche und marschieren los. Wir wollen noch einmal zum Aussichtspunkt, kurz vor Banaue, wo wir bei der Herfahrt einen herrlichen Blick hatten.

Es ist heiß und schwül. Die stechende Sonne verdampft mit enormer Kraft den Regen der vergangenen Tage. Eine gute Stunde marschieren wir, vorsichtig den vielen Pfützen ausweichend. Wir haben nun ausreichend Zeit, um das Panorama mit den Reisterrassen auf uns wirken zu lassen. Jetzt, im Sonnenlicht, wirken sie ganz anders. Die Farben sind nicht mehr so intensiv, sind zarter. Die Wasseroberflächen der Felder scheinen fast zu viel vom grellen Sonnenlicht zu reflektieren.

Am Nachmittag hängen wir noch einen mehrstündigen Trek in die umliegenden Berge an. Wir erleben Aussichten, die man kaum beschreiben kann, kommen durch einige Dörfer, die aus ein paar runden, meist auf Stelzen stehenden Strohhütten bestehen. Die Leute sind sehr freundlich; die Erwachsenen grüßen mit erhobener Hand und immer wieder laufen uns neugierige, kichernde Kinder nach. Am interessantesten sind die alten Leute (wie überall). Sie tragen größtenteils noch die bunte Tracht der Ifugaos mit dem handgewobenen rotfasrigen Lendenschurz und der Kopfbedeckung aus dem gleichen Material. Besonders schön ist auch ihr Schmuck. Er ist meist aus Silber oder Bronze, oft auch aus Muscheln und bunten Perlen gefertigt. Von einem der Männer werden wir nach kurzem Palaver, das aus wenigen Worten Englisch und vielen Hand- und Kopfgesten besteht, in seine Hütte eingeladen. Über eine Hühnerleiter erklimmen wir den einzigen Raum. An den Seiten stehen einige Betten, die mit bunten Decken überzogen sind, eine der Ecken wird von einer Feuerstelle bedeckt. Ein Kamin fehlt; denn der Rauch ist wichtig, um die Käfer, die sich sonst im Strohdach einnisten, ständig unter Kontrolle zu halten.

In einem anderen Dorf treffen wir auf ein noch recht junges „Bleichgesicht". Wir begrüßen uns erst auf Englisch, merken aber rasch, dass wir alle Deutsch viel besser können. Der Mann lebt seit sechs Wochen unter diesen Menschen, „weil es so schön hier ist" und er auf seiner Wanderung gerade hier vorbeikam und fand, dass er „überhaupt nirgendwo anders mehr hin muss."

»Unasiatischstes« Land auf diesem Kontinent!

Am Samstag, den 29. März sitzen wir wieder um sieben Uhr in einem Bus. Die vor uns liegende Strecke über Bayombong nach Manila soll durchwegs geteert und in acht Stunden zu schaffen sein. Die Atmosphäre im Bus ist ähnlich wie bei der Herfahrt. Es wird immer wieder zusammengerückt und Gepäckstücke werden aufeinander getürmt, an unzähligen Bedarfshaltestellen steigen Leute ein oder aus, manchmal gibt eines der mitgebrachten Hühner ein zaghaftes, kurzes „Gak" von sich, irgendwann wird zum Pinkeln gehalten und später zur Mittagspause. Einen großen Teil der Strecke verschlafen wir, denn das monotone Geschaukel macht bekanntlich müde.

Ziemlich geschlaucht erreichen wir Manila. Es ist Samstag Nachmittag, irre viele Autos wollen raus aus der Stadt, wir müssen leider hinein. Mit dem nächstbesten Taxi gelangen wir ins Zentrum, mitten in die „action", in die Mabini Street und zur „Pension Conula".

Dort kriegen wir für 15 Mark ein sauberes Doppelzimmer. Wie immer in Großstädten würden wir auch hier am liebsten gleich wieder fliehen. Aber leider haben wir gerade dort immer sehr viel zu tun. Diesmal müssen wir den Weiterflug festlegen, meine „American Express" Karte erneuern, Post abholen und schließlich wollen wir von hier aus weiter südlich nach Panay und nach Boracay.

In Manila merken wir, dass die Philippinen wohl das „unasiatischste" Land auf diesem Kontinent sind. Nicht nur, weil der Hinduismus und der Buddhismus fehlen: 88 % der Bevölkerung sind von den Spaniern zum Katholizismus konvertiert worden, 4 % von den Amerikanern zum Protestantismus und 8 % sind Moslems. Die Philippinen sind auch das einzige Land in Asien, wo wie selbstverständlich Kaffee anstatt Tee getrunken, wo „Ja" durch ein kurzes Zucken des Kopfes nach oben und nicht durch ein Drehen zur Seite ausgedrückt wird. Auch der Amerikanisierungsgrad, vor allem in Manila, fällt hier unangenehm ins Auge. Nach den sehr individuellen Kleidern der Inder, Ceylonesen und sogar der hiesigen Ifugaos erscheinen uns die vielen Jeans langweilig und uniform. Selbst die engen T-Shirts, die zweifellos recht vorteilhaft gewisse Partien der hübschen Philippino Mädchen akzentuieren, beeindrucken nicht mehr. Unsere westliche Mode wirkt auf mich mit einem Mal erschreckend langweilig und gleichförmig. Sie erscheint fehlerfrei und riecht nach Massenproduktion, Sein-sollen oder -müssen, Werbung und Vermarktung.

Sämtliche Fast-Food Experten der amerikanischen Hamburger-, Hot Dog-, Pizza- und Pancake-Szene trifft man hier vor Ort. Die sterile und supereffiziente Inneneinrichtung ist fast überall die gleiche; ebenso die Speisekarten, die korrekte Bedienung und die recht hohen Preise.

Um die Mabini Street läuft auch abends und nachts die große Schau: eine Kneipe neben der anderen, überall käufliche Freierinnen und die Kunden aus Europa, Japan und den USA. Dabei machen die Mädchen einen wesentlich netteren Eindruck als ihre europäischen Berufskolleginnen. Es fehlt das professionelle, ordinäre Flair, sie geben sich natürlicher und verspielter. Ihre bleichgesichtigen oder gelben Kunden scheinen aus allen möglichen Schichten zu kommen: Geschäftsleute aus Japan, „Einmal-im-Jahr-Playboys" aus Europa, „Hau-ruck-Menschen" von überall her, sehr viele verklemmt wirkende Bürger, die anscheinend nur hierher reisen, weil sie zu Hause zu keinem Stich kommen. Überall begegnen wir diesen Typen mit ihren Leasing-Frauen, die mit dem Erlös aus dem horizontalen Gewerbe oft ganze Familien im Hinterland ernähren müssen. Wer dem Kontakt auf der Straße aus dem Weg gehen will, kann sich von gut gehenden Agenturen direkt bedienen lassen. Einige dieser „Agencies" werben in den Tageszeitungen und Touristenbroschüren gar für den permanenten „Bund fürs Leben", denn Asiatinnen stehen momentan hoch im Kurs. Wie schon in Bangkok, so graust es uns auch hier zuzusehen, wie sich eine sonst sehr geschätzte Kultur für japanische und westliche Brieftaschen prostituiert. Doch wie in allen Entwicklungsländern mit frühkapitalistischer Ausrichtung sind auch in den Philippinen die Unterschiede zwischen arm und reich geradezu irrwitzig. Die Armen sind nur mit Kindern reich gesegnet, ihnen versucht, wie hier auf den katholischen Philippinen, ein in wahrlich höheren Regionen schwebender Papst auch noch die Geburtenregelung auszureden.

Ein Minenarbeiter auf Mindanao schuftet den ganzen Tag für 25 Peso oder rund 6,50 DM. Ein Schreiner macht's für 15 Peso oder knapp 4 DM. Aufgrund dieser lächerlichen Löhne und eines ausgehungerten Arbeitsmarktes mit einem relativ hohem Preisniveau sind die Reichen in der glücklichen Lage, sehr schnell noch sehr viel reicher und mächtiger zu werden.

Obwohl die Philippinen bis 1980 einen Auslandsschuldenberg von neun Milliarden US Dollar (laut Time vom 25.2.80) angehäuft haben, erlaubt sich das Land die Einfuhr von allem möglichem Schund, der von original französischem Champagner und Zigaretten über Plastiktrödel aus Hongkong bis hin zur amerikanischen Luxusjacht oder einem privaten Helikopter und bis zum urdeutschen Mercedes 500 SE reicht.

Die Villen in der Spitzengegend von Manila, im Forbes Park, beschreibt J. Peters treffend: „Ich könnte mir vorstellen, dass so mancher Wohlhabende aus dem Westen nach einem Besuch des Forbes Parks bitterlich weinend in seine Hütte heimkehren wird."

Mir persönlich ist auf dieser Reise klar geworden, dass zur Lösung der wirtschaftlichen Probleme in vielen Ländern der sogenannten Dritten Welt nicht nur eine ausschließlich projektgebundene, massive Wirtschaftshilfe gehört, sondern im gleichen Maße eine Umverteilung des Bodens und des bereits vorhandenen Kapitals.

Wer sich von soviel sozialer Ungerechtigkeit frustriert fühlt, kann sich auf den Philippinen billig betäuben: Eine 0,75 Liter Flasche Rum kostet rund 1,70 DM, eine Flasche Whisky Made in the Philippines" etwa 2,50 DM. Dazu über die privaten Radiostationen eine Dauerberieselung mit den neuesten Hits und einer Werbung, die eine heile Welt vorgaukelt. Eine ganze

Menge sozialer Konflikte kann man so sehr gut einlullen. Die Slums in den Metropolen dieser Länder muss man gesehen haben, man kann sie in ihrer Menschenunwürdigkeit nicht beschreiben!

Warum nicht auswandern?

Soweit die Schattenseiten. Sonnenseiten und Sonne gibt es auch. Sehr viel sogar. Letztere vor allem wirkt sich unzweifelhaft auf die Mentalität dieser Menschen aus. Die Griesgrämigkeit und die oft tierische Ernsthaftigkeit, die bei uns vielleicht von zu viel grauem Himmel kommt, ist hier durch lockere Freundlichkeit und heitere Gelassenheit ersetzt. Wir haben bisher noch kein Volk gesehen, das in einer so angenehmen Weise „easy going" ist. Dazu kommt ein wohltuender Mangel an Minderwertigkeitskomplexen gegenüber dem „weißen Mann", denen man sonst auf Schritt und Tritt in vielen ähnlichen Ländern begegnet.

Wenn Pedra und ich es schaffen würden, unsere sozialen und politischen Ansprüche herunterzuschrauben, könnten wir uns hier verdammt wohl fühlen. Ein Vorteil wäre dann allerdings, wenn man eine etwas dunklere Hautfarbe hätte; denn als Weißer fällt man doch immer wieder wie ein „bunter Hund" auf und könnte alleine schon aus diesem Grund nie ganz assimiliert werden. Beides sind Gründe, die meine Auswanderungsüberlegungen endgültig beenden. Das Gefühl „draußen zu stehen" und „anders zu sein" kann auf die Dauer nur ertragen, wer bereit ist, in einem Elfenbeinturm zu leben und damit die Fähigkeit zu sehr viel Ignoranz mitbringt.

Hier, auf den Philippinen fällt einem das „Hey Joe!" auf den Wecker, das jedem Weißen immer wieder zugerufen wird. Anderswo in Asien ist es ein penetrantes „Hello!", das einen begleitet. Man sticht eben mit seinem kaukasischen Aussehen hervor. Ganz ähnlich übrigens, wie bei uns nach 1945 die Kinder erschrocken davon liefen oder dreiste Witzchen machten, als die ersten US-Farbigen auftauchten.

Sonntag in Manila: Rizal Park und Erdbeben

Am Sonntagmorgen sind wir bei der Aboitiz Shipping Line unten am Hafen, um eine Passage von Manila auf die Insel Panay zu buchen. Denn von dort wollen wir weiter auf das kleine Boracay, das uns als „Geheimtip" und Südsee-Inselparadies empfohlen wurde. Zu unserer Enttäuschung erfahren wir, dass das Schiff schon seit Tagen restlos ausgebucht ist, ein Dampfer der Gothong Lines dagegen erst am kommenden Dienstag ausläuft.

Auch dort sind die I. und II. Klasse bereits ausverkauft. Wir können gerade noch zwei Plätze auf Deck reservieren. So verbringen wir, wie ein großer Teil der Bewohner Manilas, den Sonntagnachmittag im Rizal Park. Ein echter Volkspark, mit kostenlosem Freikonzert am Abend, unzähligen Spaziergängern und Picknickmachern, jungen Leute, die alle möglichen Shows und Spektakel machen und einem Café, in dem nur Taubstumme bedienen und man die Bestellung auf kleine Zettel schreiben muss.

Abends sitzen wir in einem kleinen Biergarten, als auf einmal die Erde bebt. Ein makabres Gefühl! Erst denken wir, dass jemand an unserer Bank rückt, aber dann wackelt auch der Strohschirm über uns. Wir schauen uns fragend an und stellen schnell fest, dass kein Mensch neben uns das Wackeln verursacht haben kann. Schlagartig ist uns klar, dass es sich um ein mittleres Erdbeben handelt. Wiederholt schüttelt es unseren Tisch und den Schirm darüber, dann ist der Spuk vorbei. Auf dem Weg nach Hause liegt ein bisschen herunter gebröckelter Putz auf dem Trottoir und am nächsten Morgen steht in der Zeitung, dass es Stärke sechs auf der Richterskala hatte.

Boracay: Schönster Strand der Welt mit Wermutstropfen

Nach einem weiteren Tag in Manila sind wir froh, die Stadt am Dienstag verlassen zu können. Um zwölf Uhr mittags müssen wir schon an Bord sein, um Liegen zu bekommen. Gegen 17 Uhr soll das Schiff auslaufen. Als dann endlich gegen 20 Uhr der Anker hochgezogen wird, ist das Schiff restlos überfüllt. Mit einigem Mitleid betrachten wir die vielen Menschen um uns, die sich für die zwanzig Stunden dauernde Überfahrt nach Kalibo auf Panay keine Liege sichern konnten.

Aber mit der überzeugenden Ruhe der Philippinos meistern sie auch diese Stunden. Zweimal wird aus großen Töpfen gekochter Reis mit Fisch verteilt, zwischendurch schlafen wir. Letzteres nicht, ohne immer wieder aufzuwachen und mit raschem Blick zu prüfen, ob unsere beiden großen Taschen unter der Liege noch da sind.

Als wir in Kalibo ankommen ist es bereits Mittwochnachmittag. Zu spät, um noch weiter zu fahren. Ein Jeepney setzt uns vor einem kleinen Hotel ab und erst am nächsten Tag geht's weiter. Zuerst reservieren wir aber die Rückreise nach Manila. Diesmal per Flugzeug, weil es doch bequemer ist.

Mit einem Jeepney fahren wir zwei Stunden durch eine herrliche tropische Dschungellandschaft. Ab und zu an kleinen Dörfchen vorbei, entlang einer ausgetrockneten Sand- und Staubpiste. Zu unserer Zufriedenheit registrieren wir, dass hier die Wellblechhütten fast völlig fehlen. Vielmehr baut man die Häuser aus den Materialien, die der üppige Wald bietet. Unterwegs haben wir zweimal einen Platten. Erst vorne links, dann rechts. Kein Problem, die Leute sind dafür ausgerüstet; man hat mindestens zwei Ersatzreifen dabei und die „Leichen" werden an verschiedenen Stellen abgegeben, dort geflickt und auf dem Rückweg wieder mitgenommen.

Von Nabas soll bei ruhiger See ein Fischerkahn nach Boracay fahren. Aber es bläst ein steifer Wind – seit Tagen ist von hier aus kein Schiff mehr abgegangen. So fahren wir mit einem weiterem Jeepney bis Habana. Dort hört die Straße, unvermittelt am Ortsausgang vor einem großen Felsen auf. Eine gute Stunde marschieren wir mit unseren Ledertaschen auf dem Rücken direkt oberhalb der Brandung auf einem schmalen Fußweg durch einen schönen, dichten Buschwald, steigen hinunter ans Meer, durchwaten einen kleinen Fluss und erreichen ein kleines Dorf mit dem Namen Libertad. Wir fragen nach unserem Zielort Cateclan und man weist uns durch ein größeres Reisfeld, das in einer kleinen Waldlichtung ausläuft. Von dort soll ab und zu ein „tricycle" nach Cateclan fahren. Wir haben Glück und sitzen schon zehn Minuten später tatsächlich in einem derartigen Gefährt. Wer Pech hat, muss einen guten Teil der neun Kilometer zu Fuß laufen.

Von Cateclan aus ist es dann kein Problem mehr. Ein Auslegerboot mit kleinem Dieselmotor tuckert uns hinüber nach Boracay. Die kleine Insel ist wirklich schöner als jeder Strand, den wir bisher gesehen haben. Der Sand ist perlweiß und geht sachte ins völlig ruhige Meer über. Die Südwestseite scheint von den steifen Meeresbrisen ganz verschont zu bleiben. Die Farben des Wassers sind von einer Klarheit die einmalig ist. Ein durchsichtiges Weiß wechselt in alle möglichen Türkis-Schattierungen, um dann allmählich in hell- bis tiefblau überzugehen. Hinter dem Strand Grasflächen mit hohen Kokospalmen, dicht bewachsenen Dschungelhügeln, dazwischen malerische Pfahlhütten aus Palmenlaub, Bambus und Stroh.

Obwohl Ostern ist und relativ viele Leute unterwegs sind, ist es überhaupt kein Problem, noch eine Hütte zu finden. Der Preis stimmt hier wieder: 16 Peso (4 DM) für ein Doppelzimmer, dessen Mobiliar allerdings nur aus einem Bambusbett und Tisch besteht. Das Abendessen ist für 6 bis 10 Peso zu haben.

Zwei deutschsprachige Reisende, die gerade von einer Tour durch die Südsee kommen, meinen zu diesem Strand, dass sie selbst dort nirgends eine derartig schöne Situation gefunden hätten. Für uns ein kleines Trostpflaster, nachdem wir unsere eigenen Südseepläne in Bangkok aufgegeben haben.

Den Wermutstropfen jedoch finden wir am Strand: Es wimmelt von Sandflöhen und die zahlreichen Bisse jucken fürchterlich! Die Eingeborenen raten zu reichlichem Einreiben mit Kokosöl, aber es nützt nicht viel. Es bleibt uns schließlich nichts anderes übrig, als das Meer von einigen Metern weiter hinten zu genießen oder direkt vom seichten Wasser aus. Stundenlang. Die Wassertemperatur ist um 26 bis 28 °C. Das Auge wird kaum müde, immer wieder auf den Naturschönheiten ringsumher zu verweilen. Der Geist versinkt unweigerlich in tiefe Meditation. Wer hier jemals seine eigene Ruhe gefunden hat, sich die Zeit genommen hat, sich auf sich selbst einzulassen, dem wird irgendwann vieles unwichtig erscheinen.

Jeden Abend sehen wir der glutroten Sonne zu, wie sie langsam im Meer versinkt und dann den ganzen Horizont in einen wahren Farbenrausch verzaubert, der von intensivem Gelb, über Purpurrot bis in die wildesten Schattierungen von Violett reicht. Glücklich, wer hier geboren wurde!

Schatten einer banalen Langeweile

Von den Philippinos, die wir hier treffen, scheint fast jeder Gitarre spielen zu können. Selbst ganz kleine Knirpse erstaunen uns immer wieder, wenn sie auf Instrumenten herumzupfen, die fast genauso groß sind wie sie selbst. Vielleicht liegt es daran, dass es – glücklicherweise – auf dieser Insel (noch) keine Elektrizität gibt. Selbst der Empfang aus batteriegetriebenen Kofferradios ist äußerst schwach. Wer sich besäuseln lassen will, muss schon zum Kassettenrekorder oder zur Gitarre greifen. Dafür wird jeweils am Mittwoch- und am Sonntagabend im Barrio (Dorf nebenan) auf dem Sportplatz „Disco Music“ gemacht. Ein kleiner Generator betreibt einen Verstärker und einen Plattenspieler und halb Boracay findet sich ein.

Die Europäer, denen wir hier begegnen, sind fast ausnahmslos von der Kategorie Mensch, mit der man gut auskommen kann. Willi, ein Schweizer, der seit Jahren in Asien herumzieht und nur ab und zu nach Hause fliegt, um seine Mitbringsel zu verhökern. Francois, ein junger Franzose, der sich nach dem Juraexamen und einem Jahr Krawattentragen dazu entschloss, nach Japan zu gehen, um Kendo und Zen-Buddhismus zu studieren; Martin und Marie, zwei Amerikaner, die sich im US-Staat Vermont von dem ernähren, was ihre kleine Farm hergibt; Lars, ein schwedischer Bauingenieur, der nun mit seiner australischen Frau auf dem zweiten großen Trip ist; Horst, ein computergeschädigter Informatiker aus Berlin, der sich ernsthaft überlegt, ob er nicht hier eine Frau heiraten soll, um ganz hierbleiben zu können; Robert, ein Fotograf, der ganz gut davon lebt, Poster „von einer schönen Welt“ zu machen.

Nach einer guten Woche der Ruhe und Ausgeglichenheit fange ich an, mich zu wundern: Wann werde ich wohl wieder unruhig und fange an „etwas tun zu wollen"? Denn zum ersten Mal fehlt mir unser Auto, an dem es ständig etwas herumzubasteln und zu verbessern gab, sowie die Schreibmaschine zum Tippen und selbst die Möglichkeit, viel zu lesen, ist begrenzt. Lesen und lediglich der Austausch von Büchern mit den anderen Reisenden bringt wenig Neues.

Erst schaffe ich es, mich ganz treiben zu lassen, praktisch überhaupt nichts zu tun. Aber dann, nach ein paar Tagen fällt es mir schwer, diese „Quasi-Leere" zu füllen. Ich versuche zu meditieren, merke aber, dass mich Meditation nur richtig entspannt und mich in gewisse Höhepunkte versetzt, wenn ich vorher angespannt war.

Drei Tage schreibe ich dann wie wild. Und als das Kapitel fertig ist merke ich, wie die Schatten einer Langeweile wieder länger werden. Mein Intellekt fühlt sich nicht befriedigt, er braucht Anstöße aus einer erweiterten Umwelt. Willi platzt in diese Stimmung mit der Bemerkung: „Ich muss jetzt bald wieder weiter, sonst fange ich noch an, hier Bananen zu züchten". Pedra kommt am gleichen Morgen auf mich zu und fragt: „Wann fahren wir jetzt eigentlich zurück nach Manila?" „Am 22. April", antworte ich, worauf sie meint: „Glaubst Du nicht, wir sollten einen Tag eher fahren, dann hätten wir in Manila mehr Zeit und könnten noch ein bisschen was tun." Eine Stunde später sehe ich, wie sie stillschweigend an die ungeliebte Wäsche geht und sogar noch ein paar halbbenützte Klamotten dazulegt. Unsere Bedürfnisse scheinen mal wieder konform zu laufen.

Zusammen mit unserem Freund Willi und einigen Inselbewohnern tuckern wir dann am 21. April zuerst nach Cateclan und von dort aus mit einem anderen Kahn nach Navas. Am 22. besteigen wir den Flieger nach Manila und tags darauf den Jumbo in Richtung Hawaii.

Natürlich hätten wir noch einige Inseln innerhalb der Philippinen besuchen können. Für Hawaii haben wir zehn Tage eingeplant und den Sommer wollen wir in den westlichen USA und in Canada verbringen. Mit einem weinenden Auge lassen wir Asien endgültig hinter uns, mit einem neugierigen Auge freuen wir uns auf das Neue, das vor uns liegt.

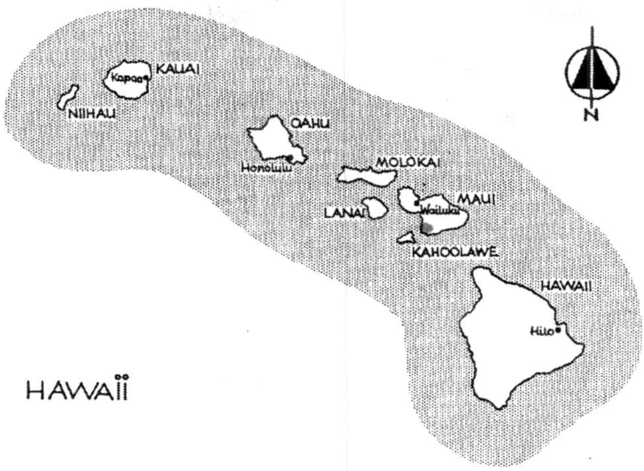

An und für sich dauert der Flug von Manila nach Honolulu „nur" gute zehn Stunden. Wir waren am 24. April am frühen Nachmittag ins Flugzeug gestiegen, kamen aber trotzdem am gleichen Tag in der Früh um acht Uhr einige tausend Kilometer weiter östlich an und haben so die seltene Gelegenheit, einen Tag zweimal leben zu können. Auf diesem Reiseabschnitt haben wir nämlich den „nullten" Längengrad und damit die sogenannte „date line" überquert.

Wir sind nun im 50. Bundesstaat der USA und zugleich in dem Teil, der vom eigentlichem Mutterland am weitesten entfernt ist. Von Honolulu bis zur Westküste der USA sind es noch mal gut 4.000 Kilometer. Die Ureinwohner dieser Inselgruppe sind asiatischen Ursprungs. Sehr viele Japaner hatten sich hier niedergelassen. Dennoch waren die Inseln jahrzehntelang „Protektorat" der Vereinigten Staaten. Im zweiten Weltkrieg ermöglichte die Schlacht von Pearl Harbor den Japanern einen gefährlichen Einbruch in die US Marine und irgendwann in den fünfziger Jahren, während der Ära Eisenhower, entschlossen sich die Hawaiianer in freien Wahlen offiziell zum Eintritt in den amerikanischen Staatenbund.

Seither sind die fünf Hauptinseln der Gruppe – Kauai, Oahu, Molokai, Maui und Hawaii – Ferientraum der über 300 Millionen Bewohner der anderen 49 Bundesstaaten. Eine Tatsache, die uns schon vorher sehr skeptisch machte, die aber von einigen Amerikanern, die wir unterwegs trafen und die sich nach eigener Angabe „auskannten", erweicht wurde. Besonders Kauai und Maui hat man uns empfohlen; wir haben aber vorsichtshalber nur zehn Tage eingeplant. In zahlreichen Jugendherbergen und Campingplätzen soll man relativ preiswert unterkommen können und für den Transport werden uns Busse oder Miet-Motorräder genannt.

Für die USA besitzen wir im Pass ein Dauervisum, aber der Beamte von „Immigration Department“ heftet bei der Ankunft einen Zettel dazu, auf dem vermerkt ist, wie lange man tatsächlich bleiben kann. Ein älterer Herr mit dem vertraut klingendem Namen Weinsteiger auf der Brusttasche freut sich sichtlich, als er unsere bundesdeutschen Pässe in der Hand hält. „Da kommt meine Familie auch her“, meint er in Englisch, „aber ich bin bereits die zweite Generation“. Nach ein paar weiteren Sätzen die obligatorische Frage: „Wie lange wollen Sie bleiben?“ Vorsichtshalber sage ich: „Bis Ende des Jahres!“ „Das ist eine lange Zeit,“ sagt er, „haben Sie auch genügend Geld für so einen Zeitraum? Sie wissen sicher, dass Sie mit einem Besuchervisum in den USA nicht arbeiten dürfen!“ „Wer will denn arbeiten, wenn er nicht muss“, entgegne ich mit breitem Grinsen, das prompt verständnisvoll erwidert wird. Damit ist der Fall erledigt; er vermerkt unter „Valid Until“ (gültig bis) 31. Dezember.

Der Mann vom Zoll gibt sich ähnlich leutselig und nachdem wir seine übliche Frage „Haben Sie etwas zu verzollen?“ mit treuherzigem Augenaufschlag und „No“ beantworten, ist auch er zufrieden.

Damit sind wir endgültig in den Vereinigten Staaten, genauer gesagt auf der Insel Oahu mit dem bekanntem Ort Honolulu. Im Flughafen haben wir noch einiges zu erledigen; Geld wechseln und die „Tourist Information“ aufsuchen. Die Frau beim Wechseln ist furchtbar unpersönlich und muffig, am (etwa zwanzig Meter langen) Informationsschalter gafft mir ein großes Schild entgegen: „Presently not occupied, please use telephone“. (Zur Zeit nicht besetzt, bitte benützen Sie das Telefon). Wer jemals in einem fremden Land angekommen ist und gleich telefonieren soll, weiß, wie das Gefühl ist. Ich verzichte auf die Information.

Zuletzt will ich noch ein paar Postkarten einwerfen und benötige Briefmarken. Man schickt mich auf der Suche nach der Post zweimal durch den ganzen Flughafen. Dann, ich bin schon fast am Aufgeben, sagt mir endlich jemand, dass es hier gar keine Post gibt, dafür aber Briefmarkenautomaten. Die finde ich schließlich auch – nur, die Münzschlitze sind an beiden Automaten überklebt und mit dem Hinweis „Out of Order“ (kaputt) gekennzeichnet. Aus allen Ecken strahlen mich Automaten an, die zum Kauf von Zigaretten, Cola, Candies, heißer Suppe oder Hot Dogs auffordern. Eine Unmenge von Menschen läuft in großer Eile in alle möglichen Richtungen, denn alle paar Minuten bringt ein „Urlauberbomber“ Nachschub oder bereits gebräunte oder zumindest gerötete Menschen wieder nach Hause. Über uns säuselt aus Lautsprechern unaufhörlich Hawaiimusik mit Wellenrauschen und wahnsinnig viel Südsee-Romantik, nur von kurzen Ansagen in Englisch oder Japanisch unterbrochen. Auch wer es in Japan zu etwas gebracht hat, muss mindestens einmal im Leben in dieses Urlaubsmekka!

Die Gesichter der weißgesichtigen Menschen, die wir hier sehen, sind ein arger Kontrast zu denen, die wir vor ein paar Stunden in Asien hinter uns gelassen haben. Sie erscheinen „cool", maskenhaft, wie Schauspieler. Besonders die im Urlaubslook herumstaksenden Amerikanerinnen. Nach den natürlichen, schönen, braunen Gesichtern und den herrlichen, schwarzen Haaren der Asiatinnen wirken diese Frauen mit ihren teilweise echt abenteuerlich gefärbten und zurecht gebügelten Haartollen und dem dicken Puderputz im Gesicht fast schon unheimlich, auf alle Fälle aber komisch. Auch die Männer spielen scheinbar genau einstudierte Rollen; die einen im geckenhaftem Aufzug, manche im blasiertem und befehlsgewohnten Businesslook, andere mit vermeintlich weltmännischer Gelassenheit. Ich kann mich des Eindrucks nicht erwehren, dass sie alle hier ihr Idol spielen, nur nicht sich selbst. Wir sind zurück im Westen!

Pedra und ich sind uns einig, möglichst noch am gleichen Tag weiter nach Maui zu fliegen, denn dort – so hatte uns ein Bekannter erzählt, der hier sechs Jahre gelebt hatte und es wissen sollte – geht es noch ruhiger zu. Wir buchen mit Aloha Airlines für 17 Uhr.

Honolulu: Meeresstreifen mit Palmen vor bundesdeutscher Trabantensiedlung

Bis 17 Uhr haben wir noch genau vier Stunden Zeit. Genug, um in die Stadt (Honolulu) zu fahren, Post abzuholen und mit meinem Bruder zu telefonieren. Der Busfahrer besteht auf genaues Wechselgeld, gibt sich aber gnädig, als wir nur mit einem Schein bezahlen können. Honolulu zieht sich endlos hin. Erst ein paar Industriesiedlungen und dann Hotel neben Hotel. „Pfuideifi", stelle ich fest, „diese Betonklötze schauen aus wie die an der spanischen Küste." Alle Vertreter der internationalen Hotellerie sind natürlich mit monumentalen Urlaubsbunkern vorhanden: Die Hiltons, die Intercontis, die Holiday Inns, die Ritz, die Ramadas und wie sie sonst noch alle heißen. Mittelstandstourismus, Urlaub nach Maß mit Sonne, Meeresrauschen, Strandpromenade, Yachthafen, Helioport, Superläden und -boutiquen, eitel herausgeputzten Weibchen und irrsinnig lockeren Typen, runden Muttis und bierbauchigen Papis, wahnsinnig schicken Motorrädern und dicken Staatskarossen, alles ist da, alles zeigt sich. Die Waikiki Beach könnte genauso gut der Strand von Rimini, Benidorm oder von Las Palmas sein oder ein Meeresstreifen mit ein paar Palmen vor irgendeiner bundesdeutschen Trabantensiedlung.

Wir sind froh, als wir wieder am Flughafen sind und hoffen auf Besseres in Maui. Vor dem Weiterflug telefoniere ich noch mit meinem Bruder in Kalifornien und höre die gute Nachricht: „Seit gestern steht vor unserem Haus ein orangefarbener VW-Bus..."

Maui: Götz von Berlichingen

Als wir in den Jet nach Maui einsteigen dudelt aus dem Bordlautsprecher wieder Hawaiimusik. Stimmungsmache bis zuletzt! Die gepuderte Stewardess begrüßt uns mit „Aloha" und noch ein paar Originalwörtern, die zu diesem Hawaiigruß gehören; es klingt komisch, wie sie es mit ihrem breiten, amerikanischen Akzent ausspricht.

Schon zwanzig Minuten später landen wir auf Maui. Voller Hoffnung eilen wir zur „Tourist Information", aber sie ist wieder nicht besetzt. Diesmal fehlt sogar ein Telefon. Dafür liegt jede Menge Prospekte der hier vertretenen Nobelhotels herum. Irgendwo finde ich ein Gesamtverzeichnis und bleibe bei den Preisen hängen. Nach einer Weile erscheint eine schicke Dame und erklärt uns sichtlich indigniert und von oben herab auf unsere Frage nach einem preiswerten Hotel: „Das billigste liegt bei etwa 25 US Dollar. Von Jugendherbergen wisse sie nichts, höchstens vom YMCA und der einzige ihr bekannte Campingplatz ist von hier gut fünfzig Kilometer entfernt, die Hütten dort kosten 15 Dollar, hinkommen kann man am besten mit einem Mietwagen.

Es geht nun schon auf 19 Uhr zu und wir beschließen schweren Herzens ein „billiges" Hotel für 25 Dollar anzurufen. Die Auskunft beim ersten lautet: „Tut uns leid, die Zimmer für 25 Dollar sind leider schon ausgebucht, aber für 35 Dollar hätten wir noch was." Ich danke höflich. Beim zweiten Hotel das gleiche Spiel, beim dritten Laden dasselbe Drama.

Auch das Wetter auf Hawaii hat seine Mucken. Täglich regnet es ganz kurz, aber mehrmals. Irgendwoher kommen immer dicke Wolken. So richtig schön tropisch blau ist der Himmel selten.

Pedra und ich beraten uns kurz. Wir stellen fest, dass wir bisher nur ein bisschen von Honolulu, etwas Landschaft und Pazifik von der Luft aus, dafür aber zwei Flughäfen gesehen haben. Die Preise haben uns nachhaltig geschockt und wir fragen uns, ob wir das Defizit noch vergrößern sollen. Wir stehen noch voll unter dem Eindruck des paradiesischen Boracay und hatten erwartet, dass wir hier etwas Ähnliches, vielleicht sogar ohne Sandflöhe, finden könnten. Aber eins ist uns inzwischen ziemlich klar, hier gibt es in erster Linie hochentwickelten Tourismus, das Paradies müssen wir woanders suchen. Dazu kommt die Verlockung, dass uns in Kalifornien bereits unser guter Bulli erwartet, mit dem wir von Hotels, Restaurants und öffentlichen Verkehrsmitteln wieder unabhängig sein werden.

Ich lasse meiner Frustration mit einem: „Jetzt kann mich ganz Hawaii ...", freien Lauf und schlage Pedra vor, dass ich die Philippine Airlines anrufe und versuchen will unseren Flug nach San Francisco auf den nächsten Morgen umzubuchen. Nach einigem Hin und Her bekomme ich die Auskunft, dass wir am nächsten Tag fliegen könnten. Mit der letzten Maschine düsen wir zurück nach Honolulu, müssen für ein Hotel prompt 30 Dollar plus Tax zahlen, sitzen aber dafür am nächsten Mittag in der Maschine nach San Francisco.

7. Reiseabschnitt: USA Westküste - Kanada

(wieder mit dem VW-Bus)

Landung in San Francisco

Zu unserer Freude ist die Crew im Jumbo der Philippine Airlines dieselbe wie auf der Strecke von Manila nach Honolulu zwei Tage zuvor. Für Pedra sind die „trockenen" Zeiten damit endgültig vorbei. Seit der Türkei gab es nämlich keine erschwinglichen Weine mehr. Es begann die Phase relativ teuren Biers und ab und zu billiger hochprozentiger Gesöffe. Hier an Bord werden wir endlich wieder, und das sehr großzügig, mit gutem kalifornischen Wein versorgt. Noch mehr ein Grund, uns auf den vor uns liegenden neuen Kontinent und Reiseabschnitt einzustimmen und darauf zu freuen.

Nach gut vier Stunden tauchen unter uns die Lichter von San Francisco auf. Über uns leuchtet das vertraute „No Smoking" und „Fasten Seat Belt" auf und kurz darauf, nach einem sanften Ruck, rollen wir auf eins der zahlreichen Flughafengebäude zu. Wir sind beide freudig erregt, denn wir wissen, dass dort mein Bruder und seine Familie auf uns warten. Es ist schön, nach einem knappen Jahr wieder „nach Hause“ zu kommen, zu einem Teil der Familie, auch wenn diese auf einem anderen Kontinent lebt. Wenig später umarmen wir uns, nehmen unsere Gepäckstücke in Empfang und fahren noch etwa hundert Kilometer weiter nördlich ins uns vertraute Santa Rosa.

Wie immer bei solchen Wiedersehen sitzen wir noch lange zusammen. Es gibt viel mitzuteilen. Man meint, sich alles auf einmal erzählen zu müssen. Mit Beruhigung sehen wir vor der Hauseinfahrt doch tatsächlich unseren guten alten Bulli stehen. „Unversehrt“, wie mein Bruder meint. So erfahren wir, dass es tatsächlich kein Problem war, das Auto in Empfang zu nehmen und durch den Zoll zu kriegen. Nur hatte sich das Health Department an dem vielen Kuhmist gestört, der unten an der Karosserie klebte. Damit keine fremden Tierchen eingeschleppt würden, musste der Bulli noch auf dem Hafengelände mit Dampf gereinigt werden.

Kommerzielle Aspekte und amerikanische Hilfsbereitschaft

Die nächsten zwei Wochen verbringen wir so wieder in einem gutbürgerlichen Heim mit allen Vorzügen und Annehmlichkeiten. Und dennoch sehen wir vieles an der amerikanischen Gesellschaft, was uns zum Denken anregt. Nachhaltig schockiert uns das hiesige Fernsehen mit zig Stationen, die allesamt ein fürchterlich banales Kommerzprogramm ausstrahlen und dessen Sendungen regelmäßig, in kurzen Abständen, mit einer noch fürchterlicheren Werbung unterbrochen werden. Sogar die im Inhalt recht dürftigen Nachrichtensendungen (im Vergleich zum deutschen oder britischen Fernsehen), werden nicht von den Werbeeinschaltungen verschont, was ich persönlich fast für pervers halte. Aber so ist es, wenn man der sogenannten freien Wirtschaft zu viel Spielraum lässt und damit kommerzielle Interessen in den Vordergrund stellt.

Die Garage meines Bruders ist ausgezeichnet mit Werkzeug bestückt, was mich veranlasst, an der Inneneinrichtung unseres Campers einige Erkenntnisse unserer langen Reise in die Tat umzusetzen und entsprechende Umbauten durchzuführen. Der Motor ist für einen tune-up fällig und vorne erneuere ich die Bremsklötze. Der Außenfassade – sprich dem Lack – muss ich mit viel Schleifpaste zu Leibe rücken, denn die riesigen Teekisten, zwischen denen der Bulli im Container auf dem Weg von Ceylon bis hierher eingeklemmt war, hatten böse Spuren hinterlassen.

Eine Episode aus den ersten Tagen, die exemplarisch für amerikanische Hilfsbereitschaft und Service-Orientierung ist, möchte ich noch festhalten.

Bei den ersten Rundfahrten auf den glatten Straßen in Santa Rosa höre ich am vorderen, linken Reifen ein unrundes Laufgeräusch. Ein Geräusch, das ich schon gleich nach dem Kauf der Vorderreifen in Lahore, Pakistan, vernommen hatte. Da es in ganz Lahore aber kein Auswuchtgerät gab, konnte ich es nicht beseitigen. Auf Indiens Straßen waren dann so viele andere Geräusche, dass ich diese Unwucht inzwischen ganz vergessen hatte. Nun war sie wieder da.

Die erste Tankstelle bastelt eine gute halbe Stunde am Reifen herum, dann meint der Chef kopfschüttelnd „No way!" und erklärte bestimmt: „Der Reifen ist so unrund, an dem ist nichts auszuwuchten" aber ich sollte doch einmal zur Vertretung von General Tyre ein paar Straßenzüge weiter fahren, vielleicht wissen die eine Lösung. Als ich erkläre, dass der Reifen zwar von dieser amerikanischen Firma, aber „Made in Pakistan" sind, meint er „don' t worry". Also hin zu General Tyre. Die Leute versuchen auch erst redlich den Reifen auszuwuchten, stellen dann aber ebenso sicher fest: „Can 't do it!" Sie staunen noch ein bisschen über das Produkt „Made in Pakistan" und stellen fest, dass diese Art Reifen in den USA schon seit gut zehn Jahren nicht mehr hergestellt werden, rufen aber das Werk in einem anderen Bundesstaat, einige tausend Kilometer entfernt, an, was in diesem Fall zu tun wäre. Das Werk zeigt sich prompt für den Fall zuständig: „Wenn der Reifen um weniger als die Hälfte abgefahren ist, auf unsere Kosten erneuern." Darauf kommt der Meister mit einer Profillehre und mißt: „Sorry, da sind nur noch höchstens 30 % Profil drauf, aber dafür wuchten wir Ihnen den Reifen kostenlos aus, so gut es geht. Er kratzt sich nach einer Weile des Nachdenkens am Kopf und sagt plötzlich: „Say, where the hell is Pakistan?" Gut in Geographie, wie übrigens erstaunlich viele Amerikaner, ist er gerade nicht. Also erkläre ich ihm: „Da zwischen dem Iran, Afghanistan und Indien". Bei Afghanistan geht ein Leuchten über sein Gesicht: „Verdammte Russen", meint er. Nach einer guten Stunde fahren wir mit geringerem Klappern „vorne links" und einem guten Pfund Blei an der Felge weiter.

Kritischer Blick nach einem Jahr in Asien

Nachdem wir knapp ein Jahr in asiatischen Mini-Krämerläden, an kleinen Gemüseständen am Straßenrand oder auf bunten, dicht gedrängten Märkten mit sehr schwankendem Angebot bezüglich Qualität und Quantität eingekauft haben, kommt uns das „Shopping" in gigantischen Einkaufszentren mit klimatisierten Riesen-Supermärkten, gut ausgerüsteten Spezialläden, Restaurants und autogerechten „Parking Lots" unheimlich und verschwenderisch vor. Hinzu kommt eine Dauerberieselung durch Radio, Fernsehen, direkten Postsendungen, durch Tageszeitungen und Magazine und konsumanheizender Werbung – einer Werbung, deren schädliche Wirkung auf die Psyche, auf das Verhalten, auf die gesamte Persönlichkeit und nach einem knappen Jahr in Asien, unter Menschen, die praktisch isoliert von diesen Beeinflussungen leben (zumindest in einem unvergleichbar geringeren Ausmaß), ganz besonders auffällt. Ich will nicht sagen, dass Europa sehr viel besser ist; aber noch nie habe ich so viele maskenhafte Gesichter, so viel stereotypes Verhalten, so viele „unlebendige" Menschen auf einmal gesehen. Ich bin aber sicher, dass Deutschland nach einem Jahr Asien ein ähnlicher Schock gewesen wäre!

San Francisco, Big Sur und urplötzlich »desert«

Nach gut zwei Wochen „auf Dock" haben wir Sehnsucht, mit unserem Gefährt wieder loszuziehen, unter freiem Himmel zu sitzen, aufs Meer zu blicken, die Natur wieder in direktem Kontakt zu genießen. Und davon gibt es in Nordamerika, in diesem, im Vergleich zu Europa, noch immer dünn besiedelten Riesenland, sehr viele Möglichkeiten.

Als wir losziehen ist es zwar laut Kalender schon Mitte Mai, aber dieses Jahr noch erstaunlich kalt. Im Norden der Staaten liegt noch Schnee und selbst in Kalifornien sind die Pässe über die hohen Berge der Sierra Nevada noch geschlossen. So planen wir zunächst eine mehrwöchige Südrunde entlang der kalifornischen Küste, über Bakersfield, Las Vegas, nach Arizona und dem Gran Canyon, hoch nach Utah zum Zion National Park und dann beim Yosemite National Park über die Sierra wieder zurück nach Santa Rosa. Ab Mitte Juni wollen wir dann entlang der kalifornischen Nordküste nach Oregon, durch Washington State nach Kanada, um Ende August wieder an unserem Ausgangspunkt zu sein. Denn eine genaue Prüfung unserer Bordbibliothek, der Klimatabellen, sowie unseres Reisebudgets hat uns zu der Erkenntnis kommen lassen, dass wir ab September Südamerika bereisen sollten. Aus Kosten- und Zeitgründen haben wir uns endgültig dazu entschlossen, Südamerika auf die Länder Peru und Ecuador zu beschränken und zwar ohne eigenes Auto, im Flugzeug und mit öffentlichen Transportmitteln. In den beiden genannten Ländern hoffen wir, das für uns Interessanteste und Typischste des südamerikanischen Halbkontinents in der uns zur Verfügung stehenden Zeit bzw. unseren Mitteln zu sehen. Kolumbien, sicher auch ein sehr interessantes Land, sparen wir aufgrund der nicht tot zu kriegenden und ernst zu nehmenden Räubergeschichten aus. Im Anschluss an Südamerika wollen wir, wieder mit unserem Auto, noch ausgiebig nach Mexiko und Guatemala reisen, um im Frühjahr des nächsten Jahres über Texas und die US-amerikanischen Südstaaten an die Ostküste zu gelangen. Irgendwann im Juni wollen wir wieder zu Hause in Deutschland sein. Damit ist der Rahmen für den zweiten großen Teil unserer Reise klar festgelegt.

Kurz vor San Francisco, in Sausalito, machen wir zum ersten Mal Halt. Hier, an einem Ausläufer der San Francisco Bay, wohnen interessant aussehende Leute in noch interessanteren Hausbooten oder Häusern, die ins Wasser gebaut sind. Eine direkt unamerikanische Atmosphäre finden wir hier vor. Doch um den vollen Inhalt dieser Szenerie mitzubekommen, muss man hier leben. Wie überall ist man als Tourist nur Zuschauer. Und so erleben wir auch San Francisco mit seinen englisch-nordisch aussehenden Reihenhäusern, der authentischen China Town, der touristischen Water Front und der lebendigen Innenstadt als eben solche Zuschauer. In dieser Stadt, das spürt man, ist etwas los. Hier ist Leben und „action". Sie ist reizvoll und unterscheidet sich ganz wesentlich von allen anderen Städten des Westens. Wir könnten uns sogar vorstellen, hier ganz gut zu leben. Und doch, nach ein paar Tagen, vielleicht liegt es auch an dem immer wieder auftauchenden Nebel, merken wir, dass uns bei allem Charme, den diese Stadt hat, doch etwas fehlt: Die kuschelige Wärme, die Tradition, die Ruhe, die Städte wie München, Nürnberg, Bremen oder auch Berlin, London, Florenz oder Amsterdam haben. Ich weiß jedoch nicht, ob dies nur ein subjektiver Eindruck ist.

Auf dem Highway One fahren wir nun entlang der unbeschreiblichen California Coast die bei Big Sur, zwischen Carmel und San Simeon, bestimmt zu den beeindruckendsten Küstenabschnitten der Welt gehört. Die sanften Hügel der Santa Lucia Range reichen hier direkt ans Meer. Immer wieder bizarre Felsen, die so rau sind wie der Pazifik selbst. Ein wildes Meer ist dieser Pazifik, zu kalt zum Baden und auch viel zu unruhig. An vielen Tagen liegt hier vor der Küste eine dichte, rollende Nebelwand, die auch im Sommer nur allzu oft bis über die ersten Hügel reicht. Das „sonnige Kalifornien" ist weiter unten im Süden oder auf der Landseite des Coastal Range zu suchen. Die vereinzelt dastehenden und dem Wetter trotzenden Monterey Pinien haben sich in ihrer Form harmonisch dem Wind angepasst. Überall unzählige Arten herrlicher bunter Wiesenblumen, von denen die hervorstechendsten wohl der Fingerhut und die Poppies, gelb-orange, kleine Mohnblumen, sein dürften. Eine wilde und trotzdem harmonische Landschaft.

Santa Cruz und vor allem das Örtchen Carmel, jeweils am Anfang und am Ende der Monterey Bay gelegen, sollte man sich etwas genauer ansehen. Wir haben sie beide noch in guter Erinnerung von unserer letzten Reise, fühlen uns diesmal aber mit dem Camper weitaus wohler. An einem Campingplatz im Los Padres National Forest, direkt in Big Sur am Meer gelegen und etwa zehn Meilen südlich vom Esalen Institute bleiben wir. Nur die Campingplatz-Gebühren schocken uns etwas. Speziell nachdem, was wir von Asien her gewöhnt sind. Wir müssen wohl oder übel drei bis fünf Dollar pro Übernachtung auf staatlichen Plätzen in State- oder National Parks und Forests kalkulieren. Allerdings bieten diese Plätze ungleich mehr als jeder europäische Campingplatz! Private amerikanische Plätze haben wir nie besucht. Denn da, wo Gewinnmaximierung im Vordergrund steht, sind sie in der Regel genauso hässlich und ungemütlich wie dieselben in Europa, nur noch etwas teurer.

Ein paar Tage später überqueren wir bei Santa Maria die Berge des Coastal Range und befinden uns fast ohne Übergang in einer anderen Welt. Da, wo die feuchten Nebelschwaden des Pazifiks die Berghänge nicht mehr überwinden können, beginnt schlagartig das „desert", eine hügelige Wüstenlandschaft voller Gestrüpp, die uns an Landstriche in der Türkei, in Persien und in Pakistan erinnert. Unser Innenthermometer steigt binnen einer halben Stunde auf gut 30 °C und die Temperatur des Motoröls nach langer Zeit wieder auf einhundertfünfzehn. Rund hundert Kilometer weiter geht´s hinab in die langweilige, künstlich bewässerte Ebene des San Joaquin Valleys bei Bakersfield mit unzähligen Gemüsefeldern und fast ebenso vielen Ölpumpen, die von weitem wie riesige Grillen aussehen.

Las Vegas: unnützeste und glitzerndste Stadt der Welt

Am Tehachapi Pass wird es noch einmal grün und ab dann fahren wir einen ganzen Tag lang durch Wüste. Mal steinig und felsig, mal mit Kakteen, Gestrüpp und Yoshua-Bäumen bewachsen, dann wieder meilenweit nur Sand. Irgendwann heißt es „Welcome to Nevada" und am Abend erreichen wir – immer noch mitten in der Wüste – die wohl irrste, glitzerndste und unnützeste Stadt der Welt: Las Vegas.

Nur wenige Fußgänger sind hier zu sehen, dafür um so mehr große Autos. Und so flanieren wir zunächst einmal, mit dem Bulli versteht sich, durch einige der breiten Straßenzüge, die links und rechts, dicht an dicht mit Casinos, Hotel-Casinos, Restaurant-Casinos und gigantischen Leuchtreklamen gesäumt sind. Dazwischen einige markante „Wedding Chapels" denn in Las Vegas kann man nicht nur spielen, sondern auch noch ganz schnell und problemlos heiraten. Pass und Brieftasche genügen, die Frau oder den Mann sollte man sich jedoch nach Möglichkeit nicht erst hier suchen.

Wir halten Ausschau nach einem Campingplatz, finden nichts preisgünstiges. Stoßen dafür aber auf einen, wo wir für die Platzgebühr von 7,5 Dollar sogar noch eine ganze Flasche Sekt und ein paar Gutscheine für´s Casino erhalten. Alles abzuholen im Geschenkladen des Casinos, vorbei an unzähligen Spielautomaten. Zum ersten Mal stehen wir so auf einem der privaten „Campgrounds" auf denen sich Leute zum längeren Bleiben einrichten. Die amerikanischen Groß-, bzw. Riesenwohnanhänger, teilweise sogar mit ausziehbaren Erkern, zwischen denen unser Minibus nun eingeklemmt steht, verblüffen uns zuerst, entlocken uns aber nach dem ersten Schock wahre Höhenflüge von spitzen Bemerkungen. Die größten Experten der US-amerikanischen Campingszene fahren wahre Wohnbungalows auf Rädern spazieren mit einem europäischen oder japanischen Kleinwagen im Tau an einer Starrachse oder huckepack auf einem eigenen Anhänger. In den meisten Fällen liegt dann noch ein Boot auf dem Dach. In diesem Land findet man eben auch auf diesem Sektor einfach alles: vom riesigen Monster bis zur Miniausführung im Eigenbau.

In der kurzen Dämmerung, in der die Wüstenberge in reizvollen Farben leuchten, stimmen wir uns mit dem Begrüßungssekt auf den geschäftigen Abend ein. Denn wenn man hier schon einmal vorbeikommt, sollte man sich auch etwas genauer umsehen. Wobei ein einziger Abend voll genügt.

Das Vierundzwanzig-Stunden-Spektakel wird eindeutig von den größeren Hotels und ihren dazugehörigen Casinos beherrscht. Das abendliche Spiel der Leuchtreklamen und die Bestrahlung der Hotelfassaden allein sind schon das Vergnügen wert. In den Casinos treffen sich zu jeder Tages- und Nachtzeit sämtliche Schichten der amerikanischen Gesellschaft, hauptsächlich aber die Mittel- und Ganz-Altenklasse. Wird in europäischen Kasinos noch ein etwas blasierter und quasi vornehmer Stil mit Roulett- und Baccarattischen hochgehalten, so sind es hier in erster Linie stupide Spielautomaten, die die Szene beherrschen und bei denen man für 5, 10, 25 Cents oder einen Dollar nur noch einen Hebel herunterziehen muss. Fortuna erledigt dann den Rest. Und damit das Glück schneller kommt, kann man gleich mehrere Münzen auf einmal einwerfen.

Aufpolierte Damen in superkurzen Miniröcken servieren den Besuchern kalte Drinks, denn Spielen macht bekanntlich durstig. Andere, ebenso knapp beschürzte Frauen mit Geldwechseltaschen um den Bauch, die mich in ihrem Aussehen an bundesdeutsche Straßenbahnschaffnerinnen erinnern, sind damit beschäftigt, Dollarscheine in entsprechende Münzen für die „one armed robbers" („Einarmige Banditen"), wie die Automaten heißen) umzutauschen.

Die Croupiers an den Spieltischen haben den gleichen routinierten und gelangweilten Gesichtsausdruck wie ihre europäischen Kollegen. Nur die Kunden sind anders. Da wird durchwegs vor Wut und Enttäuschung lauthals gejault oder vor Begeisterung aufgeschrien und gejodelt, je nach Situation. Ebenso unkompliziert ist die Kleidung der Leute. Vom Cowboyanzug mit breitrandigem Stetson über diamantgeschmückte Abendkleider bis zu bunten Bermudashorts, jeder kommt wie er lustig ist. Hauptsache, er bringt volle Taschen mit und zieht mit möglichst leeren wieder ab!

In verschiedenen Barnischen kann man sich bei schwacher Beleuchtung einen Drink zuführen und sich von einer Band mit seichten Rhythmen berieseln lassen. Dazu bietet fast jedes größere Hotel Restaurants in allen Preisklassen. So kann man seinen Gewinn sofort hervorragend und mit Stil verfressen oder – sollte nur noch wenig übrig geblieben sein – für drei, vier Dollar so viel essen, wie man nur herunterbringt. Las Vegas ist eben auch sozial.

Keineswegs zu vergessen sind die „floor shows" der größeren Casinos, die für 10 bis 25 Dollar eine Schau mit einem Aufwand bieten, der alles, was Paris für sehr viel mehr Geld zeigt, in den Schatten stellt. Ich habe mir beides angesehen und weiß, wovon ich rede. Bei obigen Preisen ist sogar in der Regel noch ein hervorragendes Abendessen eingeschlossen! Die Ballettgruppen, die in Paris, Las Vegas, Reno, oder am Lake Tahoe die Beine schwingen, sind dabei häufig sogar die gleichen; nur ist hier die Show noch größer.

Pedra und ich strapazieren uns richtig an diesem Abend. Denn – so sind wir sicher – ein Mal genügt! Wir besuchen mindestens fünf verschiedene Monster-Hotel-Casinos, beschränken uns aber meistens nur aufs Schauen und hinterlassen einen „Verlustbeitrag" – quasi als Dank für die Schau – von genau 1,55 Dollar. Dabei geht unser erster Dollar hops, weil ich einer sehr geschickten Werbetafel im Casino des Hilton zum Opfer falle. Eigentlich haben wir uns ja vorgenommen, überhaupt nicht zu spielen, aber dann bleibt mein Blick an dieser Werbetafel hängen. Da sind einige Fotos mit strahlenden Gewinnern des 300.000 Dollar „jack pots" ausgehängt – soviel kann man hier aus einer einzigen Spielmaschine holen. Als letzter hatte ein Mr. Schumaker am 6. April ganze 305.000 Dollar aus so einer Maschine geholt.

Wir sind schon draußen, als ich zu Pedra meine: „Also eigentlich können wir Las Vegas doch nicht verlassen, ohne es wenigstens ein Mal probiert zu haben. Stell Dir vor, wir würden auch 300.000 Dollar gewinnen; wir hätten auf einen Schlag ausgesorgt ..." Das überzeugt. Prompt drehen wir um und wechseln einen Dollar in eine Kasinomünze. Die Geldwechslerin ist erstaunt und meint fast mitleidig „Only one?" Mit fester Stimme entgegne ich: „Yes, only one!"

Den Spielautomaten, der uns die endgültige Unabhängigkeit verschaffen soll, suchen wir sehr sorgfältig aus. „Aber bestimmt nur einen Dollar" meint Pedra. Die Automaten arbeiten wirklich blitzschnell. Ich werfe ein, Pedra zieht den Hebel. Ein kurzer Moment gespannter Erregung, dann spuckt der Kasten mit aufmunternden mechanischem Klicken, zwei metallene Münzen aus.

Wir lachen beide und überlegen, ob wir nun zurück tauschen sollen. Aber den möchte ich sehen, der jetzt aufhört! Wieder werfe ich ein, Pedra zieht. Kaum dass sich die Maschine gedreht hat, stoppt sie wieder. Kurzes Klacken: Nichts! Nun sind wir beide unsicher. Wir beraten kurz und beschließen aufzuhören. Mit unserer blechernen Dollarmünze ziehen wir in Richtung Wechselstand. Da streckt sich mir ein ganz dicker Knüppel in den Weg: Ein Riesenautomat, der einzige im Kasino, bei dem man sogar Scheine einwerfen kann und den ich schon vorher mit ehrfürchtigem Kopfschütteln betrachtet habe. Ich grinse Pedra an und sie nickt zurück. Schon ist unser Dollar drin, ich ziehe den dicken Hebel, die Maschine dreht sich, stoppt und – auch nichts! Lachend ziehen wir endgültig aus dem Hilton aus. Glück lässt sich doch nicht erzwingen, ich sehe schon, ich werde wieder arbeiten müssen... Allerdings, das nächste Casino bekommt dann unsere restlichen Münzen: ganze fünfundfünfzig Cent – genau einen Quarter, zwei Dimes und einen Nickel.

Trommelrevolver neben der Kasse, aber die Wüste lebt!

Am nächsten Morgen verlassen wir diese Stadt ziemlich schnell. In einem Supermarkt versorgen wir uns noch mit dem Nötigsten und sind erstaunt, dass selbst hier einige Spielautomaten stehen, an denen prompt ein paar ältere Kunden ihre Wechselmünzen unterbringen. Und wem's nicht reicht, für den steht natürlich eine Wechslerin bereit.

Eine gute Stunde fahren wir weiter in Richtung Osten, durch langweilige, hässliche Vororte, „Trailer Parks“ und „Gas Station Towns“. Letztere sind so ziemlich das ödeste, was man sich vorstellen kann. Sie bestehen – wie der Name sagt – aus einer oder mehreren Tankstellen, vielleicht noch einem kleinen Krämerladen und ein paar Kneipen, weitab von größeren Orten, mitten in trostlosen Gegenden. In einer dieser „towns“ halten wir zum Tanken. Als ich zahle, bemerke ich einen großen, schweren Trommelrevolver neben der Kasse. Und auf meine Frage an die Dame hinter der Theke, ob sie das Ding auch tatsächlich einsetzt, meint sie lakonisch: „Ich rate niemand, es darauf ankommen zu lassen!“ Waffen jeder Art kann man in den USA ohne Berechtigungsschein erwerben. Und da die Amerikaner diese Dinger seit den Pionierzeiten heiß und innig lieben, soll es auch – laut einer amtlichen Schätzung – in den privaten Haushalten wesentlich mehr Handfeuerwaffen geben als in der gesamten US Army. Auf der Fahrt durch die USA fallen uns immer wieder Straßenschilder auf, die von Schüssen regelrecht durchsiebt sind. Eine scheinbar beliebte Freizeitbeschäftigung, aus dem fahrenden Auto auf die Dinger zu schießen.

Hinter dem Lake Mead, einem Stausee des Colorado Rivers, mitten in einer rotfelsigen Wüste, wird die Landschaft wieder reizvoll und in jeder Beziehung abwechslungsreich. Bei diesen Bildern muss ich an die Beschreibung in dem Buch: „Die Wüste lebt" denken. Wir sind begeistert von den zarten Pastelltönen der verschiedenartigen Wüstenblumen und -pflanzen, die sich einerseits wunderbar den unterschiedlichsten Nuancen des Sandsteinbodens anpassen, dessen Farbenpalette von Ocker über Rot bis zu einem abenteuerlichen Violett reicht. Andererseits heben sie sich manchmal, wie in einer besonderen Laune, als grelle Farbtupfer ab. In dieser Jahreszeit ist die Wüste am schönsten! Wunderbar, wie diese Pflanzen dem ausgetrockneten Boden die notwendige Nahrung entziehen, über ihre Blattoberflächen den Morgentau aufsaugen und teilweise über ihre Wurzeln der dürren Erde sogar noch Wasser abgeben. Aber nicht nur Pflanzen leben hier. Immer wieder sausen kleine Feldhasen blitzschnell über den Weg, dann mal wieder ein kleines Eichhörnchen, ab und zu liegen breitgefahrene Schlangenkörper auf der Straße. Die „rattle snake" eine giftige Vipernart, fühlt sich hier besonders wohl.

Grand Canyon: Am besten mittendrin!

Wie immer in Wüsten fegt auch hier ein stetiger und recht steifer Wind über das baumlose Land. So wird unser Auto mit seiner breiten Seitenfläche regelmäßig von starken Böen gebeutelt, was das Fahren auf die Dauer sehr anstrengend macht. Selbst bei Vollgas geht die Tachonadel kaum über 80 km/h.

Gegen Abend nähern wir uns der Gegend um den Grand Canyon. Bei einem Ort mit dem sinnigen Namen Seligman wird es wieder grüner und bis zur Abzweigung zum Canyon, steigen wir auf 1.800 Meter Höhe. Aus der Ferne grüßt uns der 4.000 Meter hohe Mount San Francisco, der höchste Berg Arizonas mit seinem typischen Vulkankegel und der weißen Schneekappe.

Als wir auf der südlichen Seite, dem South Rim, am Einfahrtstor aussteigen, stellen wir fest, dass wir uns auf 2.200 Meter befinden und sind überrascht, wie kalt es plötzlich geworden ist. Unten in der Wüste herrschte tagsüber hochsommerliche Hitze, hier oben müssen wir wieder die warmen Jacken auspacken.

Ein Stückchen weiter, am Visitor Center ist unsere erste Reaktion: „Oh jeh!" Es wimmelt von Touristen. Am Parkplatz und im Restaurant hören wir fast ebenso viel Deutsch wie Englisch. Dazu kommt, dass der Campingplatz bereits voll ist und wir erst einmal 15 Kilometer zurück fahren müssen.

Am nächsten Tag folgen wir der Straße entlang der südlichen Kante des Canyons, vom Hopi View-Point im Westen bis zum Desert View-Point im Osten. Immer wieder steigen wir aus, genießen die Landschaft und wandern ein bisschen umher. Den besten und lebendigsten Eindruck des Grand Canyon haben wir jedoch, als wir tags drauf gut zwei Stunden lang den Kaibab hinab steigen. Nicht mehr nur Zuschauer von oben sind wir nun, sondern mittendrin. Erst hier erleben wir so richtig die Größe dieser zerklüfteten Steilhänge, die in diesem Ausmaß in der Welt einzigartig sind.

Der Grand Canyon liegt in einer leicht hügeligen Landschaft in 2.200 Meter Höhe, die mit Wacholdersträuchern, Laubbäumen und allen möglichen Nadelhölzern bewachsen ist. Das ganze Areal wurde zum Nationalpark deklariert.

Gut 1.500 Meter tiefer windet sich der Colorado River 445 Kilometer lang von Ost nach West durch bizarre Schluchten, wobei die Nord- und Südkante des Canyon etwa 18 Kilometer voneinander entfernt sind.

Steht man unvermittelt vor diesem überwältigenden Abgrund, so ist man verdutzt und hingerissen zugleich. In mannigfaltigen Farben bietet der Sandstein, durch die verschiedensten Zusammensetzungen von Mineralien koloriert, eine unglaublich bunte Farbmixtur, die von hellgrau über gelb zu rot und von blau bis zu unnatürlich wirkenden Lila-Tönungen führt. Dabei ändert sich das Bild ständig entsprechend den Tageszeiten, dem Sonneneinfallswinkel sowie dem Bewölkungsgrad.

Je nach Höhe bestehen innerhalb des Canyon völlig unterschiedliche Klimazonen. Oben, am Rand in 2.200 Meter Höhe, entspricht das Klima dem Kanadas. Unten, in den tiefer gelegenen Ebenen, herrscht absolutes Wüstenklima. Ebenso verhalten sich Flora und Fauna. Oben, in den nordisch anmutenden Wäldern, leben Rehe, Hasen und sogar Berglöwen; unten zwischen Kakteen und Joshua Bäumen Klapperschlangen, Skorpione und Echsen. Im Sommer schwanken die Temperaturen zwischen nachts 5 °C und tagsüber bis zu 25 °C am Canyonrand, wobei am unteren Rand das Thermometer bis auf 45 °C schnellt.

Geht man langsam in den Canyon hinab, erlebt man diese Veränderung mit. Man fühlt sich nicht mehr am Rande einer gigantischen Schlucht, sondern inmitten einer riesigen und bizarren Gebirgslandschaft. Hier drinnen begrüßen sich die verschwitzten Wanderer mit dem lässigen „Hi“ oder einem kurzen „Hello“ in der gleichen Art wie in unseren heimischen Alpen mit einem kernigen „Grüß Gott“.

Oben, als wir gerade wieder unsere Stiefel ausziehen, kommt ein älterer Mann mit freundlich strahlenden Augen und einem gutmütigen Gesicht auf mich zu. Ich kann gar nicht anders und grinse genauso einladend zurück. Mit einem Blick auf unser Nummernschild meint er im schönen British English: „Sie sind noch ein bisschen weiter von zu Hause weg als ich." „Warum", frage ich zurück, „wo kommen Sie denn her?" Aus England kommt der nette Mann, ist Mitte sechzig und allein mit dem Motorrad unterwegs. Acht Wochen hat ihm seine Frau Urlaub gegeben, damit er – wie er stolz sagt – seine „letzten Dollar ausgeben kann, damit nichts übrig bleibt, wenn ich mal sterbe!" Und ehe wir uns versehen erzählt er uns seine Geschichte und wir ihm die unsere.

„Der war so süß mit seinem roten Gesicht, den habe ich die ganze Zeit mit meinen Augen umarmt" meint Pedra, nachdem wir uns gegenseitig noch alles Gute für die weitere Reise gewünscht haben.

Er ist übrigens der zweite Engländer, der uns hier am Grand Canyon anspricht. Zu den bundesdeutschen Kompatrioten, von denen es hier auch recht viele gibt, bekommen wir keinen Kontakt. Sie tauchen entweder in gemieteten Straßenkreuzern, Kingsize-Wohnmobilen oder in gigantischen Reisebussen auf.

Was mich dabei erstaunt, zu erkennen geben sie sich nicht ein einziges Mal. Ich merke nur immer, dass Landsleute in der Nähe sind, wenn mit erstaunten Blicken unser Nürnberger Kennzeichen mit dem „D-Schild" registriert und flüsternd kommentiert wird. Ein wahrhaft komisches Verhalten. Ich kann es nur mit der den Deutschen angeborenen Steifheit, Förmlichkeit und wahrscheinlich einer Menschenscheu im Allgemeinen erklären. In Asien haben sich die Deutschen, wenn sie sich mitten in der Landschaft getroffen haben, wenigstens begrüßt. Ob da doch ein anderer Menschenschlag unterwegs ist?

Indianerreservate: Wut auf den »weißen Mann«

Einen Tag später vertreibt uns ein frostig kalter Wind. Der Wetterbericht meldet, dass es irgendwo in der Nähe sogar schneit. Kaum zu glauben, es ist immerhin schon Ende Mai. Wir sind froh, als es eine Weile bergab geht und rasch wieder etwas wärmer wird. Ehe wir uns versehen, fahren wir erneut mitten durch eine Wüstenlandschaft, dem sogenannten „Painted Desert". Wir haben sie schon vom Rand des Canyon aus gesehen; eine weite, leicht hügelige Ebene mit massiven Sandsteinbrocken. Die bunten Pastellfarben des Canyon finden sich hier zwar wieder, vermitteln dem Auge aber einen völlig anderen Gesamteindruck.

Entlang dem Highway 89 durchfahren wir das wie mit dem Lineal abgegrenzte Reservat der Navajo Indianer. Die Leute sind im Vergleich zum übrigen Amerika geradezu erschütternd arm, hausen in heruntergekommenen Wohnwagen oder in armseligen Hütten. Sie leben in erster Linie von der Herstellung von Silber- und Türkisschmuck, handgeknüpften Teppichen, Tonwaren oder „Sand Paintings" die sie dadurch gestalten, dass sie den natürlich bunten Wüstensand über eine leimfeuchte Leinwand streuen.

Überall stehen ihre kleinen Buden am Wegesrand und laden zum Kauf ein. Viel bringt es freilich nicht. Die Preise sind relativ niedrig, die Familien groß. Der karge Wüstenboden gibt praktisch überhaupt nichts her. Wir sind auf dieser Reise durch eine ganze Reihe von Indianerreservaten gekommen. Alle haben ein gemeinsames Merkmal: Genau da, wo der Boden am lausigsten ist, fangen sie an und da, wo er anfängt, ein bisschen fruchtbar zu werden, hören sie auf. Je öfter wir diese unglaubliche Ausbeutung und Ungerechtigkeit sehen, desto größer wird unsere Wut auf den „weißen Mann". Auch in diesem Land hat er die Schwächeren rücksichtslos betrogen, vertrieben oder ermordet und denen die übrig blieben die kargsten Gebiete zugewiesen. Weltweit das gleiche Drama, wo immer sich europäische Kolonisten einnisteten!

Lake Powell und Zion National Park: Enorm für´s Auge

Am späten Nachmittag, nach einem Wüstenpass erreichen wir den Lake Powell. Eingebettet in ein zerklüftetes Felsental regelt er den Lauf des Colorado River. Den Kontrast des blauen Wassers zu der roten Steinwüste muss man gesehen haben, es ist schwer zu beschreiben.

Das Wetter hat sich immer noch nicht beruhigt. Im Gegenteil, der frostige Wind ist uns nachgefolgt. Trotz Wüste ist es kalt hier, die sturmartigen Böen blasen durch alle Ritzen. Am nächsten Morgen folgen wir der Straße zum Kaibab National Forest, auf der Nordseite des Grand Canyon. Als wir beim Campingplatz in 2.500 Meter Höhe sind, fallen feine weiße Schneeflocken. Vorsichtshalber mache ich – zum ersten Mal auf der ganzen Reise – die Innenheizung betriebsbereit. Schon am späteren Nachmittag sind wir heilfroh darüber. In dieser Nacht und am nächsten Vormittag schneit es fast ununterbrochen und wir müssen anscheinend jetzt den vergangenen Winter nachholen.

Doch Amerika bietet viel an bergauf und bergab und vierundzwanzig Stunden später durchqueren wir wieder eine tiefer gelegene Wüste, fahren vom Bundesstaat Arizona nach Utah und erreichen am Abend eine der beeindruckendsten Landschaften, welche die Vereinigten Staaten zu bieten haben: den Zion National Park. Die hochgebirgsartigen Kolosse aus rotem und weißlich-gelbem Sandstein haben die unglaublichsten Formen angenommen. Teils in mannigfaltiger Symmetrie wie der Berg Chekerboard Mesa, teils wie eine Momentaufnahme fließenden Wassers. Im Tal ist es grün wie in der Schweiz, der stetige Wüstenwind scheint an diesen Bergen hängen zu bleiben.

Unser Süd-West-Trip führt uns noch einmal vorbei an Las Vegas, wieder durch die Wüste von Nevada, direkt entlang dem US Nuclear Testing Field, auf dem Highway 95 nach Beatty durch das Death Valley. Wir sind immer wieder erstaunt, wie viel der Vereinigten Staaten aus reiner Wüste besteht und wie die Menschen an einzelnen Punkten darin ein recht munteres Leben führen. Wer Wüstenabenteuer erleben will, muss sich keineswegs nur auf den sehr beschwerlichen Weg durch die Sahara begeben!

In zwölf Stunden vom Sommer in den Winter und wieder in den Sommer

Vom Death Valley dessen Berühmtheit wohl auf der Tatsache beruht, dass es rund hundert Meter unter dem Meeresspiegel liegt, sind wir ein bisschen enttäuscht. Man muss wohl aus dem grünen Teil Kaliforniens kommen, um die paar Sanddünen innerhalb einer graubraunen Lavagesteinswüste erwähnenswert zu nennen. Vielleicht ist es auch die grüne Oase mit zahlreichen Palmen und dem für Amerikaner wichtigen Golfplatz, der diesen Landstrich so berühmt gemacht hat. Wir scheinen jedenfalls nach den wirklich beeindruckenden Wüstenabschnitten Arizonas, Utahs und Nevadas nicht mehr das richtige Auge dafür zu haben und fühlen, dass uns die Wüste langsam auf die Nerven geht, dass unsere Pupillen wieder mehr Grün brauchen. Der ständig wehende, teils sturmartige „Wind of the Desert" tut sein übriges. Nach fast zwei Wochen sind wir froh, endlich herauszukommen. Ich kann mich an ein ähnliche nervöses Gefühl erinnern, als wir durch den Iran und Belutschistan fuhren.

Langsam führt uns der Weg hinaus aus der struppigen Desert-Landschaft und als wir über den Townes Pass in 1.600 Meter Höhe steigen, tauchen plötzlich vor uns die schneebedeckten Drei- und Viertausender des gegenüberliegenden Sequoia National Parks auf, dem südlichsten Teil der riesigen Sierra Nevada. Der Kontrast – hier noch dornige Wüste und da drüben das saftige Grün der Berge – hält uns gefangen. Pedra und ich haben uns in den letzten Tagen immer wieder die Strapazen und Schwierigkeiten der ersten amerikanischen Pioniere auf ihrem Weg nach Westen vorgestellt.

An diesem Punkt können wir lebhaft nachvollziehen, was in diesen Menschen nach ihrem beschwerlichen Trek durch solch unwirtliches Land vorgegangen sein muss, als sie an dieser Stelle standen.

Schon am nächsten Tag erleben wir wieder „wechselnd bewölkt". Sonne, Regen- und Schneeschauer lösen sich ab. Um uns respektable, noch richtig winterliche Berge. An und für sich wollen wir über den gut 3.000 Meter hohen Tioga Pass, aber heuer ist er noch gesperrt und die Fahrt in den Yosemite Park nur über einen langen Umweg möglich. Sämtliche Pässe in Richtung Westen sind noch geschlossen, uns bleibt als einzige Möglichkeit der nördlicher gelegene Monitor Pass. Die Fahrt entlang der Ostseite der Sierra Nevada bietet viel an vertrauter alpenländischer Natur, dennoch, sie ist eben hier und doch anders und nicht in Europa, und jeder Vergleich hinkt.

Beim Lake Tahoe, der mich stark an den bayrischen Walchensee erinnert, kommen wir schließlich in einen munteren Wochenend-Verkehr; viele der Autos haben noch Skier auf dem Dach, es ist der letzte Tag im Mai. Wir sehnen uns nach warmer Sonne und finden sommerliche Temperaturen nach ein paar Stunden weiter unten im nördlichen San Joaquin Valley, bei Sacramento. Für Europäer ein abermals völlig neues Erlebnis, innerhalb eines Tages vom Frühjahr in den Winter und dann wieder in den herrlichsten Sommer fahren zu können.

Am Clear Lake genießen wir noch für ein paar Tage diesen Sommer und machen dann noch einmal Station in Santa Rosa.

Beginn der Nordroute durch die »First Nation in History to be Founded in God«

Am 16. Juni sind wir wieder auf der Straße in Richtung Nord-Westen nach Kanada. Auf der für ihre landschaftlichen Reize besonders berühmten US 101 fahren wir zuerst durch die weiten Weinbaugebiete von Sonoma und Mendocino County. Überall laden die Winzereien mit den italienischen oder deutschen Namen zum „wine tasting" (Probieren) ein – ganz wie am Rhein – nur dass die Landschaft anders ist, fast ein bisschen wie die Toskana, aber nur „fast". Die Sanftheit und Harmonie der kalifornischen Hügel würden eher nach England passen, wäre da nicht die markante, südländische Vegetation, das meterhohe gelbe kalifornische Gras, knorrige Eichen, Maronenbäume, Zypressenarten und Kiefern, verschiedenste Rhododendron- und Azaleensträucher und immer wieder bunte Areale mit unterschiedlichsten Wiesenblumen.

Weiter oben im Norden, im Humboldt County, durchqueren wir riesige Wälder mit den bekannten Redwoods, einem Nadelbaum, dessen rotbrauner Stamm einen Durchmesser von drei Meter und mehr erreicht und eine Höhe bis zu hundert Meter. Nur in China und hier an der Westküste der USA kommt diese Baumart vor. Auch das Alter dieser Riesen ist respektabel: bis zu 2.000 Jahre! Da die gigantischen Baumkronen kaum Sonnenlicht durchlassen, wachsen in diesen Wäldern prachtvolle Farne und andere Schattengewächse. Die Redwoods und Sequoias in Kalifornien sind Reste einer Flora, wie sie zur Zeit der Dinosaurier vorherrschte.

Etwas nördlich von Eureka rasten wir ein paar Tage im Patricks Point State Park. Die Küste wetteifert hier um die Schönheit mit der in Big Sur weiter südlich. Bäume, Farne, Azaleen und Rhododendronsträucher reichen bis dicht an die Felsen, die steil und zerklüftet in den wilden Pazifik abfallen. Das Gebüsch ist an einigen Stellen so dicht, dass man es unmöglich durchdringen kann und trotz strahlendem Sonnenlicht herrscht eine gleichmäßige Düsterheit. Schon den Indianern vom Stamm der Yurok gefiel es hier so gut, dass sie an dieser Stelle ihr Sommer-Camp errichteten. Heute campen zwischen den riesigen Bäumen „Bleichgesichter" mit komfortablem „Freizeitgedöns" auf genau vorgezeichneten Plätzen.

An zwei Tagen haben Pedra und ich besonders Glück und erleben ein seltenes Naturschauspiel aus nächster Nähe. Wenige Meter vor der Küste sind Grauwale aufgetaucht, die in eleganten Sprüngen den schweren Leib durchs Wasser bewegen und immer wieder laut pustend gewaltige Wasserfontänen in die Höhe jagen. Eine Amerikanerin meint dazu: „Wir fahren nun schon zehn Jahre hierher zum "Whale Watching", aber derartig nah ans Ufer sind die Viecher noch nie gekommen."

Im Prairie Creek State Park wieder ein bisschen weiter nördlich, mit noch beeindruckenderen Redwoods und Laubbäumen, die aufgrund der dauernden Feuchtigkeit – es regnet hier oben gut zweieinhalb Meter im Jahr – total mit Moos bewachsen sind, treffen wir auf Elche, die gut und gern die Ausmaße eines glücklichen Allgäuer Rindviehs haben.

Auf einer Wanderung durch diesen riesigen Naturpark werden wir entlang eines gut gekennzeichneten „trails" mit einer für Amerika typischen, für den Europäer aber jedoch äußerst komischen und vielfach unverständlichen Art des Nationalstolzes konfrontiert. Auf einer Gedenktafel vor einer Baumgruppe hat sich ein Förderer dieses Parks verewigen lassen. Neben einem für die Natur des Parks sicher unwichtigen Sermon steht zum Abschuss: „First Nation in History to be Founded in God".

Ein Anspruch, der von Amerikanern im allgemeinen als selbstverständlich zur Kenntnis genommen, von Nicht-US-Bürgern aber als geradezu banal und mit Kopfschütteln betrachtet wird.

Große Konflikte

Dies ist bei weitem nicht der erste und einzige Fall eines Nationalbewusstsein, das genauer gesagt mit Chauvinismus zu bezeichnen wäre. Im ganzen Land sieht man immer wieder Privathäuser oder gar Wohnanhänger, vor denen die US-Flagge weht. Gespräche mit Amerikanern enden sehr häufig mit der Feststellung: „Ich bin überzeugt, dass dies das beste Land der Welt ist." Dabei, fragt man genauer nach, waren selbige Leute noch nie außerhalb der Grenzen ihres eigenen gelobten Horizonts.

In jedem Schulzimmer steht in einer Ecke, neben der Fahne des entsprechenden Staates, das weiß-blau-rote Sternenbanner. Den Kindern wird mit konstanter Regelmäßigkeit eingebleut, dass sie im „größten und freiesten Land der Welt" leben und über diesen Zustand unheimlich glücklich und zufrieden sein müssen. Was an eigener Geschichte fehlt, wird künstlich erzeugt und dafür mit umso größerer Eindringlichkeit behandelt. Das, was früher in Europa, Asien und in der übrigen Welt ablief oder gegenwärtig passiert, geht am überwiegenden Teil dieser Menschen vorbei. Kein Wunder, um eine scheinbare Demokratie und Chancengleichheit möglichst allen Amerikanern zu bieten, werden in einer zwölfjährigen Schulzeit auch alle Bürger durch eine sogenannte „High School" geschleppt mit dem Resultat, dass das öffentliche Schulsystem allen Intelligenzgraden angepasst und entsprechend flach ist. Ich habe Zeitungsberichte gelesen, in denen sich potentielle Arbeitgeber darüber beschwerten, dass Bewerber nach zwölf Schuljahren kaum richtig lesen und schreiben konnten. Diese Scheindemokratie führt schließlich dazu, dass – zumindest in den Städten mit einem hohen Anteil an sogenannten „unterprivilegierten Klassen" – der zumeist weiße Mittelstand seine Sprössling in privaten Schulen unterbringt.

Dazu kommt, bis auf ganz wenige Ausnahmen in den größten Städten, dass Radio und Fernsehen privaten Unternehmen und damit ausschließlich kommerziellen Interessengruppen überlassen sind. Entsprechend flach sind die Programme, einschließlich der Nachrichtensendungen, kaum gehaltvoller – wieder bestätigt die Ausnahme die Regel – Tageszeitungen und Magazine.

Dementsprechend ist auch der Informationsstand US-amerikanischer Bürger. Diskussionen und Gespräche beschränken sich deshalb allzu häufig auf „small talk", auf flaches Geschwätz und Schulterklopfen. Die Ignoranz, mit der eine erschreckliche Mehrheit dieser Leute an politische und wirtschaftliche Zusammenhänge herangeht und in einer geradezu ungeheuerlichen Borniertheit an die Unfehlbarkeit amerikanischer Weisheiten, Gedankengänge und ihres amerikanischen „way of life" glauben, ist oft geradezu furchterregend. Die Auswahl der letzten fünf amerikanischen Präsidenten – einschließlich des derzeitigen – ist in meinen Augen ein Spiegelbild dieses Systems. Im Angesicht der Potenz, ja der Allmacht dieses Landes, eine nicht gerade beruhigende Feststellung!

Allerdings, auf der anderen Seite können in diesem großen und weiten Land mit den unzähligen geistigen Impulsen und seiner Vielfalt von Einwanderern, auch Keime aufgehen, die im engen, von Traditionen geknebelten und von Kriegen zerrütteten Europa – und auch anderswo auf der Welt – glatt ersticken. So gibt es, namentlich in Kalifornien und an der Ostküste, extrem gute Universitäten und Alternativkommunen, in denen ein Schaffen und Leben möglich ist, das nirgendwo sonst vorstellbar wäre. Diese relativ kleinen Zentren sind es, von denen die wesentlichen Anstöße ausgehen, die die Welt seit 1945 in allen Teilbereichen nachhaltig beeinflusst haben und die nach wie vor der Schrittmacher sind. In keinem Land der Welt können Reaktionäre und Hippies, Pazifisten und Militaristen, Wohlfahrtsempfänger und Kapitalisten, Intelligenz und Dummheit, ja sogar Schwarze und Weiße, so gut miteinander – wenn vielleicht auch „nebeneinander" – leben wie hier. Kaum ein anderes Land bietet den Raum und die Möglichkeiten sich zurückziehen oder aussteigen zu können. Jede Gruppe von Denk- und Glaubensrichtungen – und sei sie noch so extrem – sucht hier Resonanz und findet mehr Gleichgesinnte als anderswo.

Uns bringt dieses Land immer wieder in große Konflikte. Im Moment des Dortseins erscheint uns vieles leer und ohne Tiefe. Die Städte und Dörfer, mit ihrer primären Ausrichtung zum Kommerz und eigenen Schlafbunkern, sind bis auf die wenigen Ausnahmen gleichförmig langweilig, stupide und wahrhaft zum Davonlaufen. In den besagten Ausnahmen könnten wir uns dann wieder recht gut vorstellen, wenigstens eine Zeitlang da zu leben.

Zur »Halbzeit« von den USA nach Kanada

Der Sommer dieses Jahres fällt anscheinend auch in diesem Teil der Welt recht gemischt aus und so fahren wir im strömenden Regen von der Küste hoch auf 2.400 Meter zum Crater Lake im Bundesstaat Oregon. Er liegt am südlichen Ende der Cascade Mountains die sich vom Bundesstaat Washington bis nach Kanada hinziehen. Als wir ganz oben ankommen, müssen wir an meterhohen Neuschneewänden vorbei. Der fast kreisrunde

See, ein 600 Meter tiefes Loch in einem erloschenen Vulkankrater, ist von einem klaren, dunklen Blau, das in wunderbarer Art die den See umgrenzenden bizarren Felswände des Kraterrandes widerspiegelt. Es ist nun schon Ende Juni, doch die Campingplätze des State Park sind geschlossen. Uns wäre es ohnehin zu kalt. Mit leichtem Schaudern denken wir an das noch nördlicher liegende Kanada. Kühl, mit sonnigen Abschnitten, bleibt die Fahrt durch die landschaftlich reizvollen Cascade Mountains entlang dem Highway 97, bis nach Bend. Da wird es wieder prärie- und wüstenhaft, eine trockene Ebene, die sich bis weit nach Kanada hineinzieht. Am 30. Juni erreichen wir die amerikanisch-kanadische Grenze bei Osooyos . Ein sehr denkwürdiger Tag, denn zugleich ist „Halbzeit" unserer insgesamt zweijährigen Reise.

Die riesigen Wüsten- und Präriegebiete der USA lassen uns immer wieder feststellen, dass uns eine hügelige, bewachsene Meeresküste oder eine saftige Berglandschaft immer noch am besten gefällt und dass wir im Grunde auf der Suche nach entweder einer alpenländischen Landschaft oder einer mediterranen, vielleicht auch tropischen Küste sind. Beides ist in Europa eigentlich in sehr ausreichender Menge vorhanden, verbunden mit den zusätzlichen Schönheiten und Reizen verschiedener Kulturen und Traditionen, organisch gewachsen, aus einer reichen Historie.

Der Grenzübergang von den USA nach Kanada verläuft ungefähr so problemlos wie der von Bayern nach Österreich. Das für Germanen notwendige Visum bekomme wir an Ort und Stelle in den Pass gedrückt. Als der zuständige Grenzbeamte in unseren Pässen blättert, ruft er lachend aus: „Wo zum Teufel waren Sie eigentlich noch nicht auf dieser Welt?" „Oh", sage ich mit der gleichen Fröhlichkeit, „da gibt's noch einiges!" Wenn man viele Stempel im Pass hat, vor allem asiatische oder südamerikanische, ist es immer gut, sich der Laune von Grenzbeamten anzupassen, um lästige und zeitraubende Kontrollen zu vermeiden. Allzu oft meinen gerade europäische und nordamerikanische Grenzer bei Leuten wie uns auf den großen Rauschgiftfund zu stoßen und nehmen es dann umso genauer, während die wirklich großen Fische, gut getarnt im Business Look, mit Scheitel links, ungehindert durchrauschen.

Unmittelbar hinter dem Grenzgebäude belehren große Hinweisschilder, dass Kanada „metrisch" geworden ist. Entfernungen werden fortan nicht mehr in Meilen, sondern in Kilometern gemessen und Gewichte nicht mehr in Ounces und Pounds, sondern in Gramm und Kilogramm. Gezapft wird ebenso nicht mehr nach Gallonen, sondern nach Litern. Und das Zapfen ist es, was uns gleich als erstes angenehm überrascht. Der Liter Superbenzin wird hier umgerechnet für knapp vierzig Pfennig verkauft. In den USA mussten wir dafür runde sechzig Pfennig blechen, in Europa werden wir vermutlich bald alle wieder aufs Pferd umsteigen, wenn die Regierungen nicht bald aufhören zu meinen, sie müssten anderswo versäumte Einsparungen über die Mineralölsteuer hereinholen. Schlagartig mit der Grenze ändert sich auch die gesamte Umgebung. Wir hatten erwartet, dass der Einfluss des omnipräsenten Nachbarn im Süden so stark ist, dass Kanada nur eine politisch anders verwaltete Provinz der USA wäre, aber da hatten wir uns getäuscht. Die Häuser sind kleiner und sehen europäischer aus, sie wirken nicht so temporär wie manche böse Auswüchse einer Barackenkultur auf der anderen Seite. Das Okanagan Valley das sich von Washington State bis hinein nach Kanada zieht, scheint hier viel grüner und fruchtbarer zu sein. Zu den riesigen Apfelplantagen auf der US-Seite gesellen sich hier dicke rote Kirschen, Birnen und Pfirsiche, sowie weißer und roter Wein. Italienische, spanische und deutsche Namen scheinen den Ton anzugeben, sogar die Leute auf der Straße kommen uns in ihrer Kleidung und in ihrem Gesamtaussehen etwas europäischer vor. In jedem Dorf sind zahlreiche kleine Stände aufgebaut, wo Bauern Obst und Gemüse anbieten.

Werte verschoben

Der Eindruck, dass Kanada doch „anders" ist, hat sich auf den gesamten Reiseabschnitt immer wieder bestätigt. Besonders in Gesprächen mit Deutsch-Kanadiern, die oft auf uns zukommen, erscheint uns die Beziehung zu Europa stärker als erwartet. Kanada entpuppt sich viel mehr noch als Einwanderungsland als die USA. Nur 23 Millionen Menschen – oder etwa ein Zehntel der US-Bevölkerung – leben auf annähernd der gleichen Landfläche. Es scheint uns, dass man hier noch sehr viel mehr „man selbst" sein kann als in den Staaten, wo das Gros der Einwanderer versucht, sich so schnell und so total wie möglich zu assimilieren und in die amerikanische Gesellschaft einzuordnen. Aber vielleicht liegt es auch an den hier immer noch starken Bindungen zum britischen und französischem Kulturgut. Kanada ist das stärkste Mitglied im Commonwealth, die britische Vollherrschaft endete erst vor 113 Jahren und der kanadische Prime Minister wird immer noch von der Königin abgesegnet. Und erst ganz kurz hat das Land eine eigene Verfassung.

Kanada ist nicht in einzelne Bundesstaaten aufgeteilt, sondern in Provinces was aber ungefähr das gleiche ist. Wir befinden uns in der Province of British Columbia, nach Meinung vieler Lokalpatrioten die reizvollste des Landes.

In Kelowna, einer kleinen Stadt mit herrlichem Park im Kurgarten-Stil, direkt an dem über hundert Kilometer langen Okanagan Lake gelegen, suchen wir nach einem Restaurant, um die „Halbzeit" unserer Reise zu feiern. Bei einem bärtigen griechischen Einwanderer finden wir, was wir suchen. Über der Speisekarte mit so vertrauten Namen wie Gyros, Souvlaki und Moussaka, denken wir an den ersten Teil dieses großartigen Trips zurück und sind heilfroh, ein weiteres Jahr vor uns zu haben. Die „Zeit danach" erscheint uns noch in genügend weitem Abstand, als dass wir uns jetzt schon allzu große Gedanken machen, wo wir wieder anknüpfen werden. Höchstens wenn wir darüber reflektieren, inwieweit dieses erste Jahr uns verändert hat, was wir „auf uns zukommen" ließen und wo sich unsere Werte verschoben haben.

Weiter oben am Okanagan Lake, im Ellis Park bei Vernon, machen wir wieder ein paar Tage Pause. Die Landschaft ist malerisch, mit den vielen Seen und den grünen weiten Bergen und lässt mich eine Weile darüber nachdenken, ob ich hier nicht ganz bleiben soll. Die momentan hervorragende Laune des Wetters tut ihr übriges. Als sie nach drei Tagen aber wieder umschlägt und sich ganz von der Seite nasskalter, bayrischer Sommertage zeigt, ziehen wir doch wieder weiter in Richtung Nord-Osten, entlang dem Trans Canada Highway über Revelstoke, durch den Glacier Provincial Park und über den für seine Lawinen so berühmten Rogers Pass in den Yoho Park.

Im Land der Bären

Der Rogerpass über die Selkirk Mountains ermöglichte erst 1962 (!) die Autoverbindung von Ost nach West, von der Provinz Alberta über die Rocky Mountains nach Vancouver. 1882 war dieser relativ leichte Verbindungsweg durch die Berge, nach unvorstellbaren Schwierigkeiten, entdeckt worden und 1885 wurde dann schon die erste Eisenbahnverbindung über diese Passage gebaut. Fährt man heute mit dem Auto über den Pass, ist man von den umliegenden Dreieinhalbtausendern kaum beeindruckt. Im Winter soll es allerdings anders sein. Dann krachen die Lawinen und es wird geraten, nur bei Tag zu fahren. Der eisig graue und massive Illecillewaet-Gletscher, an dem wir dicht vorbei rollen, lässt uns ahnen, wie kalt es hier im langen kanadischen Winter sein muss.

Die Baumgrenze liegt in diesen Bergen etwas höher als in den Alpen. Auch die Vegetation ist anders. Hört in den Alpen der Baumbestand bei ungefähr 1.800 Meter Höhe auf und geht dann in Nadelgestrüpp und Latschenkiefern über, wachsen hier schlankere und spitzer aussehende Tannen- und Fichtenarten bis in etwa 2.800 Meter. Darüber endet jede weitere Vegetation sehr rasch und es folgen Felshänge oder Gletscher. Ein Bild, das nicht mehr oder weniger schön ist als in den Alpen, sondern einfach anders, mit einem eigenen, typisch nordamerikanischen Reiz.

Viele Schwarzwälder, Bayern, Österreicher und Schweizer leben in dieser menschenarmen Gegend. Immer wieder fallen uns Häuser im Original-Alpenland-Stil auf mit ebensolchen vertraut klingenden Namen wie Hänsel und Gretel, Swiss Motel, Hotel Black Forest oder gar Bayrischer Hof.

Im Tourist Information Office bei Revelstoke nehmen wir eine Anzahl Prospekte mit. „You are in Bear Country“ (Sie befinden sich im Land der Bären), wird gewarnt. Dazu werden alle Verhaltensmaßregeln mitgeliefert, was zu tun ist, wenn man so einem Ungetüm begegnet. Nach der Lektüre ist das „Teddybär-Image“ geplatzt. Pedra erhält von mir noch vorsorglich eine Lektion wie man Bäume hochkraxelt, denn aufgrund meiner Befragung hatte ich herausgefunden, dass sie da gefährliche Lücken hat.

»Yoho« von Banff nach Jasper

Die Berge um uns zeigen nun wirklich respektable Ausmaße. Als wir etwas weiter in den Campingplatz des Yoho Provincial Park – einen Naturpark mit einer Fläche von „nur“ 1.300 qkm – einfahren, begrüßen uns auf einer Wiese Scharen neugieriger Erdmännchen. Sie stehen auf den Hinterbeinen vor ihren Löchern, Ärmchen über den Bauch verschränkt und beobachten gespannt die fremden Neuankömmlinge. Wenn sie Gefahr wittern, stoßen sie aus dicken Backen und aufgeblasenem, vollem Bauch einen kurzen Pfiff aus, so dass dabei ihr ganzer, kleiner Körper, einschließlich dem bauschigen Schwänzeln wackelt. Blitzschnell sammeln sie ihr Futter ein und wirft man ihnen eine Erdnuss zu, werden sie sogar dreist und soweit vertraulich, dass sie an Schuhen knabbern und manchmal sogar aus der Hand fressen. In Oregon begegneten wir einmal einer ganz besonders frechen Clique dieser „Gophers“ sie kletterte ruckzuck unseren Reservereifen hoch, sprang auf die Scheibenwischer und beobachtete uns durch die Windschutzscheibe.

„Yoho“ ist ein indianisches Wort vom Stamm der Cree und bedeutet soviel wie „Ehrfurcht“. Ein Zustand, der Bergliebhaber anscheinend zu allen Zeiten und auch hier in den kanadischen Rocky Mountains überkam. Schön, dass der „weiße Mann“ die Bezeichnung von den Ureinwohnern übernahm. Schade, dass er den Sinn des Wortes vergaß und jene Ureinwohner restlos vertrieb!

Der Yoho Park geht nahtlos in den Banff Park und dieser wieder in den Jasper Provincial Park über. Eine hervorragende Sache, dass die Nordamerikaner rechtzeitig und im großzügigen Stil die schönsten Landstriche abgegrenzt haben und versuchen, den natürlichen Zustand zu erhalten. Ich weiß noch, was für ein Theater es war bis sich der bayrische Staat entschloss, den Naturpark Bayrischer Wald zu schaffen. Campingplätze im nordamerikanischen Stil wird es dort wohl nie geben!

Irgendwo überqueren wir die sogenannte „Continental Divide“, die Stelle in den Rocky Mountains, an der sich die Bäche und Flüsse in ihrer Zielrichtung teilen und entweder nach Osten in den Atlantik oder nach Westen in den Pazifik fließen.

Als wir zum Lake Louise hochfahren, sind wir zunächst vom Touristenrummel geschockt; so ungefähr wie am Spitzing See in Oberbayern am Sonntag. Als wir den Weg zum eineinhalb Stunden entfernten Gletscher über dem See einschlagen, verliert sich die Menge zusehends. Kurz vor dem Gletscher werden wir von einer Alpenhütte im Original-Stil überrascht. Nur die traditionelle Erbsensuppe mit Würstchen fehlt. Würde nicht Englisch gesprochen, könnte man hier oben glatt meinen, in Bayern oder Österreich zu sein. Prompt treffen wir dann auch einige germanische Landsleute. Wir erleben eine herrliche Aussicht über weiße Gipfel, bedrohlich aussehende Felszacken und blicken auf das türkisfarbene Gletscherwasser des Lake Louise.

Bei Banff beginnt einer der für unsere Begriffe schönsten Streckenabschnitte. Entlang dem Highway 93 kann man hinauf nach Jasper bequem in einem Tag, wenn man sich, wie wir, sehr viel Zeit lässt, in zwei fahren. Links und rechts des langen Tales liegen einzigartige Berge, die man nicht mit denen der Schweiz oder sonst irgendeines Landes der Welt vergleichen kann, sondern die schlicht und einfach kanadisch sind. Mal brauner, mal rötlicher Sandstein, dann poröser Basalt oder völlig kahle und zersplitterte stahlgraue Schiefergiganten, dann wieder grüne, mit Laubbäumen oder meist spitzen Weißtannen bewachsene und sanft geschwungene Berge, gleich daneben abermals bizarr zerklüftete Gesteinsriesen. Und überall weiße Schneegipfel und eisig graue oder – wenn die Sonne durchscheint – blau schimmernde Gletschermassive. Unberührte, dunkle Tannenwälder von wahrhaft enormen Ausmaßen, türkisgrüne, reißende Gletscherflüsse, die in einsame Gletscherseen münden, sowie tiefgrüne Flüsse und Seen in den etwas tieferen Lagen.

Bei Jasper mündet ein solcher türkisfarbener Gletscherfluss in ein tiefgrünes Gebirgswasser, das Resultat für eine kurze Strecke ist eine Symphonie verschiedenster Grüntönungen.

Für diesen entscheidenden Reiseabschnitt haben wir unwahrscheinliches Glück mit dem Wetter und so bleiben wir in dieser traumhaften Gegend eine ganze Woche, wandern ein bisschen entlang dem zauberhaften Maligne Lake und dem Sunwapta River, genießen tagsüber die einmalige Landschaft, liegen im Rasen vor dem herrlichen Informationshäuschen in Jasper, zusammen mit lustig und zufrieden aussehenden jungen Leuten und sitzen abends immer lange vorm Lagerfeuer, große Stöße Holz werden verbraucht. Holz, von dem es in Kanada reichlich gibt und das von jedem Campground innerhalb eines Naturparks kostenlos in beliebiger Menge zur Verfügung gestellt wird. Diese Campgrounds in den Nationalparks der USA oder Kanadas verdienen die deutsche Bezeichnung „Campingplatz" keineswegs. Wo in Europa dicht an dicht, quasi im Reihenhausstil geparkt wird, hat man hier reichlich Platz; viele Bäume, fast immer eine breite, gemütliche Bank mit Tisch, ein Feuerplatz mit Grill sind vorhanden, alles im Rahmen eines großzügigen und staatlich angelegten Gesamtkonzepts. „Wild campen", wie es uns in Europa und Asien gefiel, ist in ganz Nordamerika leider schwierig. Neben den „highways" ist es völlig uninteressant und kleine Wege sind meist privat und führen fast immer schnurstracks zu einer Ranch. Das Land ist zwar riesig groß und weit, aber häufig unzugänglich. Überraschend viel davon ist eingezäunt! Dazu kommt, dass Raubüberfälle, namentlich in den USA, beim wild campen ein fester Risikofaktor sind.

Leibhaftiges Erlebnis mit einem Schwarzbären

Als wir am 10. Juli von Jasper aus zuerst westlich und dann in Richtung Süden, auf dem Highway 5 bei Blue River so um die Mittagszeit in einen Rastplatz biegen, kommen wir noch zu unserem leibhaftigen Erlebnis mit einem Schwarzbären. Wir hatten die ständigen Warnungen auf den Campgrounds – auf keinen Fall Essenreste im Freien liegen zu lassen, weil es Bären anlockt und Bären auch regelmäßig vorbeikommen – schon gar nicht mehr so ganz ernst genommen. Kaum haben wir unser Auto geparkt, als uns ein Mann sichtlich aufgeregt zuruft: „Stay near your car, there is a bear around here!" (Bleiben Sie in der Nähe Ihres Autos, es ist ein Bär in der Gegend!) Ich frage noch: „Wo?", als plötzlich vom Fluss herauf, aus dem Gebüsch zuerst ein dicker schwarzer Kopf und dann der gesamte massive Leib eines vielleicht zwei Meter hohen Schwarzbären hervorkommt. Bis zu sechshundert Pfund sollen diese Viecher schwer werden. Pedra hat festgestellt, dass ich bei neuartigen Pflanzen oder Tierchen immer frage „Kann man sie essen?" und es entschlüpft mir prompt ein „Mordsbärenschinken!"

Mit gekonntem Schlag seiner gewaltigen Tatze legt er eine Abfalltonne nach der anderen um und sucht nach Essenresten. Wir wundern uns, warum hier nicht – wie überall sonst in den Parks – diese Tonnen freischwebend an Ketten aufgehängt sind. Zuerst scheint das Biest nur auf die Tonnen aus zu sein. Dann beschnuppert es aber eins nach dem anderen der vier geparkten Autos, deren Passagiere sich wohlweislich im Inneren aufhalten. Zufällig fährt ein

Jeep der Parkaufsicht vor und der „Ranger" schaut sich den dicken Freund interessiert und aus sicherer Entfernung an. Jetzt ist unser „Veedoublejuh"-Objekt der Bärenneugier. Pedra und ich haben eben angefangen, in unserer Bordküche das Mittagessen vorzubereiten. Obwohl alle Türen dicht sind und nur das kleine Seitenfenster offen steht, muss das Vieh etwas riechen. Ehe wir uns versehen, stellt er seinen riesigen Körper auf die Hinterbeine, hält sich an unserem vorne aufmontierter Reservereifen fest und schaut in voller Größe zur Windschutzscheibe herein. Als wir die scharfen Zähne und die spitzen Krallen nun aus unmittelbarer Nähe betrachten können, erschrecken wir doch ganz schön. Aus dem Spiel scheint Ernst zu werden!

Mein erster Gedanke ist voll „Touristen konform": „Wo ist die verdammte Kamera?", aber die liegt weit entfernt unter dem Vordersitz. Zweiter Gedanke: „Am besten, ich hupe!" Aber die Zündung ist nicht eingeschaltet und ausgerechnet jetzt kann ich den Zündschlüssel nicht finden.

Pedra sieht mit einem Blick aus dem Seitenfenster, wie der Ranger nun blitzschnell aus seinem Auto ein Gewehr nimmt und anlegt. Genau da überlegt es sich der Dicke aber doch, haut noch einmal mit der Tatze auf die Windschutzscheibe, lässt dann aber vom Bulli ab und zieht sich ebenso schnell wie er kam, in den Busch zurück. Wir sind zweifach erleichtert. Einmal weil das Tier nicht sterben musste und zum andern natürlich, dass wir ohne Schaden davon gekommen sind. Nur einige Spuren seiner fettigen Tatzen muss ich von der vorderen Scheibe abwischen.

Vielleicht fünfzig Meter weiter können wir dann noch zusehen wie er eine Biene oder Schmetterling fängt. Wahrscheinlich versucht er nun, sich angesichts des Schießgewehrs ganz harmlos zu gehen. Diese dickleibigen Viecher sollen schnell wie Rennpferde laufen können und jetzt sehen wir selbst, wie behende und leicht der Bär den schweren Körper bewegt. Da fallen uns die Kinderbilder ein, wie der Teddybär Honig klaut und die Bienen ihm die Schnauze verstechen. Das Image ist endgültig kaputt. Noch eine gute Viertelstunde hält er uns und die anderen Camper in Aufregung, ehe er sich endgültig in das dichte Unterholz trollt.

Der Ranger erzählt uns, dass am Tag zuvor drei dieser Gesellen hier waren und einen photowütigen Touristen in die Enge trieben, die Episode letztlich aber noch glimpflich ablief.

Begegnung in Vancouver und neueste Stories von der Heimatfront

Die weitere Fahrt nach Kamloops führt uns durch Gegenden, die bei weitem nicht mehr so beeindruckend sind wie die hinter uns liegende Strecke von Banff nach Jasper. Bei Kamloops treffen wir auf langweilige Prärie und erst im Fraser Tal gefällt es uns wieder. Kurz vor Vancouver, am Cultus Lake, verbringen wir das Wochenende und am Montag Morgen bekomme ich endlich in Chilliwack, bei der Pacific Gas and Propane Company einen Adapter zum Nachfüllen unserer beiden Gasflaschen. Selbstredend, dass europäische Hersteller verschiedene Verschlüsse machen, die Amerikaner jedoch haben wieder ganz andere.

In Vancouver führt unser Weg geradewegs in die Granville Street zum Büro der American Express Company. Wir kommen mit einigen Briefen heraus, als wir plötzlich von einem breitschultrigen Kerl am Arm gepackt und unter lautem Brüllen gebeutelt werden. Einige Passanten sehen erschrocken zu. Ich denke erst an einen „Mugger" oder Straßenräuber, aber als ich mir den Fremden genauer ansehe, erkenne ich ihn plötzlich. Es ist Ronny, ein israelischer Weltreisender, den wir in Nepal kennengelernt haben. Er und seine Frau Vicky waren inzwischen in Europa und Südamerika, der Zufall will es, dass wir uns hier sieben Monate später wieder treffen. Wir gehen natürlich gleich ins nächste Café und haben uns unheimlich viel zu erzählen. Der ruhige, riesenhafte Ronny und die kleine, zierliche, aber äußerst temperamentvolle Vicky sind ein lustiger Gegensatz. Nach zwei Stunden Reden sinken wir schlaff in unseren guten Bulli.

Die Post bringt „wichtige" Informationen von zuhause: TIME Magazine fragt an, wohin sie die noch bezahlte und ausstehende Subskription endlich schicken soll, der Verwalter unserer Wohnung will wissen, ob er eine „Schiffs-Einzelschaltung" für die Beleuchtung im Keller einbauen kann, irgendein Psychologenverein fragt, ob Pedra sich in eine Datenkartei eintragen lassen will, einer unserer Freunde lästert „Seid Ihr überhaupt noch Christen?" und „ob wir für die Zivilisation noch tauglich seien", auch erfahren wir, wie viel Geld wir noch auf der Bank haben (Knirsch!) und meine ehemaligen Kollegen schreiben mir die neuesten Stories von der Heimatfront.

In der China Town von Vancouver, der zweitgrößten Ansammlung von Chinesen (nach San Francisco) an der amerikanischen Westküste, kaufen wir ein kleines Tagebuch für unsere Südamerikareise und freuen uns, wieder die uns leider unverständlichen asiatischen Laute zu hören, in kleinen, persönlichen Läden „shopping" gehen zu können und den Leuten beim Handeln und Palavern zuzusehen, wie ihre breiten Gesichter beim Grinsen noch breiter werden und die Augen hinter kleinen, engen Schlitzen noch verschmitzter wirken. Asien, das sehen wir auch hier in dieser Umgebung besonders deutlich, hat uns tief beeindruckt und ist uns ans Herz gewachsen. Oft haben wir schon jetzt Sehnsucht nach diesem Teil der Welt.

Zurück in den USA: »You can go on!«

Drei Tage lang sehen wir uns in dieser Stadt um. Vancouver mit seinen vielen Meeresbuchten und zahlreichen Hügeln ist, zusammen mit San Francisco, sicher die attraktivste Kommune an der gesamten Westküste.

Plötzlich macht unser Anlasser Schwierigkeiten. Zweimal werden wir nur noch mit der Muskelkraft freundlicher Mitmenschen flott, dann funktioniert das Ding wieder, wir parken ab sofort nur noch auf kleinen Anhöhen, doch am Dienstagnachmittag ist endgültig Schluss. In der VW-Werkstätte hört der Kundendienstmeister, wie Pedra und ich miteinander Deutsch reden und fällt unvermittelt vom Englisch in seine Muttersprache Deutsch mit stark amerikanischem Akzent, welcher vom langen Aufenthalt im Ausland herrührt. Eine Stunde später sind wir wieder „on the Road".

Auf der US-Seite bei Blaine, an der kanadisch-amerikanischen Grenze, bleibt der Grenzer abermals an unseren vielen Stempeln im Pass hängen. Bei Bangkok wird er stutzig. Wann wir dort waren und wann und wo wir in die USA eingereist sind, will er wissen, welchen Beruf wir haben, wie lange wir schon reisen, was wir in Kanada gemacht haben ... Und wieder, ob „wir öfters nach Bangkok reisen?" Mir ist sofort klar, was er will und ich befürchte schon, dass wir unseren ganzen Trödel auspacken müssen. Trotz gutem Gewissen und ohne „dope" (Drogen) ein fürchterlicher Gedanke. Aber scheinbar beantworten wir alle Fragen mit der notwendigen Ruhe und zur Befriedigung des Zöllners, denn plötzlich sagt er: „Okay, you can go on!"

Etwa hundert Kilometer vor Seattle biegen wir ab in Richtung Westen, nehmen zweimal eine „ferry" und gelangen auf die Olympic Peninsula. An und für sich eine super schöne Gegend, mit schneebedeckten Bergen und Regenwäldern, in denen aufgrund des hohen Niederschlags Laubbäume bis in die Spitzen mit Moos bewachsen sind, mit riesigen leeren Nadelwäldern, überall kleine Fluss- und Meeresbuchten, wenige Menschen – enorm viel Regen. Vom letzteren kriegen wir am meisten zu sehen. Wir fahren bis ans Ende der Halbinsel, nach La Push und geben nach zwei Tagen auf. Im Dauerregen geht´s zurück und erst in Seattle scheint endlich wieder die Sonne. Die Umgebung dieser Stadt mit dem Hintergrund der Berge von der

Olympic Peninsula und im Süd-Osten den über 4.000 Meter hohen weißen Vulkankegeln des Mount Rainier gefällt uns so gut, dass wir gleich eine knappe Woche bleiben. Die Weiterfahrt auf der Interstate 5 nach Portland wird dann ziemlich monoton.

Die Asche von den Explosionen des Mount Saint Helens, die das Land zentimeterdick mit einer weißgrauen feinen Staubschicht überzog, versetzt uns in Staunen und lässt unser Mitgefühl für die Menschen dieser Gegend aufkommen.

Der nächste Streckenabschnitt, über die Küstenberge Oregons, von Portland nach Tillamook und von dort aus entlang der Pazifikküste wird zu einem neuen Höhepunkt dieser Fahrt. Die Küste konkurriert an Schönheit mit der von Nordkalifornien. In vielen Punkten ähnlich, nur dass es hier oben – aufgrund des höheren Niederschlags – noch grüner und saftiger ist und dass sich diese Küstenstraße um etliches länger am Pazifik hinzieht als in Kalifornien, wo sie über weite Strecken im Landesinneren verläuft. Einmalig um diesen Breitengrad dürften die Sanddünen zwischen Florence und Coos Bay sein, die sich über Meilen ausbreiten und das mit Rhododendron und Azaleenwäldern bewachsene Hinterland vom Pazifik trennen. Mit Erstaunen stelle ich fest, wie der Wald auf ein und demselben Sandboden wahrhaftig wuchert und andererseits, auf rätselhafte Art und Weise, an irgendeiner scharfen Grenze jedes Leben erstickt.

Der Wettergott ist uns auf diesem wichtigen Abschnitt gnädig, ein Tag schöner als der andere. Wir halten oft an den unzähligen kleinen Buchten und genießen unser Wanderleben.

Gleich nach der kalifornischen Grenze fahren wir dann auf der gleichen Strecke zurück nach Santa Rosa, auf der wir vor gut fünf Wochen in Höhe von Crescent City, in Richtung Nord-Osten, abgebogen sind. In ein paar Tagen ist August und der Sommer auf seinem Höhepunkt. Zurück in Kalifornien scheint der Regen endlich ein Thema der Vergangenheit zu sein; im Gegenteil, seit Juni ist es hier unten bedeutend heißer geworden.

Die nächsten Wochen sitze ich unter einem großen, schattigen Walnussbaum am Lake Mendocino bei Ukiah und schreibe die Kapitel über Ceylon und Thailand, Philippinen, Hawaii.

Am 30. August besteigen wir das Flugzeug nach Lima, Peru.

8. Reiseabschnitt: Peru - Ecuador

(mit dem Rucksack und öffentlichen Verkehrsmitteln)

Südamerika allgemein

Unsere Reisepläne für Südamerika haben wir noch einmal genau durchdacht und sind immer wieder zu der Erkenntnis gekommen, dass Peru und Ecuador so vieles von dem bieten, was wir uns von den Andenstaaten erhoffen, so dass wir uns auch tatsächlich auf diese beiden Länder beschränken wollen. Dennoch haben wir vor, flexibel zu bleiben, um eventuell an Ort und Stelle doch noch umplanen zu können. Wir kaufen also zunächst ein „Open Ticket" nach Lima und zurück nach San Francisco, mit Stopover in Quito. Die bisherigen Reiseerfahrungen haben gezeigt, dass eine genaue Routenplanung zuhause am grünen Tisch, trotz der zum Teil recht guten Alternativreiseführer, im besten Fall so gut sein kann wie Kochen nach Rezept. Beides ist immer für Überraschungen gut, beides braucht letztlich die persönliche Note. Auch für Lateinamerika hat sich – im Nachhinein – diese Weisheit bewährt, denn wie wir feststellten, ändert sich in diesen Ländern die Situation schneller als anderswo. Vor allem was Preise, Touristenströme, Unterbringungsmöglichkeiten sowie Transportverbindungen betrifft. Wobei sich die beiden erst genannten Kriterien leider sehr stark in negative

Richtung bewegen. Die Zeiten des Billigreisens dürften für Gesamt-Lateinamerika endgültig vorbei sein, wobei Bolivien, Paraguay, Peru und Ecuador zur Zeit noch relativ am günstigsten, Venezuela, Brasilien, Chile und vor allem Argentinien, ziemlich teuer sind. Auch Mexiko und Zentralamerika haben bereits ein Preisniveau, das in Teilbereichen gut über dem nordamerikanischen liegt. Zum Teil hat dies mit den Ölfunden zu tun, die die einzelnen Währungen trotz exotischer Inflationsraten (im Bereich von knapp 30 % bis weit über 100 %) erstaunlich hart machen. Eine Abwertung entspannt die Preissituation nur kurzzeitig. In jedem Fall ist es ratsam, nur immer so viele US Dollar in lokale Scheine umzutauschen, wie man unbedingt braucht.

Im Rahmen unserer Reise haben wir vor, in Südamerika etwa drei bis vier Monate zu reisen. Unser Auto bleibt so lange bei den Stumpfs in Santa Rosa. Es ist völlig problemlos, ein Auto in den USA zurückzulassen, nachdem das Fahrzeug nicht in den Pass eingetragen wird und man bei der Einreise nur eine Erklärung unterschreiben muss, dass man seine „Kutsche" innerhalb eines Jahres wieder ausführt. Aber selbst dies bleibt unkontrolliert.

Peru bietet als einzelnes Land wohl am meisten: hohe Berge, von denen sich allein zehn über 6.000 Meter erheben, dichten Dschungel mit Flüssen, die sich bei Iquitos zum Amazonas vereinigen; die meisten und besterhaltenen Zentren der Inkas; ein reiches Erbe an Städten mit prachtvollen Gebäuden der spanischen Kolonialzeit; eine bunte Bevölkerung, die sich noch zu fast 90 % aus Indios und Mestizen zusammensetzt. Nur eines fehlt: eine schöne, tropische Küsten. Die sucht man vergeblich. Denn obwohl sich Peru über 2.250 Kilometer entlang des Pazifiks hinzieht und nur zwischen dem 3. und 18. Breitengrad südlich des Äquators liegt, führt von Norden nach Süden ein trister, öder Wüstenstreifen, dessen größter Teil von Mai bis Oktober mit einer gleichmäßig grauen, kalten Nebelschicht überzogen ist. Schuld daran ist der eisige Humboldtstrom, der entlang der Küste fließt.

Menschen, die zu Fuß über die vereiste Beringstraße aus Asien gekommen sind, gab es hier schon sehr früh und zwar vor gut 10.500 Jahren oder kurz nach der letzten Eiszeit. Bei Supe entstand bereits 2.100 Jahre v. Chr. eine namhafte Kultur mit steinernen Gebäuden und Kultfiguren aus Ton. Die Chavin hatten bereits 800 v. Chr. in den Hochtälern der Anden eine beachtliche Kulturstufe erreicht. Die Inkas kamen viel später, erst um das 12. Jahrhundert n. Chr. zogen sie aus dem Amazonasbecken herauf in das Hochtal bei Cuzco, setzen sich dann allerdings energisch und rasch gegen die bereits vorhandenen Andenkulturen durch und errichteten ihr riesiges Reich, dessen Ausdehnung vom heutigem Columbien bis herunter nach Chile reichte. Was davon übrigblieb, ist im Verhältnis zu dem, was einmal war, äußerst mager und gehört mit zu den traurigsten Kapiteln europäischchristlicher Kolonialgeschichte. Zwar landete Pizzaro als erster Weißer mit seinen Schiffen – mit genau 180 Soldaten, 37 Pferden und einer Horde von Bluthunden – in der Höhe des heutigen Lima erst im Jahre 1532, doch die Gier nach dem reichlich vorhandenem Gold, verbunden mit den grausamsten Mordzügen – stets im Namen des Kreuzes und der spanischen Krone – waren derartig überwältigend und umfassend, dass bereits 1572 der letzte Inkakaiser Túpac Amaru ermordet wurde. Ein Holocaust auf spanische Art.

Die Paläste und Tempel der Inkas wurden mit wahnwitziger Konsequenz zerstört und auf deren massiven Grundmauern spanische Verwaltungsgebäude oder katholische Kirchen errichtet. Kirchen, vor allem in Cuzco, Lima und Quito, gibt es in großer Anzahl. Sie sind ausgestattet mit unvorstellbarem, aber gestohlenem Reichtum, denn – so will mir scheinen – das schlechte Gewissen konnte man erleichtern oder gar aufrechnen, wenn man nur genügend Großzügigkeit den Leuten mit dem Kreuz gegenüber bewies. Dank der bequemen Absolutionsformel des Katholizismus.

Die Geschichtsbücher sämtlicher lateinamerikanischer Staaten lesen sich alle ähnlich, ob die der Mayas im Norden oder die der Inkas im Süden. Die Naivität, die sie den weißen Herrenmenschen entgegenbrachten und das viele Gold, dessen Anziehungskraft auf europäische Habgier sie verkannten, wurden ihnen zum endgültigen Verhängnis. Um das neue Land möglichst rasch zu erobern und es der spanischen Krone, sowie dem römischen Kreuz zu unterwerfen, war jedes Mittel recht und heilig. Ein Gros der neuen Siedler wurde von iberischen Gefängnissen aus direkt hierher verlagert. Vielleicht ist das ein Grund, warum bis heute in fast allen lateinamerikanischen Staaten immer noch Militärdiktatoren mit Gewalt und Unterdrückung regieren und warum hier 1945 und danach so viele Deutsche mit dem Herzen auf dem „rechten" Fleck und mit brauner Vergangenheit freundlich aufgenommen wurden und noch heute frei herumlaufen.

Vielleicht ist das Wissen dieses Hintergrundes für Pedra und mich das eigentliche Hindernis gewesen, warum wir nie so richtige Südamerikafans waren und auch nicht geworden sind.

Im Laufe des neunzehnten Jahrhunderts wurden alle diese Staaten unabhängig, die meisten ihrer Menschen jedoch sind es bis heute nicht. Präsidenten und Diktatoren werden seit der Proklamierung der Unabhängigkeit in schöner Regelmäßigkeit voneinander abgelöst oder eingesetzt. Frei gewählt werden sie nur in wenigen Ausnahmen.

Zwei südamerikanische Staaten – Chile und Peru – erlaubten sich in jüngerer Zeit sogar einen sozialistischen Versuch. Die demokratische Wahl

Allendes in Chile und sein trauriges Ende sind bekannt. In Peru hatten 1968 die Militärs geputscht und ebenso einen sozialistischen Kurs eingeschlagen. Ähnlich erfolglos. Als die wirtschaftlichen Probleme zu groß wurden, riefen sie im Juli 1980 freie Wahlen aus und Fernando Belaúnde, genau der Mann, den sie abgesetzt hatten, wurde wieder zum Präsidenten gewählt. Zur Zeit wird entstaatlicht. Genau zu dem Zeitpunkt, als im Nachbarstaat Bolivien der zwar frei gewählte, aber noch nicht einmal amtierende Präsident von den Militärs abgesetzt wurde, übernahm in Peru ein gewählter Präsident die Macht. Ob 's klappt, bleibt abzuwarten.

Lima: Mehrere Anläufe notwendig

Mit der Erwartung und Vorfreude, nach vier Monaten Nordamerika wieder in ein Entwicklungsland zu kommen mit bunten, naturbezogenen Menschen und einer fremden Kultur, waren wir am 30. August um 22.50 Uhr in den Flieger gestiegen. In Los Angeles, beim Umsteigen in einen Jumbo der Aerolineas Argentinas, fiel uns sofort das andersartige Flair der Flugzeugbesatzung auf. Die Männer hatten pomadiges, glattgeschniegeltes Haar und den Hauch südländisch-feiner Grandeur, die Stewardessen strahlten die gewisse Unberührbarkeit und Noblesse aus, die die Frauen aus diesem Kulturkreis so an sich haben. Nach einer Zwischenlandung in Mexico City steigen wir am nächsten Mittag um 13.45 Uhr in Lima aus.

Der Blick auf die sonnenbestrahlten Schneegipfel der Anden, den wir beim Anflug genießen können, ist großartig, der erste Eindruck von Lima, in dieser Jahreszeit in dichten, tristen Nebel gehüllt, ernüchternd, grau und düster. Mit dem Bus fahren wir zunächst vorbei an armseligen Indiovorstädten und Industrieansiedlungen, mit viel Dreck und Abfällen. Kein Strauch, kein Baum, kein Grün, überall nur trauriges Grau-Braun des wüstenartigen Küstenstreifens. Der langweilige Einheitston erinnert mich unweigerlich an Städte des europäischen Ostblocks. Nur die überall herumlaufenden bunt gekleideten Indios lassen einen wissen, dass man ganz woanders ist. Wieder erleben wir den Schock des Jetztzeitalters, binnen weniger Stunden von einer Welt in eine völlig andere geworfen zu werden. Bewegt man sich langsam und allmählich über Land, wächst man schrittweise in die andere Umgebung hinein.

Wir brauchen mehrere Anläufe, um uns für diese Stadt auch nur einigermaßen erwärmen zu können. Ursprünglich eine wohl sehr reiche und schöne Kolonialstadt, wurde sie von Erdbeben immer wieder zerstört und zerrüttet. Dazu kommt das Schicksal von wohl allen Metropolen in Entwicklungsländern: ein irrsinniges Wachstum durch den ständigen Zuzug der Ärmsten innerhalb der Landbevölkerung, die sich dort Brot und Arbeit erhoffen. Eine Hoffnung, die freilich nur selten erfüllt wird. Das Leben in den Slums der Großstädte ist noch viel grausamer als das Dahindarben auf dem Land. Und so ist auch Lima – eine Stadt von knapp vier Millionen Einwohnern – völlig von Slums umzingelt. Die besser Betuchten wohnen in den feineren Stadtteilen San Isidro und Miraflores.

Die Hotelsuche gestaltet sich etwas schwierig. Die Preise haben sich – selbst gegenüber den Angaben des im allgemeinen wärmstens zu empfehlenden South America Handbook – wesentlich verschoben. Erst nach einigem Hin und Her geben wir uns geschlagen und zahlen die zehn Dollar für ein Doppelzimmer im Orientale, das wenigstens das Notwendigste an Komfort bietet.

Weil Lima ein verkehrstechnischer Knotenpunkt ist und die meisten der in Peru möglichen Touren von hier aus losgehen, kommen wir mehrere Male in diese Stadt. Wahrlich beeindruckend sind die Gebäude mit den kunstvoll geschnitzten Holzbalkonen um die Plaza de Armadas, mit der Kathedrale und dem erzbischöflichen Palais, dem Palacio de Gobierno, das Außenministerium im Palacio Torre Tagle", nicht zu vergessen das Hauptpostamt und das kleine Bahnhofsgebäude im Stil der Jahrhundertwende, von dem aus die einzige Bahnverbindung aus Lima hinaus nach La Oroya und Huancayo führt. Je häufiger wir durch die vielen kleinen Straßen der Innenstadt bummeln, umso mehr öffnen sich unsere Augen für diese Attraktionen. Dennoch, nach zwei Tagen sind wir jedes Mal froh, aus der Nebelschicht der Stadt hinauf in die Sonne der Anden zu fahren.

Am Samstagmittag sind wir hier angekommen, am Montagnachmittag kaufen wir bereits zwei Karten für die Fahrt nach Huancayo am darauffolgenden Morgen. Eine wichtige Sache, die der Perureisende beachten muss: Karten für die wenigen Bahnverbindungen werden jeweils am Vortag verkauft und es ist in der Regel günstig, rechtzeitig gleich nach Öffnen des Schalters da zu sein!

4.782 Meter: Auf der höchsten Eisenbahnstrecke der Welt

Am Dienstag früh, kurz vor sieben sind wir wieder am Bahnhof. Die Reihe der Reisenden wird rasch länger. Die „Gringos", wie alle weißhäutigen und vor allem amerikanisch aussehenden Fremden genannt werden, reisen praktisch ausnahmslos mit Rucksack. Ich frage mich, wer den blödsinnigen Tip als erster herausgebracht hat (den einige dann anscheinend abgeschrieben haben), dass Reisetaschen oft besser seien als Rucksäcke, denn „Rucksack-

touristen“ seien weniger angesehen und „ordentliches“ Aussehen erleichtert häufig die Zimmersuche oder den Umgang mit Behörden. Tatsache ist, dass sich Rucksäcke durchgesetzt haben und man grundsätzlich deswegen nirgends mehr Schwierigkeiten hat als Menschen mit unbequemen Koffern oder Taschen. Vergammelt sieht man nach einigen Tagen in jedem Fall aus und interessiert sind die Leute in erster Linie daran, dass man bar bezahlt!

Es scheint, die „Gringos“ haben ausnahmslos und die Indios zum großen Teil den geringen Aufpreis zur „Ersten Klasse“ bezahlt. Die Plätze sind nummeriert. Die zweite Klasse ist bis übers „Geht-nicht-mehr“ hinaus vollgestopft. Hier wird folglich am meisten geklaut. Und aufpassen muss man! Gleich in den ersten Tagen haben wir die Stories, die man sonst überall hört und liest, von einigen leidgeprüften Opfern persönlich geschildert bekommen. Da wird munter mit spitzen Fingern in Taschen gelangt, da werden äußerst geschickt Rucksäcke von hinten mit dem Rasiermesser aufgeschlitzt, da wird man im dichten Gedränge gekonnt abgelenkt und dann blitzschnell ausgenommen, Brustbeutel (wenn nicht zweifach gesichert) verschwinden auf geheimnisvolle Weise. Allerdings, die gewalttätigen Raubüberfälle mit Waffen und von ganzen Räuberbanden, die man aus Kolumbien vernimmt, haben sich hier noch nicht durchgesetzt. In Peru sind es die pummelig und unscheinbar aussehenden Indio-Frauen, die am schnellsten arbeiten, jedoch gewaltlos!

Die vor uns liegenden 420 Kilometer nach Huancayo über La Oroya, die über eine Höhe von 4.782 Meter führen, wird von den Reiseführern und offiziellen Touristenprospekten in den höchsten Tönen beschrieben. John Brooks schreibt im South America Handbook: „Die Fahrt von Callao nach Oroya und weiter nach Huancayo gehört zu den Wundern Lateinamerikas. Sie erreicht die größte Höhe bei 4.782 Meter im Tunnel zwischen Ticlio und Gallera, 173 Kilometer von Callao. Während der gesamten Strecke fährt man durch 66 Tunnel, 59 Brücken und um 22 Zickzack-Kurven, bei denen die Bergabhänge so steil sind, dass rangiert werden muss. Die Aussichten während des Anstiegs sind ohne jeden Vergleich."

DuMont's Richtig Reisen meint: „Die Fahrt, die unter den großen Attraktionen Südamerikas eine bevorzugte Stelle einnimmt ..." und „... in dieser heillos zerklüfteten Bergwelt, die nach jedem Tunnel, nach jeder Biegung neue Aus- und Einblicke schenkt, die von den Erstreisenden mit lauten ‚Ohs' und ‚Ahs' begrüßt werden, worüber sich die Indios diskret, aber von Herzen amüsieren."

Der stets romantische Velbinger in seinem Südamerika-Buch: „... auf dem Trittbrett die grandiose Sicht genießen! Abenteuerliche Holzplankenbrücken über tiefe Canyons und viele Tunnel; die Vegetation wird kärger, Indios in farbigen Ponchos mit Lamas und bei Zwischenhalten in einsamen Andenbahnstationen bleibt Euch beim Gehen neben den Waggons die Puste weg."

Bei so vielen Vorschusslorbeeren sind wir echt gespannt auf das, was vor uns liegt. Zunächst geht es kilometerweit durch Slums und trostlos graue, staubige Siedlungen der Campesinos. Etwa vierzig Kilometer weiter bei Chosica sind wir schon auf etwa 900 Meter. Die Berge um uns sind erdig braun und grau, ohne viel Vegetation und enttäuschend langweilig.

Bei der ersten Bergarbeitersiedlung hält der Zug. Es folgen viele Stops an weiteren Siedlungen und jede sieht genauso hoffnungslos traurig wie die vorherige aus. Hauptsächlich Zinn wird hier abgebaut. Das Wasser, das man zur Verarbeitung benötigt, wird den zahlreichen kleinen Flüssen entnommen und selbigen auch wieder zugeführt, mit jeder Menge ungefilterten Abwässern! Keine romantischen Bergbäche mehr, sondern dreckig-braune Kloaken.

Ohne von einem Gringo ein „Oh" oder „Ah" gehört zu haben, sind wir auf der Passhöhe von fast 4.800 Meter angelangt. Die meisten der Leute – uns eingeschlossen – sind von der sauerstoffarmen Luft ziemlich abgeschlafft, einige schlafen tief, alle haben müde Augen.

Unterwegs, vor den ersten großen Pässen, war ein älterer Herr mit weißem Kittel und zerknittertem, braunem Gesicht zugestiegen: Er ist der „Medico" und läuft nun mit einem großem Sauerstoffsack herum. Eine jüngere Indiofrau mit zwei kleinen Kindern – eins auf den Knien, das andere auf dem Rücken im Tragetuch – ist die erste, die mit glasigen Augen an dem kleinen Messingstutzen nuckelt. Erst langsam, dann aber erstaunlich rasch, erholt sie sich und nach gut fünf Minuten schwatzt sie wieder ganz munter mit ihren Nachbarinnen. Eine halbe Stunde später verdreht sie erneut die Pupillen.

Das, was als „grandiose Sichten", oder als „einzigartig" und „ohne jeden Vergleich" bezeichnet wurde, kann uns beim besten Willen nicht vom Hocker reißen. Durch die enorme Höhe von weit über 3.000 Meter sind die Berge praktisch ohne jede Vegetation und damit durchwegs kahl und gerade deswegen auch ernüchternd langweilig und eher eintönig. Der eigentliche Reiz für die Besucher muss wohl darin liegen, so leicht und bequem auf diese enorme Höhe zu gelangen. Vielleicht liegt es auch an der spannenden Geschichte des Bahnbaus, die verdienterweise als technische Meisterleistung gepriesen wird; vor allem, wenn man sich vergegenwärtigt, dass diese Bahn schon zwischen 1870 und 1893 unter der Leitung eines amerikanischen Ingenieurs und der Zuhilfenahme tausender, chinesischer Kulis gebaut wurde. Eine landschaftliche Einzigartigkeit konnten wir aber selbst beim besten Willen nicht erkennen. Wüsste man nicht, in welch enormen Höhen man sich bewegt, könnte man durchwegs meinen, irgendwo durch die kahlen Berge Zentralspaniens, Yugoslawiens oder auch Griechenlands zu fahren. Auch die wenigen schneebedeckten Berge, die man auf dieser Strecke sieht, sind kein Vergleich zu den wirklichen Schönheiten der Alpen, der kanadischen Rockies, oder gar zu den überwältigenden Kolossen des Himalayas. Wo der Himalaya bis in große Höhen üppig und mit einer abwechslungsreichen Vegetation überzogen ist, finden wir in diesem Teil der Anden nur triste, kahle Felsen.

Selbst der 160 Meter Abstieg von La Oroya ins knapp 3.300 Meter hoch liegende Huancayo ist wenig überzeugend. Wir durchfahren zwar keine hässlichen Minendörfer mehr, sondern fast schon als hübsch zu bezeichnende Bauerndörfer mit Lehmhäusern, deren Stil an Spanien erinnert, doch die Landschaft ist in dieser Jahreszeit eher ausgetrocknet und gelb.

Sachliche Beschreibungen schlecht zu verkaufen

Die Reisenden, mit denen wir sprechen, scheinen unsere Gefühle zu teilen. „Hingerissen" kommt uns jedenfalls keiner vor. Lamas trifft man hier auch nur noch vereinzelt; eher ganz normale Kühe, „die so aussehen wie bei uns im Allgäu", wie die Frau uns gegenüber meint.

Huancayo erreichen wir nach zehn Stunden Bahnfahrt müde und mit Kopfweh. Die Stadt, von DuMont als „Die zauberhafte Kolonialstadt" gepriesen, entpuppt sich als eine triste, mittelgroße Handelsstadt mit furchtbar viel Staub, langweiligen neuen Betonhäusern, die genauso gut in Griechenland stehen könnten und sehr geringem kolonialem Flair. Der „größte und schönste Indiomarkt" wird in unschöner Umgebung, in einer langen traurigen Straße, der Libertat, zwischen scheußlichen Häuserreihen abgehalten. Groß ist der Markt sicherlich und sehr viele Indios kommen auch, aber ob er deswegen so schön ist?

Ich stelle hier zum wiederholtem Male fest, dass alle mir bekannten Reiseführer zu maßlosen Übertreibungen in Richtung „schön" neigen. Offensichtlich lassen sich kritischere und sachlichere Beschreibungen schlechter verkaufen!

Unser persönliches Problem mag auch sein, dass wir im Laufe dieser und anderer Reisen schon sehr vieles gesehen und erlebt haben, so dass wir nicht mehr ganz unkritisch sind. Dazu kommt, dass wir bereits seit über 15 Monaten unterwegs sind und vieles im Zusammenhang und direktem Vergleich erleben.

Von Huancayo nach Ayacucho: Mit dem Bus durch die Anden

Da der Bus nach Ayacucho nur dreimal in der Woche fährt, sind wir dazu verdammt, bis zum kommenden Freitag in Huancayo zu bleiben. Auf diese Fahrt sind wir wirklich gespannt, denn der Bus braucht für die 300 Kilometer durch die Anden „irgendwo zwischen zwölf und fünfzehn Stunden, manchmal auch länger", wie man uns sagt.

Unsere Stimmung sinkt in diesen Tagen auf einen ersten Tiefpunkt. Kaum in Huancayo angekommen, holt sich Pedra eine ihrer ganz fiesen Halsentzündungen und ich mir einen kräftigen Schnupfen. Dazu kommt ein potthässlich Zimmer im Hotel Prince, auf das wir uns schlauerweise wieder „auf Empfehlung" eingelassen haben und das bei einem Preis von immerhin zehn Mark pro Tag. Das Turistica und Kiya, beide im gleichen Ort, verlangen bereits dreißig, bzw. vierzig Mark und auch diese Zimmer stehen zum Preis in keinem Verhältnis. Eine allgemeine Erfahrung: Nette und preiswerte Hotelzimmer sind überall in Lateinamerika eine Seltenheit.

Was überzeugt, ist die Freundlichkeit der meisten Leute, mit denen wir bisher zu tun hatten, das heißt, den Bediensteten in den Hotels, Restaurants oder Läden. Unser holpriges Spanisch sind sie anscheinend gewohnt und wenn 's gar nicht mehr weiter geht, packen sie überraschend immer wieder ein paar Brocken Englisch aus oder wir unser Wörterbuch. Die Indios – die Frauen durchwegs noch in ihren bunten Trachten, mit den weiten, dicken Röcken und den markanten Hüten bekleidet – begegnen uns eher scheu und zurückhaltend. Eine sehr unterschiedliche Atmosphäre zu Asien. Das war uns auch schon in Lima aufgefallen, ebenso die Geschäftigkeit. Wo in Asien in allen Ecken kleine Handwerksbuden und Verkaufsstände stehen, wo eifrig nach Kunden Ausschau gehalten wird und jeder versucht, mit jedem ins Geschäft zu kommen, ist man in diesem Teil der Erde eher träge, scheint sogar in aller Ruhe auf Kunden zu warten. Dazu vielleicht ein Beispiel: Der Trageriemen meiner Fototasche war gerissen und musste unbedingt erneuert werden. Bereits in Lima fragte ich einige Male nach einem entsprechenden Handwerker, bekam aber nie die richtige Adresse. In Huancayo bemühe ich mich nochmal. Stets erhalte ich eine höfliche Auskunft, brauche aber trotzdem mehrere Anläufe, um den scheinbar einzigen Laden zu finden, der bereit ist, derartige Arbeiten zu erledigen. Überall in Asien, gleich ob Moslem, Hindu, Buddhisten oder Christen, hätte mich spätestens der zweite Befragte nicht mehr losgelassen, mich mit sanfter Gewalt zu einem seiner Brüder, Verwandten oder Freunde geführt, der dann für den speziellen Fall zuständig gewesen wäre.

Am Freitagmorgen, kurz nach acht fährt unser Bus nach Ayacucho los. Mit uns sitzen etwa zwanzig Gringos, meist Deutsche und Franzosen, sowie vier vornehm aussehende Peruaner in dem Gefährt, das für hiesige Verhältnisse erstaunlich gut in Schuss ist.

Gleich bei der Ortsausfahrt steht ein Wegweiser mit der Aufschrift „Ayacucho 293 km", und genau an dieser Stelle hört auch der Asphalt auf. Der Fahrer schaltet zurück auf den zweiten Gang und ich rechne schnell durch, wenn er für die 300 Kilometer zwölf Stunden braucht, fährt er einen Schnitt von 25 km/h, ein Kriechtempo, das uns nicht ganz unvertraut ist. In Asien lag unser eigener Schnitt bei etwa 30 km/h und 300 Kilometer war ebenso eine gute Tagesleistung. Was uns allerdings erwartet, übertraf schließlich alles, was wir an Straßen in Asien erlebt hatten! Durchwegs eine Lehm- oder Schotterpiste, mal mit elend großen, profilfressenden Steinen durchzogen, mal schlammig und vom Regen glitschig, nur in seltenen Fällen neu planiert oder frisch gewalzt.

Wir klettern bis auf 4.000 Meter und dann wieder weit hinunter in tiefe Täler um 1.000 bis 2.000 Meter. Serpentine um Serpentine über abenteuerliche Holzbrücken, die haargenau so breit sind wie unser Bus und die teilweise in so engen Kurven liegen, dass der Beifahrer aussteigen muss, um beim Rangieren zu helfen. Wenn ein anderer Bus oder ein Laster entgegenkommt, muss eines der Fahrzeuge in eine der zahlreichen Ausweichstellen und selbst dann schieben sie sich haut- bzw. blechnah aneinander vorbei. Einer hängt dann jeweils fast am Berg, während der andere mit einem Rad zentimeterbreit am Abgrund vorbeirollt. Haben wir in den ungemütlichen Hotelzimmern noch mit Sehnsucht an den kuscheligen Innenraum unseres guten Bulli gedacht, so sind wir nun froh, ihn nicht dabei zu haben.

Auf diesem Streckenabschnitt sind wir von der Landschaft der Anden zum ersten Mal vollauf entzückt. Vielleicht liegt es daran, dass diese Tour von den üblichen Reiseführern kaum in so schwelgerischen Tönen beschrieben wird wie das Stück „Lima – Huancayo" und dass damit unsere Erwartungshaltung schwächer ist. Nicht üppige Vegetation – wie etwa im Himalaya – ist es, die uns hier begeistert, sondern feine Pastelltöne, die die teils unglaublich zerklüfteten und dann wieder sanft geschwungenen Bergketten überziehen. Wie erwähnt, handelt es sich aufgrund der Höhe eigentlich um kahle Berge, sie sind jedoch – sicher durch das raue, nebelige Bergklima – in überraschender Vielfalt mit verschiedensten Moosarten oder ruppigen, kurzen Gräsern bewachsen. In niedrigeren Lagen sind ganze Berghänge mit unzähligen, kleinen, erdigen Feldern überzogen, die je nach Bodensorte einmal lehmig grau oder gelblich, dann sandig hellbraun oder tiefbraun bis beinahe schwarz aussehen. Hier treffen wir Bauern in farbigen, handgewebten Wollkleidern; die Frauen im breiten, knöchellangen Röcken (von denen sie meistens gleich mehrere übereinander anziehen), derben Blusen oder selbst gestrickten Pullovern, auf dem Kopf nie ohne den markanten Hut, der von Dorf zu Dorf verschieden ist. Die Männer erscheinen mit ihren Standardhosen und -jacken dagegen nicht ganz so interessant. Nur der Poncho, meist in den natürlichen Alpacafarben, manchmal auch in einem gedämpften Rot, unterscheidet sie gründlich von den Herren in anderen Ländern.

Wo in Asien ganze Bergzüge terrassiert werden, damit die fruchtbare Erde in der Regenzeit nicht weggespült wird, legen die Bauern hier ihre Felder direkt an den steilen Hang. Und natürlich wird auch hier noch fast überall mit dem Ochsengespann gepflügt.

Weit oben, wo kein Gemüse und erst recht kein Baum mehr wächst, treffen wir auf einsame Hirten, die mit ihren Rinder- oder Alpacaherden über die weiten Höhenzüge ziehen. Dabei werden wir aufgeklärt, dass die meisten Lamas, die wir sehen, Alpacas sind. Lamas werden in der Regel als Tragtiere eingesetzt. Die fast genauso aussehenden Alpacas mit ihrem etwas längeren und vor allem weicheren Fell dienen vor allem der Wollgewinnung. Um sie zu kennzeichnen hat man ihnen den äußeren Ohrlappen durchbohrt und daran kleine bunte Wollfäden gebunden.

Den feinen Pastellschattierungen der Erde und der wenigen Pflanzen haben sich hier sogar die Gesteine und die massiven Felsbrocken angepasst. Mit ihren unterschiedlichen Mineralien schimmern sie mal golden oder gelb, mal rot oder orange, manchmal zartblau oder tiefschwarz. Selbst der Himmel spielt bei dieser Harmonie von sanften Tönen mit. Kein grelles, von einer stechenden Sonne geprägtes Blau strahlt da von oben, sondern weiche, weiße Nebelschwaden, die ab und zu spielerisch aufreißen, um den Blick auf schaumig dicke, graugetönte Wolkenfelder freizugeben, die sich nur selten zusammendrücken, um dann für ein paar Momente ein Stückchen Himmelblau hindurch zu lassen.

Mittags halten wir in einem klitzekleinem Dorf mit einer Kneipe. Da wir dem Fleisch und dem verkochten Gemüseeintopf nicht ganz trauen, ernähren wir uns von einem großen Teller Pellkartoffeln. Pedra ist dann noch so kühn und fragt unschuldig nach dem „bagño", der Toilette. Sie findet sich prompt hinter dem Haus, in einem kleinen Hof, zwischen einigen Schweinen wieder. Am Vormittag sind wir immer wieder an liegengebliebenen Lastern oder Bussen vorbeigefahren. Da in dieser Gegend Hilfe äußerst schwer zu bekommen ist und man durchaus einige Tage ausharren muss, haben wir mit Befriedigung gesehen, wie andere Fahrer entweder versuchten technische Hilfe zu leisten oder zumindest einige Lebensmittel verteilten. Am frühen Nachmittag erwischt es auch uns. Vom Motor läuft Öl auf die staubige Straße und das ausgerechnet an einer einsamen Stelle ganz weit oben in den Bergen über 3.000 Meter. Alle frösteln und es hat auch noch angefangen zu nieseln. Doch unsere beiden Fahrer scheinen ihre Kiste zu kennen. Eine gute Stunde liegen sie in und unter dem Motorraum, dann hallt aus einem ölverschmiertem Gesicht ein: „Vamos!" Es geht also weiter.

Nach dreizehn Stunden Fahrt erreichen wir eine größere Stadt mit quadratischer, schöner Plaza und der obligatorischen Kathedrale dahinter. Wir meinen, es geschafft zu haben und wollen aussteigen, aber die mitreisenden Peruaner winken ab. Das ist erst Huanta und von da aus sind es noch mal gut drei Stunden bis Ayacucho. Zu dieser Stunde eine arge Enttäuschung. Kaum einer weiß so recht, wie er noch sitzen soll.

Nach 16 Stunden Bus: »Ayacucho, du liebe!«

Die Umgebung und die Vegetation scheinen sich verändert zu haben, denn nun erkennen wir im Scheinwerferlicht nur noch riesige Blatt- oder Schlangenkakteen, deren bizarre Formen bei der künstlichen Bestrahlung vielleicht noch interessanter aussehen als während des Tages. Auch das Gelände scheint noch wilder geworden zu sein, denn mehrmals überqueren wir nun neue Stahlhängebrücken, die aber in hiesiger Manier nur genau so breit wie ein Bus und auch keine fünf Zentimeter breiter gebaut sind. Einige Male schleift das Blech der Karosserie entlang dem hartem Metall der Brücke – es ist gar nicht anders zu machen. Mit leichtem Grausen erkennen wir unter uns im Dunkeln die schaumigen Wellen eines reißenden Gebirgsflusses. Aber auch diese abenteuerliche Fahrt kommt zu einem gutem Ende und kurz vor Mitternacht, nach rund sechzehn Stunden, fahren wir in Ayacucho ein. Der Italiener hinter mir stöhnt erleichtert: „Ayacucho, la cara!" (Ayacucho, Du liebe!)

Die Stadt entpuppt sich als recht hübsch, mit vielen Kirchen, Gebäuden mit Holzbalkonen, sowie zahlreichen kleinen Innenhöfen im spanischen Kolonialstil. Im Stadtzentrum ist der für Lateinamerika typische Park mit einem großen Denkmal in seiner Mitte, der hier, wie meist in Peru, Plaza de Armas heißt. Wesentlich wird die Atmosphäre dieser Stadt von einer zwar sehr kleinen Universität bestimmt, die aber immerhin behauptet, die älteste Hochschule auf dem amerikanischen Kontinent zu sein. Und überall in den Straßen die exotisch aussehenden Indios. Frauen mit einem oder gar zwei Kindern in einem Tragetuch auf dem Rücken und oft noch zwei, drei oder vier weiteren „Anhängseln", die sich am Rock und gegenseitig an den Händchen festhalten. Je mehr Kinder, desto größer die Armut und je größer die Armut, umso mehr Kinder. Ein Teufelskreis, der das Schicksal der unteren Schichten in der gesamten Dritten Welt bestimmt; hier in Südamerika allerdings besonders schlimm – dank dem zwar seligmachenden, aber keineswegs bauchfüllenden Wort der in Dogmen und an Ignoranz erstickenden katholischen Kirche. Wo in Asien fast schon in jedem Kuhdorf Beratungszentren für Familienplanung tätig sind, haben wir in Lateinamerika kein einziges gesehen! Schuld am Übel ist auch eine fehlende Altersversorgung, die sich noch immer nur die privilegierten Staaten des Westens und des Ostblocks leisten können; je mehr Kinder, desto größter die Chance, dass wenigstens eines davon es schafft und irgendwann die alten Eltern ernähren kann.

Wir wohnen in einem kleinen, sehr netten und preiswerten Hotel, das besonders durch seinen hübschen und mit viel Liebe angelegten Innenhof besticht. Der Name La Colmena, der Bienenkorb, passt so richtig dazu und möglicherweise fiel er dem leutseligen Besitzer mit Blick auf seine ausnahmslos jüngeren Rucksackgäste ein.

Hier in Ayacucho hören wir auch endlich gute, südamerikanische Volksmusik, die – leider – gar nicht mehr so häufig und schon gar nicht überall dargeboten wird. Eine herrliche Musik, gespielt mit Gitarren, Panflöten verschiedener Größen, einer im Klang sehr typischen Blockflöte und der großartigen Andenharfe, die hier sogar noch mehr für die Studenten als für die Touristen aufgeführt wird.

Cuzco: Über die Anden in einer Stunde, durch die Anden in 36 Stunden!

Cuzco, eine der großartigsten, aber auch touristischen südamerikanischen Städte, liegt von Ayacucho aus entweder per Flugzeug „über" die Anden eine knappe Stunde entfernt oder mit dem Bus „durch" die Anden – entlang einer traumhaften, aber auch wahrhaftig tierischen Strecke – im Mindestfall vierundzwanzig Stunden, im Normalfall sechsunddreißig Stunden und im Extremfall mehr als drei Tage. Wobei letztere Angaben nicht etwa so gemeint sind, dass man dann irgendwo hält und in einem Bett ein paar Stunden schlafen kann. Von wegen! Hier in Südamerika werden solche Strecken knallhart durchgefahren. Man kann froh sein, wenn der Bus mit zwei Fahrern ausgestattet ist und diese sich hin und wieder abwechseln.

Nach den sechzehn Stunden Sitzerei bis hierher fällt uns die Entscheidung leicht. Zwei Tage später hocken wir in einer „Fokker" und genießen – links muss man sitzen! – einen wunderschönen Blick über die weißen Gipfel der Anden. Viel zu schnell landen wir in dem engen Tal, in dem Cuzco liegt.

Und wieder erst einige Stunden die leidige Hotelsucherei. Da diese Stadt naturgemäß auch auf dem Programm einer jeden organisierten Reisegruppe liegt, sind die Preise entsprechend nach oben frisiert. Zum Glück ist Mitte September die große Touristenwelle – vor allem aus Frankreich – schon vorbei. Sagt man uns wenigstens.

Wer Cuzco nicht gesehen hat, hat Peru nicht gesehen, denn diese Stadt – mit etwa 200.000 Einwohnern, bequem zu Fuß in allen Richtungen zu durchqueren – bietet die Ausstrahlung von dem, was vom Zentrum der Inkas übrig geblieben ist, sowie die Erbschaft des kolonialen Eifers, den die Spanier entwickelten, um auf den Mauern der zerstörten Inkahauptstadt einen noch viel prachtvolleren Zeugen ihrer Macht und ihrer Größe zu errichten.

Wie schon gesagt, vom Kulturgut der Inkas blieben nur Mauerreste übrig, auf denen die Spanier ihre eigenen Verwaltungsgebäude und Kirchen erbauten. Die Mauerreste sind jedoch äußerst beeindruckend. Riesige Steinquader, die mit unvorstellbarer Präzision gemeißelt und geschliffen wurden und ohne Mörtel oder Ton miteinander verfugt wurden. Diese Genauigkeit ging so weit, dass man in die Zwischenräume nicht mal ein Messer stecken kann. Wie die schweren Steinblöcke bewegt wurden, ist heute noch ein Rätsel. Durch ihre Massivheit hielten sie sogar den häufigen und starken Erdbeben stand, wie dem von 1650 und dem letzten von 1950, die das Cuzco, das die Spanier darüber errichteten, zu neunzig Prozent zerstörte. Dreißig Jahre später ist - zum Glück – von dieser letzten großen Naturkatastrophe kaum mehr etwas zu sehen. So genießt man das Cuzco von heute als eine gemütliche und äußerst reizvolle Stadt mit allen Schönheiten, die Spanien und seine Conquistadores nur machen konnten. Wer Kirchen liebt, kann sich hier die Kathedrale San Francisco, San Blas, Santo Domingo, San Pedro, Santa Clara, La Merced oder La Compania de Jesus ansehen. An weltlichen Gebäuden oder Palästen gibt es den Palacio del Almirante, Casa de los Cuatros Bustos, das Haus von Bolivar, die Casa San Borja und, und, und. Oder man kann auch ganz gemütlich und ohne irgend ein Buch in der Hand durch die engen Gassen mit dem Kopfsteinpflaster schlendern, sich einfach treiben lassen und die Schönheiten ringsum auf sich wirken lassen: die alten Wohnhäuser mit den wackeligen Holzbalkonen, die klotzigen Inkamauern, die fast wie moderne Plastiken aussehen, die Indios, die teilweise noch mit ihren Lamas durch die Straßen ziehen, die Frauen, die mit ausgebreiteten Waren unter den Arkaden der Plaza de Armas sitzen, die zerfurchten und ehrwürdigen Gesichter der alten Indios aus den umliegenden Dörfern. Oder man kann sich im Café Ayllu bei klassischer Musik und selbst gebackenen Leckereien erholen und mit den vielen symphatischen Leuten aus aller Welt, die man dort trifft, seine Erfahrungen und Erlebnisse austauschen. Denn dass sich die lockeren, jungen Leute bei ihr wohlfühlen, ist das Hauptanliegen der dicken Indiomutter hinter der Theke, das spürt man so richtig. Ayllu bedeutet in Quetschua, der alten Indiosprache, die hier immer noch gesprochen wird, das „Zentrum“ oder „die Dorfgemeinschaft“ des früheren Lebens dieser Menschen.

In Cuzco sind noch etwa neunzig Prozent der Bevölkerung Indios. Und obgleich die politischen Geschicke der Stadt offensichtlich von einer kleinen weißhäutigen Eliteschicht gelenkt werden, die am Sonntag auf der Plaza die Fahne hießt, die Offiziere der dortigen Armeegarnison stellt und in den lokalen Banken und Behörden den Ton angibt, ist das Leben in dieser Stadt nicht spanisch. Hier ist noch etwas Urtümliches zu spüren, das mich an Kathmandu erinnert; wenngleich Kathmandu noch in viel stärkerem Ausmaß ein Original mit wenigen, spürbaren westlichen Einflüssen ist.

Bezeichnenderweise gibt es in beiden Städten eine ihrer Atmosphäre sehr ähnliche, kleine Gasse: In Kathmandu die schon legendäre „Freak Street" und in Cuzco die „Calle Procuradores", die ich mir erlaube hiermit auf den gleichen Namen zu taufen. Hier reihen sich kleine Läden und noch kleinere, kuschelige Restaurants aneinander. Abends muss man in der engen Gasse aufpassen, nicht über die am Boden sitzenden Indiofrauen mit ihren Kindern oder die immer weniger werdenden Hippies zu stolpern. Und wer noch keinen Pullover aus „puro Alpaca" oder nicht den richtigen Tingeltangel-Schmuck hat, kann ihn spätestens hier erwerben.

Die außerordentliche und ungewohnte Höhe der Stadt von etwa 3.500 Meter macht besonders mir in den ersten Tagen zu schaffen. Vielleicht wird der Sauerstoffmangel noch durch meinen bösartigen Schnupfen verstärkt. Ich habe alle Symptome der „Soroche", der Höhenkrankheit mit Kopfweh und leichter Übelkeit. Um in die Atmosphäre und in das Klima dieser Stadt hineinzuwachsen, sollte man sich getrost eine Woche Zeit nehmen. Wir bleiben sogar etwas länger.

Theoretischer und praktischer Standpunkt

Erstaunlich ist, wie rasch uns in dieser Höhe die Kondition ausgeht. Jede kleine Anhöhe lässt uns nach Luft japsen und das Herz schneller schlagen.

Unser kleiner Ausflug – zu Fuß, versteht sich – zu den über der Stadt liegenden Ruinen der ehemaligen Inkafestung Sacsayhuaman artet direkt zu einer Strapaze aus.

Wenn man von hieraus auf die umliegenden Berge blickt, alles stolze Viertausender, ist man fast ein bisschen enttäuscht. Aus 3.500 Meter Höhe betrachtet, nur runde zwölf Breitengrade unter dem Äquator, sehen diese sanft geschwungenen Erdhügel aus wie stinknormales Mittelgebirge. Ein Gefühl, das man in Peru sehr häufig hat, da die mittlere Höhe der Andentäler bereits bei 3.000 Meter liegt!

Wer nur über die Schönheiten einer Stadt oder eines Landes berichtet, wird unglaubwürdig. Als die Conquistadores diese Stadt erbauten, scheinen sie eine ganz wichtige Angelegenheit vergessen zu haben: öffentliche Toiletten. Und weil die Nachfolger dieser kühnen Eroberer auch nicht weiter dachten, muss sich der Spaziergänger heutzutage immer wieder mal die Nase zuhalten. Die stolze Plaza de Armas nenne ich deswegen gleich in den ersten Tagen, als ich schlaff auf einer Parkbank sitze und versuche, möglichst viel Sauerstoff in meine Lungen zu pumpen, in voller Respektlosigkeit in „Plaza de Urinas" um.

Auf die Nerven können dem Besucher auch die unzähligen bettelnden Kinder gehen, die überall im Zentrum auf Touristenjagd sind. Was sogar soweit geht, dass sie regelmäßig in den Restaurants auftauchen, mit hungrigen Augen auf die vollen Teller starren und mit den Händen auf ihre leeren Bäuche zeigen. Wer hat den Nerv oder kann sein Gewissen so weit verleugnen, dass es ihm dann noch schmeckt? Auf die Dauer ist es anstrengend, wenn man sich immer wieder seinen relativen Wohlstand vor Augen führen lassen muss. Theoretiker werden meinen: „eine gute Sache". Ein praktischer Standpunkt könnte sein, dass man wenigstens beim Futtern seine Ruhe haben sollte.

Lange Finger im »Indio Train« nach Machu Picchu

Von Cuzco aus gehen zwei Eisenbahnverbindungen: die eine in den Süden, nach Puno, zum Titicacasee und weiter nach Arequipa, die andere in den Norden, nach Machu Picchu, der verborgenen Stadt der Inkas. Zum Glück für die Nachwelt wurde sie von den Spaniern nie entdeckt. Erst 1911 fand sie der englische Forscher Hiram Bingham.

Wir haben lange überlegt, ob wir für die Fahrt nach Machu Picchu den preiswerten „indio train“ nehmen sollten oder den für Touristen reservierten und entsprechend teureren „tourist train“.

Der „Indiozug“ ist für seine ständig vorkommenden Diebstähle geradezu berüchtigt, von denen mittlerweile in jedem Reiseführer zu lesen ist, vor denen sogar das „Tourist Office“ warnt und von denen ausführlich in den Kneipen von Cuzco berichtet wird, so dass es kaum einen Reisenden gibt, der dann nicht mit einer leicht neurotischen Haltung in der Bahnstation nach Machu Picchu auftaucht.

Um den Menschenmengen zu entgehen, die dem, vollen „tourist train“ täglich um elf Uhr morgens entquellen und dann den wunderschönen Ort überschwemmen, haben wir uns schließlich dazu entschlossen, den sagen- und tatsachenumwobenen Indiotrain schon am Nachmittag zu nehmen, in dem Ort Aqua Caliente zu übernachten und dann am nächsten Morgen in aller Frühe die Ruinenanlage zu besteigen.

Die Gaunereien, so hat man uns erzählt, sollen schon in dem kleinen Bahnhofsgebäude losgehen, wo organisierte Banden mit den üblichen Tricks Taschen aufschlitzen oder gar entreißen und dann in der Menge des danebenliegenden Marktes untertauchen.

Zum Kartenvorverkauf um elf Uhr kommen wir vorsichtshalber ohne Taschen, stellen uns in die lange Reihe von Indios und Rucksackleuten und haben eine gute halbe Stunde später ungeschoren zwei reservierte Sitzplätze in der sehr preiswerten ersten Klasse.

Als wir am Nachmittag, diesmal mit unseren kleinen Rucksäcken, wieder auftauchen, schauen wir uns das nun tatsächlich recht dichte Gedränge erst einmal aus sicherer Distanz an.

Andere Europäer betrachten sich die Szene ebenso mit gemischten Gefühlen. Eine alleine reisende jüngere Frau wird von einem Halbwüchsigen angerempelt und reagiert sofort mit einer kräftigen Ohrfeige. Bei all den Vorschlusslorbeeren für diesen Zug ist es wirklich nicht ganz leicht, die notwendige Ruhe zu bewahren.

Wir können uns lange nicht entschließen, uns mit den Gepäckstücken in die Enge des Bahnhofs und der Menge zu stürzen. Da geschieht etwas Unerwartetes. Schlagartig kommt Bewegung in das farbenfrohe Gewimmel vor uns und binnen weniger Minuten hat sich der Rummel aufgelöst. Mutig, aber doch noch auf der Hut vor einem schnellem Diebstahlversuch schreiten wir nun durch das Bahnhofsgebäude, über den Bahnsteig und besteigen in aller Ruhe unseren Zug.

Auf unseren Fahrkarten ist ein kleiner weißer Zettel angeheftet, der die Sitznummern 56 und 57 ausweist. Gelockert und unbehelligt sitzen wir kurz darauf auf den beiden Plätzen und freuen uns, gegenüber dem „tourist train" wieder einige Dollars gespart zu haben. Außerdem gefällt es uns viel besser, den bunten Indios, die zum großen Teil auch erster Klasse reisen, im Waggon zuzusehen als irgendwelchen europäischen oder amerikanischen Mittelstandstouristen im homogenen Touristenbomber.

Eine halbe Stunde später – unser Waggon ist nun bis auf den letzten Platz gefüllt – steht ein dunkelhäutiger Herr in Bauernkleidung neben unseren Plätzen und zeigt uns höflich seine Platzkarten. Er hat tatsächlich auch die Nummern 56 und 57. Wir sind baff, zeigen ebenso unsere Karten, müssen uns dann aber sagen lassen, dass auf dem Ticket auch noch eine Waggonnummer angegeben ist. Wir sitzen zwar auf den richtigen Sitzen, aber leider im falschen Waggon.

Es ist nun schon sehr viel Verkehr in den Waggons, Rucksackreisende und Indios drängeln hin und her, um ihre Plätze zu finden. Es nützt nichts, wir müssen noch mal aufstehen, alle Taschen zu- und festhalten und durch das Tohuwabohu.

Im Durchgang zwischen dem richtigen und dem falschen Waggon geschieht es. Wir wollen hinein, einige dicke Indiofrauen heraus. Sie fangen an, ganz fürchterlich zu drängeln und wir sehen keine Möglichkeit zu entkommen. Ich sage noch zu Pedra: „Pass auf Deine Tasche auf!" und versuche nun meinerseits, mich ganz energisch und mit aller Kraft durch die kleine Menschentraube zu drücken. Da sehe ich, wie eine Frau superflink die Lasche der Fototasche aufmacht und die Finger drin hat. Unsacht klopfe ich ihr auf das Handgelenk und schaue sie unmissverständlich drohend an. Ich werfe mich nun fast durch die dicken Weiber vor mir und merke gerade noch, wie mir eine andere Frau von der Seite die Tasche des Anoraks aufmacht. Aber dann bin ich durch und prüfe sofort den Tascheninhalt: Es fehlt nichts! Ich muss nun erleichtert grinsen und sehe die Sache direkt von der sportlichen Seite. Als wir auf den richtigen Plätzen sitzen und ich Pedra die Ereignisse mitteile, meint sie „Du spinnst!" Sie hat von dem ganzen Vorfall – obwohl hautnah hinter mir – überhaupt nichts mitgekriegt. Gleichzeitig bin ich froh, durch die vielen „stories" in Cuzco doch so wach gewesen zu sein, sonst wären wir bestimmt um ein paar Sachen ärmer gewesen.

Um von Cuzco aus über die umliegenden Berge zu kommen, muss der Zug mehrere Male in V-förmigen Serpentinen rangieren. Bei jedem An- oder

Abkoppeln der Waggons tut es einen kräftigen Schlag, der einen seinem nächsten Nachbarn unwillkürlich sehr schnell näher kommen lässt. Kaum sind wir aus etwa 4.000 Meter Höhe zügig bergab gefahren, wird die Landschaft wieder äußerst interessant: Eukalyptusbäume, grüne Felder, kleine Tümpel und muntere Bächlein, gemütlich aussehende Dörfer und einzelne verstreute Lehmhäuser, Bauern bei der Feldarbeit mit Lamas, dann tauchen hohe, schneebedeckte Berge auf.

Mir tut es immer wieder leid, vom Zug aus – genau wie vom öffentlichen Bus – nur eine relativ begrenzte Sicht zu haben, nicht nach Belieben halten zu können, die Umgebung auf mich wirken zu lassen und vielleicht in aller Ruhe ein paar Fotos schießen zu können. Das grundlegende Problem aller Reisen ohne eigenen Fahruntersatz überhaupt! Man wird von Punkt A nach Punkt B und von dort nach Ort C transportiert. An allem was dazwischen liegt, fährt man buchstäblich vorbei. Aussteigen und die Reise unterbrechen ist längst nicht immer möglich und kostet in allen Fällen zusätzliche Strapazen und vor allem unverhältnismäßig viel Zeit. Also rauscht man schließlich weiter, mit dem Zeitverschluss der Kamera auf 1/500 und ärgert sich.

Schlechter Schlaf im Urubamba Tal, zu schwach für den Inka-Trail

Pünktlich um 18 Uhr setzt die kurze Dämmerung ein und dann wird es schlagartig dunkel. Bei Kilometer 88 waren einige Leute mit Rucksack ausgestiegen, um von hier aus in etwa vier Tagen, entlang dem „Inka-Trail", quer über die Berge nach Machu Picchu zu wandern. Wir fühlen uns nicht genug ausgerüstet für einen derartigen Trek und wegen unserer Erkältung auch noch zu schwach. Eine gute halbe Stunde später hält der Zug in Agua Caliente, dem letzten Ort vor Machu Picchu, wo es drei kleinere „Hotels" gibt, aber alle drei sind fürchterliche Löcher.

Das „Turistica" oben, direkt bei den Ruinen ist zwar schön und komfortabel, lässt sich diesen Luxus aber teuer bezahlen. Wir bleiben also unten, im Urubamba Tal und sind froh, als wir noch in einem Fünf-Bett-Zimmer unterkommen.

Die Bude ist muffig, feucht und so hässlich, wie man es sich nur vorstellen kann. Mit uns sind noch zwei junge Franzosen eingezogen. Mit ein paar Bier in der Kneipe gegenüber versuchen wir, uns die für hier notwendige Bettschwere zu holen. Kurz vor Mitternacht ziehen wir wieder in unser Loch. Das Bett, das ich wahllos herausgesucht hatte, ist total durchgelegen und bei jeder Drehung merke ich, wie meine Zimmergenossen sich die Decke über die Ohren ziehen.

Pedra liegt in der oberen Etage eines „Doppeldeckers“ und gegen ein Uhr beschließe ich, das noch freie Bett unter ihr zu beziehen. Es geht natürlich nicht ganz ohne Geräusche und alle Mann wachen abermals auf.

Eine gute Stunde wälze ich mich dann herum und kriege keine Luft, weil mich mein Schnupfen plagt. In dem wackeligen Bettgestell bekommt Pedra jede meiner Drehungen mit und umgekehrt. Ein paar Mal fragt sie mich leise von oben, wie es mir geht und ich entgegne jedes mal das Gleiche: „Schon gut, schlaf jetzt endlich!“ Aber sie hat sich ganz auf mein „Schnupfen-Schniefen“ konzentriert und gegen drei Uhr morgens besteht sie darauf, dass wir die Betten tauschen. Es quietscht und kracht wieder, aber unsere französischen Freunde scheinen endlich in tiefen Schlaf gefallen zu sein. Irgendwann schlafe auch ich ein und als unser Wecker um sechs Uhr klingelt, fühle ich mich ein bisschen groggy, komme aber dann recht rasch auf die Beine.

Nach einer Katzenwäsche und einem kleinen Frühstück wandern wir den einen Kilometer entlang dem Bahngleis zur Station Machu Picchu und nehmen, zusammen mit einer kleinen Gruppe internationaler Rucksackleute den ersten Bus, der die steilen Serpentinen hinauf zu den Ruinen fährt.

Machu Picchu: Weitere Dimension

Die Sicht auf die umgebenden Steilwände ist von unten, aus dem etwa 1.800 Meter hoch gelegenen Urubamba Tal heraus, schon sehr beeindruckend. Von hier oben aber, rund 500 Meter höher, wirken diese bis zu fünfeinhalbtausend Meter hochragenden Bergnadeln noch eigenartiger. Dazu kommt die üppige, tropische Vegetation der tieferliegenden Täler und der unteren Berghänge.

Der erste Blick über diese erstaunlich gut erhaltene Inkastadt ist schon ergreifend. Jetzt, um sieben Uhr morgens sind die Häuser und Mauerreste, die sich harmonisch über mehrere Hügel ziehen, noch in feuchten Tau und ein wunderschönes, weiches Licht getaucht. Noch ist darin kein einziger Mensch zu sehen. Um diese Zeit strahlt diese Stätte etwas Tiefes und Heiliges aus.

In jener Stadt, zu der man nur nach einem ungewöhnlich steilen Anstieg gelangt und die vom Urubamba Tal aus kaum einzusehen ist, soll sich der letzte Inka Kaiser, Túpac Amaru, versteckt gehalten haben. Die Spanier suchten ihn hier bis 1572 vergebens. Er fiel ihnen dennoch, aber an ganz anderer Stelle, in die Hände. Kurz darauf versank die Stadt, deren

ursprünglicher Zweck noch heute ungewiss ist, in einen Jahrhunderte dauernden Dornröschenschlaf, wurde vom wuchernden Tropengestrüpp völlig überwachsen und erst durch einen glücklichen Zufall im Jahre 1911 von dem Amerikaner Hiram Bingham wiederentdeckt.

Wir wandern langsam durch die Ruinenfelder. Die wenigen und wirklich interessierten Mitreisenden stören um diese Zeit noch überhaupt nicht. Wir bewundern die Wohnhäuser, die teils so gut erhalten sind, dass man ihnen nur neue Strohdächer aufsetzen müsste, um sie wieder bewohnbar zu machen; bestaunen die riesigen, exakt gemeißelten Steinquader der Tempelruine; bewundern den Sonnenstein Inti Huatana, der astronomischen Messungen diente und der wie eine moderne Plastik aussieht, verharren lange vor einem harmonisch geformten Steinblock mit Stufen, der wohl zu kultischen Handlungen benutzt wurde, schauen hinauf zum Machu Picchu – was „großer Berg" heißt – und an dessen Hang diese herrliche Stätte liegt, deren wirklichen Namen man bis heute nicht kennt und sie wohl deshalb nach dem dahinter liegenden „großen Berg" benannt hat. Immer wieder blicken wir hinüber zum zuckerhutförmigen Huayna Picchu – dem „kleinen Berg" – der malerisch seinem großen Bruder gegenüberliegt und dessen Besteigung wir uns für elf Uhr vorgenommen haben, dann, wenn die Besuchermassen diesen geheiligten Ort überfallen.

Zweifellos geht von jedem Menschen eine ganz bestimmte Ausstrahlung aus. Sie kann von warm und aufnehmend, bis kalt und abweisend reichen. Die selbe Wirkung kann von einer Landschaft ausgehen, von einem Gebäude oder einem Ort. Besonders fühlbar sind diese Wellen wohl an historischen Stellen, religiösen Tempeln oder Kultstätten. Der Geist der Ahnen, eine unauslöschliche Energie, scheint nachzuwirken. Hier in Machu Picchu, diesem heiligen Ort der Indios, kann man sich zu früher Stunde kaum der Erkenntnis entziehen, dass es außerhalb unseres rationalen Denkens und einer auf Vernunft ausgerichteten Wissenschaft noch eine weitere Dimension geben muss.

Um mit seinen Gefühlen für eine derartige Atmosphäre empfangsbereit zu sein, braucht man Ruhe und am besten ist es wohl, wenn man mit sich alleine ist. Und so fliehen wir geradezu in Richtung Huayna Picchu, als wir sehen, wie zur erwarteten Stunde ein Bus nach dem anderen vor dem Hotel Turistica vorfährt und seine geballte Ladung bunt gemischter Ausflügler entlädt. Mit Grausen sehen wir aus gebührender Entfernung, wie sich eine Gruppe nach der anderen durch die historischen Gässchen drängelt, von wichtigtuerischen Führern angetrieben. Die Heiligkeit dieses Ortes ist damit zerstört!

Huayna Picchu: Anstieg ungewöhnlich steil

Wir haben uns endgültig losgerissen und fangen schon bald an fürchterlich zu schwitzen und zu schnaufen. Der Anstieg zu dem rund 3.000 Meter hohen Huayna Picchu ist ungewöhnlich steil und die dünne Luft macht uns zusätzlich zu schaffen. An einigen Stellen geht es grausig und abrupt in eine fürchterliche Tiefe. In der Nacht hat es ein wenig geregnet und immer wieder müssen wir an besonders glitschigen Stellen auf allen Vieren kriechen. Nach eineinhalb Stunden und vielen kleinen Pausen haben wir es geschafft und werden für die Strapaze voll belohnt. Auf dem kleinen Gipfelfeld hat man das unbeschreibliche Gefühl, mit den wilden und gefährlichen, aber wunderschönen Bergen ringsumher eins, mit ihnen auf gleicher Höhe zu sein, hinüberreichen und die Hand zum Gruß ausstrecken zu können.

Als wir gut zwei Stunden später wieder unten ankommen, eilen wir mit raschem Schritt durch die Menschenrudel hindurch dem Ausgang zu, in der Angst, die zarten Gefühle des frühen Morgens könnten zertrampelt werden. Fast ist es mir um diese Menschen leid, die so viel Geld bezahlen, um hierher zu kommen und um „sich etwas anzusehen", mit ihrem eingeengtem Reiserahmen aber um das kostenlose Wesentliche dieses Ortes gebracht werden.

Zug mit Verspätung und ein Anflug von Boshaftigkeit

Nach einem kleinen Imbiss steigen wir, diesmal zu Fuß, hinab zur Bahnstation. Dort treffen wir mit den Leuten vom Touristenzug zusammen, der ebenso, mit kurzem Abstand zum Indio-Zug, um 16 Uhr, zurück nach

Cuzco fahren soll. Um die geplante Zeit ist jedoch von einem Zug weit und breit nichts zu sehen. Erst heißt es, beide Züge hätten eine Stunde Verspätung. Dann erfahren wir, dass der in unsere Richtung fahrende, auf dem Einspurgleis liegengeblieben ist und erst repariert werden muss. Es kann sicher noch Stunden dauern.

Mit einer kleinen Gruppe von Leuten aus dem Rucksackset hocken wir auf den Schienen und betrachten amüsiert, wie die schnieke gekleideten Damen und Herren der internationalen Fernreise-Szene aufgeregt in Französisch, Deutsch und Amerikanisch die abenteuerliche Situation diskutieren. Die meisten stecken in einer Aufmachung, die gut zum sonntäglichen Museumsbesuch geeignet erscheint, nicht jedoch für diese Gegend.

Mit einem Anflug von Boshaftigkeit, die ich mir in diesem Augenblick nicht verkneifen kann, schildere ich einer gemischten Gruppe mittelalterlicher und schwerfälliger Damen, wie die Hotels in Agua Caliente aussehen und dass ich mir gut vorstellen könnte, dass wir alle dort übernachten müssten.

Irgendwann heißt es dann auch tatsächlich, der Zug hat mindestens fünf Stunden Verspätung. Und da mittlerweile die kurze Dämmerung hereinbricht, macht sich der gesamte Tross von Menschen mit ihren verschiedenartigsten Einstellungen zum Leben auf und wandert den einen Kilometer die Schienen entlang, nach Agua Caliente. Einige der europäischen und amerikanischen Leute, denen man ansieht, dass normalerweise ihre einzige Marschleistung der Weg vom Kühlschrank bis zur Fernsehkiste ist, haben große Mühe, diesen einen Kilometer durchzustehen. Aber irgendwie schafften es doch alle – glaube ich wenigstens.

Dort stehen schon einige Waggons des Touristenzugs und die gestressten Bürger können nun beim Kerzenlicht Platz nehmen. Der notwendige Triebwagen allerdings kommt erst mit fast sechs Stunden Verspätung, zusammen mit unserem Indiozug. Und beide laufen dann so gegen zwei Uhr morgens in Cuzco ein. Für viele dieser Menschen war dies ein Abenteuer, das sie wahrscheinlich mehr beeindruckt hat als das, wofür sie eigentlich gekommen sind.

Von Cuzco nach Puno: Staub aus allen Klamotten klopfen

Am Montag, nach einem Tag Pause, wollen wir für den nächsten Morgen Karten für die Bahnfahrt nach Puno am Titicacasee kaufen. Als wir an den Schalter kommen, ist bereits alles ausverkauft. Wir sind aber auf den Dienstag fixiert, da sonst die weitere Verbindung von Puno nach Arequipa nicht mehr klappt. Also gehen wir zum Busunternehmen St. Christobal und bekommen gerade noch die letzten beiden Plätze.

Die elf Stunden Busfahrt von Cuzco nach Juliaca, 45 Kilometer vor Puno entfernt, werden zu den schlimmsten unserer bisherigen Reise! Gleich nach Cuzco hört der Asphalt auf und es beginnen 340 Kilometer mit unglaublichen Schlaglöchern und einem feinen, puderartigen Staub, der durch alle Ritzen dringt. Noch dazu sitzen wir ganz hinten auf den „Gringositzen" und unter uns sind einige faustgroße Löcher. Mittags gibt's eine halbe Stunde Unterbrechung und dann nicht einmal mehr eine Pinkelpause. Überall steigen Menschen zu, wer keinen Sitzplatz mehr bekommt, setzt sich im Mittelgang auf seine Körbe, Taschen oder Säcke. Pedra und ich, sowie ein junges Paar aus der Schweiz, sind die einzigen Europäer in diesem Gefährt. Trotz den vielen Unbequemlichkeiten und den Strapazen versuchen wir immer noch, etwas von den Dörfern und Städtchen sowie von der wirklich beeindruckenden Landschaft mitzukriegen. Auch dieser Tag kommt zu einem Ende. In Juliaca steigen wir völlig verdreckt und steif aus und hören das Pfeifen des sich nähernden Zugs. Wir haben letztlich sogar noch Glück. Der Bus fuhr etwas schneller als die Bahn und wir erreichen sie gerade noch, bevor sie weiter rollt nach Puno. Ohne uns um Karten zu kümmern, steigen wir diesmal ein. Welch ein Unterschied zu unserem Bus. Die Leute hier sind zwar inzwischen auch schon müde von der langen Reise, aber sauber und bequem sitzen sie auf ihren reservierten Plätzen, während wir uns immer noch den Staub aus allen Klamotten klopfen.

Bei den Uros am Titicacasee: Bald im Schichtdienst hin und her

Von Cuzco aus sind wir über den 4.313 Meter hohen La Roya Pass gefahren und als wir in Puno aussteigen, sind wir immer noch in 3.850 Meter Höhe. Nachts und in den frühen Morgenstunden ist es hier empfindlich kalt. Wobei man sich immer wieder vor Augen führen muss, dass wir hier nur etwa 14 Grad südlich des Äquators sind! Der Titicacasee, an dessen Ufer Puno liegt, ist mit 8.300 Quadratkilometern nicht nur der größte Süßwassersee Südamerikas, sondern auch der höchste schiffbare See der Welt. Berühmt geworden ist er aber nicht nur deshalb, sondern auch wegen der reizvollen Andenlandschaft in der er liegt, sowie dem Indiostamm der Uros, der auf kleinen Schilfinselchen mitten im See lebt.

Leider liegt Puno nicht gerade in der schönsten Ecke des Sees und den Ort selbst kann man glatt vergessen. Von hier aus kann man namentlich zwei Ausflüge machen. Einmal zu den künstlichen Inseln der Uros oder auf die natürliche Insel Taquile, 24 Kilometer von Puno entfernt.

Auf Taquile kann man sich einige Inkaruinen ansehen, ein bisschen wandern und ein oder zwei Nächte bei den dortigen Bewohnern hausen. Allerdings hat man uns erzählt, dass der Rummel dort ziemlich groß sei und dass sich die heimische Bevölkerung sofort auf die Neuankömmlinge stürzt und sie zwischen sich in ihren Hütten verteilt. Wir beschließen deshalb, uns nicht gleich auf eine Übernachtung einzulassen, sondern erst den mehrstündigen Ausflug zu den Urus zu unternehmen.

Über diese Leute und ihre Art zu leben, haben wir Tolles erfahren. Wo der Titicacasee am seichtesten ist, haben sie im Schilf kleine Inselchen aus Schilf aufgehäuft. Ihre Hütten sind ebenso völlig aus Schilf gebaut und mit Schilfbooten fahren sie zum fischen, ja, letztendlich ist Schilf – der untere weiche Teil – zusammen mit Fisch, ihr Hauptnahrungsmittel.

Nur ganz so idyllisch wie die Bilder und die offizielle Werbung diese Menschen und ihr Leben darstellen, ist es nicht mehr!

Auf drei dieser Inseln werden die Touristen in Scharen mit Motorbooten hingekarrt. Uns erscheinen diese Uros wie bezahlte Schauspieler in einem Freilichtmuseum. Es hat etwas Deprimierendes und Beschämendes an sich, wenn die fremdländischen Horden mit ihren Kameras durch die kleinen Dörfer staksen und jedes braune Gesicht und jede einzelne Hütte knipsen. Wir haben zwar das Glück, mit dem allerersten Boot fahren zu können, kommen uns aber schon bei der ersten Insel saublöd vor und bei der dritten bleiben wir im Kahn sitzen. Ganz Puno lebt scheinbar ausschließlich von diesem Spektakel und von diesem eigentümlichen Völkchen, das wenige Kilometer im See vor der Stadt lebt. Wenn diese Leute einmal keine Lust mehr haben, auf ihren nassen Inselchen zu hausen und wie die Affen im Zoo bestaunt und fotografiert zu werden, wird man sie verbeamten müssen – Pension eingeschlossen, versteht sich! – und sie im Schichtdienst hin und her kutschieren.

Arequipa: 360 Tage Sonne im Jahr

Nach diesem Erlebnis reicht es uns. Taquile anzusehen, dazu haben wir nun keine Lust mehr. Dafür stehen wir am nächsten Morgen um sechs Uhr auf, um für den Zug nach Arequipa um sieben noch eine Fahrkarte zu bekommen. Eine Fahrt im Bus wäre so ziemlich das letzte, was wir uns von hier aus wünschten, denn erst ab Arequipa fängt wieder der Asphalt an. Diesmal kommen wir rechtzeitig und als der Zug schließlich pünktlich losfährt, sind sogar noch ein paar Plätze frei.

Die ersten Kilometer erlauben uns noch einen sehr viel besseren Eindruck von der schönen Landschaft in und um den Titicacasee zu bekommen. Auf der Seite, an der der Zug entlang fährt, ist der See weitgehend mit Schilf bewachsen und von hier aus sehen wir mit Genugtuung wie die Uros, vom Tourismus noch ungestört, ihrem eigentümlichen Leben und der Fischerei nachgehen können.

Gleich nach Juliaca biegt der Zug in Richtung Süden ab und windet sich dann stundenlang durch Täler und über Berge. Irgendwann sehen wir an einer kleinen Bahnstation ein Schild das verkündet, dass wir uns wieder in gut 4.500 Meter Höhe befinden. Die Strecke führt über zahlreiche Serpentinen, vorbei an einen tiefblauen und bizarr zerklüfteten riesigen See, dahinter ein schneeweißer Sechstausender und weiter, durch eine geisterhafte Gebirgslandschaft. Wie überall in den hohen Anden sind es die Pastelltöne, die in allen Nuancen, von kalkweiß bis Gelb, Braun, Grün und sogar Violett das Auge bestechen. Und wieder dieses ausgedörrte, harte Gras, das das Licht interessant reflektiert, die verschiedenartigsten Moose und die eigentümlichen, bunten Mineralien im Gestein.

Erst im zweiten Teil der etwa zehnstündigen Reise wird es langweilig. Stunde um Stunde durchqueren wir die gleiche Steppenlandschaft, Wüste und wieder Wüste, unendliche Hügelketten, die von Felsbrocken übersät sind. Und mitten in dieser Öde taucht plötzlich Arequipa auf: eine Oase, die von den Wassern des Vulkans El Misti – einem geometrisch perfekten, schneebedeckten Kegel – sowie den Schmelzwassern des angrenzenden Chachani und dem Pichu Pichu genährt wird. Diese Berge, zu dessen Füßen Arequipa liegt, haben die beeindruckende Höhe von 5.843, 6.096 und 5.669 Meter. Eine Höhe, die man von der Stadt auf 2.400 Meter, endlich auch als solche erkennt.

Hier in der Wüste scheint die Sonne 360 Tage im Jahr und da die Stadt am Rande der Anden beträchtlich tiefer liegt als Cuzco oder Puno, ist es hier auch angenehm warm. So bleiben wir wieder für einige Tage und erkunden diesen interessanten Ort, der vor allem durch seine Gebäude und Kirchen besticht, gebaut aus dem kalkweißen Vulkangestein der Umgebung. Die Spanier, die einige dieser harmonisch-klobigen Kirchen entworfen haben, waren zweifellos von den maurischen Einflüssen des spanischen Südens geprägt. Uns gefällt es hier – nicht zuletzt auch, weil wir wieder nette Leute treffen, wie Brunni und Sepp aus Oberbayern, die um jeden Preis auch noch den Chanchani besteigen wollen.

Einer der Vorteile des Reisens ohne eigenes Auto ist sicher der, dass man mehr Kontakt mit Leuten hat und daher auch mehr nette Leute kennenlernt. Aber alles hat seinen Preis! Insgesamt ziehen wir die Reise mit eigenem Auto immer noch vor. Unser nächste Erlebnis ist vielleicht auch ein Grund weshalb ...

»Morgen feiere ich Wiedergeburtstag in Lima!«

Für den folgenden Sonntag haben wir Karten für den TEPSA-Bus, Platz 20 und 21, nach Lima. Der Bus kostet einen Bruchteil (11 Dollar) des Flugpreises (65 Dollar), der Trip dauert dafür allerdings sechzehn Stunden, auf einer Asphaltstraße!

Mit fünf anderen Gringos aus Alemania steigen wir ein. An und für sich sieht das Gefährt ganz ordentlich und Vertrauen erweckend aus. Nur, gleich nach der Stadt dreht der Fahrer auf. Er scheint die schwerfällige Kiste mit einem Rennauto zu verwechseln. Wie irrsinnig lenkt er durch die engen und kurvigen Straßen entlang den Ausläufern der Anden. Fast tut es mir leid, dass die Straße geteert ist. Einige Male habe ich echt Angst und bin nahe daran, mit dem scheinbar Wahnsinnigen zu reden. Pedra beruhigt mich mit der Feststellung: „Der Mann wird die Strecke schon wie seine Hosentasche kennen." Kann ja auch sein! Ich bin zumindest froh, dass unsere Plätze in der Mitte liegen.

Dann – die kurze Dämmerung ist soeben vorüber und ein schwacher Halbmond beleuchtet die gebirgige Wüste um uns – setzt der Typ zu einem seiner waghalsigen Überholmanöver an. Wir befinden uns kurz vor einer unübersichtlichen Kurve, links geht eine Felswand hoch, rechts ein sandiger Abhang hinunter in die Tiefe. Arequipa liegt zweieinhalb Stunden hinter uns. Unser Bus ist gerade in halber Höhe eines zu überholenden Lasters, als plötzlich ein anderer dicker Brummer unausweichlich vor dem unserem auftaucht. Zufällig blicke ich gerade durch den Mittelgang nach vorne und rufe Pedra noch rasch zu: „Vorsicht, jetzt kracht's!" Und dann bohrt sich unser Bus zwischen das entgegenkommende schwere Fahrzeug und dem Laster rechts. Scheiben klirren, Blech verbiegt sich, Kinder weinen, Frauen kreischen, totales Chaos, alle Leute wollen gleichzeitig hinaus.

Wie aus einem Mund fragen Pedra und ich: „Ist Dir was passiert?" Die gemeinsame erleichternde Antwort: „Nein, Gott sei Dank!" „Wir müssen schnell hier heraus, bevor noch jemand von hinten auf uns drauf fährt", höre ich mich sagen. Und dann schieben wir uns zusammen mit den anderen Passagieren zum vorderen Ausgang hinaus.

Wie durch ein Wunder scheint niemand verletzt zu sein, obwohl es die beiden vorderen Sitzreihen aus der Verankerung gerissen und um 180 Grad verdreht hat. Die anderen vier Gringos saßen drauf!

Der eine meint nach ein paar Minuten der Erholung: „Morgen feiere ich in Lima Wiedergeburtstag!" Hinter uns sind einige andere Fahrzeuge gerade noch rechtzeitig zum Stehen gekommen. Einer hat sogar eine Warnblinkanlage, die er eiligst in Betrieb setzt.

Wir überlegen, wie wir die Nacht hier in der kalten und hochgelegenen Wüste verbringen sollen, denn Hilfe ist in diesem Land und bei diesen Entfernungen bestimmt nicht so schnell zu erwarten. Da kommt der fünfte Deutsche aus unserem Bus und meint: „Dahinten steht ein anderer Bus und es sind noch Plätze frei. Beeilt Euch, ich habe schon mit dem Fahrer gesprochen, er nimmt uns mit."

Mit vereinten Kräften reißen wir die verklemmte Ladeklappe des völlig demolierten TEPSA-Buses auf, holen unsere Gepäckstücke heraus und sitzen kurz darauf in einem mindestens dreißig Jahre alten amerikanischen Omnibus, zahlen noch einmal die volle Gebühr bis Lima und schon geht es weiter. Von den vor uns in sich verkeilten Fahrzeugen konnte sich eines befreien und ein Stück der Fahrbahn frei machen. Zentimeterweise schieben wir uns daran vorbei. Dann sitzen, schlafen und verrenken wir uns noch einmal glatte fünfzehn Stunden auf einer engen, unbequemen Sitzbank, erreichen im Morgengrauen den langweiligen peruanischen Küstenstreifen und kommen schließlich um die Mittagszeit des nächsten Tages in Lima an.

Als wir im TEPSA-Hauptbüro den Fahrpreis reklamieren und ihn nach einigem Hin und Her auch tatsächlich zurückerstattet bekommen, meint der Herr am Schalter zunächst, es liege eine Verwechslung vor, denn am selben Morgen haben es auf der gleichen Strecke noch einmal gekracht. Doch da habe es vierzehn Tote gegeben. „Gracias a Dios", dass wir da nicht drin waren!

Cordillera Blanca im zwangsläufigen Vergleich mit dem Himalaya

Einen guten Tag brauchen wir, um uns von dem Schrecken zu erholen. Dann beschließen wir, unserem Schutzengel weiter zu vertrauen und kaufen wieder ein Busticket. Denn wir wollen unbedingt noch in die Cordillera Blanca bei Huaraz. Mit einem etwas mulmigen Gefühl steigen wir am folgenden Morgen wieder in ein derartiges Gefährt – allerdings bei einer anderen Gesellschaft.

Schon nach den ersten paar Kilometern stellen wir beruhigt fest, dass der Fahrer vor uns anscheinend weiß, dass er keinen Porsche fährt. Wieder geht es über Stunden entlang der Küste in den Norden und dann bei Pativilca hinauf in die Berge. Wirklich interessant wird die Landschaft aber erst, als wir schon fast im Santa Tal, nahe dem Callejón de Huaylas, bei der Laguna Conocha sind. Und so richtig erleben wir die Umgebung auch nicht von diesem Bus aus, sondern erst bei der Rückfahrt, als uns ein Schweizer in seinem PKW mitnimmt.

In Huaraz gelangen wir wieder auf eine Höhe von gut 3.000 Meter, die den nahen Huascarán mit seinen stolzen 6.768 Meter, der höchste Berg Perus, gar nicht mehr so gigantisch erscheinen lässt. Die dem Tal gegenüberliegenden Berge der Cordillera Negra mit Erhebungen bis gut über 4.500 Meter wirken wie Mittelgebirgszüge. Das Tal ist am schönsten, wenn man noch etwas weiter in Richtung Caraz fährt. Erst dort findet man eine grüne Pflanzenwelt, die den Gebirgslandschaften der Tropen ihren eigentümlichen und besonderen Reiz verleihen.

Zwangsläufig vergleichen wir die Landschaft und die Menschen der Anden immer wieder mit Nordindien und Nepal. Dabei stoßen wir regelmäßig auf die selben Feststellungen und Schwierigkeiten: jeder Vergleich kann nur begrenzt gelten und beide Gebiete haben ihr eigenes Flair. Die Anden sind für viele Bergsteiger sicher deshalb so reizvoll, weil man Fünf- und Sechstausender sehr viel leichter bezwingen kann als im Himalaya. An die riesigen Gletscherfelder in einer Höhe von 5.000 Meter kann man in den Anden zum großen Teil mit dem Jeep heranfahren und von dort aus die letzten paar hundert oder tausend Höhenmeter „seinen Sechstausender" – zwar unter großen Strapazen und Atemschwierigkeiten – in einer überschaubaren Zeit erklettern. Natürlich ist es auch möglich, riesige Touren von einer oder mehreren Wochen zu unternehmen. Im Himalaya verlaufen die meisten Touren wesentlich anders. In der Regel fängt man viel weiter unten, in etwa 1.000 bis 2.000 Meter an, und muss dann Tage zwischen tausend und dreieinhalbtausend Metern bergauf, bergab wandern, bis man vor seinem Riesen steht. Und dann sind es dort nicht nur Sechstausender, die reizen, sondern gleich Sieben- und Achttausender. Denn leider scheinen ja in unserer rekordsüchtigen Zeit für viele Menschen nur noch die in einem Gebiet liegenden höchsten Gipfel interessant zu sein. Damit gestaltet sich – wenn man so will – der Himalaya schwieriger, in fast allen Fällen aber zeitaufwendiger.

Uns hat im Himalaya vieles wesentlich mehr beeindruckt. Da ist einmal die faszinierend abwechslungsreiche Vegetation der weiter unten liegenden Täler. Da sind ganze Bergzüge mit terrassierten Reis- und Gemüsefeldern, die in ihren harmonischen Formen wie ein Kunstwerk wirken und in einem einzigartigen Kontrast zu einer völlig wilden Umwelt an anderer Stelle stehen.

Auf vielen der dortigen Trecks kann man bequem von Dorf zu Dorf, von „Tee-Hütte" zu „Tee-Hütte" wandern, kann sich verpflegen lassen und braucht sein Futter nur ab etwa 4.000 Meter selbst mitzuschleppen. Letzteres setzt freilich voraus, dass man in seinen Ansprüchen zurückstecken kann. Schließlich gibt es im Himalaya noch Menschen mit einer Religion und Philosophie, mit einer Lebenseinstellung, die uns sehr viel mehr zusagt als der den Indios aufgedrängte Katholizismus, mit dessen missionarischem Eifer die Spanier diesen Leuten vielleicht den Teufel, aber auch jede Eigenständigkeit und Initiative ausgetrieben haben. So begegnet einem dieses einst so stolze und schöpferische Volk der Inkas, mit einer Scheu und misstrauischen Zurückhaltung, die fruchtbare Kontakte schwierig macht. Die eigene Kultur wurde gründlich von den iberischen Herrenmenschen zerstört, eine ganze Menschenrasse verbittert und degeneriert. Während im Himalaya überall Dörfer, Tempel und Klöster mit ihrer Jahrtausende alten Kultur und Eigenständigkeit zu treffen sind, findet man hier sicher zwar sehr reizvolle Dörfer und Kirchen, die aber letztlich auch in Spanien zu finden wären.

Hier im Santa Tal kommt sogar noch dazu, dass diese Dörfer regelmäßig, zuletzt 1970, von Erdbeben oder Überschwemmungen ausgelöscht und schnell und billig wieder aufgebaut wurden, so dass letztlich auch vom kolonialen Charakter wenig erhalten blieb.

Für eine Tour in höhere Lagen fühlen Pedra und ich uns immer noch nicht fit genug. Unsere Erkältung, nun schon in der vierten Woche, ist unvermindert stark. So wandern wir ein bisschen in der Gegend von Caraz herum und chartern zusammen mit anderen Leuten einen „pick-up", einen kleinen offenen Laster, für die Fahrt von Yungay hoch zu den Lagunas Llangañuco. Wir sitzen gut eineinhalb Stunden auf der harten Pritsche dieses Kleinlasters und schlucken Unmengen von dem feinen Staub der Anden, bis wir in etwa 4.000 Meter bei der ersten Lagune, einem kleinen, türkisfarbenen Gletschersee, ankommen. Dieses kleine Hochplateau, zwischen den Gletschergipfeln des Yanapaccha, des Huandoys und des 6.768 Meter hohen Huascaran gelegen, beeindruckt uns so stark, dass wir einen Trek noch mal ernsthaft in Erwägung ziehen, dann aber doch aufgeben. Noch etwas müde von den vergangenen Wochen des Reisens, erholen wir uns mehrere Tage in Huaraz im Hostal Andino, das von seinem Schweizer Besitzer und seiner peruanischen Ehefrau mit sehr viel Liebe angelegt ist und in dem man sich richtig wohl fühlen kann.

Wir besprechen auch noch einmal ausführlich die nächste Route. In Peru könnten wir an und für sich noch einen Trip in den Urwald an den Rio Ucayali machen, der wenig später – nach Iquitos – zusammen mit dem Rio Napo und dem Rio Marañon, den Rio Amazonas bildet. Nur, Urwaldtrips sind in Peru schon sehr touristisch erschlossen und damit entsprechend teurer. Nach Iquitos gibt es inzwischen schon Direktflüge aus Miami. Der Landweg nach Pucallpa ist lang und strapaziös, per Flugzeug zwar bequem, dafür aber wieder teuer. Bleibt noch Puerto Maldonado, aber dagegen haben wir uns schon, ebenso aus Kostengründen, in Cuzco entschieden. Dazu kommt, dass wir in Ecuador noch eine ähnliche und billigere Möglichkeit sehen, um in den Urwald am Rio Napo zu gelangen, oder aber – etwas später – noch jede Menge Urwald in Mexiko und Guatemala mit dem eigenen Auto durchfahren würden.

Zusätzlich zeigen unsere Klimatabellen eine Regenzeit für Ecuador in den Monaten Oktober und November. Es ist der 29. September und wir beschließen Peru endgültig zu verlassen, in der Hoffnung, dass die Regenzeit in Ecuador nicht allzu pünktlich einsetzt.

Einen Tag später, zurück in Lima, mache ich meine monatliche Kostenabrechnung und stelle fest, dass dieser eine Monat in Peru der bisher teuerste auf unserer ganzen Reise war. Dies ohne den Flug von San Francisco nach Lima und ohne großartig Souvenirs eingekauft zu haben, trotz Unterkunft in billigen Hotels und insgesamt sparsamer Lebensweise. Das ist uns der letzte Beweis, dass Reisen mit dem eigenem Camper letztlich am billigsten kommt – vorausgesetzt, dass der Zeitrahmen großzügig genug abgesteckt ist.

Quito in Ecuador: Historische Fassade mit Puls aus neuer Zeit

Am 2. Oktober 1980, nach einem letzten hektischen Tag in Lima, landen wir in Quito. Schon vom Flugzeug aus haben wir bemerkt, dass Ecuador im Vergleich zu Peru wesentlich grüner ist. Insgesamt kann man dieses Land, politisch und wirtschaftlich betrachtet, als eines der besseren Beispiele Lateinamerikas anführen. Der Wohlstand, nicht zuletzt aufgrund des munter sprudelnden Erdöls, ist bereits zu spüren, wenn man vom Flughafen in die Stadt fährt. Im Vergleich zu den Städten Perus ist es hier wesentlich sauberer und gepflegter. Der penetrante Gestank von Urin, eine Begleiterscheinung fast aller größeren Städte in Entwicklungsländern, fehlt völlig. Ebenso die sonst immer vorhandenen Außenbezirke mit den elendig trostlosen Slums. Wenn man durch den neueren Teil der Stadt um die Avenida Amazonas wandert, kann man sich ohne weiteres in einer reichen und lebendigen Metropole Europas wähnen. Kaum, dass einem in dieser Stadt ein Bettler begegnet, die Läden und Schaufenster sind bestens sortiert, von den unzähligen guten Restaurants würde ich gerne einige mit nach Hause nehmen.

Die Altstadt schließlich ist ein Musterbild einer guterhaltenen spanischen Kolonialstadt. Die schlimmen Erdbeben, von denen weite Teile Lateinamerikas immer wieder gebeutelt und zerstört werden, fallen hier milder aus. So fühlt man sich wie in einem riesigen Freilichtmuseum, wenn man durch die malerischen Gässchen wandelt, sich mit dem bunten Gewühl von Indios, fliegenden Händlern und unzähligen Fußgängern vermischt; wenn man, fast sprachlos, von einer der zahlreichen und in ihrem Aufwand an Gold und künstlerischer Gestaltung miteinander konkurrierenden Kirchen zur anderen zieht, vorbei an prächtigen Verwaltungsgebäuden und malerischen Wohnhäusern, einer historischen Fassade, vor der harmonisch der rasche Puls einer modernen Zeit schlägt.

Baños: Extra Segen von oben schadet nichts!

Quito liegt auf ideale Weise zentral. Praktisch alle Ausflüge nehmen von hier aus ihren Anfang und auch ihr Ende. Die Regenzeit scheint pünktlich zu kommen, plötzliche Schauer haben uns die Tage über immer wieder ins

Caféhaus getrieben, wir wollen aber noch einiges vom Land sehen, bevor es richtig losgeht.

Am dritten Tag sitzen wir schon wieder in einem Bus in Richtung Süden, über Ambatos nach Baños. Was für ein Glück, dass in diesem Land die Entfernungen wesentlich kürzer sind! In zwei Stunden sind wir in Ambatos, nach einmal Umsteigen und einer weiteren Stunde schon in Baños. Und nach den ausgetrockneten Wüstengegenden Perus sind diese saftig grünen Berge, Hügel und Täler eine wahre Augenweide.

Von dem schneebedeckten Gipfel des über 5.000 Meter hohen Vulkans Tungurahua gleich in der Nähe von Baños sehen wir nur ab und zu etwas. Meist ist er in dicke, schwere Wolken eingehüllt. Ein Umstand, der uns etwas beunruhigt, denn wir haben noch einiges vor. In den umliegenden Bergen der kleinen und gemütlichen Stadt kann man herrlich wandern und sich nach getaner Tour in den natürlich heißen Quellen beim Baden erholen. Auch ist es möglich von hier aus etwas weiter in Richtung Osten nach Misahuali zu fahren und von dort aus per Boot oder Kanu auf dem Rio Napo durch den Urwald schippern.

Das Wochenende aber wollen wir in dem kleinen Ort verbringen. Denn am Samstagabend ist hier große „action". Alle Leute aus der Umgebung scheinen sich zu treffen. Da gibt es zahlreiche kleine Läden mit Süßigkeiten, an deren Türbalken ist eine hölzerne Gabel befestigt und um sie herum eine süße Honigmasse kunstvoll geschwungen. Diese wird so lange geknetet, bis sie fest ist. Die Käufer warten in langen Reihen bis die Köstlichkeit, noch warm, stückweise verkauft wird. Auf der Plaza vor der Kirche stehen Fotografen mit einem drollig aussehendem Holzpferdchen und warten auf junge und ältere Kundschaft. Viele bunt gekleidete und freundlich dreinblickende Indios drängeln sich um den Platz und in den Straßen. In zahlreichen Restaurants rühren dicke Mamis in riesigen Kesseln herum, tauchen große Schöpflöffel in die unterschiedlichsten Genüsse und versuchen lauthals die vorbeischlendernden Spaziergänger herein zu locken. Bei einigen dieser gastronomischen Experten werden Meerschweinchen am offenen Holzfeuer gegrillt. Eine beliebte Delikatesse in den Andenstaaten, haben wir uns sagen lassen. In ihrem enthäuteten Zustand schauen die Viecher auf dem Spieß eher wie unappetitliche Ratten aus.

Am Sonntagmorgen ist wieder allerhand im Gange. In der berühmten Wallfahrtskirche, gleich an der Plaza, hält ein äußerst redebegabter Dominikanermönch eine schwungvoll Predigt. Anscheinend ist der Mann wirklich gut, denn seine Kirche ist zum Brechen voll. Leider verstehen wir viel zu wenig von den Worten, die seine Anhänger in sichtliche Faszination versetzen.

Vor der Kirche rührt sich indes nicht weniger viel. Hier bestimmt ein schon etwas älterer Herr im Klostergewand die Szene. Autos verschiedenster Größe sind vorgefahren und warten auf den Segen dieses Mannes. Er wird im einstudierten Ritual verteilt. Erst sprenkelt der Bruder mit der weißen Kutte aus einem kleinen Plastikkübel sein geheiligtes Wasser über alle Seiten der hochgeklappten Motorhaube, direkt über Vergaser, Getriebe und Zylinderkopf. Dann steigt er selbst in den Fahrerraum und verteilt dort segensreiche Worte und einige weitere Spritzer seines geweihten Wasser und dann, zu guter Letzt, wird noch der Fahrer gesegnet und mit einer Schärpe behängt. Weil aber nur der Tod umsonst ist, wechselt darauf ein größerer Sucre-Schein den Besitzer und verschwindet in der großen Tasche des eifrigen und an diesem Vormittag viel beschäftigten Gottesmannes. Wer erlebt hat, wie in Südamerika gefahren wird und wie vor allem unübersichtliche Kurven im Blindflug, aber voll guter Hoffnung, genommen werden, der sieht ein, dass ein bisschen extra Segen von oben sicher nichts schaden kann!

Und dann kommt der große Regen. Es regnet den ganzen Sonntagabend, die ganze Nacht und den ganzen Montag. Die Weiterfahrt zum Rio Napo ist damit erledigt, denn dort unten möglicherweise tagelang im Regen steckenzubleiben, ist uns zu riskant. Mit dem letzten Bus fahren wir zurück nach Quito.

Immer noch im Regen, reservieren wir am nächsten Tag vorsichtshalber zwei Plätze für den Rückflug nach San Francisco eine gute Woche später. Die Dame am Flugbüro stellt fest, dass beim Abflug in Lima aus meinen Flugscheinen das falsche Ticket herausgerissen wurde. Der Gutschein für die Strecke von Quito nach Los Angeles fehlt. Zwei Tage liegen wir im Clinch mit Aero Peru, dann habe ich einen neuen.

Otavalo: Stolze Indios, ein guter Markt und endgültig vom Regen vertrieben

Trotz des durchwachsenen Wetters fahren wir nun noch etwa hundert Kilometer weiter hoch in den Norden nach Otavalo. Der Ort liegt malerisch in 2.500 Meter Höhe, ist ringsherum von einer herrlich saftigen, subtropischen Landschaft umgeben, mit zwei schneebedeckten Vulkanbergen im Hintergrund. Die in dieser Gegend lebenden Indiostämme haben es verstanden, ihre alte Kunst des Webens wieder auf einen hohen Stand zu bringen. Jeweils am Samstagmorgen findet hier die große Fiesta statt und dort kauft man auch am besten seinen Poncho, seinen handgewebten Teppich oder seine bestickte Bluse. Aber nicht nur das Einkaufen macht hier Spaß. Die hier lebenden Menschen selbst sind es, die uns beeindrucken; nicht scheue und im Stolz gebrochene Indios, sondern selbstbewusste Handwerker und Händler. Die Männer in blütenweiße Hosen und Hemden gekleidet, tragen über die Schulter einen bunten Poncho und auf dem Kopf einen breitrandigen schwarzen Filzhut. Die langen schönen Haare sind hinten zum breiten Zopf geknüpft. Die Frauen wirken fast etwas Arabisch. Meist stecken sie in dunkelblauen oder weinroten Samtröcken, darüber eine handbestickte Bluse und einen weiten Umhang, ebenso aus Samt. Um den Hals hängen mehrere Lagen goldfarbener, runder Glasperlen, in den Ohren stecken dicke, schwere Silberringe, über dem Haar liegt ein farbiges, verknüpftes Tuch. Die Kinder sind wie die Erwachsenen gekleidet. Der kleine Sohn sieht aus wie Papi, die Tochter wie eine jüngere Zwillingsschwester von Mami. Den Eltern ist es lieber, wenn man sie von weitem unbemerkt mit dem Teleobjektiv fotografiert. Merken sie aber, dass man es auf ihre hübschen Sprösslinge abgesehen hat, werden sie stolz. Dann passiert es, dass sie breit grinsend stehenbleiben und genau darauf achten, dass man ihre Kleinen voll und in ganzer Größe ablichtet.

Bis zum großen Markt am Samstag haben wir an und für sich noch vier Tage Zeit und wir wollen noch hinunter zur Küste, um dann wieder rechtzeitig zur großen Fete zurück zu sein. Aber dann geht's wieder los mit dem Regen. Den ganzen Tag, die ganze Nacht und so weiter. Wir nehmen einen Bus und fahren etwas hinaus, in das kleine Nest Quinchuqui, wo viele der Weber wohnen sollen und wo man ihre handwerklichen Produkte direkt kaufen kann. Im strömenden Regen waten wir durch die lehmigen Straßen, von Hütte zu Hütte, werden überall freundlich begrüßt und eingeladen, den Leuten bei ihrer kunstvollen Tätigkeit zuzusehen. Die Offenheit und der Stolz der Leute sind bestechend. Ein Wesenszug, der sich in den klaren und schönen Gesichtern dieser Menschen widerspiegelt.

Doch dann reichen uns die nassen Güsse von oben. Anstatt weiter an die Küste, fahren wir zurück nach Quito. Dort machen wir endgültig unseren Rückflug fest.

Wären noch die Galapagos Inseln geblieben. Denn wenn schon Ecuador, warum dann nicht auch die Galapagos, wird man fragen. Es ist in erster Linie wieder eine finanzielle Frage. Die billigen Militärflüge, von denen noch immer die Rede ist, sind ein für alle Male ein Gerücht aus der Vergangenheit. Mit dem Schiff ab Guayaquil hinüberzukommen, wurde von einem unserer Bekannten eine ganze Woche lang intensiv versucht. Resultat negativ. Bleiben nur noch die regulären Flüge für 218 Dollar pro Person und rund 20 Dollar pro Person und Tag für die Zeit auf den Inseln. Macht für etwa zehn Tage rund tausend Dollar bei zwei Personen. In einer so kurzen Zeit soviel Geld auszugeben ist, zumindest bei diesen Trip, nicht mehr unser Stil.

Nach genau zwei Wochen in Ecuador, einem Land, von dem wir gerne noch mehr gesehen hätten, starten wir wieder, endgültig vom Regen vertrieben! Nach einem Zwischenstop in Bogotá und Los Angeles landen wir am 16. Oktober das zweite Mal in San Francisco.

9. Reiseabschnitt: Mexiko - Guatemala - Belize

Mexiko: Westküste und Zentralmexiko > Guatemala > Belize >
Mexiko: Ostküste (wieder mit dem VW-Bus)

Entlang der Küste nach Los Angeles und durch Arizona nach Nogales - eine bemerkenswerte Wandlung

Nach einer Ruhepause von knapp zwei Wochen übersiedeln wir vom Haus meines Bruders wieder in den kleinen, vertrauten „Mutterbauch" unseres Campers. Es ist nun Ende Oktober. Im Norden Kaliforniens werden die Tage bereits spürbar kürzer, die Sonne schwächer und die Nächte sogar richtiggehend kalt. Der nahe Pazifik mit dem kalten Humboldtstrom schiebt seine grauen, feuchten Nebelschwaden immer weiter in die Berge hinein. Genau der richtige Zeitpunkt, um wieder in Richtung Süden zu ziehen, von San Francisco aus noch einmal die kalifornische Pazifikküste entlang, bis hinunter nach Los Angeles. Dann gut 1.000 Kilometer nach Osten, nach Phoenix und Tucson in Arizona. Dort werden wir wieder nach Süden drehen, nach Nogales, dem Grenzübergang USA – Mexiko.

Gedanklich hat sich bei Pedra und mir eine bemerkenswerte Wandlung vollzogen. Gut zwei Drittel unserer geplanten Reisezeit und der gesteckten

Reiseroute sind nun vorüber. Immer häufiger wird „die Zeit danach“ zum Inhalt unserer Gespräche und unserer stillen Überlegungen. Langsam, aber sicher bekommen wir beide das Verlangen, wieder etwas anderes zu tun und etwas „Stationäres“ zu schaffen.

Anders als im vergangenen Sommer, können wir uns nun vorstellen, dass wir in einem guten halben Jahr leichten Herzens nach Hause fahren. Mit neuen Zielen im Kopf und mit dem zufriedenstellenden Bewusstsein, uns einen großen Traum erfüllt zu haben.

Der erste Streckenabschnitt, entlang der kalifornischen Küste, bringt uns zwar wenig Unbekanntes, dafür aber eine Landschaft, die man ohne weiteres mehrmals durchqueren kann, ohne ihrer überdrüssig zu werden. Dem Moloch Los Angeles, weiter unten im Süden, entfliehen wir noch am Tag unserer Ankunft. Es ist eine Ansammlung von Kleinstädten und Vororten in riesigem Ausmaß. Wir kommen von einer Stadtautobahn auf die andere, von einer endlos langen Landstraße in die nächste, stellen fest, dass wir in Beverly Hills und dann in Hollywood sind. Wir kommen uns mutterseelenallein und völlig unnütz vor und haben schließlich nur noch den einen Wunsch, so schnell wie möglich aus diesem Zivilisationswahnsinn zu fliehen, wo über sechs Millionen Menschen in fast ebenso vielen Eigenheimen leben, wo eine ähnliche Anzahl von Automobilen ihre Abgase hinterlässt, wo die südkalifornische Dauersonne kaum mehr durch die dicke Smog- und Dreckschicht gelangen kann.

Alle großen Städte der Welt, die ich bis heute gesehen habe, wirken auf mich gleich deprimierend. Und ich empfinde es als menschenunwürdig, den größten Teil eines Lebens in grauen, tristen Büros oder Fabriken zu verbringen und danach sich einen guten Teil der Freizeit im Auto oder Bus durch verstopfte Straßen zu quälen und dabei verpestete Luft einatmen zu müssen. Die Erholung erfolgt im Lehnstuhl vor dem „Glotzkasten“, von dem man sich das Leben auf mehreren Kanälen vorspielen lassen kann, ohne selbst wirklich teilnehmen zu müssen.

Gleich hinter Los Angeles, nach Osten hin, beginnt „the desert“ oder die Wüste, die in verschiedenen Variationen bis weit hinunter nach Mexiko reicht. Sie bedeckt den größten Teil der westlichen US-Staaten. Solange der Eindruck der Wüstenlandschaft noch neu ist, empfinden wir sie als schön, aufregend und abwechslungsreich. Nach einigen Tagen kann sie uns jedoch nichts Neues mehr bieten, sie scheint uns endlos und wird zunehmend langweiliger. Dem „Stell-dich-ein“ prominenter und pensionierter US-Bürger, der Wüstenstadt Palm Springs, können wir kaum etwas abgewinnen. Fast genau an der Stelle, wo der Staat Kalifornien in den Bundesstaat Arizona

übergeht, wandelt sich auch das Bild um uns. Über mehrere hundert Kilometer ist die Landschaft nun von Saguaro Kakteen übersät. Ihre enormen Ausmaße und die verschiedensten bizarren Formen ihrer kahlen aber stacheligen Röhrenarme regen immer wieder die Phantasie an.

Ohne zu halten, fahren wir an Phoenix vorbei, kaufen in Tucson noch gründlich ein und sind am letzten Oktobertag im amerikanischen Nogales, vor der Grenze.

Mit Verstoß gegen das Bakschisch-Gesetz in die Estados Unidos Mexicanos

Das Städtchen Nogales besteht aus zwei Teilen: ein Teil liegt im US-Staat Arizona und der andere im mexikanischen Bundesstaat Sonora . Der amerikanische Grenzer will von uns überhaupt nichts wissen. Doch um nach Mexiko einreisen zu dürfen, müssen wir uns in eine lange Schlange von Touristen einreihen, von denen jeder eine sogenannte „Tourist Card" ausgestellt bekommt. Als nach langem Warten die Reihe an uns ist, blättert der

Zollbeamte lange in unseren Pässen. Nach einem Blick in sein dickes Amtsbuch, erklärt er uns, dass wir als Westdeutsche ein Visum bräuchten.

Das ist entgegen jeder Information, die wir bisher bekamen, ja selbst anderslautend als das, was uns noch das mexikanische Konsulat in San Francisco telefonisch mitteilte. Ich versuche ihm das zu erklären. Aber er bleibt stur und meint, ob ich seine Weisungen besser kenne als er. Es hilft nichts, wir müssen noch einmal ins amerikanische Nogales zum mexikanischen Konsulat und ein Visum beantragen. Zum Glück befindet es sich fast unmittelbar an der Grenzstation. Nur ist es nun Samstagmittag nach zwölf Uhr und um zwölf Uhr wird dicht gemacht. Durch ein Fenster sehe ich ein paar Gestalten und klopfe. Aufgrund meiner Hartnäckigkeit wird schließlich geöffnet und ich kann einem Konsulatsangestellten den Fall schildern. Der blättert ebenfalls in einem Buch, meint, dass ein Visum doch nicht notwendig sei, drückt uns aber trotzdem einen Stempel in den Pass und händigt uns die gleiche „Tourist Card" aus, die wir bereits bei seinem Kollegen auf der mexikanischen Seite ausgefüllt hatten. Damit passieren wir auch eine Stunde später endgültig die Station.

Ein Amerikaner, der diesen Grenzposten schon öfters passiert hat und dem ich die Geschichte erzählte, meinte, ich habe gegen das „Bakschisch-Gesetz" verstoßen, mit einem mittleren Peso-Schein wäre der Fall schnell erledigt gewesen.

Nun sind wir also in den Estados Unidos Mexicanos, den Vereinigten Mexikanischen Staaten. Dieser Republik hat 31 Bundesstaaten und ihre Fläche entspricht etwa einem Viertel der USA. Die Entfernung vom nördlichsten zum südlichsten Punkt Mexikos könnte man mit der Strecke vom Nordkap nach Sizilien vergleichen. Für die Nordamerikaner sind die Estados Unidos Mexicanos etwa das, was Italien oder Griechenland für die Nordeuropäer ist. Knapp zwei Millionen Nordamerikaner besuchen sie jährlich und auch bei den Europäern konnten sie sich eine Spitzenstellung in der Beliebtheitsskala erwerben. Dementsprechend begegnen uns auf unserer weiteren Reise wesentlich mehr VW-Bullis mit europäischem Kennzeichen als in den USA und Kanada. Je weiter wir in den Südwesten oder dann auch nach Guatemala kommen desto zahlreicher werden die Europäer, die Amerikaner aber immer weniger.

Ölsegen mit zwei Seiten

Die erste angenehme Überraschung erleben wir beim Tanken an der nächsten Pemex Station. Der Liter Normalbenzin kostet hier noch sage und schreibe umgerechnet 25 Pfennig! Mexiko ist mit Öl beglückt, das Schätzungen zufolge den Vorräten von Saudi Arabien entspricht. Der Preis für Normalbenzin ist ein Politikum und er wird seit Jahren auf dem gleichem Stand gehalten. Nur am bleifreien Superbenzin wird immer gedreht. Zur Zeit liegt der Liter bei etwa 65 Pfennig. Für viele Autofahrer ein Problem: Der normale Sprit hat nur 81 Oktan, was für die meisten im Ausland gebauten Autos – so auch für unseren „Vauweh" – an und für sich ungeeignet ist. Der „Superstoff" ist bleifrei und hat laut Aushang 92 Oktan . Nur, der hohe Preisunterschied lädt offensichtlich auch standhaftere Krämerseelen zum Pantschen ein. Wir selbst haben schließlich nach langem Experimentieren mit verschiedenen Mischverhältnissen aufgegeben, unseren Motor mit dem oktanschwachen Sprit gequält und versucht, wenn es hinten „klingelte", tapfer wegzuhören, obwohl es manchmal in der Seele weh tat.

Von den günstigen Preisen an der Zapfsäule mit hoher Erwartung erfüllt, eilen wir zum nächsten „Supermercado" und anschließend zum Gemüsemarkt unter freiem Himmel. Wir staunen zum zweitem Mal: Von den Tomaten über´s Fleisch bis zur Flasche Bier, alles kostet im Durchschnitt gut um zwanzig bis fünfzig Prozent mehr als beim Nachbarn im Norden. Zunächst hatten wir noch geglaubt, es hätte mit der Nähe der USA etwas zu tun, doch es herrscht im ganzen Land das gleiche Niveau! Reichlich fließendes Öl ist längst nicht für die gesamte Bevölkerung ein Segen. Die „campesinos", die ärmliche Land- oder Stadtbevölkerung erreicht davon überhaupt nichts. Der Unterschied zwischen den wenigen, die vom plötzlichen Ölfluss profitieren und denen, die von der Hand in den Mund leben, wird noch krasser.

Langwierige Suche nach einem Platz an der Pazifikküste

Nachdem unsere Erwartung, endlich wieder in ein „Billigland" zu fahren, schon innerhalb der ersten Tage gründlich zurechtgerückt wurde, versuchen wir die wieder ganz anders aussehenden Menschen um uns und die reizvollen, ständig wechselnden Landschaften um so intensiver zu genießen.

Rund zwei Tage und etwa 800 Kilometer fahren wir durch die Berge und die Wüste von Sonora. Dann erleben wir schlagartig, innerhalb von wenigen Stunden, einen totalen Vegetationswechsel. Die baumhohen Kakteen scheinen uns hier grüner, sie ragen zwischen Laubwäldern und bunt blühenden Sträuchern heraus. Plötzlich tauchen überall Bananenstauden und die aus Asien so vertrauten Kokospalmen auf, dazwischen Hütten aus Holz oder Lehm, die mit riesigen, fächerartigen Palmzweigen bedeckt sind. Ringsherum ein Spiel von wucherndem Efeu und roten, gelben, blauen und violetten Blumen, das satte Grün der Tropen in allen Nuancen, soweit das Auge reicht.

Eine Veränderung des Klimas, der Vegetation und damit der gesamten Szenerie, wie wir es in einem derartigen Gegensatz noch nie erlebt haben. Geht oben im Norden Mexikos und in der Baja California um diese Zeit der lange, trocken-heiße Sommer zu Ende, so ergießen sich hier unten, in der Höhe von Culiacan, gerade noch die letzten Schauer der großen Regenzeit, die im mittleren Mexiko und in Zentralamerika von Juni bis hinein in den Oktober dauert.

In Mazatlan stoßen wir dann auf die erste Touristenhochburg der mexikanischen Pazifikküste. Eine Stadt, die erstaunlich viel Ähnlichkeit mit Benidorm oder Las Palmas hat. Der wesentliche Unterschied ist vielleicht, dass man hier mehr Englisch mit amerikanischer Färbung hört und dort mehr Deutsch. Hier ereilt uns auch noch das Schicksal, dass wir für eine Nacht auf einem Campingplatz müssen – oder wie es, für die amerikanischen Touristen heißt, auf einen Trailer Park, für 147 Pesos, oder zwölf Mark die Nacht!

Eine Tagesreise weiter südlich fahren wir, mit großer Hoffnung auf einen stillen, unberührten Ort eine kleine Dschungelstraße entlang, die wieder hinunter ans Meer führt. Das Dorf, auf das wir stoßen heißt San Blas und entpuppt sich tatsächlich noch als ziemlich ursprünglich, aber mit tausenden von kleinen Sandflöhen am Strand, die kaum zu ertragen sind.

Richtig schön ist die Küste erst 14 Kilometer vom Ort entfernt an der Playa de los Cocos. Hier wachsen die Kokospalmen, ganz ähnlich wie in Ceylon, bis dicht ans Meer. Aber auch hier verfolgen uns die verdammten Sandflöhe. Sie machen uns halb wahnsinnig. Außerdem finden wir keinen Campingplatz, wo wir die Nacht verbringen können. Zum „Wildcampen", ganz alleine in dieser Landschaft, fehlt uns der Mumm. Zu viele Geschichten, sogar aus erster Hand, haben wir inzwischen gehört. Einen Raubüberfall möchten wir nicht unbedingt selbst erleben.

Bevor wir endgültig weiterfahren, holen wir noch die in Südamerika versäumte Kanu-Fahrt durch den Urwald nach. Wir mieten uns ein Boot und lassen uns einen halben Tag durch verschiedene Arme eines Flusses fahren. Wir werden durch Mangroven-Sümpfe geführt, die so dicht bewachsen sind, dass kaum die Sonne durchscheint, bekommen herrliche Vögel und Fische zu sehen und hören Laute, die in ihrer Urigkeit unsere Phantasie redlich anheizen.

Auf unserer Suche nach einem Plätzchen an der Küste, geht's noch einmal hinauf in die Berge der Sierra Madre und bei Tepic wieder hinunter an die Küste. Wir klappern sämtliche Buchten bis Puerto Vallarta ab – einem weiteren Ferienort, der „in", schön und teuer ist – und weit darüber hinaus bis Barra de Navidad. Irgendwie will es uns nicht in den Kopf, dass wir an dieser ellenlangen und zum Teil unglaublich schönen Küste nur Buchten finden, die entweder total verbaut sind oder für uns zu einsam und abgelegen liegen oder überhaupt nicht zugänglich sind. Schließlich kehren wir kompromissbereit zu dem traumhaft gelegenen Campingplatz, etwa fünfzig Kilometer nördlich von Puerto Vallarta, in der Nähe von La Panita, zurück. Wir akzeptieren den Preis von 100 Pesos pro Tag, sowie die Tatsache, dass – wie fast überall in Mexiko um diese Jahreszeit – außer uns offensichtlich nur noch einige Nordamerikaner im Rentenalter hierher gefunden haben. Die Atmosphäre und Ungebundenheit von jüngeren Reisenden mit kleinen Wohnmobilen oder Zelten, die in Asien unterwegs waren und die wir gehofft hatten, hier wieder zu finden, sollen wir erst viel später, in Guatemala, wieder entdecken. Mexiko ist in dieser Hinsicht eine arge Enttäuschung. Denn zum größten Teil ist es fest in der Hand von betagten US-Bürgern und Kanadiern, die mit riesigen, fahrbaren Häusern unterwegs sind. Mit dem ursprünglichen Camping haben diese Riesenwohnwägen kaum mehr etwas zu tun und deren Bewohner geht es mehr ums Überwintern, als ums Entdecken und Reisen.

Wir haben eine längere Erholungspause sowieso dringend nötig. Die Entfernungen auf diesem Kontinent sind immens und so stellen wir mit Blick auf den Tacho fest, dass wir innerhalb der vergangenen drei Wochen 5.000 Kilometer gefahren sind.

Gerade noch rechtzeitig, am Vorabend meines Geburtstags, erreichen wir La Panita. Pedra bringt sogar noch die Energie auf, aus eigens dafür mitgebrachten Zutaten einen Bananen Pie – einen Kuchen mit Cremefüllung und Bananenauflage – zu basteln. Weil es ja eine Überraschung werden soll, muss ich solange baden gehen. Dann darf ich nicht mehr an den Kühlschrank. Am nächsten Morgen, als mir Pedra stolz ihr Werk vorzeigen will, ist die Füllung statt fest schlabberweich. Die siebenunddreißig Kerzchen stehen kreuz und quer zwischen den Bananenscheibchen. Da packt mich der Ehrgeiz des Technikers. Die Batterie, so behaupte ich, gibt nicht genügend Saft her. Umschalten auf Netz geht nicht, da die Spannung in Amerika generell 110 Volt beträgt, unser europäischer Kühlschrank aber 220 Volt braucht. Von einem Amerikaner mit Super-Campingausrüstung treibe ich ein Batterieladegerät und ein Verlängerungskabel auf. Siegessicher sehe ich schon einen perfekt fest gewordenen Kuchen mit wahrlich kerzengeraden Leuchtern vor mir. Aber ich habe die Tücken der Technik unterschätzt. Erst passt die Steckdose nicht, dann spielt das Ladegerät verrückt, als ich beide repariert habe, hat das Verlängerungskabel eine Unterbrechung, dann gibt's einen Kurzschluss, worauf das Auswechseln der Sicherung auch nichts hilft. Ich falle erst einmal schlaff in einen Stuhl und fluche über die „Scheißtechnik". Und weil mir Pedra zum Geburtstag jede Arbeit und jeden Stress verboten hat, genieße ich die verrutschte Angelegenheit in ihrer etwas breiigen Form, in der sie nun einmal ist.

Als wir am selben Abend vom Essen in einem kleinen Ort zurückkommen, haben wir mexikanische Nachbarn. Drei Männer, drei Frauen, sechs Kinder, ein kleines Zelt und einen VW-Bus. Nach einer knappen halben Stunde sind wir im Clan integriert. Als die Leutchen – ohnehin schon sehr feierfreudig – hören, dass ich Geburtstag habe, gibt es kein Halten mehr. Jetzt den reichlich fließenden Tequilla zu verweigern, wäre prüde und zusätzlich eine Beleidigung! Selbst die Kinderchen, angeregt von den Erwachsenen, werden noch munterer. Alle Mann hocken wir am Boden, die Kinder rollen durcheinander, einer der Männer spielt auf der Gitarre, die ganze Gruppe singt und klatscht im Takt dazu. Kaum ist der Becher leer, wird schon wieder nachgeschenkt. Irgendwann kommen wir doch ins Bett und wachen am nächsten Morgen mit einem ganz bösen Kater auf. Es ist Sonntag und die Nachbarn sind gerade dabei, die Feier neu anzufachen. Wir haben eigentlich das Bedürfnis nach etwas Ruhe, was aber nicht akzeptiert wird. Wir stellen fest, dass sich die Fragen der Leute ständig wiederholen. Es ist ihnen offensichtlich sehr wichtig, uns einen möglichst guten Eindruck von ihnen und ihrem Land zu geben. Immer wieder müssen wir Mexiko als schön befinden und bekräftigen, dass die Mexikaner tolle Typen sind – die anwesenden

Vertreter natürlich in ganz besonderem Maße – und müssen die Babies bewundern. Die Schau wird von den Männern gemacht, die Frauen werden nach südländischer Sitte im Hintergrund gehalten. Um die Gastgeber nicht zu beleidigen oder ihren Stolz zu verletzen, müssen wir viel mehr essen und trinken, als wir eigentlich wollen. Letztlich wird es für uns sehr anstrengend und wir stellen fest, dass die Freiheit trotz des guten Willens der Mexikaner dahin ist. Erleichtert helfen wir schließlich mit, als die ganze Mannschaft am Sonntagnachmittag das Zelt wieder abbaut, alles in dem Bus verstaut und langsam weiterrollt.

Die verschiedenen Kontakte mit Einheimischen zeigen uns immer wieder eine ähnliche Verhaltensweise, wie wir sie bei unserer ersten Bekanntschaft beobachten konnten. Vordergründig handelt es sich um eine Welt der Männer, mit ziemlich genau abgesteckten Rollen beider Geschlechter. Die Frauen spielen nach wie vor die klassischen Rollen im Hintergrund und die Männer nach außen hin den Patriarchen mit einer typisch lateinischen Nuance des „Machismo", einer Art von männlichem Stolz und Verletzbarkeit, die dann am spürbarsten ist, wenn man versucht, Meinungsverschiedenheiten zu klären. Von einem bestimmten Punkt an gibt sich der Gesprächspartner gekränkt, jede Art der Rationalisierung hört auf und verläuft in Polemik.

Guadalajara: Über Kunst kann man streiten

Mitte Dezember, gerade noch rechtzeitig vor der bevorstehenden Weihnachtsreisewelle, verlassen wir unseren Platz an der Küste, steigen in wenigen Stunden wieder auf 1.500 Meter, in die Berge der Sierra Madre.

Am gleichen Abend erreichen wir Guadalajara, eine ehemals reizvolle Kolonialstadt mit einem immer noch sehenswerten, bazarähnlichen Markt, eine Stadt, die viel zu schnell auf gut zwei Millionen Einwohner gewachsen ist und die man nun „autogerecht" zu machen versucht.

Im Palacio de Gobierno bekommen wir das erste Mural von dem hier sehr berühmten Künstler Orozco zu sehen. Murale sind riesige Wandmalereien, die inhaltlich in der Regel Szenen aus der mexikanischen Geschichte darstellen, teils in sehr kritischer, immer aber in realistischer Form. Im ganzen Land, namentlich auch in Mexico City, begegnet man diesen Malereien. Die versuchte Aussage ehrt viele dieser Murale, die Form der Darstellung aber scheint uns – wie übrigens fast alle Denkmäler der neueren Zeit in Lateinamerika – zu sehr vom faschistischen oder bolschewistischem Stil des brutalen Realismus angehaucht zu sein. Über Kunst kann man jedoch bekanntlich streiten!

Ständiges Wechselbad: Fünf Grad unter Null bei Patzcuaro, dreißig Grad plus an der Küste

Von Guadalajara aus fahren wir vorbei am Lago Chapala, weiter hinein in das mexikanische Hochland, nach Patzcuaro, am Ufer des gleichnamigen Sees, in rund 2.200 Meter Höhe. Nach der Wüste im Norden und der tropischen Küste sind wir hier oben in der dritten der großartigen mexikanischen Landschaftsgegensätze. Fast wie in den Alpen sieht es hier aus. Herrliche Wälder mit Pinien und vertraut aussehenden Laubbäumen, satte, grüne Berghänge mit bunten Wiesenblumen, sogar die weiß-schwarzen Kühe fehlen nicht. Schön ist auch, dass in dieser Gegend fast nur reinrassige Indios leben.

Indios vom Stamm der Taraskos, die besonders das Handwerk des Töpfers pflegen. Als wir auf den Märkten von Patzcuaro und Tzinzuntzan herumwandern und die vielen ausgestellten Waren bewundern, blutet uns wieder einmal das Herz. Denn nach dem ersten Eifer wird uns klar, dass wir die vielen herrlichen Gegenstände aus Ton, die wir gerne kaufen möchten, auch verstauen müssen, aber wo?

Mit dem Szenenwechsel ist auch noch der Wechsel des Klimas bemerkenswert. War es unten an der Küste feucht-heiß, so sind die Tage hier oben angenehm trocken und warm, die Nächte sogar wahrhaftig kalt. Als wir am ersten Morgen verschlafen aus dem Auto schauen, trauen wir kaum unseren Augen. Um uns herum ist die ganze Wiese weiß vom Frost, das Thermometer steht gar auf fünf Grad unter Null!

Auf dem Weg zur Küste durchfahren wir wieder innerhalb eines einzigen Reisetages sämtliche Klimazonen. Diesmal in umgekehrter Reihenfolge. Vom Hochland mit alpenländischem Flair um Patzcuaro finden wir uns schon kurz darauf, etwas tiefer gelegen, in einer Wüstenlandschaft mit Flaschenkakteen, breitgefächerten Kaktusbäumen, ausgedörrtem Gestrüpp und eigenartigen blattlosen Bäumen mit trompetenförmigen Blüten. Pass reiht sich an Pass in diesem Gebirge, aber noch am selben Abend gelangen wir an die tropische Küste bei Zihuatanejo mit Kokospalmen, 90 % Luftfeuchtigkeit und einer Temperatur von 30 °C. Ein Wechselbad verschiedenartigster Landschaften und Klimazonen zwischen Morgen und Nachmittag. Ein Erlebnis, das man bis hinunter in die mittelamerikanischen Staaten beliebig wiederholen kann, denn überall fallen die Berge der Sierra Madre Occidental steil ab, geradewegs hinein in den Pazifik.

Ende Weihnachten – Luft raus!

Unsere Erlebnisse von diesem Teil der Reise zu beschreiben, fällt mir nicht ganz leicht. Folgender Eintrag in unserem Tagebuch ist für diese Stimmung symptomatisch:

Wir merken, dass irgendwie „die Luft raus ist“, der Elan vom Anfang der Reise fehlt. Zu vieles finden wir, das nicht mehr „neu“, sondern „ähnlich“ ist. Nur Zuschauer zu spielen, zu beobachten und weiterzufahren bringt nicht mehr die rechte Befriedigung. Langsam wollen wir wieder bleiben und selber mitspielen. Nach all dem Erlebten und Gesehenen sind wir überzeugt, dass man dies am besten dort kann – und vor allem darf! – wo man die so wesentlichen jungen Jahre seines Lebens verbracht hat; wo man selbst Teil der Kultur und Gesellschaft ist, Bürger mit allen Möglichkeiten und Rechten. Vielleicht ist unser Blick auch schon zu sehr nach Hause gerichtet, auf „die Zeit danach“. Über Guatemala hinausfahren, wollen wir beide nicht mehr! Nach einem Jahr wäre die Reise zu kurz, wir selbst noch nicht satt genug gewesen. Jetzt nähern wir uns der Sättigung und der Befriedigung, vieles und Schönes gemacht zu haben. Aber bald wollen wir uns wieder irgendwo niederlassen!

Auch dieses Weihnachten, das zweite auf dieser Reise, werden wir nicht im Schnee und in der Kälte feiern, sondern unter Palmen, in der Sonne, am Meer. Wie schon weiter nördlich an der Küste brauchen wir geraume Zeit, bis wir einen geeigneten Platz am Meer finden. Entweder sind die Buchten unzugänglich, zu einsam oder völlig verbaut. Schließlich müssen wir einen der vielen Kompromisse machen und bleiben auf einem kleinen Campingplatz kurz vor Acapulco.

Zum „Heiligen Abend“ inszenieren die Besitzer ein großes Buffet. Nach hiesiger Sitte darf erst kurz vor Mitternacht gegessen werden. Auf unsere Bitte, doch schon etwas eher speisen zu wollen, entgegnet die Chefin: „Mein Herr wurde erst um Mitternacht geboren und erst dann wird gefeiert!“ Hat was für sich! So gegen dreiundzwanzig Uhr beginnt dann die Feier.

Vor einer großen Hütte mit Moskitonetzen und Dach aus Palmenstroh haben sich die Mitglieder der Familie und etwa zwanzig Camper versammelt. Jeder der Gäste bekommt eine Kerze in die Hand. Zwei Mann und eine Dame mittleren Alters tragen ein Brett, auf dem ein Krippchen und Hirtenfiguren kunstvoll aufgebaut sind. In der Hütte und bislang nicht zu sehen, befindet sich die Chefin, die Señora, wie wir sie alle nennen. Alsdann beginnt ein Gesangsspiel zwischen der Dame draußen mit den Hirtenfiguren und der Señora in der Hütte. Leider sind unsere Spanischkenntnisse nicht ausreichend, um den Inhalt genau zu verstehen.

Aber die Szene ist ergreifend und hat etwas sehr Ursprüngliches an sich. Nach dem Ende der Zeremonie wird die Türe zur Hütte geöffnet und alle draußen Wartenden dürfen hinein. Leider ist damit auch die Weihnachtsstimmung dahin. Die Kinder stürzen sich auf die Geschenke, die Erwachsenen auf das Buffet, ein großes Fressen beginnt, aus einem großen Lautsprecher kommt amerikanische Schlagermusik.

Ein einziges Mal fahren wir hinüber ins benachbarte Acapulco. Zum Einkaufen. Das reicht! In den Prospekten amerikanischer und europäischer Ferienvermarkter immer noch als „Paradies in den Tropen" dargestellt, ist es inzwischen längst zur Millionenstadt herangewachsen, mit Industrie, Hafenviertel und dazugehörigen Slums. Daneben, wie in einer anderen Welt, die Hotels für die Fremden und die Luxusvillen der Reichsten. Wie Honolulu, Las Palmas oder Benidorm, Vorstadtsilos mit Palmen und Meeresrauschen. Die Kriminalitätsrate soll hier am höchsten in ganz Mexiko sein. Und das ist bestimmt nicht wenig!

Mexico City: Notbehelf

Zwei Tage nach Weihnachten verlassen wir die Küste, fahren erneut hinauf in die Sierra, auf der Straße in Richtung Mexico City. In Taxco, einer alten Silberstadt, machen wir Halt. Ich halte folgende Eindrücke im Tagebuch fest:

Mexikanische Stadt wie aus dem Bilderbuch. Kolonial-spanischer Stil. Enge Gassen, verknüpfte Häuser, Blumen, Bougainvillea, unzählige Händler und kleine Läden, rauhes Kopfsteinpflaster, Indios mit Eseln, Mestizen mit breiten Sombreros, herrliche Kathedrale, Silber, Silber und wieder Silber. Einkaufen, Schauen, Scharen von Touristen.

Mexico City beeindruckt uns auf verschiedene Art und Weise: Da ist einmal die erdrückende Größe und der dazugehörige Smog. 16 Millionen Menschen oder jeder vierte (!) Mexikaner versuchen in dieser Stadt zu leben. Die Luft in 2.200 Meter Höhe ist dünn, der Gestank von drei Millionen Autos gibt ihr den Rest!

Trotzdem hat sie ihre schönen Seiten. Bei allen Gegensätzen in der Sozialstruktur sind Venezuela und Mexiko die reichsten Staaten Lateinamerikas. Ein Teil dieses Geldes (früher Silber, heute Öl) ist hier auch keineswegs zu übersehen. Aufwendig renovierte und gut erhaltene Bauwerke aus der Kolonialzeit, protzige Bürofassaden aus Glas und Stahl von Banken, Konzernen und Versicherungen in breiten, verkehrsgerechten Avenuen.

Am letzten Tag des Jahres besuchen wir die Mittagsvorstellung des Ballet Folklorico. Eine gekonnte und einzigartige Aufführung von Folklore und Tänzen aus allen Zeitepochen Mexikos, die von den Tempeltänzen der Mayas und Azteken bis zu den zeitgenössischen Klängen der Mariachi-Kapellen reicht. Ein enormer Aufwand an Darstellern und Kostümen.

Beschließen wollen wir das Jahr etwas außerhalb der Stadt, bei den Pyramiden von Teotihuacan. Auf halber Strecke dorthin, auf der stark befahrenen Autobahn, reißt das Gasseil. Mit Glück im Unglück kann ich gerade noch einen Parkplatz ansteuern, aber zu allem Übel wird es bereits dunkel. Ein Ersatzseil haben wir dabei, aber eine Reparatur an Ort und Stelle, im Schein einer Taschenlampe, scheidet aus. Die Weiterfahrt mit Standgas verbietet sich, bei dem dichten Verkehr, in der Dunkelheit und bei der temperamentvollen Fahrweise dieser Leute, von selbst! Die Sylvesternacht im rauschenden Verkehr neben der Straße zu verbringen, ist kein guter Gedanke und schon gar kein guter Anfang für das neue Jahr! Ein nervöser Blick in den „Korp" („Jetzt helfe ich mir selbst!") bringt die befreiende Lösung: „Als Notbehelf ein Stückchen Pappe oder Holz zwischen Hebel und Stufenscheibe des Vergasers klemmen."

Mit aufheulendem Motor reihen wir uns wieder ein in die Autoschlange zurück nach Mexico City, quälen uns noch mal durch die endlos lange Durchgangsstraße „Insurgente" und erreichen kurz vor Mitternacht den kleinen Campingplatz im Norden der Stadt, wo wir wissen, dass wir in Ruhe stehen können. Mit Verwunderung begrüßt uns ein Schweizer Paar, von dem wir uns am Morgen verabschiedet hatten. Der Stress und die Müdigkeit sind uns wohl anzusehen. Einer der beiden drückt uns kurz darauf einen Teller mit Kartoffelsalat in die Hand und wenig später – gerade noch rechtzeitig – feiern wir zusammen das neue Jahr.

Am Neujahrstag ersetze ich den Seilzug und mache endgültig die Innenheizung flott für die kalten Nächte des mexikanischen Hochplateaus, in denen die Temperaturen regelmäßig auf den Gefrierpunkt sinken.

Pyramiden, Kirchen, Indiomärkte

Einen Tag später erreichen wir tatsächlich die Pyramiden von Teotihuacan. In der riesenhaften, aber kahlen Tempelanlage mit ihren Menschenmassen kommen wir uns verloren vor. Unweigerlich vergleichen wir wieder mit Asien: Was fehlt auf diesem ganzen Kontinent, ist die Andersartigkeit der Menschen, geprägt von einer unterschiedlichen Religion und Philosophie. Vergeblich suchen wir die Lebendigkeit und die Faszination eines Festes wie in Pushkar, von Swayambunath oder Pashupatinath in Nepal, von Varanasi, von den Fischern in Ceylon. Zu vieles haben Katholizismus und europäische Herrenmenschen in diesem Teil der Welt eingeebnet oder gleichgemacht! Hier sind nur Denkmäler übriggeblieben. Nur in ganz wenigen Fällen, wenn sich Teile der alten Religionen mit denen des fremdländischen Christentums vermischt haben, dort, wo die Indianer noch relativ homogen ihrem Leben und ihrem Brauchtum nachgehen konnten, ist zu spüren, wie anders, groß und reich dieser Teil der Welt einmal gewesen sein muss! Nur in wenigen Hochtälern Mexikos, mehr dann in Guatemala, haben wir diese Atmosphäre angetroffen.

Etwas weiter südlich, in der Umgebung der Stadt Puebla, bei Cholula, haben wir noch mal Gelegenheit, über diese eigenartige Verknüpfung von Katholizismus und Indiokultur nachzudenken. Als Cortés in diese Gegend kam, fand er eine heilige Stadt der Olmeken vor, mit 100.000 Einwohnern und 400 „teocallis" oder Opferaltären. In seinem Eifer schwor Cortés, die Stadt den Erdboden gleich zu machen und für jeden zerstörten Altar an dessen Stelle eine Kirche zu bauen. Tatsächlich hat er davon siebzig Stück gebaut. Die prunkvollste davon ließ er auf der Pyramide von Quetzalcoatl, angeblich dem größten Gebäude der Welt, errichten. Die weitaus reizvollsten aber stehen in den Orten Acatepec und Tonantzintla, wo die bunten Fliesen und die verschnörkelten Stuckarbeiten eine überschäumende Schwelgerei indianischer Kunst und Kreativität darstellen.

Je tiefer wir nun in den Süden Mexikos gelangen, desto ursprünglicher wird das Land. Die Nordamerikaner mit ihren riesenhaften Campinganhängern treffen wir nur noch selten, dafür wesentlich häufiger unternehmenslustige Europäer mit kleinen Wohnmobilen. Bei den Einheimischen überwiegt eindeutig das indianische Element. Wären da nicht die von Spanien geprägten Gebäude und die katholischen Kirchen, möchte man fast glauben, dies wäre Maya-Land. Von den bunten Indiomärkten in Oaxaca und San Christobal de las Casas sind wir begeistert. Besonders in San Christobal gefällt es uns, einer kleineren Stadt, in der wir das Gefühl haben, dass die Nachfolger der Conquistadores aus ihren gemütlichen Häusern aus- und die Indios an ihrer Stelle eingezogen sind. Die Stämme der Umgebung scheinen vom europäischen Einfluss weitgehend verschont geblieben zu sein. Die Trachten, die Sprache, die Gebräuche dieser Menschen sind noch so, wie wenn Europa nur vorbeigegangen, aber nicht geblieben wäre.

Kurz vor Guatemala: Immer noch kein Paradies gefunden!

Wir machen einen kleinen Abstecher zum Parque Nacional Montebello, dicht an der Grenze zu Guatemala. Vierzehn Seen liegen dort zwischen Hügeln in einer reizvollen Gegend im Urwald. Aber sehr viel genießen können wir davon nicht! Bei grauen Wolken kommen wir an und 24 Stunden später glauben wir, dass der Regen nie mehr aufhören wird. Es ist schon fast eine Genugtuung. Haben wir doch immer noch kein Paradies gefunden, wissen, dass wir in knapp einem halben Jahr wieder in Deutschland leben werden und haben inzwischen gelernt, dass das Wetter nicht nur zuhause unberechenbar ist. Eine Feststellung, die man sehr wohl im Zusammenhang mit der Erkenntnis sehen kann, dass aus der Entfernung tatsächlich vieles besser aussieht!

Guatemala: »Alte Geschichte!«

Einen halben Tag später stehen wir an der Grenze zu Guatemala, mit etwas gemischten Gefühlen, denn Guatemala lebt im Ausnahmezustand. Allerdings schon seit Jahren. Die alte Geschichte: Zu wenige besitzen zu viel und zu viele zu wenig. Die Guerilleros werden stärker. In weiten Landstrichen sitzen die regierenden Militärs noch in den Verwaltungen, aber durch das Land selbst trauen sie sich nur noch im Armeekonvoi. Einige Monate später lesen wir in einem Bericht von Amnesty International, dass es allein im Jahr 1980 rund 3.000 Tote aufgrund von politischen Auseinandersetzungen gegeben hat. Es ist also nicht mehr ganz so harmlos in dieser Republik!

Vom US-amerikanischen Grenzposten bei Nogales bis hierher, dem südlichsten Punkt Mexikos bei der Ciudad Cuauhtemoc, sind wir genau 6.704 Kilometer gefahren und haben uns dafür zweieinhalb Monate Zeit genommen. Die mexikanischen Grenzbeamten verabschieden uns mit Lässigkeit, die Guamalteken empfangen uns mit genauen Kontrollen. Das Interesse gilt Waffen und landwirtschaftlichen Erzeugnissen. Unser Taschenmesser dürfen wir behalten, aber unsere Tomaten und Zwiebeln müssen wir abgeben. Damit bestimmt keine fremden Insekten ins Land kommen, wird das Auto innen und außen chemisch abgespritzt. Dafür zahlen wir 1,25 Dollar, zwei Dollar für den Inspektor, noch mal zwei Dollar für irgendwelche Formulare, ein Dollar hier, ein Dollar da, dann sind wir durch.

Guatemala beginnt mit hohen, spitzen und bis in die Gipfel mit dichtem Grün bewachsenen Bergen, die in ihrer Märchenhaftigkeit ein bisschen an die Gebrüder Grimm und an die Anden um Machu Picchu erinnern.

Neben den „kaputtrenovierten“ Pyramiden bei Huehuetenango verbringen wir die erste Nacht, kaufen am nächsten Morgen im Ort eine Versicherung für das Auto und besuchen den Markt. Unser erster Eindruck ist sehr positiv: Endlich wieder vernünftige Preise im Vergleich zum teuren Nachbarland und auffällig freundliche Menschen.

Nachdenkliches am Atilan See

Innerhalb von einem Tag können wir bequem Momostenango erreichen, ein Dorf abseits der Straße, das für seine Decken- und Teppichweber bekannt ist und kommen am selben Abend noch in Panajachel am Atitlan See an. Ein tiefblauer See, eingebettet zwischen grüne Kegel erloschener Vulkane. Wir können unmittelbar an seinem Ufer wild und unbehelligt campen. Ständig werden wir dabei von Indios besucht, die uns ihre Waren zum Kauf anbieten: bestickte Blusen, Hemden, Jacken, Teppiche, Obst, Gemüse, selbst gemachte Süßigkeiten. Zehnmal bieten uns die gleichen Leute die gleichen Sachen an, zehnmal lehnen wir ab und genauso oft begrüßt man uns mit dem gleichen einladenden Lächeln, verabschiedet sich herzlich mit „Adios“. Diese Menschen strahlen eine Ruhe, Lässigkeit und Freundlichkeit aus, die ziemlich einmalig ist auf dieser Welt, wie wir sie in dieser Weise eigentlich nur noch unter den Tibetern in Nordindien oder Nepal getroffen haben.

Ich frage mich, wo und wer die Guerilleros sind und wer hinter ihnen steht. Wohl kaum diese ländlichen und friedlichen Indios, die wir hier am See oder auf dem Markt in Chichicastenango treffen. Es müssen die Menschen aus den größeren Städten sein. Menschen, die sich von der Natur und ihrem ursprünglichen Leben entfernt haben oder entfernt wurden, um im Proletariat der Metropolen unglücklich zu werden, oder Menschen, denen man ihr Land genommen hat, um sie zu Pächtern zu machen.

Am Ufer des Sees lese ich ein Buch über die Indios von Guatemala („The Highland Mayas“, Roland and Roger Bunch, Jostens Publications, USA), das mich sehr zum Nachdenken anregt. Roland hatte neun Jahre in Guatemala als Landwirtschaftsberater gelebt, mehrere Reisen gemacht und generell bei den Ureinwohnern von Entwicklungsländern folgende Charaktermerkmale festgestellt: *Einen gesunden Grad an Selbstbewusstsein und Würde, Selbstvertrauen, sowie die Ausstrahlung von Sicherheit und Kompetenz, mit der Dinge erledigt werden, aber auch – für westliche Begriffe – einen Mangel an Konkurrenzdenken, Kritiklosigkeit und scheinbare Passivität.*

Diese Eigenschaften hat er zu einem bestimmten Grad bei den „traditionellen Kulturen“ der Bauern von Kathmandu bis Guatemala als deckungsgleich festgestellt und meint dazu (sinngemäß):

Die 'Kultur der Armut' ist weltweit. In traditionellen und sich langsam wandelnden Gesellschaften hat der Einzelne eine relativ geringe Anzahl von Geschicklichkeiten und Tätigkeiten auszuüben, damit die Gesellschaft funktioniert. Diese sind auch leicht zu erlernen. Viele der wesentlichen Charakterzüge dieser Menschen scheinen auf einen einzigen Zusammenhang hinauszulaufen, den man vielleicht am besten mit der 'Einfachheit der Tätigkeiten' umschreibt.

Selten, dass das Mitglied einer Gesellschaft, in der alle Tätigkeiten einfach sind, mit einem Fehlschlag rechnen muss. Gewöhnlich kann er oder sie das Gefühl eines totalen Selbstvertrauens haben. Praktisch kann jede Frau lernen, wie man Mais oder Bohnen kocht, Tortillas macht, wäscht, Kleider flickt, mit den Kindern umgeht. Sie lernt diese Tätigkeiten schon sehr früh von ihrer Mutter und es gibt auch nur diese Handvoll von Verrichtungen, die sie erlernen muss.

Ihr Ehemann ist ebenso kompetent in den Geschicklichkeiten, die von einem Mann erwartet werden: Anpflanzen von Mais und Bohnen, Hacken von Feuerholz, Umgang mit dem Vieh. So lange er von neuartigen Methoden, wie wechselweisem Feldanbau, Kunstdünger, Tierimpfungen, verschont bleibt, kann auch er ein völliges Selbstvertrauen haben, dass er sämtliche Tätigkeiten beherrscht, die die Gesellschaft von ihm verlangt.

Als Resultat ist jede Art von Wettbewerb auf ein Minimum reduziert. Wie soll Wettbewerb auch entstehen, wenn jeder jede Tätigkeit gleich gut kann? Außer natürlich zu einem gewissen Grad auf dem Markt und im sozialen Umfeld.

Aus dem gleichen Grund kann ein Indio leben, ohne viel Kritik ertragen zu müssen. Man ist ja gewohnt, dass jeder überall gleich gut ist. Ausländer, die mit Indianern zusammenarbeiten, stellen entsprechend eine sehr große Empfindlichkeit gegenüber der kleinsten Rüge fest. Andererseits wird kaum ein Indio bei jemandem anderen etwas bemäkeln.

Schließlich bleibt die Passivität, die diesen Menschen häufig nachgesagt wird. In traditionellen Gesellschaften strebt aber naturgemäß kaum jemand nach Zielen, die von der Gemeinschaft nicht bereits praktiziert und akzeptiert werden. Damit entgeht der Indio auch fast jeder Frustration. Denn Frustration ergibt sich dann, wenn man ein gestecktes Ziel nicht erreichen kann.

Kinder heben in der Schule nur selten den Finger. Nicht weil sie selten etwas

wissen, sondern um die anderen, die es vielleicht tatsächlich nicht wissen, nicht bloßzustellen. Mehr Miteinander als Gegeneinander!

Indios findet man kaum ärgerlich oder in der Anwendung von Gewalt. Frustration ist die normale Ursache von Ärger und dieser die Ursache für Gewalt. Menschen, die nur ein geringes Maß an Frustration zu ertragen haben, haben entsprechend wenig Grund zu Ärger und folglich zu Gewalt.

Natürlich kann keine Kultur ohne Ärger, Wettbewerb oder Sich-in-Frage-stellen leben. Aber die Komplexität einer Gesellschaft mit einfachen Tätigkeiten ist völlig ungleich, wenn man sie mit der industrialisierten Welt vergleicht, wo nur wenige Menschen in auch nur einem einzigen Beruf völlig sicher und kompetent werden können. Selbst nach Jahren einer geradlinigen und spezialisierten Ausbildung. In einer Welt, wo die Werte und der Bedarf derartig zeitabhängig sind, dass selbst Leute, die ihren Beruf buchstäblich ein Leben lang gemeistert haben, sich am Ende ihrer Laufbahn als überflüssig empfinden müssen.

Chichicastenango: großer Markt, katholische Heilige und Urwaldreligion

Von vielen Reisenden wird Guatemala als das Land bezeichnet, das von all den Attraktionen, die Südamerika bietet, auf kleinster Fläche von allem etwas hat. In der Tat: im Norden und Westen gibt es hohe Berge und Vulkane, der ganze Osten ist mit Dschungel überwachsen und von Flüssen durchzogen, die Indios sind sogar noch diejenigen in ganz Lateinamerika, die sich ihre Ursprünglichkeit am besten erhalten haben.

Der große Teil dieses Kontinents war mit Gold, Silber oder leicht bebaubarem Land versehen. Dies zog die Einwanderer in Scharen an, die Ureinwohner wurden systematisch dezimiert oder eingegliedert. Guatemala hatte von all dem wenig zu bieten. Dies ist der Grund, warum die habgierigen Conquistadores schon bald wieder abzogen und das Land eine etwas mildere Form der Unterwerfung erlebte. Obwohl die Indios von den eifrigen Seelenkrämern, den spanischen Missionaren, ganz und gar nicht verschont blieben, konnte sich hier doch eine recht eigenartige Vermischung von christlich-katholischem und indianisch-paganischem Gedankengut formieren.

Zwei Orte gibt es, bei denen man derartig katholisch-heidnische Zeremonien beobachten kann: In Momostenango wird noch jeweils am Ende der mayanischen Kalenderperiode von 260 Tagen das Neujahrsfest gefeiert. Am Abend des letzten Tages opfert man Kerzen, Blumen und Weihrauch in der katholischen Kirche, am folgenden Neujahrsmorgen zieht sich eine endlose Prozession durch den Wald zu der alten Kultstätte, wo die Quiché-Indianer in alten Zeiten ihren Maya-Göttern huldigten. Für dieses Fest haben wir leider den falschen Zeitpunkt gewählt.

Jeden Donnerstag und Sonntag findet aber in Chichicastenango regelmäßig ein großartiger Markt statt, verbunden mit der hiesigen Version eines indianischen Kirchgangs. Zu diesem Fest kommen wir rechtzeitig. Obwohl schon sehr bekannt und deswegen auch gewiss touristisch, kann man den Markt immer noch als ursprünglich und spektakulär bezeichnen. Besonders angetan haben es uns die indianischen Zeremonien auf den Stufen der Kirche Santo Tomás. 1540 schon wurde diese Kirche von Dominikaner Mönchen auf den Stufen des zerstörten Quiché-Maya-Tempels erbaut. Und fast wie manche Hindus, die bei Ankunft europäischer Missionare Jesus Christus auch noch in die lange Reihe ihrer Götter aufgenommen haben, haben diese Indios die Einpflanzung der neuen Macht ertragen, sie sogar absorbiert und sich doch nicht ganz von ihrem alten Glauben abbringen lassen. So bringen sie noch heute auf den alten Treppen des Maya-Tempels ihre Rauchopfer dar, verbrennen ihren „Kopal“, beten zu den alten Göttern und gehen dann in die Kirche der weißen Fremden und entzünden vor den vielen Heiligenfiguren geweihte Kerzen. Dabei kommt der Katholizismus diesen Menschen auf wahrscheinlich unbewusste Weise sehr entgegen: an Stelle der Maya-Götter haben diese Christen ihre Heiligen. Tsijolán, der mayanische Gott, der durch eine kleine Reiterfigur dargestellt wird, gleicht zum Verwechseln dem katholischen San Jago oder auch dem Hl. Sankt Martin auf dem Pferd und viele der alten Tiergötter finden sich in dieser Kirche in

trauter Verbindung mit einem Heiligen: Markus mit dem Stier, Hieronymus mit dem Löwen, Johannes mit dem Adler. Sogar der Weihrauch, der „Kopal", mit dem man stets den eigenen Göttern huldigte, wurde doch tatsächlich auch von den weißen Herren in der Kutte benutzt. Da kann man sich wohl ein bisschen anpassen. Schließlich haben die neuen Machthaber ja auch die unbequemen Menschenopfer der eigenen Priesterkaste abgeschafft. Eine der ganz wenigen guten Taten!

Antigua, Guatemala City, quer durch den ganzen Kontinent

Bei der Weiterfahrt in Richtung Süden, nach Antigua und Guatemala City, wählen wir eine Nebenstrecke und haben in den steilen Bergen mehrfach Bedenken hängen zu bleiben. Einige Steigungen sind nur mit letzter Kraft im ersten Gang zu schaffen. Das Ölthermometer klettert auf 130 °C, einige Male legen wir Kühlungspausen ein.

Antigua besticht durch seinen iberischen Stil, seine Vulkane und Sprachschulen, bei denen man intensiv und enorm preisgünstig die spanische Sprache erlernen kann.

In Guatemala City schließlich sind wir froh, als wir der großen Stadt den Rücken kehren und uns auf der Ausfallstraße in Richtung Osten bewegen. In wenigen Stunden durchqueren wir an dieser Stelle den mittelamerikanischen Kontinent – nur weiter unten, in Panama, ist er noch schmaler – und biegen kurz vor dem karibischen Meer, bei Puerto Barrio, ab in Richtung Norden. Unser Ziel ist die größte Stadt der Mayas, Tikal. Von dort aus wollen wir durch Belize fahren, um so wieder das östliche Mexiko, bei der Halbinsel Yucatan, zu erreichen.

Entschuldigung für die nächsten 650 Kilometer

Von Guatemala City waren wir aus 1.500 Meter Höhe fast ständig bergab gefahren, hatten einige Pässe überquert und sind nun im tropischen Urwald der Provinz Petén, in Meereshöhe.

Genau 240 Kilometer nach der City kommt ein Wegweiser mit der Aufschrift „Flores - Tikal". Wir tanken das Auto rappelvoll und dann entschuldige ich mich beim Bulli für die nächsten 650 Kilometer bis Mexiko, die nun vor uns liegen. Der Asphalt endet hier, eine ausgefahrene und durchweichte Lehmpiste beginnt. Dazu kommt erschwerend, dass es in diesem Gebiet rund zehn Monate im Jahr regnet. Zur Zeit sogar besonders heftig.

Bis zur Dämmerung schaffen wir gerade noch die ersten 35 Kilometer bis zur Fähre über den breiten Rio Dulce. Die nächsten vierzig Kilometer aber bis Modesto, so hat man uns gewarnt, seien die schlimmsten und es sei gar nicht auszuschließen, dass wir überhaupt nicht durchkämen. Dann bleibe nur der Weg zurück zur Westküste.

Im Halbschlaf vernehmen wir in der folgenden Nacht mehrfach das vertraute Geräusch von schweren Regentropfen, die hart auf unserem Dach aufschlagen. Als wir schließlich aufwachen, gilt unser besorgter Blick einem grauen Himmel mit dicken Nebelschwaden, durch die sich in weiter Entfernung langsam die Sonne kämpft. „Nur kein Regen mehr an diesem Tag", ist unser Morgengebet.

Wenig später fahren wir los. Einige Lastwagen und Jeeps kommen uns entgegen, über und über mit Lehm verschmiert. Es sieht schlimmer aus als erwartet. Bereits nach den ersten Kilometern stecken wir in einer Schlange zwischen mehreren Gefährten. Immer wieder bleibt einer stecken, drückt mit seinem schweren Gewicht tiefe Gräben in die aufgeweichte Brühe, die die Straße darstellt. Dann beginnt ein langwieriges Buddeln, Schieben und Rangieren. Von unserem eigenen Fahrzeug kommen von unten immer wieder harte Schläge, wenn wir zwischen den tiefen Furchen aufschlagen oder buchstäblich mit letzter Energie durch gigantische Löcher schleifen. Ein einziges Mal bleiben auch wir hängen. Pedra muss raus, Gummistiefel anziehen und schieben. Die zwei Mann vom Auto hinter uns helfen mit. Mehrfach stehen wir verzagt vor unübersehbar langen Gräben mit der zähen braunen Masse und sind überzeugt, dass dies die endgültige Barriere sei, deren Überwindung wir nicht mehr packen. Ich habe Angst um die Vorderachse, den Motor und das Getriebegehäuse. Um jeden Zentimeter Bodenfreiheit des hochbeinigen „Vauwehs“ bin ich froh. Wir sind überrascht und dankbar, welche Hindernisse dieses Auto überwinden kann. Nach gut fünf Stunden sind wir durch. Die schlimmsten vierzig Kilometer unserer ganzen Reise liegen hinter uns!

Ich bin nach dieser Fahrt körperlich fertig wie nach einem Marathonlauf, mein Schädel reagiert spontan mit einem stechenden Kopfweh, die Anspannung war enorm! Und dennoch ist da wieder dieses glückselige Gefühl der Stärke, das Bewusstsein, hart an die Grenzen des Machbaren gegangen zu sein, das scheinbar Unmögliche gerade noch geschafft zu haben.

Freiheit mit mildernden Umständen

Die anschließende Piste mit den rumpeligen Schottersteinen ist fast schon wieder ein Spaß. Kurz vor Poptun stoppt uns eine Militärkontrolle. Barsch werden die Pässe verlangt, das Auto gründlich durchwühlt. Die Suche nach Waffen und Guerilleros. Dann dürfen wir abbiegen. Direkt hinein in eine Oase des Urwalds – zur Finca X, zu einem Gehöft, das genau vor neun Jahren von zwei Amerikanern aus dem Nichts – oder besser aus dem Dickicht – geschaffen wurde. Ein Paar, das wirklich „ausgestiegen“ ist und hier ein neues Leben angefangen hat. Frei von Kunstdünger, Antibiotika und Östrogen im Fleisch, Luftverschmutzung und gesellschaftlichen Zwängen. Aber auch nicht ganz frei von neuen Problemen und anderen Sorgen.

Die totale Freiheit, so erkenne ich, gibt es nicht mehr – höchstens „mildernde Umstände“! Vielleicht hatte Freiheit schon immer ihre Grenzen.

Tikal: Wo die Geisterstimmen ertönen

Nach ein paar Tagen verdienter Ruhe überwinden wir die letzten 170 Kilometer bis Tikal. Wir durchwandern den Urwald und die Ruinen mit Schirm, in Gummistiefeln und bei strömendem Regen. Wie diese Stadt tatsächlich einmal hieß, das weiß man nicht. Tikal benannten die Indios von San Andres, am See von Petén-Itzá, diesen Ort. Es soll heißen: „Wo Geisterstimmen ertönen“.

Von den Mayas weiß man überhaupt recht wenig, hervorragende Astrologen waren sie und dies hier war ihre größte Siedlung.

Eine Stadt, die sich einmal über 16 Quadratkilometer erstreckte, in der sich etwa 3.000 Gebäude befanden und in der 10.000 Bewohner lebten. Schon aus der Zeit von 600 v. Chr. stammen die ersten Bauten in dieser Gegend, die letzten aus dem 9. Jahrhundert unserer Zeitrechnung, als dieses Volk langsam in einer rätselhaften Versenkung verschwand.

Die zahlreichen Tempel, die Altäre und Stelen ziehen uns in ihren Bann. Das diesige Licht und der düstere, urwüchsige Dschungel darum herum verleihen dem Ganzen noch einen besonderen Reiz. In den Stelen sind Reliefs mit Szenen der Götter, mit Zahlen, Kalendern und mit immer noch ungelösten Hieroglyphen eingemeißelt. Alles in den wunderbar harmonischen Formen dieser Indianer.

Belize: Erst wieder froh an der mexikanischen Grenze

Nachdem es 36 Stunden unaufhörlich gegossen hat, entschließen wir uns zur Weiterfahrt. Wieder entlang einer aufgeweichten Lehmpiste bis hinüber in den Staat Belize. Ein Miniland, über das wir wenig zu berichten haben. Mit einer elendig armen Bevölkerung, die sich zu 90 % aus den Nachkommen ehemaliger Negersklaven zusammensetzt. Eine kleine afrikanische Enklave, von den Briten in Mittelamerika implantiert, mit einer eigenen Sprache, dem Creolisch, das eine Mischung aus afrikanischen und indianischen Dialekten, Spanisch, Englisch und sogar Französisch ist. Offiziell spricht man natürlich das Englisch der ehemaligen Kolonisten. Eine eigene Welt mit Bretterbaracken auf Stelzen und Wellblechbuden, die stark der Szenerie in den ärmlichen Bezirken der amerikanischen Südstaaten ähnelt. In diesem Land haben die angelsächsischen Ausbeuter nicht einmal eine Straße zurückgelassen, die durch das ganze Land führt. Nach einer notwendigen Übernachtung in Belize City sind wir froh, als wir schließlich an der mexikanischen Grenze bei Chetumal stehen. Unserem Auto verspreche ich nach diesen schlimmen, aber gut überstandenen 650 Kilometer eine Extrawaschung mit Sonderservice beim nächsten Halt.

Mexikanische Karibikküste: Vom Regen und einer Maus vertrieben

Der Suche nach einem Campingplatz in Nähe der Grenze verdanken wir den Umstand, dass wir an der Laguna de Bacalar nicht vorbeifahren, einem einzigartigen Süßwassersee mit den klaren Farben des karibischen Meers, auf der einen Uferseite von Palmenhainen begrenzt, auf der anderen von undurchdringlichen Mangrovensümpfen.

Die Suche nach einem geeigneten Platz für eine etwas längere Ruhepause gestaltet sich auch an der Karibikküste nicht einfach. Erst siebzig Kilometer vor Cancún finden wir die Stelle, die uns zum Bleiben veranlasst. Einen kleinen Campingplatz mit dem seltsamen Namen Xcalacoco. Dort wollen wir den letzten „Urlaub" auf unserer Reise um die Welt verbringen und die ersten Vorbereitungen für den weiteren Weg nach Hause treffen.

Dort trifft uns auch prompt ein unternehmungslustiges Lehrerpaar aus Deutschland (beide Anfang 70), dessen Weg wir zum siebten Mal kreuzen und von dem wir hoffen, dass es noch eine ganze Reihe von Reisen dieser Art unternehmen kann.

Inzwischen schreiben wir Februar und bis New York, von wo aus wir uns spätestens Anfang Juni nach Europa verschiffen wollen, sind es noch ganze 10.000 Kilometer.

Zum letzten Mal genießen wir die Atmosphäre von „Ferien in den Tropen". Unser Auto steht im Schatten von Kokospalmen, um uns der weiße Sand der Karibik und davor ein Meer mit den traumhaften Farben der Südsee. Abseits vom Trubel unserer sogenannten Zivilisation, ohne Elektrizität und Telefon.

Aber ganz ungetrübt soll diese Idylle nicht mehr bleiben. Immer wieder müssen wir vor Regengüssen ins Auto flüchten und schließlich, nach zwei Wochen, ist es eine Maus, die uns endgültig vertreibt. Bereits in Asien hatten uns Camper von ihrer Maus an Bord erzählt, einer zwar lustigen, aber äußerst unangenehmen Begleitung, von der wir bislang verschont geblieben waren. Dann, eines Morgens um halb sechs Uhr wachen wir beide auf. Es hat geraschelt und unüberhörbar scharrt irgendwo ein Tier. Wir denken an einen Hund oder eine Katze, außerhalb des Autos. Als es nicht aufhören will, steige ich schlaftrunken aus, untersuche die Umgebung, kann aber nichts finden. Kaum wieder im Bett, ertönen die gleichen Geräusche - nun deutlich aus dem Fahrerhaus. Ich stelle entsetzt fest: „Wir haben eine Maus im Auto!" Ich steige nochmal aus, untersuche mit der Taschenlampe den Fahrraum, kann aber nichts entdecken. Pedra kniet im Bett und blickt angestrengt nach vorne. Da! Plötzlich springt ein fettes, etwa zehn Zentimeter langes Vieh auf den Fahrersitz, durch den Zwischengang, verfehlt um ein Haar die Liege, landet auf dem Boden der Kabine und hüpft mit einem Satz durch die Seitentür ins Freie. Vorbei an der erschrockenen Pedra, genau auf mich zu. Pedra stößt ein spitzes „Iiiihh" aus, ich ein lautes „Aaaahh" und völlig karrikaturkonform springe ich mit allen Vieren in die Luft. Dann ist der Spuk auch schon vorbei: Für eine Nacht! Irgendwo muss das Tier ein Loch gefunden haben – möglicherweise über die Heizkanäle – denn am nächsten

Morgen um vier Uhr ist es wieder da. Diesmal dauert die Jagd zwei Stunden und endet auf die gleiche Art. Seit diesem Tag gehört eine Mausefalle zu unserer festen Ausrüstung.

Landschaftlich bietet die flache Ostküste Mexikos nur noch vereinzelt Stellen, die den Vergleich mit der gebirgigen Pazifikküste aushalten. Von den verschiedenen Mayastätten der Halbinsel Yucatan besichtigen wir nur noch Palenque intensiv, mit seiner Umgebung sicher auch der reizvollste dieser Orte. Von dort aus unternehmen wir einen Abstecher in die Berge, zum National Park Agua Azur, einer bestechenden Flusslandschaft mit verschlungenen Wasserfällen, der wir das Prädikat verleihen „eine der schönsten Gegenden unserer Reise".

»Carnavale« in Veracruz

In Veracruz, ungefähr in der Mitte der rund 2.000 Kilometer langen (3.000 Straßenkilometer) mexikanischen Atlantikküste gelegen, kommen wir gerade rechtzeitig zum Rosenmontag. Diese Stadt ist die Hochburg des hiesigen „Carnavale" und gespannt ziehen wir ins Zentrum, wo am Nachmittag eine große „Parada", ein Faschingszug stattfinden soll.

In seiner Länge unterscheidet er sich in Nichts von den Umzügen in Köln oder München. Wesentlich jedoch im Inhalt. Der politische Witz fehlt völlig, dafür gibt es zahlreiche Mädchengruppen in Uniform, die gedrillte Bewegungen ausführen, die mehr mit Marsch als mit Tanz zu tun haben und bei denen es mehr um den exakten Ablauf als um Spaß an der Freude geht. In den USA sind diese „Cheer Leader"-Gruppen sehr beliebt, zum Vorspiel bei Sportveranstaltungen. Prompt sind von dort auch einige dieser Vereine angereist.

Von den Paradewägen spielen Musikkapellen original mexikanischen „Mariachi-Sound" oder heiße südamerikanische Samba. Feurig und laut genug, dass man meint, die zahlreich angetretene Menge zu beiden Seiten des Zugs müssten hin und her gerissen sein und sich nach südländischer Manier austoben. Aber nichts dergleichen! Da wird nicht mitgetanzt oder gealbert wie im vermeintlich ach so steifen Germany. Hier im klimatisch heißen Mexiko steht die Menge beinahe traurig da, kein Mensch ist kostümiert, man gafft mit offenem Mund und lässt sich Karneval vorführen.

Etwas lustiger geht es erst ganz im Herzen der Innenstadt zu, in der Nähe der Plaza de Armas. Dort spielt fast in jeder Ecke eine andere Marimba Band den typischen Sound, den sie ihren melodischen, xylophonartigen

Instrumenten entlocken. Die einheimische Bevölkerung lockert sich dabei, quasi im Sitzen, in den verschiedenen Straßencafés. Bier, Brandy und Tequilla fließen reichlich, aber eine ausgeflippte Stimmung will trotzdem nicht aufkommen. Obwohl kein Schnee- oder Regenschauer diese Fiesta stört und die Temperatur sogar in der Nacht noch um die 20 °C herum liegt.

Dafür kommen wir am Abend noch einmal in den Genuss einer Aufführung des Ballet Folklorico. Die Stadtväter haben es aus Mexico City anreisen lassen und vor dem Rathaus, auf einem großen Podium, führt es Tänze aus allen Provinzen des Landes auf. Kostenlos und zur Freude der ganzen Gemeinde.

Wenn auch die Bewohner dieser Stadt ihren „Carnavale" nicht ganz so stürmisch wie erwartet feiern, so hat uns dieser Ort mit seinen Menschen doch durch seine originelle und noch sehr entspannte Stimmung überzeugt. Hier läuft noch eine ganze Menge mit der Ruhe und in dem Flair ab, wie man sich Mexiko aus der Entfernung vorstellt.

Mit dem Aschermittwoch ist auch hier alles vorbei und wir fahren nun zügig weiter in Richtung Norden. Bei Tampico, einer hässlichen Öl- und Industriestadt, erleben wir innerhalb von zwei Stunden wieder den Wechsel von einer Klimazone in die andere. Diesmal von den feucht-warmen Tropen in ein trocken-heißes Steppengebiet. Am 5. März schließlich, 1.300 Kilometer entfernt von Veracruz, erreichen wir die US-amerikanische Grenze bei Brownsville, im Bundesstaat Texas.

10. Reiseabschnitt: USA

Südstaaten > Ostküste > Verschiffung ab New York

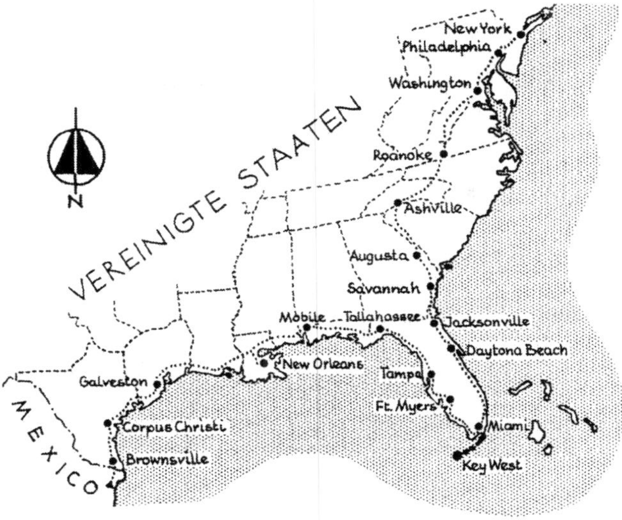

Wieder in den USA: Fremde Eier unerwünscht!

Die amerikanischen Zöllner haben zunächst wenig Lust, viele Fragen zu stellen. Nur unser Gemüse müssen wir abgeben und der Inhalt unseres Kühlschranks wird untersucht. Dort trifft das Auge des Beamten auf elf frische, braune Eier. Herrlich dicke Landeier, von glücklichen mexikanischen Hennen gelegt, die noch im Mist scharren durften und ihre Tage nicht in einem engen „Hühner-KZ" verbringen mussten. Ob sie gekocht seien, will der Mann wissen. Dummerweise sagen wir „Nein". „Dann müsst Ihr sie leider hier lassen", heißt das unbarmherzige Urteil. In vielen Teilen der Welt hätten wir geschworen, dass ein Grenzer auf diese Art zwar seine Pflicht tut, die konfiszierten Waren aber dann in seiner Pfanne brät. Hier müssen wir mit ansehen, wie sie gnadenlos in einer großen Mülltonne landen. Ob es da keine bessere Lösung gegeben hätte?

Texas: Mosquitoes und Ölpumpen

Die 900 Kilometer durch Texas, von Brownsville bis Port Arthur, von dem aus wir in den Staat Louisiana einfahren, gestalten sich äußerst langweilig.

Obwohl wir schon bald den kerzengeraden „freeway" verlassen und dafür die kleineren Straßen entlang dem Golf von Mexiko benutzen, sind wir froh, als wir durch sind. Das Land ist hier unten flach wie ein Bügelbrett, durchfurcht von Äckern in gigantischen Ausmaßen, riesenhaften Rinderweiden, deren Eintönigkeit nur von grau-schwarzen Ölpumpen unterbrochen wird, die aus der Entfernung wie stählerne Mammutgrillen aussehen.

Der Golf von Mexiko zeigt sich hier als eine abweisende, schmutzig-braune Brühe und in seiner Nähe werden wir jeden Abend regelmäßig von Mosquitoes in bisher unbekannten Ausmaß überfallen. Einmal, im Sea Rim State Park bei Port Arthur, kämpfen wir die halbe Nacht gegen eine nicht ablassende Invasion von Mosquitoschwärmen an, die in ihrem Blutdurst sogar durch bislang unbekannte Ritzen im Türgummi schlüpfen. Eine Situation, die für uns völlig neu ist!

Endlose Sümpfe und über die längste Brücke der Welt

Die Sumpflandschaft des süd-östlichen Texas setzt sich fort durch den Staat Louisiana und ganz Florida. Wir befinden uns auf der US 10, einem „freeway", der vor allem dadurch verblüfft, dass er zum großen Teil aus endlos langen Brücken besteht, da der nass-weiche Moorboden darunter einen Straßenbau auf ebener Erde nicht zulässt. Brücken mit einer Länge von zwanzig bis dreißig Kilometer sind nicht die Ausnahme, eher schon die Regel. Bei New Orleans, über den Lake Pontchartrain, überqueren wir schließlich die längste Brücke der Welt. Fast genau vierzig Kilometer ist sie lang, darunter verkehren stattliche Ozeanriesen und irgendwo, noch gut vor der Mitte, verschwindet zu beiden Seiten jegliches Land hinter dem Horizont. Eine der großen technischen Leistungen Amerikas, dieses Straßennetz! Läge England so nahe bei den USA wie bei Europa, wäre es längst schon keine Insel mehr!

Viel Streit um Louisiana und Rentnerjazz in New Orleans

Der Bundesstaat Louisiana, in dem wir uns nun befinden, hat eine recht bewegte Vergangenheit. Bereits im Jahr 1541 waren die Spanier hier, wurden 1682 von den Franzosen verdrängt, kamen 1769 wieder, um erneut von den Franzosen vertrieben zu werden. Letztere wurden aber scheinbar nicht mehr so richtig froh mit diesem Territorium, denn nur zwei Jahre später verkauften sie das ganze Land an die Vereinigten Staaten von Amerika. Dieser Umstand hielt die gemischte Bevölkerung jedoch keineswegs davon ab, gleich 1810 eine Rebellion zu veranstalten und die unabhängige West Florida Republic auszurufen, um nur zwei Jahre später wieder in den amerikanischen Staatenbund einzutreten.

Weil man aber nichts davon hielt, die zahlreichen Negersklaven freizulassen, entsprechend der Verordnung des neugewählten Präsident Lincoln, wollte man 1861 schon wieder unabhängig sein, nannte sich Republic of Louisiana, nur um genau 55 Tage später ein Teil der Konföderation der amerikanischen Südstaaten zu werden und zusammen mit diesen gegen die „Yankees“ aus dem Norden und gegen die Befreiung der Negersklaven zu kämpfen.

Bis zum 26. Mai 1865 dauerte dieser Krieg, der mit der Niederlage der Südstaaten endete, den Sklaven auch eine gewisse Freiheit brachte, den Besitz von Land und Macht aber – bis zum heutigen Tag – bei den Weißen ließ. Trotzdem wurde Louisiana erst 1868 wieder ein Teil der United States of America.

Der französisch-spanische Einfluss ist so auch nirgendwo in den USA stärker zu spüren als in diesem Staat, besonders in der Hauptstadt New Orleans. Obwohl es auch hier einen Lac des Allemand und Orte wie Essen oder Minden gibt.

Das French Quarter, das alte europäische Wohnviertel, inzwischen ein National Monument, gehört mit Recht zu den Sehenswürdigkeiten der USA. Hier glaubt man sich tatsächlich zurückversetzt in manche alte südeuropäische Stadt der vorigen Jahrhunderte, wenngleich die schöne Kulisse – wie kann es auch anders sein – inzwischen weidlich für den Tourismus ausgenutzt wird. So riecht die ehemals sehr ehrwürdige Bourbon Street inzwischen sehr nach St. Pauli, Pornoshops reiht sich an Stripteasebars und der gute alte Dixieland Jazz wird nicht einmal mehr in der weltberühmten Basin Street gepflegt. Ursprünglichen und guten Jazz wird man nur noch schwerlich finden. Lediglich in der traditionellen Preservation Hall jazzen allabendlich ein paar Negeropas die gleichen abgedroschenen Oldies, wie schon vor vielen Jahren. Eine Rentnerband, die wohl unter dem gleichen Denkmalschutz steht wie dieses ganze Viertel. Trotzdem, diese Stadt, vor allem dieses French Quarter, hat noch eine Flair zu bieten, von dem man dem nordamerikanischen Kontinent noch viel mehr wünschen möchte. Als Europäer kann man sich hier beinahe wie zuhause fühlen.

Einen ganzen Tag lang fahren wir dann noch zu einigen der sagenhaften herrschaftlichen Plantagengebäude in der Umgebung. Kleine Paläste auf dem Land, mit dem Hauch „Vom Winde verweht“. Leider ist von den Plantagen drum herum kaum etwas geblieben. Dort stehen inzwischen Ölraffinerien und riesige Lagersilos, denn das Land entlang der Mississippi-Mündung ist kostbares Industriegelände. So kommt es, dass hier, in der Nähe von New Orleans, fast alle diese wirklich schmucken Pflanzerhäuser in einer grottenhässlichen Nachbarschaft stehen. Der freie Blick auf den trägen Mississippi von einst ist nunmehr eingeengt von einem hohen Damm, der ein bisschen wie das Ende der Welt aussieht.

Blick zurück und Blick nach vorn

An einem Freitag, dem dreizehnten, durchfahren wir die südlichsten Teile der Staaten Mississippi und Alabama. Am gleichen Tag gelangen wir tief ins westliche Florida. Lag unsere mögliche Kilometerleistung in Mexiko, genau wie auch in Asien, noch bei 300 bis 350 Kilometer pro Tag, so kommen wir in den USA ohne Anstrengung um gute 200 Kilometer weiter.

In meinem Tagebuch vermerke ich unter diesem Datum:

So wie die letzten Monate vor dieser großen Reise – beinahe schon vor zwei Jahren – ganz im Zeichen dieses Ereignisses standen, ist „die Zeit danach" nun mehr und mehr in den Vordergrund gerückt. Dabei schauen wir ohne jede Traurigkeit nach vorne. Uns ist klar geworden, dass wir nicht ewig so herumreisen und in diesem Stil leben können, es mit Sicherheit auch nicht wollen! Es gibt wieder eine ganze Menge Inhalte, die wir von einer festen Basis aus erledigen möchten.

Unseren großen Traum haben wir inzwischen fast ganz zu einem schönen Ende gebracht und blicken nun, wie nach einer erholsamen Nacht, auf den neuen Tag und den neuen Lebensabschnitt, der vor uns liegt. Auf eine ganze Menge Fragen haben wir Antworten gefunden. Sowohl miteinander, wie auch jeder für sich selbst. Sehr viele davon, so haben wir erkannt, liegen zweifellos in uns selbst. Viele bunte Seifenblasen sind im Nichts verpufft, viele kleine Teilchen dagegen scheinen einem großen Ganzen näher gekommen zu sein. Insgesamt, das spüren wir, stehen wir wesentlich fester auf dem Boden dieser Welt, als dies noch vor zwei Jahren der Fall gewesen war.

Florida: Pensionistenland zwischen Mangrovensümpfen

Von dem, was uns Florida bietet, sind wir überrascht. Touristenwerbung und Imagemacher stellen diese Halbinsel als Land der Dauersonne dar, mit Südseeatmosphäre, Kokospalmen, Meeresrauschen und Orangenhainen. So staunen wir sehr, als wir fast nur dicht bewachsene Mangroven-Sümpfe finden und auf Kokospalmen nur ganz vereinzelt treffen, Mitte März noch die wechselnden Temperaturen eines deutschen Altweibersommers erleben und fast nur Menschen im Rentenalter begegnen. Florida ist das klassische

Überwinterungsland für die Pensionisten Nordamerikas. Über den ganzen Staat verteilt, wo immer die zahllosen Sümpfe in die langweilig flachen Ebenen übergehen und selbstverständlich entlang der ganzen Küste, reihen sich die verschiedenartigsten Beherbergungen für die Kunden aus dem Norden aneinander: traurig machende „Trailer Parks“ oder „Mobile Home Communities“ für die Ärmeren, „Condominiums“ (Eigentumswohnungen) für die Klasse in der Mitte, Villenparks mit eigenem Golfplatz, Tennisanlage und Swimmingpool für die Betuchten. Siedlungen, in denen nur Menschen in gehobenen Alter und ohne Kinder einziehen dürfen. Eine eigenartige soziale Mischung!

Ganz Florida und der Süden der angrenzenden Staaten wurde im Verlauf der Geschichte immer wieder vom Meer überschwemmt oder sogar völlig zugedeckt, entsprechend den zu- oder abnehmenden Mengen des Schmelzwassers während und zwischen den Eiszeiten. Daher die Sümpfe, daher aber auch ein Landschaftsbild, mit einer noch sehr ursprünglichen Vegetation und Tierwelt. So leben hier noch Mengen von Alligatoren, Schlangen, Schildkröten, Echsen, aber auch Panther, Cheetahs, Waschbären und viele, viele Insekten, vor allem Mosquitoes, was wiederum eine Fülle von Vogelarten anzieht.

Weit im Südwesten, im Nationalpark der Everglades, bekommen wir diese Tierarten fast alle auf einmal zu sehen. Ein wahres Paradies. Aber auch für die Mosquitos! Nach zwei Tagen fliehen wir, total zerstochen, auf die „Keys“, eine Aneinanderreihung von kleinen Inselchen im äußersten Süden. Natürlich, in diesem Land nahtlos mit Brücken verbunden, über die eine Autobahn führt, die so breit und verkehrsgerecht ist, dass sie einige dieser Eilande völlig zudeckt. Und weil das Meer hier unten in den schönsten Farben der Karibik schillert, ist der Rest der Inseln verbaut oder fest in privater Hand. Enttäuscht drehen wir in Key West, dem südlichsten Punkt der USA, wieder um in Richtung Norden.

Kennedy Space Center: Puls am lautesten

An der gesamten Ostküste, von Miami bis hoch nach Jacksonville, suchen wir vergeblich nach landschaftlichen Großartigkeiten wie im Westen der USA. Dafür erleben wir ziemlich genau zwischen diesen beiden Städten einen anderen Höhepunkt von der Art, wie ihn nur die USA zu bieten haben: Das Raumfahrtzentrum der NASA, das Kennedy Space Center. Von hier aus wurde der erste amerikanische Satellit in den Weltraum geschossen, eine lange Reihe von astronautischen Pioniertaten folgte, die schließlich mit der Landung eines Menschen auf dem Mond gekrönt wurden. Eine menschliche Großtat, die nun schon wieder mehr als zehn Jahre hinter uns liegt.

Wir haben das Glück, die letzten Vorbereitungen zum nächsten großen Schritt ins All mitzuerleben, zum Start des ersten Space Shuttle, einer Maschine, mit der die Menschen in den Weltraum fliegen und sie heil wieder zur Erde zurückbringen können. Die Großzügigkeit und Offenheit der Amerikaner, die auch hier nicht Halt macht, lässt uns ein bisschen in die Erregung geraten, die sich in diesen letzten Tagen vor dem Start des Unternehmens über das gesamte Zentrum, sowie über jeden einzelnen Mitarbeiter gelegt hat.

Bis auf 300 Meter werden wir zur Abschussrampe geführt, auf der das neueste Weltraumfahrzeug zum Start bereit steht. Die genauen Phasen der Mission werden uns eingehend erklärt – ohne jede Geheimnistuerei. Ich frage mich, wie die Gegenseite im Osten ein derartiges Zentrum abschirmen würde.

In einigen anderen Gebäuden und auf einem Gelände davor können wir die verschiedenartigsten Raketen, Satelliten und Weltraumstationen der amerikanischen Raumfahrtgeschichte besichtigen. Alles wird frei und großzügig präsentiert.

Für die national bewussten Amerikaner ist es schon eine Art von Ego-Trip, wenn sie mit geschwellter Brust nach Stunden das Besucherzentrum verlassen : „Wir sind doch die Größten!“ Aber auch wir selbst stehen berührt unter dem Eindruck, soeben eine Stätte verlassen zu haben, von der aus noch die „letzten Horizonte“ unserer Tage herausgefordert werden. Wo noch so wesentliche Taten passieren, die man wahrscheinlich nur mit dem Bau der Pyramiden in Ägypten, der Entdeckung Amerikas oder der ersten Weltumseglung durch Magellan vergleichen kann! Dies ist vielleicht der Ort überhaupt, an dem der Puls der Menschheitsgeschichte zur Zeit am lautesten schlägt, unabhängig davon, wer momentan Präsident der Vereinigten Staaten von Amerika, Kanzler von Deutschland oder Vorsitzender des Sowjetischen Zentralkomitees ist. Die Taten, die hier in Teamarbeit passieren, sind wesentlich größer und weitreichender als das, was ein Mensch heute noch alleine zu bewegen vermöchte.

Erster Abschied

Im äußersten Norden Floridas, bei Fort Clinch, verbringen wir die letzten Tage am Meer. Schließlich lassen wir mit etwas Wehmut unsere Strohmatten am sandigen Ufer des atlantischen Ozeans zurück. Ich bringe es nicht fertig, sie in eine Mülltonne zu befördern. Hier am Strand sollen sie liegenbleiben und nicht traurig zwischen Konservendosen, Speiseresten und Bierflaschen in einer Verbrennungsanlage landen.

In Ceylon, wo wir sie gekauft haben und von wo aus sie uns an die schönsten Strände der halben Welt begleitet haben, hätte sie bestimmt ein Fischer aufgehoben und sie einem neuen sinnvollen Zweck zugeführt. Hier fürchte ich, wird sie keiner mehr aufheben. Wahrscheinlich werden sie doch im Müll landen. Aber vielleicht werden sie auch von einer Welle ergriffen, noch ein bisschen weiter getragen, um schließlich ganz in einer dunklen Tiefe zu verschwinden. Das Abschied nehmen hat begonnen!

Kurz darauf telefoniere ich mit verschiedenen Reedereien in New York und buche die Verschiffung für unser Auto.

Vermeintliche Lehre des Herren in heimatlichen Breitengraden

Sumpflandschaften begleiten uns auch noch durch Floridas Nachbarland, Georgia. Der dortigen Küste entfliehen wir wieder aufgrund einer entsetzlichen Insektenplage, fahren weiter durch Georgia und den Staat South Carolina, in Richtung Greenville und hinein in die dahinterliegenden Berge der Appalachen. Ein herrlicher Gebirgszug, der sich über einige tausend Kilometer hoch bis in den nördlichen Bundesstaat Pennsylvania zieht. Es ist Ostern, wir befinden uns mitten im hiesigen Frühling. In den Tälern blühen unzählige Azaleenbüsche, „Dogwoodbäume", bunte Blumen, die Wälder riechen nach dem heimatlichen Duft von frischem Harz und vermodernden Nadeln. Genießerisch saugen wir den satten Geruch einer frisch gemähten Wiese ein. Nachdem wir nun zwei Jahre lang von einem Sommer in den anderen, durch Wüsten, Sümpfe und tropische Wälder gefahren sind, erfreuen wir uns an dieser Umgebung ganz besonders. Bewusst erleben wir das Schöne und den Reiz der Abwechslung in den vier Jahreszeiten unserer eigenen, heimatlichen Breitengrade.

Wo bei uns, im südlichen Deutschland, jedes Dorf mindestens ein Kirchlein mit einem Zwiebelturm hat, stehen hier in den amerikanischen Südstaaten überall kleine Gebetshäuser mit einer Verkleidung aus weiß bemaltem Holz oder rotbraunen Ziegeln, immer mit einem spitzen, kleinen Türmchen versehen. Wir sind im Zentrum der hiesigen Protestantengemeinden, der Babtists, der First Baptists, der Union Baptists, der Methodists, der „Lutherans und wie sie sonst noch alle heißen. Alle christlichen Glaubensrichtungen sind hier vertreten, natürlich auch die Katholiken. In jedem Ort und ist er noch so klein, gibt es mindestens ein paar dieser religiösen Sekten, jede Anhängerschaft baut sich ihre eigene

Kirche. Häufig auch noch getrennt, eine für die Weißen und eine für die Schwarzen. Denn in diesem Amerika wird noch viel gebetet und konservativ gedacht! So wird die vermeintliche Lehre des Herrn in dieser Gegend auch besonders eindringlich und, nach amerikanischer Art und Weise, marktschreierisch verkündet. Die tüchtigsten der fanatischen Baptisten-Prediger verfügen über eigene Radio- und Fernsehstationen, Plattenfirmen und Buchverlage. Alles ohne Kirchensteuer und staatliche Geldeintreibung, nur von den großzügigen Spenden ihrer Jünger getragen. Kein Politiker, der sich in diesem Land mit ihnen anlegen würde! Denn die Macht ist groß, und Religion wird im gleichen Stil vermarktet wie Coca-Cola, Kaugummi oder Autoreifen.

Washington D. C.: In der Hauptstadt des Westens

Washington, sehr reizvoll gelegen, mit den Appalachen im Westen und unzähligen Buchten des Atlantiks im Osten, ist bestimmt eine der grünsten und vielleicht sogar imposantesten Hauptstädte dieser Welt. Ein großzügiger Gürtel von gepflegten Parks zieht sich durch alle Teile dieser Metropole. Kein Besucher, der zum ersten Mal hierher kommt, wird sich einem Staunen beim Anblick der Anhäufung von Regierungs-, Verwaltungs-, Museums- und Denkmalsklötzen entziehen können. Fast alle liegen um die Independence- und Constitution-Avenue, begrenzt vom Hügel des Capitols im Osten und sinnigerweise vom Heldenfriedhof Arlington im Westen. Das Gros dieser riesigen Gebäude besteht aus weißem Marmor oder Sandstein und ist dem klassizistischen Stil der griechischen und römischen Reiche nachempfunden. Viele dieser Bauten, vor allem die aus dem letzten Jahrhundert, sind dabei sehr geschmackvoll und gut gelungen, wie ähnliche Bauwerke der gleichen Epoche in München, Berlin oder Wien. Einige dieser Verwaltungsmaschinen, wie das Pentagon, das Treasury- und das Commerce-Department, könnten jedoch direkt dem Reißbrett eines gewissen Herrn Speer entsprungen sein. Ich wage es kaum, nach dem Geist zu fragen, der dahinter stehen mag!

Von hohem Wert sind die einzelnen Museen der Smithsonian Institution. Tagelang, wahrscheinlich sogar wochenlang, könnte man von einer Sammlung zur anderen wandern und wäre dennoch immer wieder erstaunt von dem hier angesammelten Kulturreichtum. Wir sind besonders fasziniert von den Gemälden in der Hirshhorn Foundation. Unglaublich, was mit der Kraft amerikanischer Dollars angehäuft wurde. Allerdings – im Gegensatz zu Europa – weniger mit dem Geld der Steuerzahler, als durch private Spenden! Und ein guter Teil, besonders der modernen Kunst, kam in dieses Land nicht nur aufgrund des starken Dollars, sondern weil in der alten Welt der Einheitsstil des Faschismus diktiert wurde.

Im alten Stadtteil Georgetown gelangen wir in ein völlig anderes Amerika, mit geschmackvollen Reihenhäusern, kleinen Läden, Restaurants und vielen Kneipen. Dies könnte genau so gut „Old England“ sein. Sicher nicht zu Unrecht weisen Amerikaner immer wieder darauf hin, dass die Städte und der Lebensstil der Ostküste „ganz anders“ als im übrigen Amerika sind. Mehr europäisch und an Traditionen orientiert. Leider werden wir davon nur noch in New York ein bisschen kennenlernen, denn inzwischen schreiben wir Ende April und Mitte Mai soll unser Auto bereits verschifft werden. Anfang Juni wollen wir wieder selbst zu Hause sein.

New York: Zielband

Zwei Tage später erreichen wir den Cheesequake State Park, eine wahre Oase vor dem geschäftigen New York, von der aus wir die nächsten beiden Wochen nach Staten Island pendeln und von wo aus wir die Fähre nach Manhattan nehmen. Vorbei an der Freiheitsstatue, von der Franz Kafka schrieb: „... ihr Arm mit dem Schwert ragte wie neuerdings empor und um ihre Gestalt wehten die freien Lüfte.“

Manhattan, der eigentliche Kern der Stadt New York, wirkt auf uns weitaus weniger schlimm als erwartet. Das Durcheinander von alten Wolkenkratzern aus Stein, aufwendigen Stuckfassaden und den modernen Giganten aus Metall, Glas und Beton ist sogar sehr reizvoll. Häufig entsteht dabei der Eindruck, vor einer riesigen Plastik zu stehen und nicht vor einem Menschensilo.

Auffällig sind auch das Sprachengewirr der vielen Menschen, die wir hier treffen und deren Gesichter. Alle möglichen Rassen und Völker dieser Welt scheinen hier auf einem Platz vertreten zu sein. Den Hautfarben und unterschiedlichen Kopfformen nach zu schließen sogar in der jeweils reinsten und der statistisch unwahrscheinlichsten Kreuzungsform. Ein wahres Babylon im Stile unserer Tage! Einschließlich Turmbau, linguistischem Chaos und vielleicht sogar einem zornigen Gott. Dennoch, ein einziger Ausdruck scheint all diesen New Yorkern in rassenloser Gleichförmigkeit ins Konterfei gedrückt zu sein : die Hast, der Stress, die heiße Jagd nach dem Dollar, eine Menge Desillusion und Frustration. Das Leben in einer Steinwüste, abseits von der Natur, hat sich bei erstaunlich vielen dieser Menschen deutlich ins Gesicht geschrieben. Viele von ihnen sehen aus wie ein Langstreckenläufer, der noch Meilen vor sich hat und für den das Zielband in einer unerreichbaren Ferne liegt.

Dem Besucher bietet diese Stadt freilich eine ganze Menge von Attraktionen: Unterhaltung, Sehenswürdigkeiten, „action". Sehr vieles davon sogar im Superlativ. Für ein „Leben-auf-Dauer" jedoch ist dieser Großraum, der mit über zehn Millionen längst aus allen Nähten geplatzt ist, unzumutbar.

Wir sind noch einmal begeistert von hiesigen Museen, vom Treiben im Central Park, fühlen uns besonders wohl in Greenwich Village, dem gehobenen Künstler- und Kneipenviertel New York's, in dem sicher auch die unamerikanischsten Amerikaner Amerikas leben – Seite an Seite mit Europäern, Afrikanern und Asiaten. Ein alter Stadtteil, der wie die gleich danebenliegenden und schmuddeligen Bezirke Little Italy und Soho genau so gut in Berlin, Paris oder London liegen könnte. Hier gibt es keinen riesigen Supermarkt, sondern kleine Geschäfte mit Charme im Tante-Emma-Stil und sogar noch uralte Handwerksläden, die in den sonstigen USA inzwischen Seltenheitswert haben. Die Bürger dieses Viertels leben in drei- bis fünfgeschossigen Reihenhäusern, hinter einem Gewirr von schmiedeeisernen Feuerleitern und einer Fassade, die nach dem Geschmack ihrer jeweiligen Bewohner bemalt ist. Natürlich fehlt es dort auch nicht an Besuchern. So wie überall, wo sich eine freier denkende und individuellere Gemeinde niederlässt, drängt die schaulustige Bourgeoisie schnell nach, um Atem zu holen von der eigenen Biederkeit und dem Mittelmaß, um dann wieder hinauszufahren in's sterile Suburbia, mit Vorgarten und Sprinkleranlage, oder um daneben, im klimatisierten Bürosilo zu verschwinden.

Gleich in der Nähe, am Washington Square, läuft die große Freiluftshow von New York ab: schwarze Jazzmusiker üben dort für den Abend, daneben ertönt original Country Western Music, einige junge Leute begleiten sich zur Gitarre, zwei junge Männer werfen sich eine Frisbeescheibe in der kunstvollsten Art zu, in einer anderen Ecke tanzen schwarze und weiße Rollschuhläufer „par excellence", angefeuert von Klängen aus kleinen „Walkmans", überall sitzen Leute, die entweder angeregt diskutieren oder ruhig dasitzen und nur die ganze Szene genießen.

Wir gehen meilenweit zu Fuß durch diese Stadt. Gelangen jedes Mal gerade noch kurz vor der Dämmerung an den Anlegepunkt der Fähre, in der Nähe der Wall Street und dem World Trade Center. Rechtzeitig, um mit Erstaunen zu erleben, wie Manhattan schlafen geht. Innerhalb von nur zwei Stunden wird dieser tagsüber so rasende Geschäftsbetrieb auf Null gestellt. Es ist die Zeit, zu der man sich hier besser nicht mehr herumtreibt, denn wenn die Oberwelt im weißen Kragen nach Hause fährt, beginnt die Schicht für die Unterwelt. Einer Gesellschaft, die hier sogar noch stärker sein soll als die Sozietät der Täter am Schreibtisch.

Nebenbei erledigen wir die letzten Formalitäten für die Heimreise: Verhandlungen mit der Reederei zwecks Verschiffung unseres Bulli, Aussuchen eines günstigen Fluges nach Europa für uns beide. Erst am Tag, bevor wir das Auto im Hafen abgeben müssen, wird es hektisch. Unser gesamter Hausrat muss in Pappkartons, denn von hier aus kann das Auto nur völlig leer aufs Schiff. Keine Schikane, wie wir später merken mussten, denn auf dieser Route wird alles gestohlen, was nicht niet- und nagelfest ist! Manchmal wird sogar, wenn überhaupt nichts zu finden ist, mutwillig vandaliert.

So stehen wir zu guter Letzt im „Cheesequake State Park" und wundern uns beim Einpacken, wie viel wir doch auf dieser Reise mitgeführt haben. Wehmut kann nun kaum mehr aufkommen. Innerlich haben wir längst schon Abschied genommen und uns geistig vorbereitet auf die Zeit „danach". Schließlich wollen wir jetzt auch nach Hause. Außerdem bleibt in den letzten 48 Stunden keine Zeit mehr für Sentimentalitäten. Um zehn Uhr sollen wir im Hafen sein. Die Abgabe des Autos und des Begleitgepäcks dauert bis zum frühen Nachmittag. Dann müssen wir noch einmal quer durch Manhattan ans andere Ende der Stadt, zum „Kennedy Airport", von wo aus der endgültige Flug nach Europa geht.

Die neun Tage bis unser Auto in Bremerhaven ankommt, verbringen wir, quasi zum Eingewöhnen, in Amsterdam und Bremen. Am 5. Juni 1981 ist es dann soweit. Unseren guten „Vauweh" und die sieben Pappkartons können wir am Hafen abholen. Fast genau auf die Woche, vor zwei Jahren, waren wir losgezogen.

Als ich auf der Autobahn in Richtung Süden nicht schnell genug überholen kann, zeigt mir ein dynamischer Mensch im BMW den Vogel. Ich bin fast beruhigt: so sehr viel scheint sich in Deutschland nicht verändert zu haben! Während der letzten Kilometer vor Nürnberg werden wir dann doch ein bisschen aufgeregt. Und als wir schließlich an der alten Stadtmauer entlang zu unserer Wohnung fahren, kann ich mir, mit Blick zu Pedra, die klassische Bemerkung nicht verkneifen: „So – jetzt sind wir genau ein Mal um die Welt gefahren!"

Tipps und praktische Hinweise

1. Kann ich es auch? Bin ich zu alt?

Grundsätzlich kann es jede(r)! Sie müssen es nur genügend wollen, dann werden Sie auch Wege und Mittel finden um sich frei zu machen und das ganze Unternehmen finanzieren zu können.

Zum „Alter" kann ich nur die Antwort der Mittsiebzigerin wiedergeben, die wir am Van See kennenlernten und die allein mit dem VW unterwegs war: „... Was soll ich denn zu Hause tun? In meinem Alter ist es mir egal, wo ich sterbe!"

2. Soll ich nicht doch warten, bis ich Rentner bin?

Wenn Sie genau wissen, dass Sie es erleben, dann ja!

3. Was kostet das?

Unsere Kosten für zwei Jahre (6/79 bis 6/81) und zwei Personen:

A. Laufende Kosten unterwegs

• Benzin/Öl für 60.000 gefahrene Kilometer	5.700 DM
• Autoreparaturen	3.400 DM
• Essen und Trinken	12.500 DM
• Campinggebühren/Hotels	2.900 DM
• Verschiffungen/Flüge	14.500 DM
• Sonstiges	9.000 DM
Gesamt	48.000 DM

B. Laufende Kosten zu Hause
- z.B.: Krankenversicherung, Lebensversicherung, evtl. Weiterzahlung der Rentenversicherung, etc.
- Sehr individuell und verschieden! Sie sollten aber nirgendwo zu knapp kalkulieren und auch ein kleines Polster für Notfälle und die erste Zeit „danach" anlegen: DM 10.000 bis 20.000

C. Kosten vor der Reise

Der größte Brocken ist dabei die Anschaffung eines geeigneten Wohnmobils, das man aber möglicherweise gegen den Wert seines vorhandenen PKW eintauschen kann. Auf gar keinen Fall sollte man mit einer zu alten Krücke losfahren. Ein Austauschmotor, Getriebe und sämtliche Ersatzteile sind im Ausland meist schwierig zu beschaffen und in jedem Fall bis zu dreimal teurer als in Mitteleuropa. Ein gutes Auto können Sie wieder mit zurückbringen oder in Nordamerika verkaufen.

• Wohnmobil (gebraucht):	10.000 bis 20.000 DM
• Sonstige Ausrüstung, Ersatzteile: ca.	3.000 DM
• Medizinvorrat:	500 bis 1.500 DM
• Filme:	1.000 bis 3.000 DM

D. Alles in allem

Preissteigerungen und veränderter DM-Kurs eingerechnet, dürfte die Untergrenze ohne Anschaffung eines Wohnmobils bei DM 70.000 bis 90.000 sein, für zwei Jahre und zwei Personen. Ein Betrag, der immerhin für eine sehr breite Bevölkerungsschicht in Mitteleuropa finanzierbar ist. Vorausgesetzt, dass man gewillt ist, zielbewusst zu sparen und sich möglicherweise von bereits vorhandenem Besitztum trennt. Der Gegenwert, den man dafür erhält, ist ohnehin schwerlich in Geld zu messen!

4. Reisedauer

Für ein einziges Jahr einen guten Job aufzugeben, eine Wohnung aufzulösen, etc., halte ich für unrentabel. Der Versuch, zwei Kontinente (Asien und die Amerikas) in einem Jahr auch nur einigermaßen zu erleben, hat etwas mit Stress zu tun und „Abhaken", aber nichts mit Reisen. Eine Reisedauer von zwei Jahren erscheint uns auch im Nachhinein sinnvoll. Erstens, weil irgendwann eine gewisse Sättigung auftritt und zweitens, weil Sie zur Zeit in Deutschland nach zwei Jahren noch bis zu einem halben Jahr Arbeitslosengeld bekommen. Vorausgesetzt, Sie haben mindestens die zwölf Monate vor der Reise voll gearbeitet. Insbesondere diese Überlegung sollte in der heutigen Zeit eine Rolle spielen.

5. Einiges zur Planung, notwendige Dokumente, Zahlungsweise, etc.

Grundsätzliches

„Einfach abhauen und losfahren" klingt zwar romantisch, hat aber auch seinen Preis. Spätestens bei der ersten außereuropäischen Grenze kommen die Probleme dann haufenweise und von dort aus irgendein fehlendes Papierchen zu besorgen, kostet weitaus mehr Energie als eine vernünftige vorherige

Planung. „Aussteigen“ ist gut – aber vielleicht wollen Sie auch wieder einmal „Einsteigen“!

5.1. Was zuhause weiterläuft

Irgendwer wird Ihnen ab und zu einen Bankauszug nachschicken müssen, soll Ihre Konten verändern, Behörden werden sich melden, ab und zu werden Sie selbst Post wollen, usw. Für all das brauchen Sie eine Person Ihres absoluten Vertrauens. Diese muss mit einer Vollmacht für Ihre Bank und für die Post ausgestattet sein. Eventuell brauchen Sie auch einen Steuerberater, der in Ihrem Namen Erklärungen abgeben kann. Je älter Sie sind, desto mehr werden Sie überrascht sein, wie weit Sie mit diesem hiesigen System bereits verstrickt sind. Ihrer Vertrauensperson sollten Sie die Geschäfte leicht machen, indem Sie eine lückenlose Konten- und Zahlungsübersicht erstellen. Darin sollten alle Zahlungstermine (z.B. an Versicherungen, etc.) mit der jeweils fälligen Summe angegeben sein und wie bezahlt wird (z.B. Überweisung, Bankeinzug).

5.2. Notwendige Papiere/Dokumente

A. Für Sie
- Reisepass
- Internationaler Führerschein
- Internationaler Impfpass
- Reiserückholversicherung (Deutsches Rotes Kreuz)
- Auslandskrankenversicherungsschutz
- Reisegepäckversicherung
- Mindestens 10 Passbilder

B. Für Ihr Auto
- Grüne Versicherungskarte (Mittelmeeranliegerstaaten)
- Nationale und Internationale Zulassung
- Carnet de Passage vom ADAC, ÖAMTC, oder TCS

TIPP

- Wer länger unterwegs ist, sollte sein Auto bei einer Botschaft im Ausland (z.B. Neu Delhi) abmelden. Das spart deutsche Kfz-Steuern und Versicherung.
- Automobilversicherungen mit internationaler Gültigkeit: Was hierzulande angeboten wird ist teuer! Wesentlich billiger ist es, an der jeweiligen Landesgrenze (oder im ersten Ort danach) eine nationale Versicherung abzuschließen. Damit können Sie in jedem Fall zumindest die Haftpflicht abdecken.

5.3. Organisation unterwegs

Drei Bücher sollten Sie haben: Logbuch, Tagebuch, Fotobuch.

Im Logbuch sollten Sie täglich eintragen:

- Kilometerstand morgens und abends
- Benzin- und Ölverbrauch
- Ausgaben für Benzin/Leben/Unterkunft/Sonstiges
- Zugang in Kasse (Bargeld oder Schecks)

Es ist ratsam, wirklich jede ausgegebene Mark aufzuschreiben und ein- bis zweimal im Monat abzurechnen. Ansonsten gerät Ihr geplantes Budget völlig außer Kontrolle, Ihre Reisezeit wird vielleicht wesentlich verkürzt werden müssen, Ihr Bankkonto endet in den roten Zahlen.

Ein Tagebuch sollten Sie ziemlich konsequent führen. Sonst sind viele Erlebnisse verpufft. Zur Illustration und Auflockerung kann man Ausschnitte von Touristenprospekten einkleben. Auch Ihre Träume sollten Sie darin aufschreiben. Sie werden Ihnen erhebliche Aufschlüsse über „Sich selbst" vermitteln!

In einem Fotobuch sollten Sie einen Vermerk machen, wann immer Sie auf den Auslöser gedrückt haben. Sonst werden Sie am Ende der Reise, wenn Sie endlich Ihre Bilder sehen, oft ratlos sein.

6. Zahlungsmittel

Euroschecks: bis inklusive westl. Türkei.
American Express Card: ab Osttürkei und weltweit

Alle anderen Kreditkartenunternehmen und Aussteller von Reiseschecks bieten nicht den Service und das Kosten/Leistungsverhältnis wie AMEX. Es dürfte das einzige Unternehmen sein, das tatsächlich innerhalb von 24 Stunden gestohlene oder verlorene Schecks ersetzt. Wir haben selbst mehrfach erlebt, wie Leute teilweise wochenlang auf Banküberweisungen warteten oder im Schadensfall mit Reiseschecks von europäischen Banken ihr blaues Wunder erlebten.

Dazu bietet AMEX den Zusatzservice, dass man sich weltweit in fast alle Büros seine Post nachschicken lassen kann. Negativ: Das Personal in den AMEX-Büros ist oft entsetzlich hochnäsig, da es mehr darauf eingestellt ist, teure Pauschalreisen zu verkaufen als mit Globetrottern umzugehen.

7. Wohin lasse ich mit meine Post nachschicken?

- Am sichersten: Ihre jeweilige Botschaft
- Ziemlich sicher und weiter verzweigt: AMEX-Büros
- Nicht immer zuverlässig, aber überall vorhanden: Das Postamt des Ortes „xy“ und der Vermerk „Poste Restante".

Oft gesagt, aber immer noch nicht genügend beachtet:
Trimmen Sie Ihre Leute zuhause, dass sie Anreden und akademische Titel sowie den Vornamen weglassen. Sonst kann ein an Sie adressierter Brief wie etwa dieser:
Herrn Dr.Ing. Friedrich August Titelgeil 1 x unter H abgelegt werden, 1 x unter D, 1 x unter I, 1 x unter F, 1 x unter A, 1 x unter T. Dann viel Spaß beim Suchen!

TIPP

- Lassen Sie sich wichtige Briefe an den Ort „X“ und eine Kopie an den nächsten Ort „Y“ senden. Das erhöht die Wahrscheinlichkeit, dass Ihre Post Sie erreicht.
- Für Post nach Hause: Briefumschläge mitnehmen und für Pakete einige Rollen „TESA Packband". Filzschreiber nicht vergessen.

8. Einiges über Gesundheit und Medizin

8.1. Krankheitsrisiken

Wenn Sie langsam auf die einzelnen Länder zufahren, hat Ihr Körper Gelegenheit, sich auf die veränderten Verhältnisse einzustellen. Bei uns selbst war außer dem „Mammutdurchfall" in der Türkei nichts! Allerdings haben wir von schlimmen Erkrankungen gehört und ganz besonders bezüglich Hepatitis dauernd mit der Hoffnung gelebt, sie möge uns erspart bleiben. Die Mehrzahl von denen jedoch, die sich auf eine derartige Reise begeben, kommen gesünder wieder als sie vorher losgezogen sind!

8.2. Wichtige Lektüre/Ratgeber

Band 12 der Reihe „Globetrotter schreiben für Globetrotter": „Medizinfibel für Fernreisen", von Dr. Wolf und Gabriele Lieb.

TIPP

- Medizinlisten mit Ihrem Hausarzt durchsprechen. Wenn Sie alle angegebene Medizin mitnehmen, sind Sie ca . DM 2.000 los! Wie viel man davon also tatsächlich besorgt, ist eine Geld und Gewissensfrage. Schon ab der Türkei wird die Versorgung mit Medikamenten happig.

Die Mindestausrüstung sollte die in der Medizinfibel angegebene Reiseapotheke A sein.

• Alle Medikamente auspacken und zusammen in einem dicken Styroporkarton verstauen. Spart Platz und isoliert vor Wärme. Gebrauchsanweisungen gesondert aufheben. Medikamente nicht in der Nähe des Motors aufbewahren (Hitze)!

9. Einiges zum Fahrzeug und zur Ausrüstung

9.1. Was ist das richtige Fahrzeug? Autoverkauf unterwegs
Jedes Auto hat Vor- und Nachteile. Die Praxis hat allerdings gezeigt, dass nur sehr wenige Typen sinnvoll sind und entsprechend auch, für derartige Reisen, die am häufigsten benutzten werden.

• Dauerbrenner Nr.1 und scheinbar nicht totzukriegen: der VW-Bus. Wegen der Ersatzteilversorgung vorzuziehen sind Modelle bis Baujahr 8/79 und mit 50 PS Motor.

• Außerdem Dieselmotorausführungen von Hanomag und Mercedes-Busse kleinerer Baugrößen.

• Einen Jeep, egal von welchem Hersteller, halten wir für zu klein und den Vierradantrieb für nicht notwendig.

• Ein Dachzelt ist in meinen Augen ein Jux, weil man läufig in Städten und auf dem Land einigermaßen unbemerkt campen muss und durch einen derartigen Aufbau noch mehr Gaffer angezogen werden und außerdem eine eventuelle Flucht erheblich verzögert wird.

• Wohnanhänger und Wohnaufbauten in Leichtbauweise bieten viel Platz, werden aber spätestens in Lahore derartig verzogen sein (aufgrund schlechter Straßen), dass einem der Spaß am Weiterfahren vergehen wird.

9.2. Im folgenden gebe ich meinen persönlichen Rat wieder, unterteilt nach geographischen Zonen

WELTREISE

• Wegen weit verbreitetem Service und (relativ) niedrigen Verschiffungskosten: VW-Bus wie oben in 9.1. a.

USA / KANADA

- Auto möglichst drüben kaufen. Selbst VW in Westfalia-Ausführung ist dort neu oder gebraucht günstiger zu haben als in der BRD. Amerikanische Wohnmobile sind größer und bequemer als europäische Modelle, werden in jeder Stadt gebraucht angeboten. Benzin kostet in den USA etwa die Hälfte und in Kanada noch weniger. Wer sein US-Wohnmobil gleich von hier aus beim dortigen Hersteller bestellt und mit zurück nach Europa verschifft, spart gegenüber hiesigen Importpreisen immer noch ein paar Tausender.
- Autoverkauf in USA und Kanada möglich und sogar recht günstig. In der Regel wird nur das Vorhandensein einer Verbundglasscheibe kontrolliert.
- Der Zoll (USA / Kanada) verlangt kein Carnet de Passage und trägt das Auto auch nicht in den Pass ein. Man kann sein Auto also dort ohne weiteres zurücklassen, etwa weiter nach Lateinamerika reisen und sein Gefährt später wieder abholen.

LATEINAMERIKA

- VW bis Baujahr 8/79 mit 50 PS Motor. Dieser (und sonst keiner) wurde auch noch 1981 in den VW-Werken von Mexiko und Brasilien gebaut. Erst wenn VW die dortigen Produktionsstätten umstellt, sollte man die in Europa und den USA angebotenen neueren Typen (ab 8/79 und 2 Liter Motor) benutzen.
- Autoverkauf überall sehr schwierig bis unmöglich!
- Verschiffungskosten: nach Panama, Kolumbien oder Venezuela extrem teuer! Desgleichen von Europa nach Südamerika (fast nur nach Argentinien praktikabel).
- Transportflüge Miami - Ecuador oder Columbien etwa preisgleich wie Verschiffung von und nach Panama (Stand 1981).
- Mercedes-Busse haben in den meisten lateinamerikanischen Ländern nicht den Verbreitungsgrad wie VW. Entsprechend sind die Servicemöglichkeiten, obgleich es überall LKW' s von Mercedes gibt.

TIPP

- Mit Auflistungen von Kundendienststellen, die Ihnen von Automobilherstellern übersandt werden, sollten Sie sehr vorsichtig umgehen, weil sie nicht aussagen, für welche Modelle dieser Service gilt und wie gut (oder schlecht) diese Werkstätte überhaupt sind.

Generell

- Die Reisemöglichkeiten per Auto hören zur Zeit noch an der burmesischen Grenze im Norden und mit Ceylon im Süden auf.
- Die Verschiffung von Rameswaram (Indien) nach Ceylon ist auf Autos mit einem Gesamtgewicht von 3 to begrenzt.
- Verschiffungen nach Europa, Afrika (Mombasa), oder Amerika sind am günstigsten ab Colombo. Der dortige Automobil Club ist sehr hilfreich und auch zuverlässig.
- Verschiffungen ab Bombay, Calcutta oder Madras sind teurer als ab Colombo.

Kundendienst in Indien

- Indien importiert generell keinerlei Luxusartikel. Dazu gehören auch Kraftfahrzeuge jeder Bauart! Entsprechend sind die Servicemöglichkeiten für alle Autos.
- Die Hanomag-Produktionsanlagen wurden nach Indien verkauft und ein entsprechendes Modell wird dort gebaut.
- Ersatzteile, neu oder meistens gebraucht, werden auf dem alten Markt von Delhi, in Bombay oder Goa gehandelt. Die Versorgung ist äußerst kritisch!

Autoverkauf

- Nur eventuell in Nepal möglich.
- Mercedes-Busse mit Dieselmotor sind wesentlich gefragter als der VW! Ihre Campingausrüstung ist allerdings höchstens für Touristen interessant.

TIPP

- Achten Sie darauf, dass beim Verkauf alles legal vonstatten geht. Der Zoll muss bezahlt werden, und Ihr Carnet de Passage braucht die notwendigen Stempel. Es wird immer wieder versucht, mit gefälschten Dollarscheinen zu bezahlen. Gehen Sie mit dem Käufer zu American Express in Kathmandu; wenn man Ihnen dort für Dollarscheine Reiseschecks gibt, sind Sie Ihre Sorgen los! Befragen Sie im einzelnen dortige Reisende, die bereits Erfahrung im Verkauf haben. Im Notfall auch Ihre Botschaft oder die Automobil Association fragen.
- Inzwischen ist der Verkauf auch in Nepal, wenn überhaupt, nur noch mit Schwierigkeiten möglich. Vorher bei der hiesigen Botschaft erkundigen!

EMPFEHLUNG

Hanomag oder Mercedes-Diesel möglichst voll packen mit Ersatzteilen und hochwertigen Gebrauchs- und Luxusgütern. Bereits ab der Türkei kann man bestens damit tauschen oder auch verkaufen. In Indien sind die Preise und Tauschmöglichkeiten jedoch am besten. Hüten Sie sich aber vor Übertreibungen, sonst bleiben Sie am Zoll hängen !

9.3. Autoreparaturen – Muss ich selbst Automechaniker sein?

Ich selbst habe mich mit der Technik eines Autos vor unserer Reise herzlich wenig befasst. Ein Theoriekurs an der Volkshochschule und ein praktischer Schnellkurs von einem Tag über Ventileinstellen, Bremsbeläge wechseln, Zündung einstellen, etc. war die Vorbereitung.

Zwei Bücher waren dafür wichtige und sehr nützliche Ratgeber:

- Dieter Korp: „Jetzt helfe ich mir selbst" (Motor Buch Verlag)
- „VW Transporter Service Repair Handbook" (Clymer Publication)

Im Nachhinein betrachtet, würde ich mich allerdings für die unausweichlichen Reparaturen etwas besser vorbereiten, obwohl ich im Notfall immer wieder erstaunt war, was man dann auf einmal alles kann!

TIPP

Beim Ausschlächter alten Motor kaufen und damit spielen. Brauchbare Teile mitnehmen.

9.4. Autoversicherung

Die in Mitteleuropa angebotenen Policen mit internationaler Gültigkeit sind teuer. Öfters als auf bundesdeutschen Straßen kracht es weltweit kaum. Blechschäden werden nirgendwo so teuer repariert wie im hiesigen Sprachraum. Das diesbezügliche Risiko sollte man also nicht überschätzen, vor allem, wenn man sich selbst eine defensive Fahrweise angewöhnt.

TIPP

In jedem von uns bereisten außereuropäischen Land konnte – oder musste – man eine lokale Versicherung kaufen, die in jedem Fall (mit Ausnahme Mexiko) erheblich unter dem mitteleuropäischen Preisniveau lag. Diese Versicherungen decken in aller Regel auch mindestens den Haftpflichtschaden und damit den Teil, der Ihnen bei einem Unfall angelastet wird, ab.

9.5. Abmeldung

Wer ohne Zollnummer unterwegs ist, aber länger reist, sollte sein Auto bei einer deutschen Vertretung im Ausland abmelden. Das spart hiesige Steuern und Versicherung.

9.6. Ersatzteile
Bei VW in Wolfsburg folgendes Merkblatt anfordern : „Reisen unter erschwerten Bedingungen" und dann nach dem Geldbeutel entscheiden.

TIPP
Nichtgebrauchte Teile können unterwegs gut verkauft werden (auch die vom Ausschlächter). Meiner hiesigen Werkstätte bin ich heute noch für einen Service dankbar: Sie nahm meine nichtgebrauchten Teile zum Originalpreis zwei Jahre später zurück.

9.7. Innenausbau und zusätzliche Ausrüstung
Fast jeder schwört auf seine eigene Version. Es gibt keine „beste", aber ein paar gute. In einem Auto, das im Innenraum Stehhöhe bietet (z.B. VW-Hochraum), kann man sich besser bewegen und mehr sicher verstauen als in niedrigen Modellen. Ein „Hubdach" in der Busmitte mit einer Kiste vorne und hinten bietet gegenüber einem „Schrägdach" den Vorteil, dass es beim Wild-Campen nicht so auffällt, vor allem dann, wenn man zusätzlich die Kiste vorne und hinten mit jeweils einem Brett verbindet. Fahrzeuge mit einem festen Dach können in jedem Fall besser gegen Kälte und Wärme isoliert werden als Busse mit „Vario-Dächern".
Ich selbst habe an unserem Innenausbau zwei Jahre lang brauchbare Ideen in die Tat umgesetzt. Inzwischen fällt mir nicht mehr viel Neues ein. Ein guter Werkzeugkasten, viele Schrauben, Winkelchen und Brettchen waren dafür die Voraussetzung.

Folgende Tipps haben sich nach unseren zwei Jahren im Bus als recht brauchbar erwiesen:

Wassertanks
2 bis 3 mal 14 Liter genügen. Kleinere Tanks sind besser als größere (20 l), weil man sie oft über weite Strecken vom Brunnen zum Auto schleppen muss. Sie sollten deshalb nie fest eingebaut und die Öffnung groß genug sein, damit die Innenwände regelmäßig gereinigt und von Algen befreit werden können.

Wasserdesinfektion
Micropur-Pulver. Eine 100 g Packung reichte uns mehr als 2 Jahre. In Ausnahmefällen, bei trüben Wasser: Katadyn Handfilter. Bei Rucksackreisen: Micropur-Tabletten, erhältlich bei Deutsche Katadyn GmbH, München oder bei Spezialausrüstern wie „Syro-Depot, Traisa", Därr in Heimstetten, Tesch in Aachen, etc.

Isolierung

Styropor (Polystyrol) kann bröseln, Glaswolle kann sich auflösen, Polyethylen ist zwar am teuersten, hat aber Vorteile. Sieht aus wie Styropor, ist aber dehnbar wie Plastiktüten.

Fenster

Doppel-Isolierscheiben aus Kunststoff. Besonders wichtig: große Dachluke. Mief und Hitze ziehen bekanntlich nach oben ab. Sämtliche Fenster und Türen sollten mit 100% dichten Moskitonetzen versehen sein. Befestigung mit Klettband.

Vorhänge

So dunkel und so dicht wie möglich, so dass auch bei eingeschaltetem Licht kaum etwas nach außen dringt.

Chemietoilette

Kein Luxus, sondern Notwendigkeit. Nur Modelle mit separatem Spülwasser und Abwasserbehälter sind empfehlenswert. 1 Liter Chemieflüssigkeit (z.B. „Aquakem") reicht für 2 bis 3 Monate.

Geheimfach für Wertsachen und Dokumente

Irgendwo im Auto doppelten Boden einbauen. Von allen wichtigen Papieren Fotokopien anfertigen und alles im Plastikbeutel (eingeschweißt) verstauen.

Diebstahlsicherung ist dringend zu empfehlen!

- Geheimschalter, der den Stromkreis der Zündspule unterbricht
- Alarmanlage mit Hupe oder Sirene
- Koje und Fahrraum durch feste, verschließbare Türe getrennt.
- Fenster der Koje mit Gitterkreuz versehen. Abmessungen so, dass ein Mensch zwischen den Stäben nicht mit den Schultern durchpasst.
- Zusätzliche Schlösser, oder Riegel von innen, an allen Türen.
- Beim VW die inneren Türknöpfe (zum Herunterdrücken) bündig mit der Karosserie absägen.
- Tankdeckel- und Motorraumschloss sollten auch in Europa selbstverständlich sein.

Zusätzlicher Ölkühler

- Entgegen anders lautender Meinung von VW-Fahrern halte ich ihn nicht für notwendig. Vergrößerte „Ohren" (zusätzliches Windfangblech am Lufteintritt) bringen bis zu 10° niedrigere Öltemperatur.
- Öltemperatur- oder Öldruckmesser hilft den zusätzlichen Ölkühler einzusparen.

Drehzahlmesser
In den Gebirgen sind oft die Ohren dicht und das Motorgeräusch nicht hörbar. Außerdem ist „richtiges powern" bei schlechtem Benzin extra wichtig!

Verteilerfinger mit Drehzahlbegrenzung
Beim VW-Transporter serienmäßig. Beim Bus besonders zu empfehlen.

Höhenmesser und Autokompass
Brauchbare und nette Spielerei

Luftfilter
Experten raten beim VW: „Ansaugrohr in den Innenraum verlegen." Wir haben darauf verzichtet und auf den Standard-Papierfilter von VW vertraut. War voll ausreichend. Wichtig ist allerdings, dass die Dichtungsgummi zum Boden und zur Motorklappe ohne jede Unterbrechung abdichten. Ein Stück Dichtungsgummi gehört in die Ersatzteilkiste.

Reifen
Hier wird gerne maßlos übertrieben! Wir hatten auf der ganzen Reise einen einzigen Platten. Unterwegs haben wir dann vier Reifen nachgekauft. Wichtig ist, dass die Spur stimmt und dass man diese notfalls selbst einstellen kann.

Benzin-Reservetanks
Noch ein Grund für maßlose Übertreibung. Wir kamen mit einem 10 Liter Tank (unbedingt aus Blech!) aus, den wir ebenso nur ein einziges Mal (in Pakistan) benötigten. Ihre Stauräume können Sie besser nutzen! Möglichst schon bei halb vollem Tank tanken.

Heavy Duty Gasdruck-Stoßdämpfer
Sehr zu empfehlen. Dann können Sie auf diesen Punkt in der Ersatzteilliste verzichten.

Benzinfilter
Billig und wichtig!

Motoröl
Nach meinen Erfahrungen werden Einbereichsöle (z.B. SAE 40) nicht so heiß wie Mehrbereichsöle (z.B. SAE 20-50).

Standheizung
Kein Fehler! Auch in tropischen Zonen werden ab 2.000 m die Nächte kalt. Luftansaugöffnung im Wagenboden oder an der Seite bei längerer

Nichtnutzung staubdicht mit Plastik verdecken.

Kühlschrank

Altes und leidiges Thema! Die neueren Modelle mit Absorber sollen nicht mehr so neigungsempfindlich sein wie ihre Vorgänger und außerdem auch bei großer Hitze brauchbar kühlen. Ausführungen mit Schwingkolbenkompressor kühlen zwar auch bei großer Hitze sehr gut, laufen aber nur auf Netzbetrieb oder 12 V. Damit ist selbst bei Einbau einer Zusatzbatterie die Standzeit auf wenige Tage begrenzt. Außerdem ist der Kompressor für empfindliche Ohren nachts sehr laut. Weil Absorberkühlschränke auch auf Gasbetrieb umgestellt werden können, würde ich heute zu diesem Typ raten.

Gasflaschen

Wer mit Gas nur kocht, wird mit einer 5 kg Flasche auskommen, sollte für den Notfall aber einen kleinen Zusatzkocher mitnehmen. Ansonsten empfehle ich 2 x 5 kg. In Asien gibt es Gas nur in größeren Städten und teilweise nur auf Bezugsschein. Für Amerika sollte man sich rechtzeitig einen Anschlussadapter besorgen. In den USA ist er so gut wie nicht zu bekommen!

Dampfkochtopf

Verlängert den Inhalt Ihrer Gasflaschen enorm!

Feuerlöscher

Je einer gehört in die Koje und in den Fahrerraum.

12 V Auto-Ventilator

Sollte automatisch schwenken. Notwendig für Koje und Fahrraum.

Dusche

Plastikschlauch mit kleinem Duschkopf (evtl. bei normalem Duschkopf einige Löcher verkleben) über Wasserhahn ziehen, fertig. Nur möglich, wenn Wasser mit elektrischer Tauchpumpe gefördert wird.

Werkzeugkiste

Kann nicht gut genug ausgerüstet sein und was man nicht mehr braucht, kann man in Asien gut verkaufen. Drei Sachen nicht vergessen :

- Drehmomentschlüssel für Motorreparaturen (hat kaum eine Werkstätte)
- Fettpresse mit dazugehörigem Fett und Spezial-Lagerfett
- Luftpumpe mit Manometer (sonst werden ihre Reifen nach Gefühl aufgepumpt – möglicherweise einer der Gründe für den extremen Reifenverschleiß mancher Globetrotter).

10. Kurzwellenradio

Damit kann man weltweit Nachrichten von zu Hause (z.B. Deutsche Welle) oder aus Krisengebieten abhören. In unserem Fall eine wesentliche Hilfe, als wir vor der Entscheidung standen, ob wir durch den Iran fahren sollten. Mit dem „Sony ICF 5900 W" haben wir die besten Erfahrungen gemacht. Kostet im Handel um die 400 DM. Wenn man sich dann noch das „World Radio TV Handbook" besorgt, hat man sämtliche Frequenzen und Sendezeiten aller Radiostationen weltweit.

11. Schlafsäcke

Bei Kälte: Daunenschlafsäcke. Bei Hitze : Selbstgenähter Sack aus großem Baumwollbettuch.

12. Kleidung

Je weniger Sie mitnehmen, desto besser. Sie werden in jedem Fall zukaufen. Einzige Empfehlung: Bequemer Anorak und eingelaufene Wanderschuhe. Alles andere ist unterwegs zu haben.

13. Vorräte/Konserven

Ein paar Dosen für den Notfall. Ansonsten können Sie sich in den von uns bereisten Ländern überall recht gut auf lokalen Märkten eindecken. Wer ständig das Angebot eines mitteleuropäischen Supermarkts erwartet, für den wäre eine derartige Reise ohnehin das falsche Pferd! Dass es mit sehr viel weniger geht als hierzulande, ist eine sehr gute Erfahrung.

14. Handeln bei Einkäufen

Im Orient wird es erwartet, leider übertreiben es viele Reisende. Man gibt sich den Anschein, sozial zu sein, ist empört, als „Kapitalist" angesehen zu werden, führt sich aber just als solcher auf. Eine gute Ware soll auch einen vernünftigen Preis haben. Auch hier sollte man fair bleiben. Geradezu wohlhabend sind die Straßenhändler und Handwerker in den Entwicklungsländern ohnehin nicht.

15. Wo campieren, wenn es keine Campingplätze gibt?

Sich auf privaten europäischen Campingplätzen, vollgestopft mit Wohnwagen und Vorgärten im Reihenhausstil, wohl zu fühlen, erfordert eine besondere Mentalität. Die schönsten Campingplätze der Welt sind die State-, National- oder Provincial-Parks in Nordamerika.

In Asien und in Lateinamerika sind Campingplätze die Ausnahme. In Pakistan und Indien sind Sie recht gut in den verschiedenen Government Resthouses aufgehoben, die in der Regel eine Tagesreise von einander entfernt sind. Ansonsten müssen Sie „wild" campen. In einer ruhigen Straße, einem Vorort oder mitten in der Landschaft – wo immer Sie selbst es für richtig und vor allem sicher halten.

16. Verhalten bei Verkehrsunfällen

Eine lokale Versicherungspolice macht sich spätestens dann bezahlt, denn als Ausländer sind Sie meistens dran! Ob Sie es vorziehen, wie häufig empfohlen wird, „einfach abzuhauen", muss Ihrem Gespür für die jeweilige Situation überlassen bleiben. Dabei sollten Sie durchwegs berücksichtigen, dass nicht überall das Leben so kostbar ist wie im hiesigen Kulturkreis und, dass in einigen Ländern der für schuldig Befundene im Extremfall kurz und bündig an Ort und Stelle gelyncht oder gesteinigt wird.

17. Grenzkontrollen, sporadische Kontrollen durch Militär

Einen wichtigen Satz sollten Sie sich in den Sprachen jener Länder einprägen, die sie bereisen werden: „Wo ist bitte die nächste Tankstelle?" oder, wenn diese genau vor Ihnen liegt: „Wo gibt es bitte den nächsten Zahnarzt?" Das regt eifrige Kontrolleure oder Soldaten zunächst zum Denken an und lenkt sie von ihrem eigentlichen Vorhaben erst einmal ab. In neun von zehn Fällen ist die Angelegenheit dann auch sehr rasch erledigt.

18. Unterwegs arbeiten zum Zweck der Aufbesserung der Reisekasse?

Vergessen Sie es! Nirgendwo werden Sie mehr Geld verdienen, bzw. sparen können, als hierzulande, in Ihrer eingefahrenen Umgebung.

19. Fitness unterwegs

Sie werden tagelang am Steuer sitzen und dann verkrampft aus dem Auto steigen. Die einzigen Sportarten, die Sie überall betreiben können: Gymnastik, Seilspringen, Federball.

20. Soll ich eine Waffe mitnehmen?

Höchstens ein Käsemesser. Raubüberfälle sind nirgendwo häufiger als in den Städten der USA und in jedem Fall wird Sie ein Gangster hemmungslos niederknallen, wenn Sie mit einer Kanone herumfuchteln. Räubern am besten nicht bei der Arbeit hinderlich sein!

21. Fotografieren

Wer länger reist, für den werden schon aus Kostengründen nur Dias in Frage kommen. Wir haben gut 3.000 Stück geschossen und finden das inzwischen zu wenig. Allerdings vergeht Ihnen irgendwann die Lust, dauernd mit der Kamera herumzufuchteln. Das von Ihnen benützte Filmmaterial und die Kameraausrüstung sollten Sie bereits vorher genauestens kennen. Reparaturen und Selbstkontrolle durch Beurteilung der eigenen Bilder wird nur in Nordamerika möglich sein. Filme sollte man möglichst nicht der Post anvertrauen, sondern europäischen Reisenden, die auf dem Weg nach Hause sind.

22. Reiseführer

Die meisten Bücher werden produziert, um verkauft zu werden. Darum eine schöne Aufmachung und ein Inhalt, der einem die eigenen Träume bestätigt. Unschöne Realitäten hindern den Umsatz. Für denjenigen, der in den Urlaubsort gekarrt oder gejettet wird, im gebuchten Hotel absteigt, vom provisionsbeteiligten Tourist Guide durch die lokalen Märkte geschoben wird, für den mag dies auch gut und ausreichend sein. Wer sich aber seine Wege selber sucht, braucht bessere Informationen.
Das brauchbarste Material liefert dabei u.a. die Reihe Globetrotter schreiben für Globetrotter. Alle im Selbstverlag erschienen, aber nicht alle gleich gut. Sehr gut auch die Reihe Lonely Planet von Tony Wheeler, USA - Canada von Hans Grundmann (Selbstverlag) und für Lateinamerika einsamer Spitzenreiter The South-American Handbook von John Brooks (Trade e Travel Publications, Bath).

Generell gilt jedoch: Reiseführer sind keine Bibel! Die momentane Situation ändert sich ständig schneller, als diese Bücher überarbeitet werden können. Zusätzlich unterliegt jeder Verfasser den subjektiven Eindrücken seiner eigenen Erlebnisse. Ich selbst eingeschlossen!

Lektüre für unterwegs:

- 50% Werke, die Sie „schon immer mal lesen wollten"
- 50% Paperbacks, die Sie unterwegs ständig tauschen können.

23. Wie viele Kilometer sind wir mit dem eigenen Auto gefahren?

(Angaben auf-/abgerundet)

• BRD, Österreich und Yugoslawien bis Grenze Griechenland:	2.700 km
• Griechenland:	1.600 km
• Türkei, 1.Teil (bis Syrien):	3.400 km
• Syrien:	1.100 km
• Türkei, 2.Teil (bis Iran):	900 km
• Iran:	2.800 km
• Pakistan:	1.900 km
• Indien, 1.Teil (bis Nepal):	3.500 km
• Nepal:	750 km
• Indien, 2.Teil (Nepal bis Ceylon):	4.700 km
• Ceylon:	1.800 km
• USA, 1.Teil (Westküste):	6.000 km
• Kanada:	2.000 km
• USA, 2. und 3.Teil (Westküste, Kanada bis Mexiko):	5.300 km
• Mexiko, 1.Teil (Pazifikküste und Zentralregion):	6.700 km
• Guatemala:	1.300 km
• Belize:	300 km
• Mexiko, 2.Teil (Atlantikküste bis Texas):	4.300 km
• USA, 4.Teil (Texas bis New York):	9.000 km
Gesamt: ca.	**60.000 km**

24. Allein, zu zweit oder in der Gruppe?

Allein ist es bekanntlich nicht einmal im Himmel schön! Wer die Gruppe braucht, kann diese auch über organisierte Reisen bekommen. Seinen Reisepartner sollte man sehr gut kennen! Vierundzwanzig Stunden lebt man hautnah zusammen, es gibt nicht die Flucht in die Arbeit oder in die Kneipe.

Konflikte müssen gelöst, sie können nicht verschoben werden. Nicht einmal dem eigenen „Ich“ werden Sie ausweichen können. In jedem Fall wird ein gewisses „Zu-sich-selbst-finden“ eintreten. Was dabei herauskommt, mag oft für einen selbst erstaunlich sein! Es wird allerdings einer der Hauptgründe sein, warum Sie sich überhaupt auf eine derartige Reise begeben wollen – und dafür wünsche ich Ihnen somit „Alles Gute".

25. Nachwort zu den Tipps und der Situation 2014

Es ist offensichtlich, dass auch diesbezüglich einiges der aktuellen Zeit angepasst werden muss! Dennoch habe ich sie im Original belassen, da sie den Reiseplaner darüber zum Nachdenken anregen können, inwieweit Einzelheiten beachtet werden sollten, noch zutreffen und/oder gestrichen werden können.

26. Schlusswort

Wenn Sie auch noch meine „praktischen Hinweise" bis hierher gelesen haben, gehe ich davon aus, dass Sie mindestens mit dem Gedanken spielen, sich auch einmal freizumachen, Ihr Leben selber in die Hand zu nehmen – und sei es nur für eine begrenzte Zeit! Dazu will ich Ihnen Mut machen. Der Preis ist lächerlich im Verhältnis zu dem, was man dafür bekommen kann. Aber vielleicht sollten Sie auch über das Wort von Hermann Hesse nachdenken:

„Die tiefste Reiselust ist nicht anders und nicht besser als jene gefährliche Lust, unerschrocken zu denken, sich die Welt auf den Kopf zu stellen und von allen Dingen, Menschen und Ereignissen Antworten haben zu wollen. Sie wird nicht mit Plänen und aus Büchern gestillt, sie fordert mehr und kostet mehr, man muss schon Herz und Blut daran rücken."

Herb Stumpf
November 2014

Herb und Pedra Stumpf

Herb Stumpf, Jahrgang 1943, zog es früh hinaus. Mit zwanzig verbrachte er fünf Jahre in Liberia. Ein Studium zum Wirtschaftsingenieur in München folgte. Danach ging er bis Mitte dreißig einer Karriere in der Industrie nach, als langsam das Gefühl aufkam, dass es im Leben auch noch Wichtigeres gibt. Von da an war es bis zum Entschluss, endlich das zu tun, was er schon immer wollte, nicht mehr weit.

Für seine Frau Petra, von Beruf Diplom-Psychologin, war es von vornherein klar: *„Das Leben ist nicht nur Arbeit, Leben ist vor allem Er-leben."*

Danksagung

Meiner Mutter, die viele Träume verschob – bis es zu spät war ... und Pedra, ohne die alles ganz anders gekommen wäre!

Mein besonderer Dank gilt meinen Freunden Manfred Ostner und Rainer Weinrich für die große Hilfe beim Zustandekommen dieses Buches.

Und ein herzliches Dankeschön an Anette Leppin und Alexander Böhm für die viele Arbeit zu Hause, während wir unterwegs waren.

Weitere Bücher des Autors

16538896R00175

Printed in Poland
by Amazon Fulfillment
Poland Sp. z o.o., Wrocław